U0608092

跨境电子商务数据化管理

Cross-Border E-commerce Data Management

主　编　邹益民　马金利　王海松　旷彦昌

副主编　隋东旭　蔡　娟　陈浙斌　李瑶锦

ZHEJIANG UNIVERSITY PRESS
浙江大学出版社

图书在版编目（CIP）数据

跨境电子商务数据化管理 / 邹益民等主编. -- 杭州：
浙江大学出版社，2022.4（2025.7重印）
ISBN 978-7-308-22481-9

Ⅰ. ①跨… Ⅱ. ①邹… Ⅲ. ①电子商务－运营管理－
教材 Ⅳ. ①F713.365.1

中国版本图书馆CIP数据核字(2022)第055536号

跨境电子商务数据化管理

邹益民　马金利　王海松　旷彦昌　主编

策划编辑	曾　熙
责任编辑	曾　熙
责任校对	陈丽勋
装帧设计	春天书装
出版发行	浙江大学出版社
	（杭州市天目山路148号　　邮政编码　310007）
	（网址：http://www.zjupress.com）
排　　版	杭州林智广告有限公司
印　　刷	杭州宏雅印刷有限公司
开　　本	787mm×1092mm　1/16
印　　张	16
字　　数	410千
版 印 次	2022年4月第1版　2025年7月第5次印刷
书　　号	ISBN 978-7-308-22481-9
定　　价	49.00元

党的二十大报告提出："加快发展数字经济，促进数字经济和实体经济深度融合"，"坚持社会主义市场经济改革方向，坚持高水平对外开放，加快构建以国内大循环为主体、国内国际双循环相互促进的新发展格局"。①

随着最近几年各种数据分析工具的普及与推广，"数据化运营"逐渐走进大家的视野。以阿里巴巴的"千人千面"为代表的大数据技术、以亚马逊"AWS"（Amazon Web Services）为代表的云计算技术等，都说明了数据的价值与魅力。

进入 21 世纪以来，我国经济高速发展，传统的外贸行业的发展也同国家经济的发展一样日新月异。随着外贸行业的不断转换升级，我们迎来了跨境电子商务（以下简称跨境电商）高速发展的时期。伴随改革创新举措的陆续出台，跨境电商的发展也更加规范。跨境电商体系的建立与高速发展离不开数据的支撑，数据化对跨境电商的发展来说是如虎添翼。跨境电商数据的运营与管理渗透到了跨境电商体系的各个环节，为跨境电商持续有力的高速发展提供了强有力的引擎。

本书一共八章，第一章为跨境电商数据化运营概述，包括数据化运营概述、数据化运营的流程、跨境电商数据化运营的指标、跨境电商数据化运营的体系及其作用；第二章为跨境电商数据的采集与预处理，包括跨境电商数据采集、跨境电商数据预处理、跨境电商数据采集实训；第三章为跨境电商市场数据分析，包括跨境电商市场数据认知、跨境电商市场数据分析实训；第四章为跨境电商竞争数据分析，包括跨境电商竞争数据认知、跨境电商竞争数据分析实训；第五章为跨境电商关键词数据分析，包括关键词数据、跨境电商关键词数据分析实训；第六章为跨境电商用户数据分析，包括客户画像概述、用户地区与价格数据、用户消费习惯与消费者舆情分析、跨境电商舆情数据分析实训；第七章为跨境电商物流数据分析，包括跨境电商物流概述、跨境电商物流数据分析实训；第八章为跨境电商数据可视化与营销规划，包括

---

① 习近平. 高举中国特色社会主义伟大旗帜　为全面建设社会主义现代化国家而团结奋斗：在中国共产党第二十次全国代表大会上的报告[N]. 人民日报，2022-10-26（01）.

跨境电商数据可视化、跨境电商数据营销规划分析。

本书的主要特点如下。

第一，结合"121"工程特点，以培养应用型人才为导向，注重理论与实践的结合，强调"应用型"知识的学习，以帮助学生快速适应跨境电子商务数据的运营与管理相关工作岗位的要求。

第二，采用"理论知识＋实训分析"的写作结构，在阐述理论知识的同时，结合大量实训，帮助学生进一步理解相关知识点并加以巩固，通过实训教学提高学生的实践能力。

第三，注重培养学生独立思考的能力。本书根据跨境电商数据运营与管理业务的特点来设置章节，每章设有学习目标，学习重点、难点等内容，使学生全面了解跨境电商数据运营与管理的知识，同时依托多种表现形式，激发学生学习兴趣，进一步提高学生的综合素质和独立思考的能力。

本教材由邹益民、马金利、王海松、旷彦昌老师担任主编，负责全书的整体构思、章节设计，对编写工作进行统筹与安排。隋东旭、蔡娟、陈浙斌、李瑶锦老师担任副主编。编者们均具有非常扎实的理论基础和丰富的教学经验。

在编写的过程中，我们尽量避免错误的产生。但由于水平有限，教材中难免存在一些问题和错漏，敬请各位专家与广大读者批评指正。

编者

2023 年 12 月

目 录
CONTENTS

第一章

跨境电商数据化运营概述

第一节 数据化运营概述

一、数据化运营的概念

（一）数据化管理

数据化管理是指运用分析工具对客观、真实的数据进行科学分析，并将分析结果运用到生产、运营、销售等各个环节中去的一种管理方法，根据管理层次可分为业务指导管理、营运分析管理、经营策略管理、战略规划管理 4 个由低到高的层次。根据业务逻辑还可以分为销售中的数据化管理、商品中的数据化管理、财务中的数据化管理、人事中的数据化管理、生产中的数据化管理等。

（二）数据化运营

数据化运营是对数据化管理的具体实践，是数据在企业经营和产品运营中的具体应用。它具体指通过数据化的工具、技术和方法，对企业运营过程中的各个环节进行科学的分析，为数据使用者提供专业、准确的行业数据解决方案，从而达到优化运营效果和效率、降低运营成本、提高效益的目的。

常用的数据分析工具主要有 Excel、SAS、SPSS、Matlab 等，其中 Excel 由于通用性强、功能强大等原因深受各种水平的数据分析人员的喜爱。Excel 是数据化运营人员必须掌握的一项数据分析工具。

二、数据化运营的作用及意义

（一）数据化运营的作用

1. 监控作用

数据化运营可以对业务指标进行全面监控，从而降低监督成本。数据化运营就像是一台闭路电视，可以起到监控的作用，它可以通过数据和对应的分析指标监控到业务的各个层面。

2. 预警作用

数据化运营可以对业务过程中的各个环节起到预警作用，就像是一台预警机，可以提前预测销售、客流、访问量、盈亏等数据，在业务层面上提前做出反应，从而制定相关的运营策略。

3. 支撑作用

数据化运营可以为企业的新产品开发、营销方案等的制定提供一定的数据支撑。比如通过消费者舆情分析，可以帮助企业进行产品的更新迭代等。

4. 找出问题症结点

在运营过程中一个很重要的问题就是，当业绩出现下降时，很难发现到底是什么原因导致的。流量、产品和营销活动，到底哪个是造成业绩衰退的主要因素？在以前，没有相关的数据支撑，我们基本上只能依赖个人经验来判断，最终的解决方案就是在每个环节都投入资源去应对，这样虽然有时候也能解决问题，但是会浪费大量的资源。而数据化运营的出现恰好能够解决这个难题。数据化运营能帮助我们去判断是哪个环节导致了整体业绩的下滑。例如，如果是整个页面浏览人数很少，可以判定是渠道流量过小；如果浏览人数很多，购买的人很少，可以判定是营销活动的转化率较低等。数据化运营可以帮助企业找到问题的症结点，集中资源精准解决难题，同时也提高了资源利用率。

（二）数据化运营的意义

1. 提升销售业绩和生产效率

数据分析本身不能提升业绩或效率，只有将正确的分析结果用最实际的方式应用到业务层面才能产生效益，只有持续不断地产生效益，数据化管理才有意义。

2. 节约企业成本

每个业务中心都可以建立独立的数据化管理体系，建立自己部门的追踪及预警机制，从而达到节约成本和费用的目的。

3. 组织管理、部门协调的工具

同样一个指标，不同部门提供的数据可能不一样，这既浪费资源，又不利于标准化管理。日常和数据有关的信息传递应尽量按照如下的原则来做，这样会大大提高组织及部门间的效率。

（1）提供正确且有效的数据给对方。

（2）不仅提供数据，还应尽可能提供数据分析的结论。

（3）对结论进行必要的补充说明，将你的论证逻辑告诉对方。

（4）建立业务管理模板共享机制。

4. 提高企业管理者的决策速度和准确性

企业管理者在做出决策时一般都是基于经验且经过深思熟虑的，而数据分析可以为企业管理者在决策过程中提供必要的参考，因此可以提高决策的速度和准确性。

三、数据化运营的要求

（一）数据化运营需掌握的技能

"工欲善其事，必先利其器。"在日常工作中，数据运营人员的职责是满足运营、客服等部门人员在数据提取、分析、挖掘方面的需求，其总体上需要掌握以下几方面的技能。

1. Excel 数据处理与绘图

Excel 的重要性不言而喻，日常数据处理、分析、作图、数据透视、报表管理模板都离不开 Excel。数据运营人员需要熟练运用 Excel 软件中的数据透视表和常用函数。

数据透视表可以快速实现数据的汇总、筛选、排序等功能。

熟练掌握 Excel 的常用函数，不仅有利于处理日常数据，也有利于快速制作数据管理报表。Excel 软件的常用函数包括关联匹配类函数、计算类函数和逻辑运算类函数。

（1）*关联匹配类函数*

① VLOOKUP（查找目标、查找范围、查找范围中包含返回值列号、精确匹配或模糊匹配）：用于按行查找表或区域中的内容。

② INDEX（单元格区域、选择数组中某行、选择数组中某列【可选】）：用于返回表格或区域中的值或值的引用。

③ MATCH（待匹配的值、查找区域）：用于在单元格区域中搜索某项，然后返回该项在单元格区域中的相对位置。

④ OFFSET（单元格引用、左上角单元格引用的向上或向下行数，左上角单元格引用的从左到右的列数，需要返回的引用的行高，需要返回的引用的列宽）：从给定引用中返回引用偏移量。

（2）*计算类函数*

① SUM（要相加的第一个数字，要相加的第二个数字）：求参数的和。

② COUNT（单元格引用区域）：计算参数列表中数字的个数。

③ MAX（单元格引用区域）：返回参数列表中的最大值。

④ MIN（单元格引用区域）：返回参数列表中的最小值。

⑤ RAND（ ）：返回 0 和 1 之间的一个随机数。

⑥ ROUND（要四舍五入的数字，要进行四舍五入的位数）：将数字按指定位数舍入。

（3）*逻辑运算类函数*

① IF（要判断逻辑，结果为真返回值，结果为假返回值）：指定要执行的逻辑检测。

② IFERROR（检查是否存在错误，公式计算错误时返回值）：如果公式计算错误，则返回指定的值，否则返回公式结果。

③ AND（逻辑条件 1，逻辑条件 2【可选】）：如果所有参数均为 TRUE，则返回 TRUE，常用于扩展执行逻辑测试的其他函数调用。

熟练掌握上面几个常用函数可以满足日常工作中的大部分需求。

2. SQL 类语言

数据运营人员对数据进行分析时需要从数据仓库中提取数据。无论是 PostgreSQL、Hive SQL、Impala 还是 MySQL，其 SQL（structured query language，结构化查询语言）语法是相通的。熟练掌握 SQL 语言对于数据提取、数据建模、数据分析是非常有帮助的。

3. Python 语言

Python 语言在数据运营中的应用非常广泛，爬取竞品数据、自动化任务脚本、数据建模与分析都离不开对 Python 语言的熟练运用。由于本书不是讲解 Python 语言的教材，因此只提出做好数据分析需要掌握的一些 Python 工具。

（1）Pandas：一款针对数据处理和分析的工具包，其中实现了大量便于数据读写、清洗、填充及分析的功能。可以帮助数据挖掘人员节省大量用于数据预处理工作的代码。

（2）NumPy：除了提供一些高级的数学运算机制，还具备非常高效的向量和矩阵运算功能。这些功能对于机器学习的计算任务尤为重要。

（3）SciPy：这是在 NumPy 的基础上构建的，功能更为强大，应用领域也更为广泛的科学计算工具。其包含的功能有最优化、线性代数、积分、插值、拟合、常微分方程求解、快速傅里叶变换、信号处理和图像处理等。SciPy 的安装依赖于 NumPy。

（4）Scikit-learn：著名的机器学习库，它封装了大量经典及最新的机器学习模型，接口封装非常完善，几乎所有机器学习算法输入输出的部分格式都一致。

4. PPT 制作能力

在数据分析完成后，如何通过制作 PPT（Power Point，演示文稿）将分析结论形象、具体、可视化地展现出来，直观地将信息传递给需求方或管理者，是数据分析师必须掌握的技能。在 PPT 中要尽可能用简洁明了的言语和图表将分析的结论清楚地表达出来。

5. 业务理解能力

数据运营本身就是从业务中来，再回到业务中去指导具体工作。无论是简单提取业务数据，结合业务进行经营分析，还是用户画像建模，对业务的理解始终贯穿其中。数据运营人员需要学习业务逻辑、业务背景和业务知识，这样提交的分析报告或做出来的解决方案才能真正给出业务方需要的答案。如果对业务的理解能力不强，那么即使你的数据分析能力再强，也很难做出令客户满意的方案。

（二）数据化运营的岗位职责

谈到数据化运营人员的岗位职责，首先要谈谈数据部门在互联网企业中处于什么位置。常见的企业职能架构包括分散型数据架构（各业务中心下单独设立数据部门）和集中型数据架构（企业数据工作集中在一个中心部门）。集中型数据架构可有效解决数据源和数据口径的一致性问题，保证数据质量和及时性，因此这种架构在企业中较为常见。

钟华曾在其著作《企业 IT 架构转型之道：阿里巴巴中台战略思想与架构实战》中提到："在灵活的'大中台，小前台'组织机制和业务机制中，作为前台的一线业务会更快速适应瞬息万变的市场。而中台将集合整个集团的运营数据能力、产品技术能力，对前台业务行为强力支撑。"由此可见，企业的业务架构更应是基于共享服务体系，通过将相关业务领域的业务功能和数据模型在业务层汇聚到一起，从而避免重复功能建设和维护带来的成本浪费的弊端。

在这种"大中台、小前台"的组织架构下，处于中台的产品运营部门需要为前台提供用户群和产品环境，支持前台业务群实现各自的业务及团队架构。而在中台的产品运营部门下面又可细分为流量运营、用户运营、商业运营、数据支持、产品设计等团队。数据支持团队作为产品运营部门中的一员，除了要对前台各事业群提供数据支持，还需要为中台内的主线运营、动线运营、商业运营等团队提供数据分析、数据方案、用户画像、推荐算法等方面的支持。由于所有的数据需求都汇总到一个中心进行集中统筹和分配，因此集中型数据架构有效地解决了数据源不一致的问题和数据口径定义的问题。

随着精细化运营的理念不断深入人心，数据运营这一岗位受到越来越多的人的关注。从工作岗位上看，数据团队作为各业务部门的支持方，团队内成员主要从事数据采集、清理、分析、策划、建模等工作，支撑整个运营体系朝精细化方向发展。常见的数据运营岗位包括：数据分析师、算法工程师、爬虫工程师、ETL（extra-transform-load，抽取—转换—加载）工程师、数据挖掘工程师等。从工作内容来看，我们将数据运营归纳为数据治理、数据分析挖掘、数据产品三个层次。

第一，数据治理。优质的数据是应用的前提。数据治理负责数据系统的架构规划、数据的标准化和规范化作业、数据的权限管理，保证数据的安全性和可用性，定义各业务口径的数据标准，构建数据集市和底层数据架构，输出支持到分析人员应用的数据字典。

第二，数据分析挖掘。数据分析是数据运营的重点工作，其核心是业务方向的数据分析支持。主要包括：①对业务活动进行效果评估及异常分析，如异常订单分析、异常流量分析，挖掘业务机会点，给予运营方建议及指导；②收集整理各业务部门的数据需求，搭建数据指标体系，定期向业务部门提交数据报表，包括日报、周报、月报等；③数据价值挖掘，如基于用户行为数据建立用户画像、建立 RFM（R，recency，即最近一次消费；F，frequency，即消费频率；M，monetary，即消费金额）模型对客群进行聚类营销；④辅助管理层决策，对问题进行定位，输出可行性建议等。

第三，数据产品。负责梳理各部门对数据产品的需求，规划报表并优化报表，协调数据仓库的开发资源，保证项目按时上线。将数据分析部门建立的挖掘模型、用户画像等数据模型做成可视化产品输出。企业内部常见的数据产品包括数据管理平台和自助数据提取平台。其中数据管理平台支持运营日报查看、实时交易数据查看、业务细分数据查看；自助数据提取平台满足业务方对更细维度业务数据的需求，使数据提取人员从重复性工作中解放出来。

四、跨境电商数据化运营

跨境电商是指分属不同关境的交易主体，通过电子商务平台达成交易、进行支付结算，并通过跨境物流送达商品、完成交易的一种国际（地区间）商业活动。在全球经济一体化的大背景下，随着计算机和互联网技术的进一步成熟，在我国政府政策红利导向（如外贸和税收政策）的大力支持下，跨境电商在我国的发展尤其迅猛。那么在竞争越来越激烈的跨境电商领域中，作为平台运营者或企业管理者，怎样才能让自己的产品或店铺生存下来呢？解决这个核心问题的办法就是数据化运营，从市场分析、类目选择，到选品、定价、库存管理、广告优化等，都需要通过数据去推动、去执行。如果脱离数据分析，而仅仅依赖经验运营，那么在跨境电商这个行业投机赚快钱可能还有一点机会，但若要在各跨境电商平台上持续生存下去则会非常艰难。

跨境电商数据化运营，顾名思义，即通过数据化的工具、技术和方法，对企业在跨境电商平台运营过程中各个环节进行科学的分析，为数据使用者提供专业、准确的行业数据解决方案，从而达到优化运营效果和效率、降低运营成本、提高效益的目的。跨境电商卖家通过数据分析，能将整个店铺的运营建立在科学分析的基础上，将各种指标定性、定量地分析出来，从而为决策者提供最准确的参考依据。

第二节　数据化运营的流程

数据化运营可大致可分为 7 个步骤，如图 1-1 所示。

需求分析 ➡ 数据获取 ➡ 数据清洗 ➡ 数据分析 ➡ 数据可视化 ➡ 数据分析报告 ➡ 应用反馈

图 1-1　数据化运营流程

一、需求分析

需求分析包括收集需求、分析需求、明确需求 3 个部分。一般在日常运营过程中的需求主要来源于运营部门在日常经营中发现的问题。需求分析推荐使用思维导图来整理收集的信息。思维导图的逻辑可以参考使用 5W2H 分析法，即 "what" "why" "who" "when" "where" "how" "how much"，如图 1-2 所示。该分析法简单、方便，易于理解、使用，富有启发意义，广泛用于企业管理和技术活动，对于决策和执行性的活动非常有帮助，也有助于弥补在考虑问题时的一些疏漏。

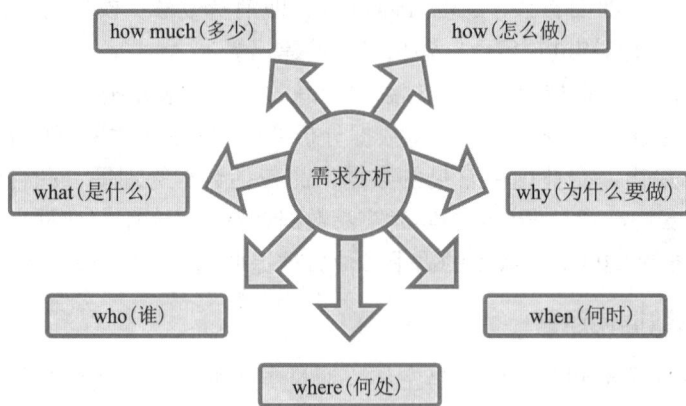

图 1-2　5W2H 分析法

5W2H 的具体内容如下。

（1）what——是什么？目的是什么？做什么工作？

（2）why——为什么要做？可不可以不做？有没有替代方案？

（3）who——谁？由谁来做？

（4）when——何时？什么时间做？什么时机最适宜？

（5）where——何处？在哪里做？

（6）how——怎么做？如何提高效率？如何实施？方法是什么？

（7）how much——多少？做到什么程度？数量如何？质量水平如何？费用产出如何？

二、数据获取

数据获取是根据需求，通过各种方法来获取相关数据的一个过程。数据获取既可以从现有的、可用的无尽数据中搜集提取想要的二手数据，也可以经过问卷调查、采访、沟通等方式获得一手资料。不管用哪种方法得到数据的过程，都可以叫作数据获取。获取数据的途径包括公司的数据库、第三方数据平台（如生意参谋等）、互联网、市场调查等。获取数据是数据分析的基础环节，只有有了数据，才能开始后续的分析。

（一）数据采集流程

完整的数据采集流程可包括采集、存储和清洗 3 个环节。

1. 采集

将整个 HTML（Hyper Text Markup Language，超文本标记语言）或者 JS（Java Script，一种具有函数优先的轻量级、解释型或即时编译型语言）文件下载到本地，此时数据在文件中，文件可转换成文本这种可读的类型。

2. 存储

存储数据一般将下载的文件或者文本整个存入数据库。

3. 清洗

从文件或者文本中提取目标资料，并组织成表格形式，形成可供分析的原始资料。

（二）数据采集方法

数据采集的工具大致可分为两种。一种是借助代码或者网页源码进行手动采集的工具。这些工具通常是一些数据分析工具。如 Power BI、Excel 等，或者编程语言，如 Python 等。利用这些工具进行手动数据采集时，要求使用者有一定的数据分析或者编程基础，因为使用过程中常常会涉及一些函数或者命令的调用。

另一种是由第三方公司开发的数据采集工具，常见的有八爪鱼、火车头、后羿采集器等。利用这些工具进行数据采集时，一般需要先进行一些基本字段或者规则设置。这一类工具通常对使用者的数据分析或者编程等技术要求较低。但其有局限性，即能够获取到的数据有限，许多信息无法采集，并且有些工具需要付费才能实现相应功能。

三、数据清洗

数据清洗指的是对获取的数据进行预处理，使之变成可供进一步分析的标准格式的过程。需要进行清洗的数据包括非标准格式的数据、不符合业务逻辑的数据两大类。非标准格式数据有文本格式的日期、文本格式的数字、字段中多余的空格符号、重复数据等。在零售行业中不符合业务逻辑的数据非常多，比如为了冲销售额可能会有不真实的销售数据进系统，或者大量虚假的会员购买记录，电子商务中的虚假点击等。

数据清洗的好坏直接决定分析的结果。数据清洗的方法主要有分类、排序、做表格等；思维逻辑主要有理口径、看异常、查大数、观趋势等。可以利用 Excel 软件中的分列、删除重复值、数据透视表、图表、函数等功能来辅助清洗。当然也可以使用编程语言如 Python 等，或者是其他商务智能软件来清洗。

四、数据分析

数据分析是指在业务逻辑的基础上，运用最简单有效的分析方法和最合理的分析工具对数据进行处理的过程。没有业务逻辑的数据分析是不会产生任何使用价值的。对分析师来说，熟悉业务、有业务背景是非常重要的。分析方法简单有效就可以，以实用为最高准则，本书会详细讲解一些常用的数据分析方法。对工具熟练掌握的深度决定了分析的高度。对分析师来说，工具不在多而在精。只有熟练掌握数据分析工具，同时对业务的理解程度也够高，均衡发展，才能成为好的数据分析师。懂数据分析的人很多，懂业务的人更多，但是既懂数据分析又懂业务的人非常少。

（一）数据分析理论模型

很多时候我们听到模型两个字会觉得需要高深复杂的技术才可以实现，但实际上并非如此。任何对现实的抽象都可以称为模型。数据分析模型可以理解为对数据分析思路的抽象的结果。

数据分析的理论模型分很多种：比如针对具体的业务问题，通过数学算法等方式来输出计算结果的挖掘算法模型，如预测、聚类、文本挖掘等；比如按一定的业务逻辑模型，通过一些指标的内在联系组合起来的可分析问题的模型；再比如逻辑模型，指的是通过一定的逻辑来分析具体问题的模型。常用的逻辑模型有 4P 营销理论、5W2H 分析法、PEST 分析方法、SWOT 分析方法、杜邦分析法、拆分法、逻辑树模型、金字塔原理、PDCA 循环规则、SMART 原则、二八原则等。本章简单介绍几种逻辑模型。

1. 4P 营销理论

4P 营销理论是密歇根州立大学教授杰罗姆·麦卡锡在 20 世纪 60 年代提出的。这个理论将营销组合的要素分为产品（product）、价格（price）、促销（promotion）、渠道（place）四要素，使得营销简化并方便记忆和传播，如图 1-3 所示。

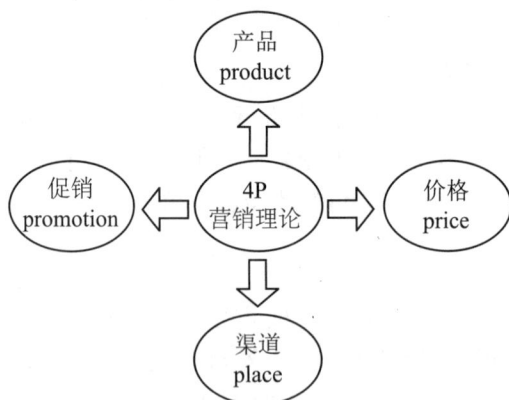

图 1-3　4P 营销理论

其中，产品是可以在任何市场存活的、满足用户某种需求的东西。它可以是实物，也可以是服务、人员、技术、组织、智慧等或以上若干种的组合；价格指的是商品的销售价格；促销指的是通过发放优惠券、打折、满减、包邮、在满足某种条件的基础上减免其中一件商品的价格等手段来促进用户消费，从而促进销售增长的营销方式；渠道则是指产品从生产者到达用户所经过的各个环节，比如某医疗公司保险产品的销售渠道可以包含健康管理类咨询公司、银行、国企等。比如某 APP 推广内容涉及地面推广、应用商店推广、和运营商合作等，这些均为渠道。

2. PEST 分析方法

PEST 分析方法一般用于对宏观环境的分析，指的是通过对这 4 类外部环境——P（political，代表政治环境）、E（economic，代表经济环境）、S（social，代表社会环境）、T（technological，代表技术环境）的分析来把握整体宏观环境，从而评估对企业业务的影响因素。由于行业与企业有不同的特点，故分析的时候也会结合不同的内容来进行。

（1）P（政治环境）

政治环境通常包括国家的社会制度，执政党的性质，政府的政策、法令等。政治环境对行业及企业的影响都是巨大的，一般政策颁布之后，相关的产业会受到非常大的影响，有些影响甚至是断崖式的。一旦政策有变化，公司的业务就得随之变化。国家政策支持的要大力开展，国家政策不允许涉猎的要坚决抵制。也因此很多商业人士都会关注新闻联播，关注各种时事，有些受政策影响大的行业（如互联网医疗）还会有专门的人来研究国家领导的讲话，研究各个政策对行业的影响，来为企业高层领导做决策提供方向性指导。作为数据分析人员，除了自己要实时关注时政，也可以向专门做宏观环境影响分析的同事了解情况，或多与领导沟通了解政策、法令的变化情况。

（2）E（经济环境）

经济环境看的是整体趋势，一般分为宏观环境及微观环境两个方面。宏观环境主要指国民收入、国民生产总值等关键因素的变化情况，了解国民经济发展水平及国民经济发展速度。微观环境一般指的是目标群体的收入、消费、储蓄等情况。比如，如果同一个行业的所有企业都同步表现出营收下降，企业内部各个业务线、各个团队不论处于何种进度，营收的变化情况也是下滑的，那这个很有可能是经济环境带来的经济下滑。这个时候我们可以看看 GDP 的走势，是不是和企业、行业的营收走势一致。在平时也可以观察 GDP 和营收的走势是否相符。如果 GDP 一直在上涨，而企业营收一直下滑，那么就需要好好查找原因，定位问题点，为决策提供依据。

（3）S（社会环境）

社会环境通常研究的是人口环境及人口文化水平，反映各个客群的规模及规模变化。人口环境一般指人口规模、年龄结构、人口分布；人口文化水平因为和人口所处的需求等级密切相关，故一般研究收入分布，人群的生活方式、购买习惯等。比如最近经常被提及的消费升级，即表明消费者在收入增加之后就会追求更高的享受，追求更优的商品质量与商品服务，体现在数据分析上就是客群的变化，以及对应客群客单价的变化。研究清楚后可对现环境的客群有精准的认识与定位。在对用户群体进行精准定位之后，也可以研发合适的产品，精准地推送，提高转化。

（4）T（技术环境）

技术环境一般指的是新技术、新工艺及新技术与新工艺在某些方面的应用。这个模块主要影响的是渠道及资源的智能整合能力。从公司层面来说，需要通过新技术的变革来评估公司的成本，选取合适的技术来控制成本。比如渠道，原来我们只能通过实体店来销售物品，这个会拘囿于地理位置及资源，现在因技术的革新，网上开店已非常普及，这就大大减少了实体房租水电的支出，可以节约成本，把钱花在更需要的地方。

3. SWOT 分析方法

SWOT 是战略分析的一种方法，它主要是通过对企业自身的优势、劣势、机会和威胁等方面的考察，以及对内部影响因素和外在环境的分析来为企业战略提供参考。S（strength）代表优势，W（weakness）代表弱势，O（opportunity）代表机会，T（treat）代表威胁，其中，S、W 是内部因素，O、T 是外部因素。在分析外部环境时可以从宏观环境、行业环境、竞争环境来着手，如图 1-4 所示。

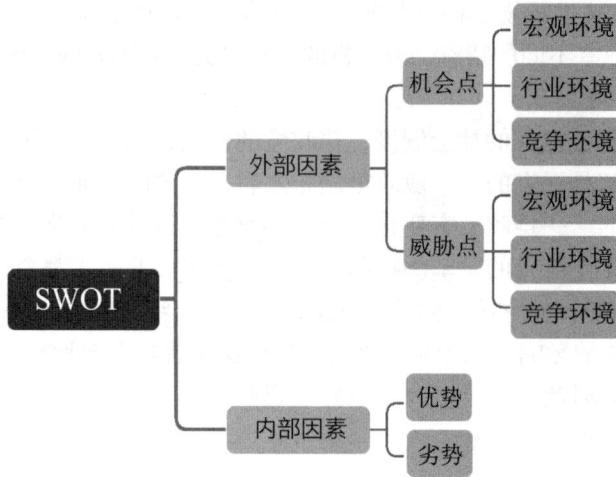

图 1-4　SWOT 分析法

4. 拆分法

拆分法是最常用的分析方法之一。拆分法是将某个问题拆解成若干个子问题，通过研究该若干子问题从而找到问题的原因并提出解决问题的方法。举个简单的例子。如图 1-5 所示，如果销售额下降，我们可以通过电商万能公式：销售额 = 访客数 × 转化率 × 客单价，将问题进行拆分，判断到底是访客数、转化率还是客单价出了问题，导致销售额下降。如果是访客数减少的原因，我们再继续进行拆分，看看到底是付费流量出了问题还是免费流量出了问题，依此类推，以最终找到问题的根源。

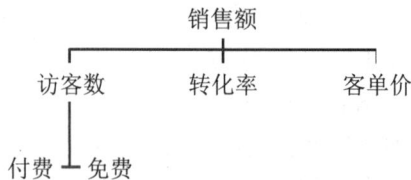

图 1-5　拆分法的应用

（二）数据分析方法与运用场景

1. 多维分析

多维分析的实质是细分分析。在越来越讲究精细化运营的今天，多维分析的作用越来越重要。此处我们讲的多维分析主要基于两个方向展开：一个是指标，即指标的细化；一个是维度，即维度的多元化，如时间维度、竞品维度等。细分的主要目的是发现问题。管理层通常看的是综合指标或总值，但通常这些总值无法真正地显现问题。而运营人员通常是执行具体运营策略的人，他们需要根据具体的、细分的数据来支撑决策方向。比如从用户角度来看，我们知道每天来访问的用户是 100 万，每天购买产品的用户是 1 万，但这 100 万个用户是通过什么渠道知道平台的，在平台的哪个模块停留的时间长，哪个模块的转化率高，哪个产品流程比较受用户喜爱，这些是无法通过总值来发现的。只有通过指标细分，才能有足够多的信息来判断和下结论。

所谓指标，指的是用来记录关键流程、衡量目标的单位或方法。比如某个部门的 KPI 考核指标为营业收入，这个部门的主营业务是销售速卖通平台上的商品，对 KPI 的拆解按如下形式来进行

$$商品营业收入 = （新用户数 + 老用户数）\times 商品订单转化率 \times 客单价$$

可以对新老用户再加以细分，比如分为孕妇群体、运动爱好者、学生、白领等；商品订单可以细分商品的类型、商品的价格、商品的供应商、商品的品牌影响力等。再通过对一系列业务路径的转化漏斗的量化观察，辅以渠道细分等分析手段，可以帮助业务团队快速定位问题，并寻求最优的提升方案。

所谓维度，即观察指标的角度。独立存在的维度指标对于业务来说没有什么意义，所有的维度指标都得在熟知业务的情况下具体划分，每一个分析维度都必须有其存在的意义，这样运营人员才会觉得数据有用，才会认可数据分析师的工作。常用的数据化运营的维度包括时间（如时、日、周、月、季、年等）、流量来源、渠道、关键词、竞品等。常用的业务指标模块的维度包含时间、国家、物流等。

2. 趋势分析

有对比才有分析。这是趋势分析的精华所在。下面我们介绍比较常用的两类趋势分析。

（1）基于时间对比的趋势分析

基于时间对比的趋势分析是同类指标基于不同时间周期的对比，主要分为同比及环比。环比指的是与相邻的上一周期做对比，周期可以是分、秒、时、日、周、月、季、年等。比如月环比，指的是本月与上一月的对比。

（2）基于趋势线的趋势分析

趋势线用最直观的方式来显示数据的趋势及预测未来的走势。趋势拟合线一般是通过回归得到的。在 Excel 软件中可以在呈现的图形中直接添加拟合线，以评估数据的趋势。

3. 综合评价法

综合评价法是通过将多个指标整合成一个综合指标来进行评价的方法。比如国家发展水平、支付宝的芝麻信用、某医疗 APP 的医生热度等，均可用综合评价法来评价。常用的综合评价方法分为主观和客观两类，主客观的说法主要是基于权重设定方法而言的。综合评价法的特点表现为：①评价过程是通过一些特殊的方法，按指标的重要性对多指标加权，多个指标的评价是同时完成的，而非一个一个逐次完成的；②在将多指标整合进综合评价指标的过程中，会涉及权重的设定；③综合评价法生成的综合指标不再是单纯意义上的单个指标的意思，而是多个指标的综合反映。

4. 数据挖掘方法

常用的数据分析方法除了上述的多维分析、趋势分析、综合评价等基于统计类的方法外，一些深层次的问题需要借助数据挖掘的方法来实现，如聚类、分类、回归分析等。数据挖掘方法的主要作用是挖掘数字背后隐藏的信息、规律，这些方法也并不一定就比普通的数据分析方法高级。在数据化运营的过程中，更重要的是我们要明白哪种方法对运营决策有帮助，然后选取合适的方法来分析。

常用的分类方法包括贝叶斯分类、决策树分类、KNN 分类、逻辑回归等方法，常用的聚类方法包括 K-Means 聚类、层次聚类方法。

五、数据可视化

数据可视化是一种将分析结果用简单且视觉效果好的方式展示出来的数据表现方法，一般运用文字、表格、图表和信息图等方式进行展示。Word、Excel、PPT 等都可以作为数据可视化的展示工具。现代社会已经进入了一个速读时代，好的可视化图表可以自己说话，大大节约了人们思考的时间。用简单的方式传递最准确的信息，让图表自己说话，这就是数据可视化的作用。

在数据可视化过程中需要注意以下事项。

（1）数据图表的主要作用是传递信息，不要用它们来炫技，不要舍本逐末般过分追求图表的漂亮程度。很多人在做图表时喜欢各种花里胡哨的表达，或者在 PPT 中设置各种动画效果等。这些其实都是不可取的，会对观看者产生负面影响。

（2）不要试图在一张图中表达所有的信息，不要让图表太沉重。图表要清晰明了，让人一眼就能看明白你想表达的内容。

（3）数据可视化是以业务逻辑为主线串起来的，不要随意地堆砌图表。

六、数据分析报告

分析报告是数据分析师的产品，可以用 Word、Excel、PPT 等作为报告的载体。写数据分析报告就如写议论文。议论文有三要素：论点、论据、论证，数据分析报告也要有明确的论点、严谨的论证过程和令人信服的论据。虽然在报告中不一定都要将三者呈现，但是论点是一定要有的。在写分析报告之前，一定要弄清楚你是在为谁做分析报告，对象不同，关注点自然不一样。所以在写数据分析报告之前，就像我们考试时一样，一定要注意仔细审题。

写数据分析报告的注意事项。

（1）写报告时不要试图面面俱到，把所有内容都介绍一遍，一定要有重点，可以聚焦在关键业务及受众的关注重点上。

（2）报告不能写成记叙文，而要写成议论文，要有论点、论据、论证。记叙文是叙事，而议论文是有观点的，是有力量的。还需要注意的是，同一个主题下面的论点不能太多，建议最好不要超过 3 个。论点清晰明了，不能冗余。不要写成流水账。

（3）报告需要有逻辑性。一是报告各部分内容之间需要有逻辑性，二是某一个内容需要有内在的逻辑性。前者可以利用业务间的逻辑来串联，后者一般遵照发现问题、解读问题、解决问题的逻辑。

（4）数据分析报告要有很强的可读性，尽量图表化。千言万语不如一张图。

（5）不要回避"不良结论"，有时候做数据分析也是一个良心工程。

（6）报告中务必注明数据来源、数据单位、特殊指标的计算方法等，尽量少用或不用专业性强的术语。

七、应用反馈

数据分析报告并不是数据化运营的终点，它反而是另一个起点，数据化运营最终是为了应用，没有应用的流程是不完整的。应用就是将数据分析过程中发现的问题、机会等分解到各业务单元，并通过数据监控、关键指标预警、对趋势进行合理判断等手段来指导各部门提高业务水平。

第三节　跨境电商数据化运营的指标

跨境电商数据化运营的主要指标包括网站运营指标、经营环境指标、营销活动指标、客户价值指标和销售业绩指标。

一、网站运营指标

网站运营指标主要用来衡量网站的整体运营状况，又可以细分为网站流量指标、商品类目指标和供应链指标。

（一）网站流量指标

网站流量指标主要从网站优化、网站易用性、网站流量质量及顾客购买行为等方面进行考量。网站流量指标还可细分为数量指标、质量指标和转换指标。其中，网页浏览量（page view，PV）、独立访客数（unique visitor，UV）、使用不同地址访问网站的用户数量、新访客数和新访客比率等都属于流量数量指标；跳出率、页面/站点平均在线时长、PV/UV 等属于流量质量指标；针对具体的目标，涉及的转换次数和转换率则属于流量转换指标，如用户下单次数、加入购物车次数、成功支付次数及相对应的转化率等。

（二）商品类目指标

商品类目指标主要用来衡量网站商品正常运营水平，如商品类目结构占比、各类产品的销售额占比、各类产品的销售 SKU（stock keeping unit，最小存货单位）集中度，以及相应的库存周转率等。不同的产品类目占比又可细分为商品大类目占比情况及具体商品不同大小、颜色、型号等各个类别的占比情况等。

（三）供应链指标

供应链指标主要用来衡量跨境电商网站在商品库存及商品配送方面的表现，如从顾客下单到收货的时长、仓储成本、仓储生产时长、配送时长、每单配送成本等，又如仓储中的分仓库压单占比、系统报缺率（与前面的商品类目指标有极大的关联）、实物报缺率和限时上架完成率等，物品发送中常指分时段下单出库率、未送达占比，以及相关退货比率、COD（cash on delivery，货到付款）比率等。

二、经营环境指标

跨境电商网站的经营环境指标又分为外部竞争环境指标和内部购物环境指标。外部竞争环境指标包括网站的市场占有率、市场扩大率和网站排名等，这类指标通常采用第三方调研公司的报告数据。网站内部购物环境指标包括功能性指标和运营指标（这部分内容与流量指标一致），常用的功能性指标包括商品类目多样性、支付配送方式多样性、网站正常运营情况和链接速度等。

三、营销活动指标

营销活动指标通常包括活动效果（收益和影响力）、活动成本及活动黏合度（通常以用户关注度、活动用户数及客单价等来衡量）3 个方面。通常将营销活动指标区分为日常市场运营活动指标、广告投放指标及对外合作指标。其中市场运营活动指标和广告投放指标主要考虑新增访客数、订单数量、下单转化率、每次访问成本、每次转换收入及投资回报率等指标，而对外合作指标则根据具体的合作对象而定。

四、客户价值指标

客户也可称为消费者，其价值通常由历史价值（过去的消费）、潜在价值（主要从用户行为方面考虑，RFM 模型为主要衡量依据）、附加值（主要从用户忠诚度、口碑推广等方面考虑）3 方面组成。客户价值指标则分为总体客户指标和新、老客户价值指标两种。该指标主要从客户的贡献和获取成本两方面来衡量，如访客人数、访客获取成本及从访问到下单的转化率等。

五、销售业绩指标

销售业绩指标直接与企业的财务收入挂钩，因为其他数据指标的细化都可以根据销售业绩指标来进一步分析，所以在所有数据分析指标体系中起着非常重要的作用。电子商务领域里的销售业绩指标主要分为网站销售业绩指标和订单销售业绩指标两种，其中，网站销售业绩指标重点在于网站订单的转化率方面，而订单销售指标重点则在具体的毛利率、订单有效率、重复购买率和退换货率等方面。当然，除此之外，还有很多指标，如总销售额、品牌类目销售额、总订单、有效订单等。

第四节 跨境电商数据化运营的体系及其作用

一、市场体系数据化

在市场部分，本书主要围绕销售波动趋势和类目市场分析两部分内容展开，其中包含行业规模分析、行业淡旺季更替规律分析、生命周期分析、行业趋势分析、行业竞争分析及行业最佳价格波段分析等内容。市场体系数据化旨在通过一系列数据分析方法，帮助运营者对某行业的整体市场概况有详细的了解，找到对应行业的市场规律，从而找到一些有潜力的蓝海市场。

二、竞争体系数据化

在竞争对手分析部分，本书主要围绕竞店和竞品分析两大部分展开。其中包含竞争对手的识别与分层、统计分析竞店的宏观数据、竞店的价格布局分析、竞品的 SKU 分析、竞品消费者国家（地区）分布等内容。竞争体系数据化旨在通过相应的原则确定行业中自己的竞争对手，对其经营数据进行分析，真正做到知己知彼，取长补短，为自己的运营决策提供相关的数据支撑与参考建议。

三、关键词体系数据化

在关键词部分，本书主要围绕关键词热度分析及搜索效果分析两部分展开。其中包含词根分析、关键词分析和关键词有效度分析等内容。关键词体系数据化旨在通过对关键词数据的分析，找到热门关键词，帮助企业优化标题，进而获取更多的流量。

四、用户体系数据化

在用户部分，本书主要围绕客户画像这一数据化运营手段展开。其中包含客户消费习惯、消费者舆情分析、消费者生命周期分析等内容。用户数据体系化旨在搭建店铺运营者本身的用户画像体系，帮助运营者明确自己的店铺及产品定位，其数据来源主要是店铺的一些订单数据和其他销售数据。

五、物流体系数据化

在物流部分，本书主要围绕物流渠道展开分析。其中包含国家（地区）市场分析、国家（地区）物流分析、物流渠道分析及商品物流分析等内容。物流体系数据化旨在通过对不同国家（地区）、不同商品的物流渠道进行分析，帮助商家更好地制定物流方案。

第二章

跨境电商数据的采集与预处理

- 了解跨境电商数据采集的概念。
- 掌握跨境电商数据采集的方法。
- 了解跨境电商数据采集与预处理的流程。

▶▶ **学习重点、难点**

学习重点

- 跨境电商数据采集的工具。
- 跨境电商数据采集流程。
- 跨境电商数据预处理。

学习难点

- 跨境电商数据预处理的几种方式。
- 跨境电商数据采集。

第一节　跨境电商数据采集

一、数据采集的概念和流程

（一）跨境电商数据采集的概念

跨境电商数据采集是指由预先设计的采集平台与系统程序自动采集跨境电商平台上的数据的过程。跨境电商大数据伴随消费者和企业的行为实时产生，广泛分布于跨境电商平台、社交媒体、智能终端、企业内部系统和其他第三方服务平台上。其类型多种多样，既包含消费者交易信息、消费者基本信息、企业的产品信息与交易信息，也包括消费者的评论信息、行为信息、社交信息和地理位置信息等。在大数据环境下，跨境电商平台中的数据是公开、共享的，但数据间的各种信息传输和分析需要有一个采集整理的过程。

（二）跨境电商数据采集的流程

跨境电商数据采集流程如图 2-1 所示。

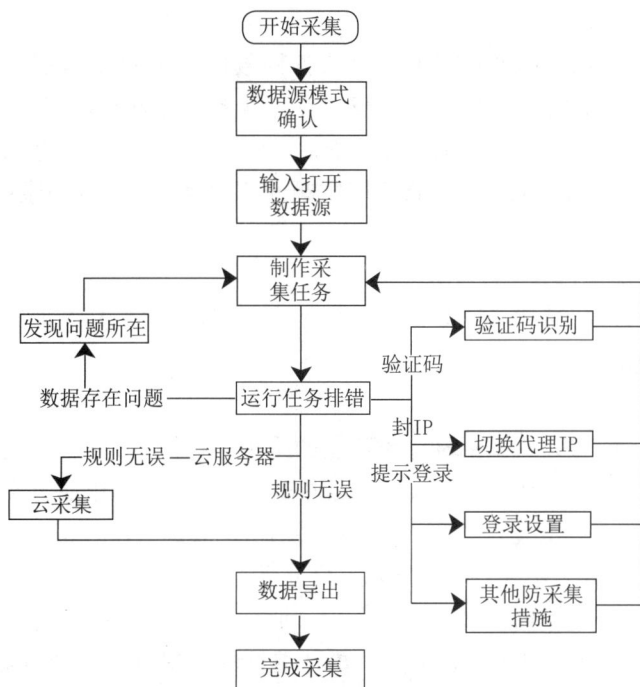

图 2-1　跨境电商数据采集流程

随着数据采集频率要求越来越高，数据采集数量日益增大，单一计算机的采集已不能很好地满足用户的需求。云计算技术的出现正好解决了这个问题。云计算将计算和数据分布在大量的分布式计算机上，这些计算机提供了强大的计算能力，能够完成传统单台计算机根本无法完成的计算任务。同时，云中的计算机具有庞大的数据存储空间，使采集器可以实现多种采集需求。

二、跨境电商数据采集的方法

（一）系统日志采集方法

很多互联网企业都有自己的海量数据采集工具，多用于系统日志采集，如 Facebook 公司的 Scribe、Hadoop 平台的 Chukwa、Cloudera 公司的 Flume 等。这些工具均采用分布式架构，能满足每秒数百兆的日志数据采集和传输需求。

1. Scribe 系统

Scribe 是 Facebook 公司开源的日志收集系统，在 Facebook 公司内部已经得到大量的应用。Scribe 可以从各种日志源上收集日志，存储到一个中央存储系统中，这个系统可以是网络文件系统（network file system，NFS）、分布式文件系统等，以便于进行集中的统计分析处理。Scribe 为日志的分布式收集和统一处理提供了一个可扩展的、高容错的方案。

（1）Scribe Agent

Scribe Agent 实际上是一个 Thrift Client（Thrift 是一种接口描述语言和二进制通信协议，Client 指客户端），也是向 Scribe 发送数据的唯一方法。Scribe 内部定义了一个 Thrift 接口，用户使用该接口将数据发送给不同的对象。Scribe Agent 发送的每条数据记录包含一个种类（category）和一条信息（message）。

（2）Scribe

Scribe 接收 Thrift Client 发送的数据，它从各种数据源上收集数据，放到一个共享队列上，然后推送到后端的中央存储系统上。当中央存储系统出现故障时，Scribe 可以暂时把日志写到本地文件中，待中央存储系统恢复性能后，Scribe 再把本地日志续传到中央存储系统上。Scribe 在处理数据时根据 Category 将不同主题的数据存储到不同目录中，以便于分别进行处理。

（3）中央存储系统

存储系统实际上就是 Scribe 中的 Store（仓库），当前 Scribe 支持非常多的 Store 类型，包括文件、Buffer 或数据库。

2. Chukwa

Chukwa 提供了一种对大数据量日志类数据的采集、存储、分析和展示的全套解决方案和框架。在数据生命周期的各个阶段，Chukwa 能够提供近乎完美的解决方案。Chukwa 可以用于监控大规模（2000 个以上节点，每天产生数据量在 TB 级别）Hadoop（一个分布式系统基础架构）集群的整体运行情况并对它们的日志进行分析。

（1）适配器（Chukwa Adapter）

适配器是直接采集数据的接口和工具。每种类型的数据对应一个适配器，可用适配器来满足需求。

（2）代理（Chukwa Agent）

代理给适配器提供各种服务，包括启动和关闭适配器，将适配器收集的数据通过 HTTP 传递给收集器（Collector），并定期记录适配器的状态，以便适配器出现故障后能迅速恢复。一个代理可以管理多个适配器。

（3）收集器（Chukwa Collector）

它负责对多个数据源发来的数据进行合并，并定时写入集群。因为 Hadoop 集群擅长处理少量的大文件，而对大量小文件的处理则不是它的强项。针对这一点，收集器可以将数据先进行部分合并，再写入集群，防止大量小文件的写入。

（4）多路分配器（Chukwa Demux）

它利用 MapReduce 对数据进行分类、排序和去重。

（5）存储系统

Chukwa 采用了 HDFS（Hadoop distributed file system，Hadoop 分布式文件系统）作为存储系统。HDFS 的设计初衷是支持大文件存储和小并发高速写的应用场景，而日志系统的特点恰好相反，它需要支持高并发低速写和大量小文件的存储，因此 Chukwa 框架使用多个部件，使 HDFS 满足日志系统的需求。

（6）数据展示

Chukwa 不是一个实时错误监控系统，它分析的数据是分钟级别的，能够展示集群中作业运行的时间、占用的 CPU 及故障节点等整个集群的性能变化，能够帮助集群管理者监控和解决问题。

3. Flume

Flume 是 Apache 旗下的一款开源、高可靠、高扩展、容易管理、支持客户扩展的数据采集系统，依赖 Java 运行环境。Flume 最初是由 Cloudera 的工程师设计的用于合并日志数据的系统，后来逐渐发展用于处理流数据事件。Flume 被设计成一个分式的管道架构，可以看作在数据源和目的地之间有一个 Agent（代理）的网络，每一个 Agent 都由 Source、Channel 和 Sink 组成。

（1）Source

Source 负责接收输入数据，并将数据写入 Channel。Flume 的 Source 支持 HTTP、JMS、RPC、NetCat、Exec、Spooling Directory。其中 Spooling（外部设备联机并行操作系统）支持监视一个目录或者文件，并解析其中新生成的事件。

（2）Channel

Channel 存储、缓存从 Source 到 Sink 的中间数据。可使用不同的配置来做 Channel，例如内存、文件、JDBC 等。使用内存性能高但不持久，有可能丢数据；使用文件更可靠，但性能不如内存。

（3）Sink

Sink 负责从 Channel 中读出数据并发给下一个 Agent 或者最终的目的地。Sink 支持的不同目的地种类包括 HDFS、HBase、Solr、Elastic Search、File、Logger 或者其他的 Flume Agent。

毋庸置疑，在流式数据处理的场景中，Flume 绝对是开源产品中的不二选择。其架构 Source、Channel、Sink 分别负责从上游服务端获取数据、暂存数据及解析并发送到下游。Flume 尤以灵活的扩展性和强大的容错处理能力著称，非常适合在大数据量的情况下做数据解析、中转及上下游适配的工作。

另一方面，Flume 也有一些缺陷，如解析与发送都耦合在 Sink 模块，用户在编写 Sink 插件时不得不编写解析的逻辑，无法复用一些常规的解析方式；依赖 JVM 运行环境，作为服务端程序可以接受，但是部署和运行一个数据收集客户端程序则变得相对笨重；Flume 的配置融合了 Channel 部分，基本配置并不简单，用户想使用，需要较多的前置知识。

（二）网络爬虫

网络数据采集是指通过网络爬虫或网站公开 API（application programming interface，应用程序编程接口）等方式从网站上获取数据信息。该方法可以将非结构化数据从网页中抽取出来，将其存储为统一的本地数据文件，并以结构化的方式存储。它支持图片、音频、视频等文件或附件的采集，附件与正文可以自动关联。在互联网时代，网络爬虫主要是为搜索引擎提供最全面和最新的数据。在大数据时代，网络爬虫更是从互联网上采集数据的有力工具。目前已经知道的各种网络爬虫工具有上百个，网络爬虫工具基本可以分为 3 类：分布式网络爬虫工具，如 Nutch；Java 网络爬虫工具，如 Crawler4j、WebMagic、WebCollector；非 Java 网络爬虫工具，如 Scrapy（基于 Python 语言开发）。

1. 网络爬虫原理

网络爬虫是一种按照一定的规则，自动地抓取 Web 信息的程序或者脚本。Web 网络爬虫可以自动采集所有其能够访问到的页面内容，为搜索引擎和大数据分析提供数据来源。从功能上来讲，爬虫一般有数据采集、处理和存储 3 部分功能。

网页中除了包含供用户阅读的文字信息外，还包含一些超链接信息。网络爬虫系统正是通过网页中的超链接信息不断获得网络上的其他网页的。网络爬虫从一个或若干初始网页的 URL（uniform resource locator，统一资源定位系统）开始，获得初始网页上的 URL，在抓取网页的过程中，不断从当前页面上抽取新的 URL 放入队列，直到满足系统的一定停止条件。

网络爬虫系统一般会选择一些比较重要的、出度（网页中链出的超链接数）较大的网站的 URL 作为种子 URL 集合。网络爬虫系统以这些种子集合作为初始 URL，开始数据的抓取。因为网页中含有链接信息，通过已有网页的 URL 会得到一些新的 URL。可以把网页之间的指向结构视为一个森林，每个种子 URL 对应的网页是森林中的一棵树的根结点，这样网络爬虫系统就可以根据广度优先搜索算法或者深度优先搜索算法遍历所有的网页。由于深度优先搜索算法可能会使爬虫系统陷入一个网站内部，不利于搜索比较靠近网站首页的网页信息，因此一般采用广度优先搜索算法采集网页。

网络爬虫系统首先将种子 URL 放入下载队列，并简单地从队首取出一个 URL 下载其对应的网页，得到网页的内容并将其存储后，经过解析网页中的链接信息可以得到一些新的 URL。其次，根据一定的网页分析算法过滤掉与主题无关的链接，保留有用的链接并将其放入等待抓取的 URL 队列。最后，取出一个 URL，对其对应的网页进行下载，然后再解析，如此反复进行，直到遍历了整个网络或者满足某种条件后才会停止下来。

2. 网络爬虫工作流程

网络爬虫的基本工作流程如下：①首先选取一部分种子 URL；②将这些 URL 放入待抓取 URL 队列；③从待抓取 URL 队列中取出待抓取 URL，解析 DNS（domain name system，域名系统），得到主机的 IP 地址，并将 URL 对应的网页下载下来，存储到已下载网页库中，并将这些 URL 放进已抓取 URL 队列；④分析已抓取 URL 队列中的 URL，分析其中的其他 URL，并且将这些 URL 放入待抓取 URL 队列，从而进入下一个循环。

3. 网络爬虫抓取策略

Google 和百度等通用搜索引擎抓取的网页数量通常都是以亿为单位计算的。那么，面对如此众多的网页，通过何种方式才能使网络爬虫尽可能地遍历所有网页，从而尽可能地扩大网页信息的抓取覆盖面，这是网络爬虫系统面临的一个很关键的问题。在网络爬虫系统中，抓取策略决定了抓取网页的顺序。

（1）网络爬虫抓取策略相关的概念

①网页间关系模型

从互联网的结构来看，网页之间通过数量不等的超链接相互连接，形成一个彼此关联、庞大复杂的有向图。如果将网页看成是某一个结点，而将网页中指向其他网页的链接看成是这个结点指向其他结点的边，那么我们很容易将整个互联网上的网页建模成一个有向图，如图 2-2 所示。理论上讲，通过遍历算法遍历该图，可以访问到互联网上几乎所有的网页。

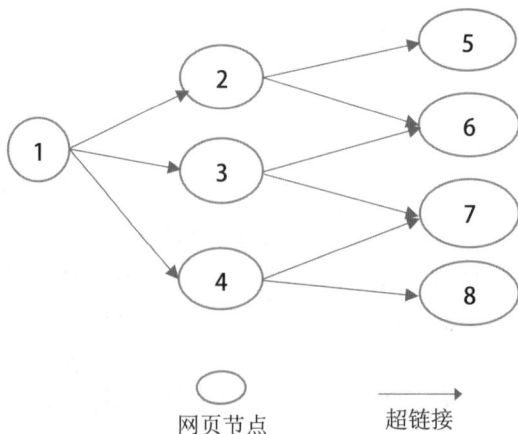

图 2-2　网页关系模型

②网页分类

从爬虫的角度对互联网进行划分，可以将互联网的所有页面分为 5 个部分：已下载未过期网页、已下载已过期网页、待下载网页、可知网页和不可知网页。抓取到本地的网页实际上是互联网内容的一个镜像与备份。互联网是动态变化的，当一部分互联网上的内容发生变化后，抓取到本地的网页就过期了。所以，已下载的网页分为已下载未过期网页和已下载已过期网页两类。

待下载网页是指待抓取 URL 队列中的那些页面。可知网页是指还没有抓取下来，也没有在待抓取 URL 队列中，但是可以通过对已抓取页面或者待抓取 URL 对应页面进行分析，从而获取的网页。还有一部分网页，网络爬虫是无法直接抓取下载的，称为不可知网页。

（2）网络爬虫常见的抓取策略

①通用网络爬虫

通用网络爬虫又称全网爬虫，爬行对象从一些种子 URL 扩展到整个 Web，主要为门户站点搜索引擎和大型 Web 服务提供商采集数据。为提高工作效率，通用网络爬虫会采取一定的爬行策略。常用的爬行策略有深度优先策略和广度优先策略。

a. 深度优先策略

深度优先策略是指网络爬虫会从起始页开始，一个链接一个链接地跟踪下去，直到不能再深入为止。网络爬虫在完成一个爬行分支后返回到上一链接结点进一步搜索其他链接。当所有链接遍历完后，爬行任务结束。这种策略比较适合垂直搜索或站内搜索，但爬行页面内容层次较深的站点时会造成资源的巨大浪费。

以图 2-2 为例，遍历的路径为 1 → 2 → 5 → 6 → 3 → 7 → 4 → 8。

在深度优先策略中，当搜索到某一个结点的时候，这个结点的子结点及该子结点的后继结点全部优先于该结点的兄弟结点，深度优先策略在搜索空间的时候会尽量地往深处去，只有找不到某结点的后继结点时才考虑它的兄弟结点。这样的策略就决定了深度优先策略不一定能找到最优解，并且由于深度的限制甚至找不到解。如果不加限制，就会沿着一条路径无限制地扩展下去，这样就会"陷入"巨大的数据量中。一般情况下，使用深度优先策略都会选择一个合适的深度，然后反复地搜索，直到找到解，这样搜索的效率就降低了。所以深度优先策略一般在搜索数据量比较小的时候才使用。

b. 广度优先策略

广度优先策略按照网页内容目录层次深浅来爬行页面，处于较浅目录层次的页面首先被爬行。当同一层次中的页面爬行完毕后，爬虫再深入下一层继续爬行。

仍然以图 2-2 为例，遍历的路径为 1 → 2 → 3 → 4 → 5 → 6 → 7 → 8。

由于广度优先策略可以保证以最短路径找到解。这种策略能够有效控制页面的爬行深度，避免遇到一个无穷深层分支时无法结束爬行的问题，实现方便，无须存储大量中间结点，不足之处在于需较长时间才能爬行到目录层次较深的页面。如果搜索时分支过多，也就是结点的后继结点太多，就会使算法耗尽资源，在可以利用的空间内找不到解。

②聚焦网络爬虫

聚焦网络爬虫又称主题网络爬虫，是指选择性地爬行那些与预先定义好的主题相关的页面的网络爬虫。

a. 基于内容评价的爬行策略

D. Bra 等人将文本相似度的计算方法引入网络爬虫中，提出了 Fish Search 算法。该算法将用户输入的查询词作为主题，包含查询词的页面被视为与主题相关的页面，其局限性在于无法评价页面与主题相关度的大小。

M. Hersovici 等人对 Fish Search 算法进行了改进，提出了 Shark Search 算法，即利用空间向量模型计算页面与主题的相关度大小。采用基于连续值计算链接价值的方法，不但可以计算出哪些抓取的链接和主题相关，还可以得到相关度的量化大小。

b. 基于链接结构评价的爬行策略

网页不同于一般文本，它是一种半结构化的文档，包含了许多结构化的信息。网页不是单独存在的，页面中的链接指示了页面之间的相互关系，基于链接结构的搜索策略模式利用这些结构特征来评价页面和链接的重要性，以此决定搜索的顺序。其中，PageRank 算法是这类搜索策略模式的代表。

PageRank 算法的基本原理是，如果一个网页多次被引用，则可能是很重要的网页，如果一个网页没有被多次引用，但是被重要的网页引用，也有可能是重要的网页。一个网页的重要性被平均地传递到它所引用的网页上。将某个页面的 PageRank 除以存在于这个页面的正向链接，并将得到的值分别和正向链接所指的页面的 PageRank 相加，即得到被链接的页面的 PageRank。

c. 基于增强学习的爬行策略

Andrew McCallum 和 Jason D.M. Rennie 将增强学习引入聚焦爬虫，利用贝叶斯分类器，根据整个网页文本和链接文本对超链接进行分类，为每个链接计算出重要性，从而决定链接的访问顺序。

d. 基于语境图的爬行策略

Diligenti 等人提出了一种通过建立语境图学习网页之间的相关度的爬行策略，该策略可训练一个机器学习系统，通过该系统可计算当前页面到相关 Web 页面的距离，距离近的页面中的链接优先访问。

③增量式网络爬虫

增量式网络爬虫是指对已下载网页采取增量式更新并且只爬行新产生的或者已经发生变化网页的爬虫，它能够在一定程度上保证所爬行的页面是尽可能新的页面。

增量式网络爬虫有两个目标：保持本地页面集中存储的页面为最新页面和提高本地页面集中页面的质量。为实现第一个目标，增量式网络爬虫需要通过重新访问网页来更新本地页面集中页面的内容，常用的方法有统一更新法、个体更新法和基于分类的更新法。在统一更新法中，网络爬虫以相同的频率访问所有网页，而不考虑网页的改变频率。在个体更新法中，网络爬虫根据个体网页的改变频率来重新访问各页面。在基于分类的更新法中，网络爬虫根据网页改变频率将其分为更新较快网页子集和更新较慢网页子集两类，然后以不同的频率访问这两类网页。为实现第二个目标，增量式网络爬虫需要对网页的重要性排序，常用的策略有广度优先策略、PageRank 优先策略等。

④深层网络爬虫

网页按存在方式可以分为表层网页和深层网页。表层网页是指传统搜索引擎可以索引的页面，以超链接可以到达的静态网页为主。深层网页是那些大部分内容不能通过静态链接获取的，隐藏在搜索表单后的，只有用户提交一些关键词才能获得的网页。深层网络爬虫体系结构包含 6 个基本功能模块［爬行控制器、解析器、表单分析器、表单处理器、响应分析器、LVS（label value set，标签和数值的集合）控制器］和两个爬虫内部数据结构（URL 列表和

LVS 表）。其中，LVS 用来表示填充表单的数据源。在爬取过程中，最重要的部分就是表单填写，包含基于领域知识的表单填写和基于网页结构分析的表单填写两种。

5. Scrapy 网络爬虫系统

Scrapy 是一个为了爬取网站数据、提取结构性数据而编写的应用框架，可以应用在包括数据挖掘、信息处理或存储历史数据等一系列的程序中。

（1）Scrapy 架构

Scrapy 的整体架构由 Scrapy 引擎（Scrapy Engine）、调度器（Scheduler）、下载器（Downloader）、爬虫（Spiders）和数据项管道（Item Pipeline）5 个组件和两个中间件构成。

① Scrapy 引擎：这是整个系统的核心，负责控制数据在整个组件中的流动，并在相应动作发生时触发事件。

②调度器：它是管理 Request 请求的出入栈，去除重复的请求。调度器从 Scrapy 引擎接收请求，并将请求加入请求队列，以便在后期需要的时候提交给 Scrapy 引擎。

③下载器：负责获取页面数据，并通过 Scrapy 引擎提供给网络爬虫。

④爬虫：它是 Scrapy 用户编写的用于分析结果并提取数据项或跟进的 URL 的类。每个爬虫负责处理一个（或者一组）特定网站。

⑤数据项管道：负责处理被爬虫提取出来的数据项。典型的处理方式有清理、验证及持久化。

⑥下载器中间件：它是引擎和下载器之间的特定接口，处理下载器传递给引擎的结果。其通过插入自定义代码来扩展下载器的功能。

⑦爬虫中间件：它是引擎和爬虫之间的特定接口，用来处理爬虫的输入，并输出数据项。其通过插入自定义代码来扩展爬虫的功能。

（2）Scrapy 中的数据流流程

Scrapy 中的数据流由 Scrapy 引擎控制，整体的流程如下。

① Scrapy 引擎打开一个网站，找到处理该网站的爬虫，并询问爬虫第一次要爬取的 URL。

② Scrapy 引擎从爬虫中获取第一次要爬取的 URL，并以 Request 方式发送给调度器。

③ Scrapy 引擎向调度器请求下一个要爬取的 URL。

④调度器返回下一个要爬取的 URL 给 Scrapy 引擎，Scrapy 引擎将 URL 通过下载器中间件转发给下载器。

⑤下载器下载给定的网页，下载完毕后，生成一个该页面的结果，并将其通过下载器中间件发送给 Scrapy 引擎。

⑥ Scrapy 引擎从下载器中接收到下载结果，并通过爬虫中间件发送给爬虫进行处理。

⑦爬虫对结果进行处理，并返回爬取到的数据项及需要跟进的新的 URL 给 Scrapy 引擎。

⑧ Scrapy 引擎将爬取到的数据项发送给数据项管道，将爬虫生成的新的请求发送给调度器。

⑨从步骤②开始重复，直到调度器中没有更多的请求，Scrapy 引擎关闭该网站。

（三）API

利用网站自身提供的应用程序编程接口 API 实现网络数据采集，即调用网站 API，可以很好地解决数据的针对性的问题。

越来越多的社会化媒体网站推出了开放平台，提供了丰富的 API，如推特（Twitter）、新浪微博、博客等。这些平台中包含了许多关于"电子商务""跨境电子商务"的话题和评论、图片等，这些平台允许用户申请平台数据的采集权限并提供相应的 API 接口采集数据。

API 调取主要有开放认证协议和开源 API 调用两类。

1. 开放认证协议

开放认证（OAuth）协议不需要提供用户名和密码来获取用户数据，它给第三方应用提供一个令牌，每一个令牌授权对应的特定网站（如社交网站），并且应用只能在令牌规定的时间范围内访问特定的资源。为了降低 OAuth 协议的复杂性，OAuth 2.0 协议很快就被提出，OAuth 2.0 更加关注客户端开发者的简易性，它为手机应用、桌面应用和 Web 应用提供专门的认证流程。目前，各大社交网站诸如脸书（Facebook）、Twitter、新浪微博等都提供了 OAuth 2.0 认证支持。

在已获授权的情况下，第三方程序可通过这些 API 直接调取网络数据。通过 API 获取的网络数据通常以 JSON 或 XML 的格式呈现，具有清晰的数据结构，非常便于通过程序直接进行数据抽取。

2. 开源 API 调用

开源 API 是网站自身提供的接口，可以自由地通过改接口调用该网站指定数据。开源 API 的调用介绍如下。

如果需要发送 get 请求，可创建 HttpGet 对象；同样，如果需发送 post 请求，可创建 HttpPost 对象。

发送参数，可调用 HttpGet、HttpPost 共同的 setParams（ ）方法来添加请求参数；HttpPost 对象也可调用 setEntity（ ）方法来设置请求参数。

调用 HttpClient 对象的 excute（ ）发送请求，执行该方法会返回一个 HttpResponse。调用 HttpResponse 的 getAllHeaders（ ）、getHeaders（string name）等方法可获取服务器的响应头。调用 getEntity（ ）方法可获取 HttpEntity 对象，该对象包装了服务器的相应内容。

三、跨境电商数据采集的工具

（一）已有的数据采集工具

数据采集在所有数据系统中都是必不可少的必要环节。由于数据源多种多样、数据量大且变化迅速等原因，为了保证数据采集的可靠性、避免重复数据、保证数据的质量，必须依靠合适的数据采集工具。

目前社区不乏大量优秀的数据收集工具，如有名的 ElasticStack（ElasticSearch、Logstash、Kibana）中的 Logstash；CNCF 基金会里面有名的 Fluentd；InfluxData 公司 TICKStack 中的 Telegraf；Google 出品为 Kubernetes 定制的 cAdvisor；Apache 基金会中的顶级项目 Flume。除了早期诞生的诸如 Fluentd、Flume 等项目，其他项目都是为特定的平台业务定制而成的，然后在随后的开源中不断进化，变得更为通用。所以，针对特定业务量身定制一款数据收集工具，是一个较为普遍的需求。

1. Fluentd

Fluentd 是数据收集界的老牌工具，也是另一个开源的数据收集框架。Fluentd 使用 C/Ruby 开发，使用 JSON 文件来统一日志数据。它的可插拔架构支持各种不同种类和格式的数据源和数据输出。最后它也同时提供了高可靠和很好的扩展性。Fluentd 的架构设计和 Flume 如出一辙。

Fluentd 的 Input/Buffer/Output 非常类似于 Flume 的 Source/Channel/Sink。Input 负责接收数据或者主动抓取数据，支持 Syslog，HTTP，Filetail 等；Buffer 负责数据获取的性能和可靠性，也有文件或内存等不同类型的 Buffer 可以配置；Output 负责输出数据到目的端，例如文件、AWSS3 或者其他的 Fluentd。

上述两种流行的数据收集平台，都提供高可靠和高扩展的数据收集，抽象出了输入、输出和中间的缓冲的架构，并利用分布式的网络连接实现了一定程度的扩展性和高可靠性。除此之外，还有 Logstash、Chukwa，Scribe 和 Splunk 等。

Fluentd 由 C/Ruby 实现，性能表现优良，但依赖 Ruby 环境。但是，Fluentd 插件支持相对较少，其配置也过于复杂，使用门槛较高。

2. Logstash

随着 ElasticStack 广受热捧，Logstash 自然也成为技术圈家喻户晓的工具，而 Logstash 本身的强大功能也名副其实，其架构分为 Inputs、Filters 及 Outputs 三部分。Inputs 作为所有输入端的集合，包含了各类数据输入插件；Filters 包括解析与数据转换两部分的插件集合，其中就包含了大名鼎鼎的 Grok 解析方式，几乎可以解析所有类型的数据；Outputs 则是输出端的集合。毫无疑问，Logstash 几乎是使用 ElasticStack 方案时作为数据收集的唯一选择。

3. Telegraf/cAdvisor

这两款均是 Go 语言编写的针对系统信息数据收集的开源工具，其侧重点在 Metric 收集相较于通用的日志收集和处理，其功能面较窄，但是性能方面均表现优异。Telegraf 配合 influxDB，可以让用户对机器各个维度的信息了如指掌；而 cAdvisor 更是 Kubernetes 的绝佳助手，处理容器资源信息儿无敌手。

但是这两款工具并无意于发挥通用数据收集的功能，功能上可能无法满足一些日志收集的场景。

（二）跨境电商数据采集工具的设计

1. 架构设计

主流数据收集工具的主架构基本分为 Reader、Parser 及 Sender 三大部分。除了这 3 个日志收集常规组成部分，应该包含可选模块，如解析过后的数据转换（Filter/Transformer）模块及数据暂存管道（Channel/Buffer）。为了尽可能复用，每个组成部分都应该是插件式的，可以编写不同类型插件并且灵活地组装。Channel/Buffer 部分也应该提供基于内存或者基于磁盘的选择。

对于 Reader、Parser、Sender 等插件共同组装的业务数据收集单元，可称之为一个运行单元（Runner），数据收集工具必须可以同时运行多个 Runner，且每个 Runner 可以支持更新。

更新可以通过多种方式实现，最常规的是手动更新配置然后重启；更好的设计是支持热更新，不需要重启，自动识别配置文件的变化；还可以设计一个漂亮的 Web 界面做配置的变更，以此引导用户使用并解决数据收集配置复杂、用户使用门槛高的难题。所以，在整体架构之上还应该构建一个简单的 API 层，支持 Web 界面的功能。

2. 语言选择

数据收集属于轻量级的 Agent 服务，一般选择的语言为 C/C++，或者近年来特别火热的 Go。而 Go 语言已经成为这类数据收集工具编写的大众选择，如 Logstash 新开发的 beats 工具、Telegraf、cAdvisor 等，均使用 Go 语言开发。

社区已经有很多文章描述使用 Go 语言的好处,在此就不再赘述。总体而言,用 Go 语言开发门槛较低,性能优良,支持跨多种操作系统平台,部署也极为简便。

3. 分模块设计

(1) **数据读取模块**(Reader)

顾名思义,数据读取模块负责从不同数据源中读取数据,设计 Reader 模块时,需要支持插件式数据源接入,且将接口设计得足够简单,方便用户一同贡献更多的读取数据源驱动。自定义数据源,最基本的只需要实现 ReadLine( )string 和 SyncMeta( )error 两个方法即可。

从数据来源上分类,数据读取大致可分为从文件读取、从数据存储服务端读取,以及从消息队列中读取 3 类。每一类 Reader 均在发送成功后通过 SyncMeta( )函数记录读取的位置,保证数据不会因为 Runner 驱动意外中断而丢失。

从文件读取数据最为常见,针对文件的不同转储方式,有不同的读取模式,主要分为 3 类:file 模式、dir 模式和 tailx 模式。除此之外,还应包括多文件编码格式支持、读取限速等多种功能。

① file 模式

使用 file 模式的经典日志存储方式,类似于 nginx 的日志 rotate(转储)方式,日志名称是固定的,如 access.log。在 rotate 时,直接 move(移动)成新的文件,如 access.log.1,新的数据仍然写入 access.log 中,即永远只针对 access.log 这一个固定名称的文件进行收集。而检测文件是否是 rotate 的标志是文件的 inode(索引节点)号,在 windows 下则是 fd 的属性编号。当文件 rotate 后,则从文件头开始读取。

② dir 模式

使用 dir 模式的经典日志存储方式在整个文件夹下存储单个服务的业务日志,文件夹下的日志通常有统一前缀,后缀为时间戳(timestamp),根据日志的大小 rotate 到新的文件。如配置的文件夹为 logdir,下面的文件为 logdir/a.log.20190621,logdir/a.log.20190622,logdir/a.log.20190623……每次分割后新命名文件以时间戳为后缀,并且该文件夹下只有这一个服务。dir 模式首先会对文件夹下文件整体排序,依次读取各个文件,读完最后一个文件后会查找时间(文件 ctime)更新文件并重新排序,依次循环。dir 模式应该将多个文件数据串联起来,即数据读取过程中 a.log.2017621 中最后一行的下一行就是 a.log.20190622 的第一行。该模式下自然还包括诸如文件前缀匹配、特定后缀忽略等功能。

③ tailx 模式

以通配的路径模式读取,读取所有被通配符匹配上的日志文件,对于单个日志文件使用 file 模式不断追踪日志更新,例如匹配路径的模式串为 /home/*/path/*/logdir/*.log*,此时会展开并匹配所有符合该表达式的文件,并持续读取所有有数据追加的文件。每隔一定时间,重新获取一遍模式串,添加新增的文件。

从数据存储服务中读取数据,可以采用时间戳策略,在诸如 MongoDB、MySQL 中记录的数据,包含一个时间戳字段,每次读取数据均按这个时间戳字段排序,以此获得新增的数据或者进行数据更新。此外,需要为用户设计类似定时器等策略,方便用户多次运行,不断同步收集服务器中的数据。从消息队列中读取数据,这个最为简单,直接从消息队列中消费数据即可。注意记录读取的 offset(引用函数),防止数据丢失。

(2) **数据解析模块**(Parser)

解析模块负责将数据源中读取的数据解析到对应的字段及类型,目前常见的解析器主要有以下几种。

① csvparser

按照分隔符解析成对应字段和类型，分隔符可以自定义，如常见的制表符（t）、空格（ ）、逗号（ , ）等。

② jsonparser

解析 json 格式的数据，json 是一种自带字段名称及类型的序列化协议，解析 json 格式仅需反序列化即可。

③ 基于正则表达式（grok）parser

Logstashgrok 解析非常强大，但是它并不指定类型，而 Telegraf 做了一个增强版的 grok 解析器，除了基本的正则表达式和字段名称，还能标识数据类型。能标识数据类型的 grok 解析器基本上是一个完备的数据解析器，可以解析几乎所有数据。当然，类型解析相对复杂的功能可能涉及具体业务，如时间类型等。

④ rawparser

将读取到的一行数据作为一个字段返回，简单实用。

⑤ nginx/apacheparser

读取 nginx/apache 等常见配置文件自动生成解析的正则表达式，解析 nginx/apache 日志。

除了以上几种内置的解析器，同 Reader 一样，用户也需要实现自定义解析器的插件功能，而 Parser 极为简单，只需要实现最基本的 Parser 方法即可。

每一种 Parser 都是插件式结构，可以复用并任意选择。在不考虑解析性能的情况下，上述几种解析器基本可以满足所有数据解析的需求，将一行行数据解析为带有 Schema（具备字段名称及类型）的数据。但是当用户希望对某个字段做操作时，纯粹的解析器可能不够用。于是作为补充，数据收集工具还需要提供 Transformer/Filter 的功能。

（3）数据变换模块（Transformer）

Transformer 是 Parser 的补充，针对字段进行数据变化。举例来说，如果有个字段想做字符串替换，比如在所有字段名称为"name"数据中，将值为"Tom"的数据改为"Tim"，那么可以添加一个字符串替换的 Transformer，针对"name"这个字段做替换。又比如，字段中有个"IP"，用户希望将这个 IP 解析成运营商、市等信息，那么就可以添加一个 Transformer 做这个 IP 信息的转换器。当然，Transformer 应该可以多个连接到一起连动合作。

设计 Transformer 模块是一件有趣而富有挑战的事情，这涉及由 Transformer 功能多样性带来的 3 个问题：第一，多样的功能必然涉及多样的配置，如何将不同的配置以优雅而统一的方式传达到插件中。第二，多样的功能也涉及不同功能的描述，如何将功能描述以统一的形式表达给用户，让用户选择相应的配置。第三，如何将上述两个问题尽可能简单地解决，让用户编写 Transformer 插件时关注尽可能少的问题。

（4）数据通道模块（Channel）

经过解析和变换后的数据可以认为已经处理好了，此时数据会进入待发送队列即 Channel 部分。Channel 的好坏决定了一个数据收集发送工具的性能及可靠程度，是数据收集工具中最具技术含量的一环。

数据收集工具，顾名思义，就是将数据收集起来，再发送到指定位置，而为了将性能最优化，必须把收集和发送解耦，中间提供一个缓冲带，而 Channel 就是负责数据暂存的地方。有了 Channel，读取和发送就解耦了，可以利用多核优势，多线程发送数据，提高数据吞吐量。

（5）数据发送模块（Sender）

Sender 的主要作用是将队列中的数据发送至 Sender 支持的各类服务，一个最基本的功能同样应该设计得尽可能简单，理论上仅需实现一个 Send 接口即可。实现一个发送端时，重要事项如下。

①多线程发送

多线程发送可以充分利用控制单元（control unit，CU）的多核能力，提升发送效率，这一点在架构设计中通过设计 ftsender 作为框架解决了该问题。

②错误处理与等待

服务端偶尔出现一些异常是很正常的事情，此时就要做好不同错误情况的处理准备，不会因为某个错误而导致程序出错；而一旦发现出错，应该让 Sender 等待一定时间再发送，故设定一个对后端友好的变长错误等待机制也非常重要。一般情况下，可以采用随着连续错误出现递增等待时间的方法，直到一个顶峰（如 10 秒）出现，就不再增加，当服务端恢复后再取消等待。

③数据压缩发送

带宽是非常珍贵的资源，通常服务端都会提供 gzip 压缩的数据接收接口，而 Sender 利用这些接口，将数据压缩后发送，能节省大量带宽成本。

④带宽限流

通常情况下数据收集工具只是机器上的一个附属程序，主要资源如带宽还是要预留给主服务，所以限制 Sender 的带宽用量也是非常重要的功能。

⑤字段填充

通常情况下收集的数据信息可能不是完备的，需要填充些信息进去，如全局唯一的 UUID（universally unique identifier，通用唯一识别码）、代表收集时间的时间戳等字段提供这些字段自动填充的功能，有利于用户对其数据做唯一性、时效性等方面的判断。

⑥字段别名

解析后的字段名称中经常会出现一些特殊字符，如"$""@"等符号，如果发送的服务端不支持这些特殊字符，就需要提供重命名功能，将这些字段映射到一个别的名称。

⑦字段筛选

解析后的字段数据未必都需要发送，这时如果能提供一个字段筛选的功能，就可以方便用户选择去掉一些无用字段并节省传输的成本；也可以在 Transformer 中提供类似 discardtransformer 的功能，将某个字段去掉。

⑧类型转换

类型转换是一个说来简单但是做起来非常烦琐的事情，不只是纯粹地将整型转换成浮点型，或者将字符串转成整型这么简单，还涉及发送到的服务端支持的一些特殊类型，如 date 时间类型等更多的类型转换实际上相当于最佳实践，能够做好这些类型转换，就会让用户体验得到极大提升。

⑨尽可能简单

除了上述这些需要重点关注的事项，剩下的就是尽可能地让用户使用简单。假设要写一个 MySQL Sender，MySQL 的数据库和表如果不存在，可能数据会发送失败，那就可以考虑提前创建；又比如数据如果有更新，那么就需要将对应这些更新的字段去更新服务的 Schema（数据库对象集合）等。

第二节　跨境电商数据预处理

一、数据类型

数据类型是数据一致性检查的基本项，在严谨的数据清洗过程中每个列（字段）都需要指定数据类型，否则在后续的分析过程中有可能因为数据类型不符合算法要求而出错。

在 Excel 的许多场景应用中无须指定数据的类型，但在 Power Query 中必须指定数据类型。在 Power Query 编辑器"转换"选项卡中修改数据类型，也可以全选数据，单击"检测数据类型"选项即可，如图 2-3 所示。

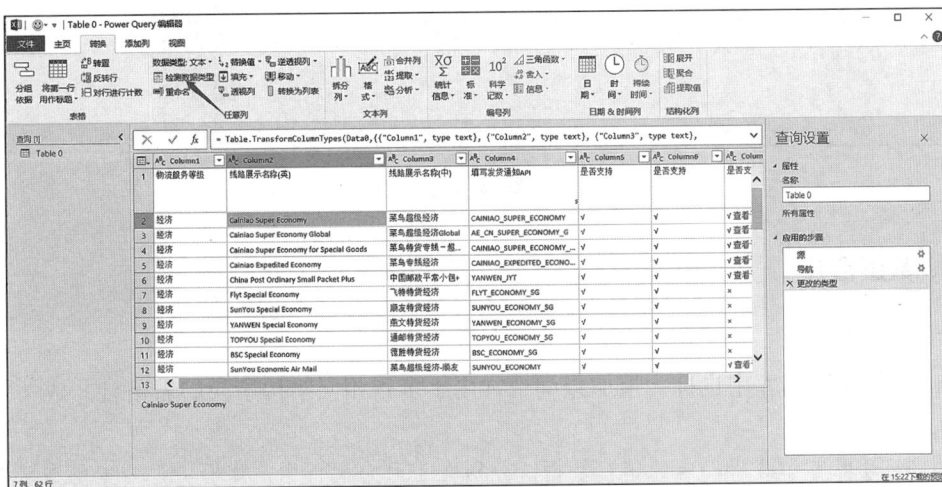

图 2-3　检测数据类型

常见的数据类型如表 2-1 所示。

表 2-1　常见的数据类型

数据类型	示例
整数	0，1，−1
小数	0.2，1.2，−1.2
时间	#time（09，15，00）
文本	"hello"
逻辑	True，False
二进制	#binary（"AQID"）

二、缺失值与异常值处理

缺失值和异常值的处理方法有两种。第一种是删除法，删除缺失或异常数据的记录，使用此方法的前提条件是删除记录不会对数据分析的结果产生影响；第二种是插补法，当删除整条记录对分析结果有严重影响时，根据实际情况可用 0 插补也可以用均值插补。

在 Power Query 编辑器"转换"选项卡中使用"替换值"功能替换缺失值或异常值，如图 2-4 所示。

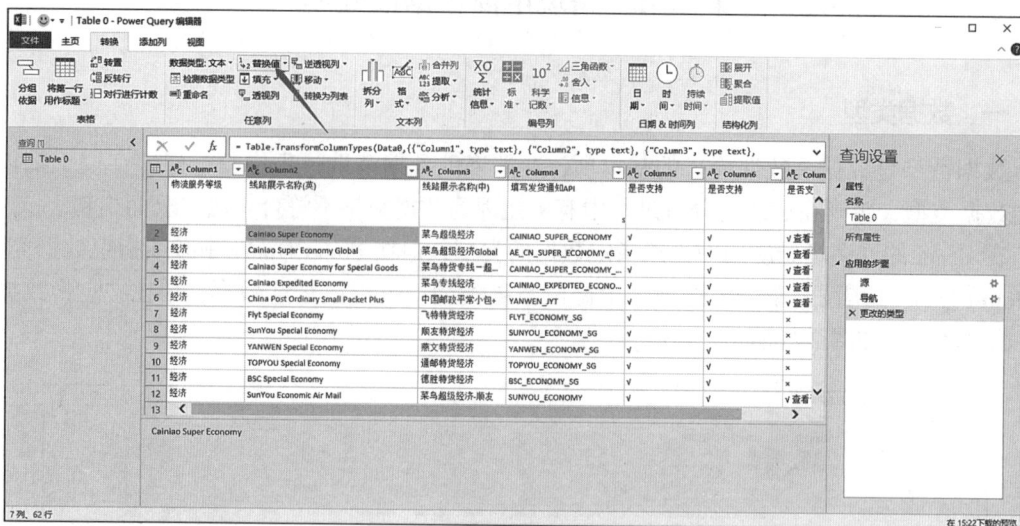

图 2-4　替换值页面

三、数据合并

（一）纵向合并

纵向合并在数据库中也称为追加查询，常用于多张相同结构字段的表格合并成一张表格的场景。

【例 2-1】现有 100 家门店的销售数据，分别在 100 个文件中，需要将 100 家门店的销售数据合并成一张表。

（1）在 Excel"数据"选项卡中选择"获取数据"，在"自文件"中选择"从文件夹"选项，将数据导入 Power Query 编辑器，如图 2-5 所示。

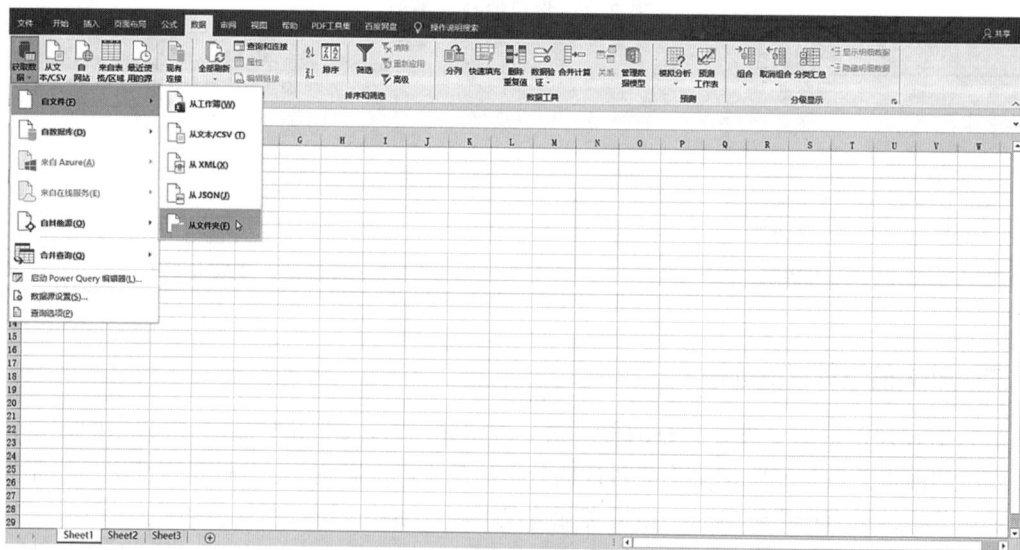

图 2-5　从文件夹获取数据页面

（2）在弹出的"文件夹"对话框中，选择文件夹路径，如图 2-6 所示。

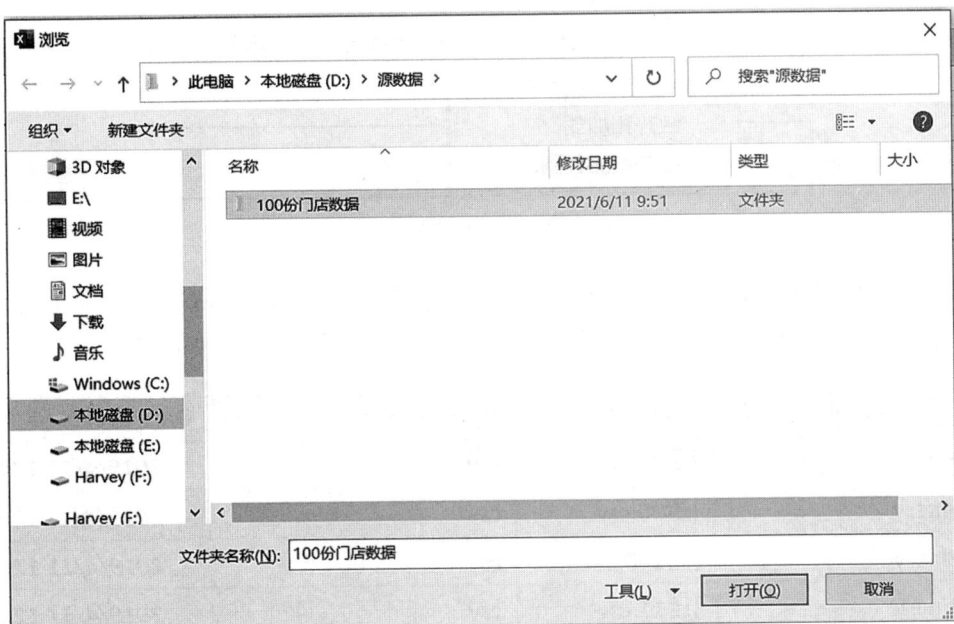

图 2-6　文件获取路径页面

（3）单击"组合"后会再弹出下拉菜单，选择"合并并转换数据"选项，如图 2-7 和图 2-8 所示。

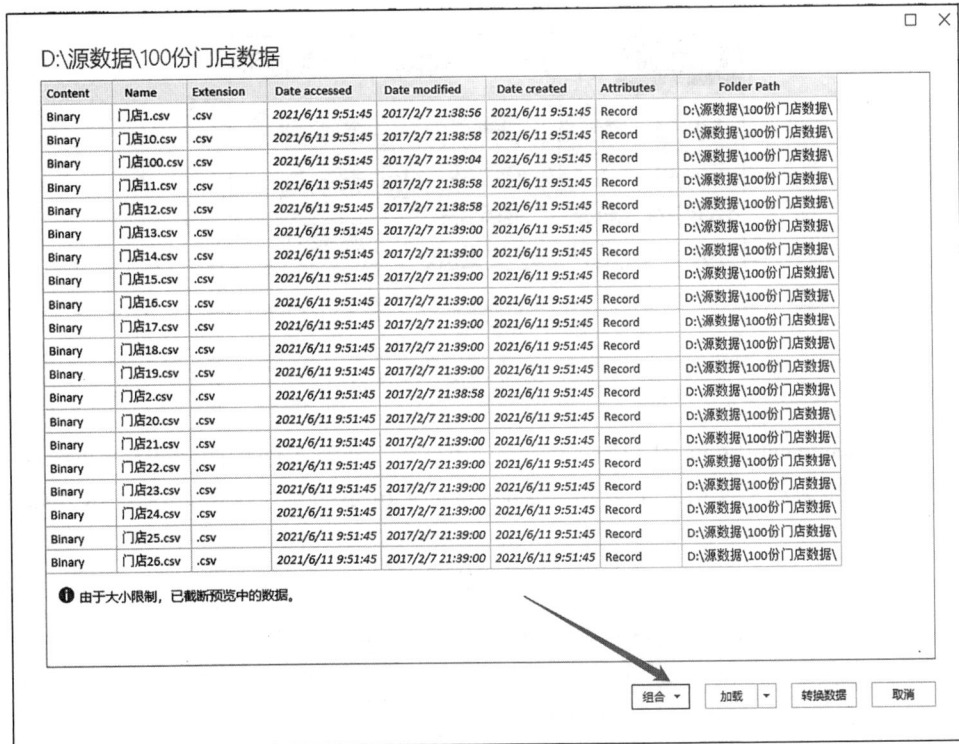

D:\源数据\100份门店数据

Content	Name	Extension	Date accessed	Date modified	Date created	Attributes	Folder Path
Binary	门店1.csv	.csv	2021/6/11 9:51:45	2017/2/7 21:38:56	2021/6/11 9:51:45	Record	D:\源数据\100份门店数据\
Binary	门店10.csv	.csv	2021/6/11 9:51:45	2017/2/7 21:38:58	2021/6/11 9:51:45	Record	D:\源数据\100份门店数据\
Binary	门店100.csv	.csv	2021/6/11 9:51:45	2017/2/7 21:39:04	2021/6/11 9:51:45	Record	D:\源数据\100份门店数据\
Binary	门店11.csv	.csv	2021/6/11 9:51:45	2017/2/7 21:38:58	2021/6/11 9:51:45	Record	D:\源数据\100份门店数据\
Binary	门店12.csv	.csv	2021/6/11 9:51:45	2017/2/7 21:38:58	2021/6/11 9:51:45	Record	D:\源数据\100份门店数据\
Binary	门店13.csv	.csv	2021/6/11 9:51:45	2017/2/7 21:39:00	2021/6/11 9:51:45	Record	D:\源数据\100份门店数据\
Binary	门店14.csv	.csv	2021/6/11 9:51:45	2017/2/7 21:39:00	2021/6/11 9:51:45	Record	D:\源数据\100份门店数据\
Binary	门店15.csv	.csv	2021/6/11 9:51:45	2017/2/7 21:39:00	2021/6/11 9:51:45	Record	D:\源数据\100份门店数据\
Binary	门店16.csv	.csv	2021/6/11 9:51:45	2017/2/7 21:39:00	2021/6/11 9:51:45	Record	D:\源数据\100份门店数据\
Binary	门店17.csv	.csv	2021/6/11 9:51:45	2017/2/7 21:39:00	2021/6/11 9:51:45	Record	D:\源数据\100份门店数据\
Binary	门店18.csv	.csv	2021/6/11 9:51:45	2017/2/7 21:39:00	2021/6/11 9:51:45	Record	D:\源数据\100份门店数据\
Binary	门店19.csv	.csv	2021/6/11 9:51:45	2017/2/7 21:39:00	2021/6/11 9:51:45	Record	D:\源数据\100份门店数据\
Binary	门店2.csv	.csv	2021/6/11 9:51:45	2017/2/7 21:38:58	2021/6/11 9:51:45	Record	D:\源数据\100份门店数据\
Binary	门店20.csv	.csv	2021/6/11 9:51:45	2017/2/7 21:39:00	2021/6/11 9:51:45	Record	D:\源数据\100份门店数据\
Binary	门店21.csv	.csv	2021/6/11 9:51:45	2017/2/7 21:39:00	2021/6/11 9:51:45	Record	D:\源数据\100份门店数据\
Binary	门店22.csv	.csv	2021/6/11 9:51:45	2017/2/7 21:39:00	2021/6/11 9:51:45	Record	D:\源数据\100份门店数据\
Binary	门店23.csv	.csv	2021/6/11 9:51:45	2017/2/7 21:39:00	2021/6/11 9:51:45	Record	D:\源数据\100份门店数据\
Binary	门店24.csv	.csv	2021/6/11 9:51:45	2017/2/7 21:39:00	2021/6/11 9:51:45	Record	D:\源数据\100份门店数据\
Binary	门店25.csv	.csv	2021/6/11 9:51:45	2017/2/7 21:39:00	2021/6/11 9:51:45	Record	D:\源数据\100份门店数据\
Binary	门店26.csv	.csv	2021/6/11 9:51:45	2017/2/7 21:39:00	2021/6/11 9:51:45	Record	D:\源数据\100份门店数据\

❶ 由于大小限制，已截断预览中的数据。

组合 ▼　　加载 ▼　　转换数据　　取消

图 2-7　单击"组合"按钮页面

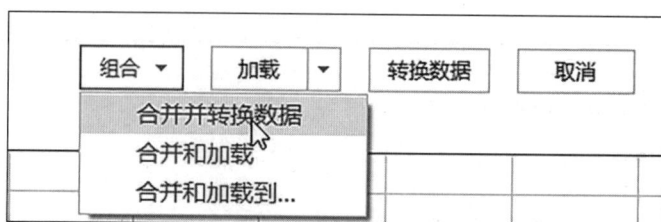

图 2-8 "合并并转换数据"页面

（4）针对部分版本没有"组合"功能的情况，需要进入编辑器中编辑，每一个 Binary 都是一个二进制文件，数据以二进制文件形式被 Power Query 编辑器读取，如图 2-9 所示。

▦▾	▤ Content	↤↦	ᴬᴮС Name	▼	ᴬᴮС Extension	▼	🕓 Date accessed	▼
1	Binary		门店1.csv		.csv		2019/4/11 12:53:04	
2	Binary		门店10.csv		.csv		2019/4/11 12:53:31	
3	Binary		门店100.csv		.csv		2019/4/11 12:53:31	
4	Binary		门店11.csv		.csv		2019/4/11 12:53:31	
5	Binary		门店12.csv		.csv		2019/4/11 12:53:31	

图 2-9 Power Query 编辑器读取数据页面

（5）在"添加列"选项卡中，单击"自定义列"选项，如图 2-10 所示。

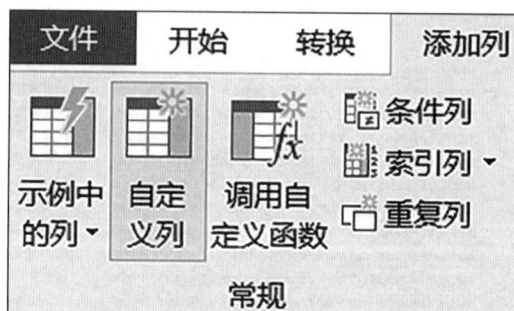

图 2-10 添加"自定义列"页面

输入"Csv.Document([Content]，[Encoding=936])"将二进制文件转换成表格。Csv.Document 可将二进制文件转换成 Csv 格式的表格。[Encoding=936] 是指定中文编码为 GBK，如图 2-11 所示。

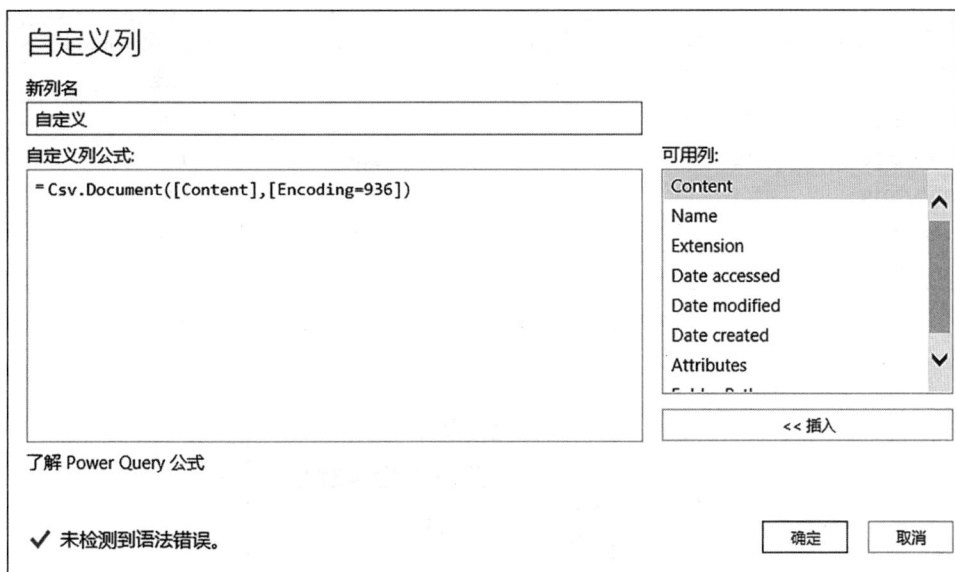

图 2-11　输入公式页面

（6）展开 Table（表格），取消勾选"使用原始列名作为前缀"，如图 2-12 所示。

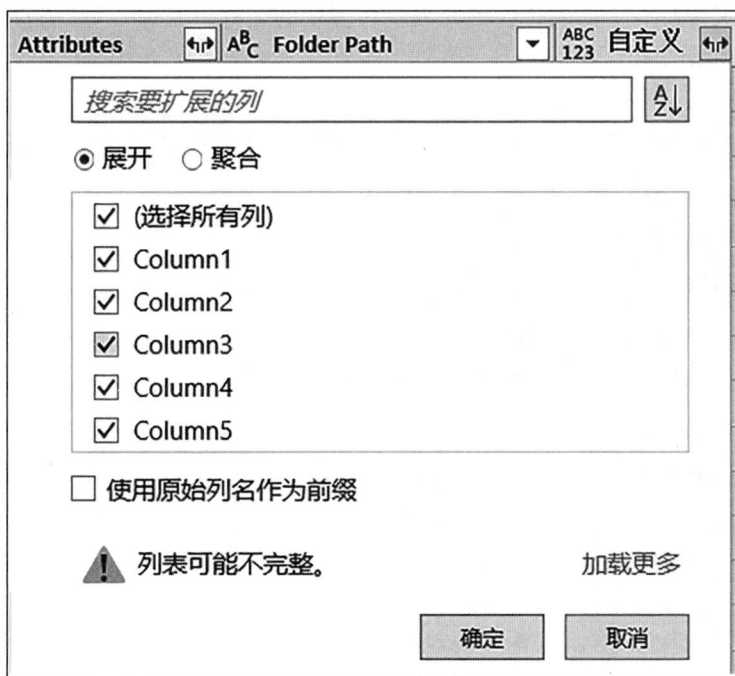

图 2-12　展开表格页面

发现展开后字段名称在记录中，如图 2-13 所示。需要在"开始"选项卡单击"将第一行用作标题"选项，第一行的记录会转变成字段名（标题），如图 2-14 所示。

ABC 123 Column1 ▼	ABC 123 Column2 ▼	ABC 123 Column3 ▼	ABC 123 Column4 ▼	ABC 123 Column5 ▼
日期	门店编号	销售额	人数	客单价
10/1/2016	101	38021	197	193
10/2/2016	101	44640	288	155
10/3/2016	101	40812	228	179
10/4/2016	101	34104	168	203
10/5/2016	101	52136	343	152

图 2-13 展开表格后的字段名称页面

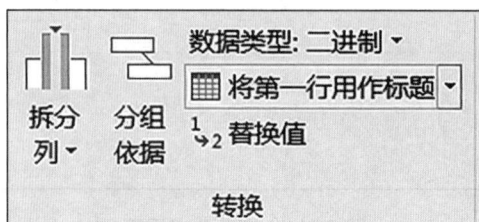

图 2-14 将第一行用作标题

由于每一个文件都有字段名称，因此需要将多余的名称过滤掉，对"日期"进行筛选，将"日期"过滤掉，如图 2-15 所示。

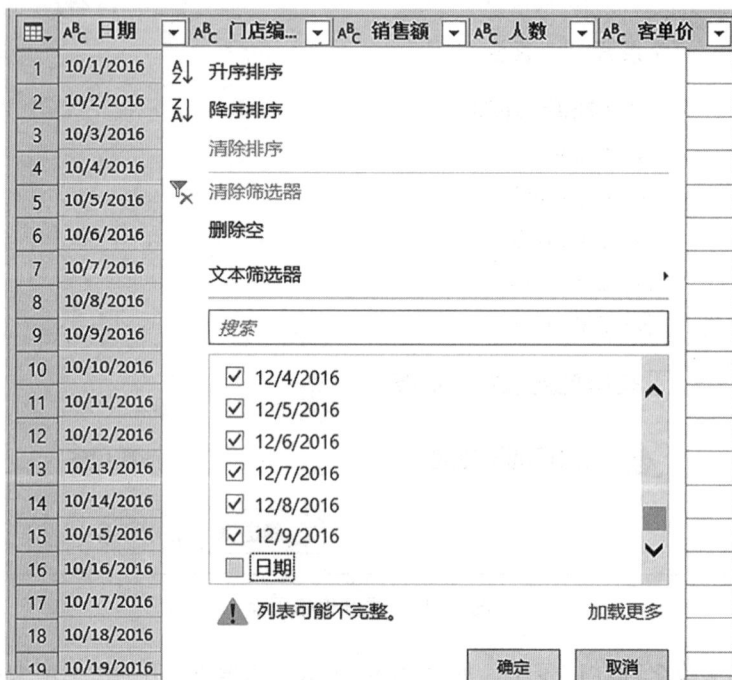

图 2-15 过滤"日期"字段

完成之后，在"开始"选项卡中单击"关闭并上载"选项，如图 2-16 所示。将数据导入 Excel，可以观察合并后的数据结果，如图 2-17 所示。

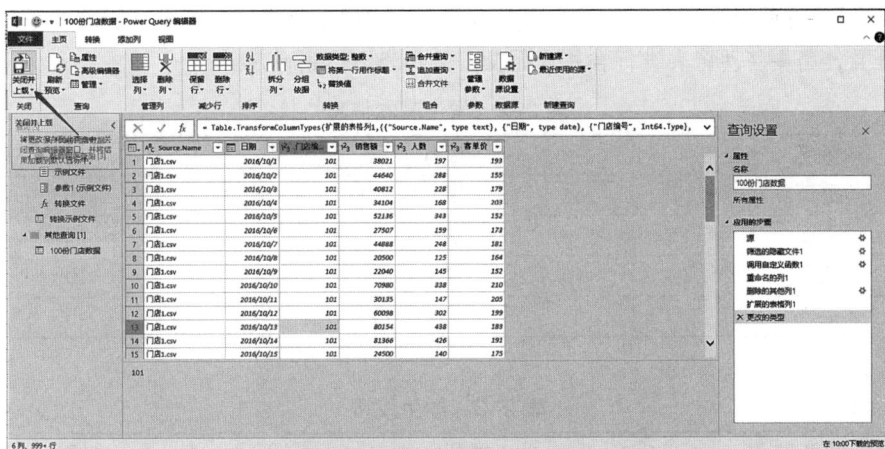

图 2-16 "关闭并上载"页面

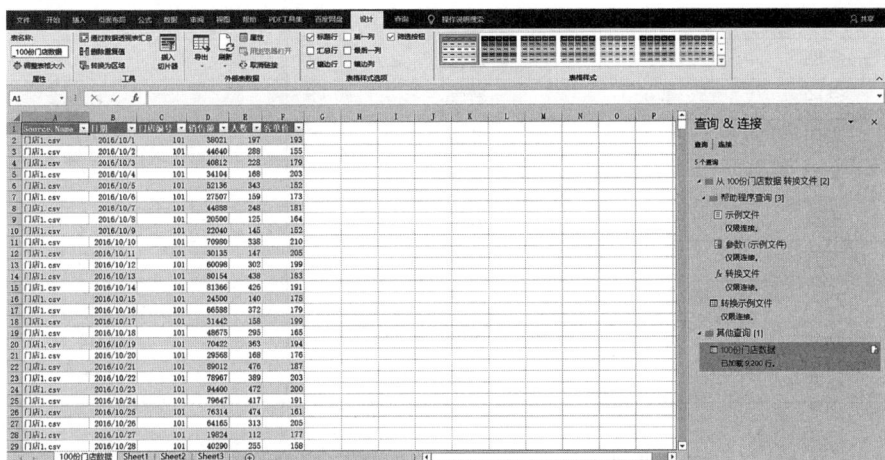

图 2-17 合并结果

（二）横向合并

横向合并在数据库中称为合并查询，合并查询分为左外部、右外部、完全外部、内部、左反和右反 6 种连接方式。

图 2-18 和图 2-19 为左外部连接示意图和右外部连接示意图。

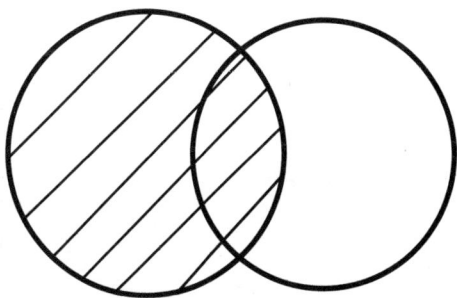

图 2-18 左外部连接示意

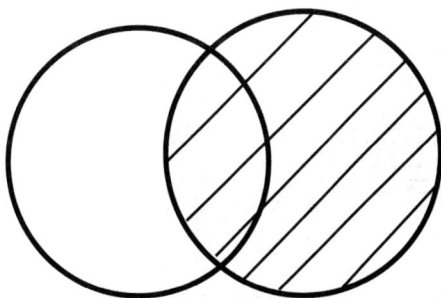

图 2-19 右外部连接示意

【例2-2】现有两张表，分别是学生的基本信息表和学生的成绩表，若分析班级不同性别的学生成绩的差异，需要将两张表进行合并。如表2-2和表2-3所示。

表2-2　学生基本信息

姓名	性别	年龄
张三	男	15
李四	女	15
王五	男	16
赵六	女	15

表2-3　学生成绩

姓名	学科	成绩
张三	语文	88
张三	数学	93
张三	英语	78
李四	语文	85
李四	数学	82
李四	英语	79
王五	语文	90
王五	数学	88
王五	英语	86
赵六	语文	82
赵六	数学	94
赵六	英语	85

（1）选中表格，在"数据"选项卡中单击"来自表格 / 区域"（某些版本是"从表格"的字样）选项，分别将两张表格导入 Power Query 编辑器，如图2-20所示。

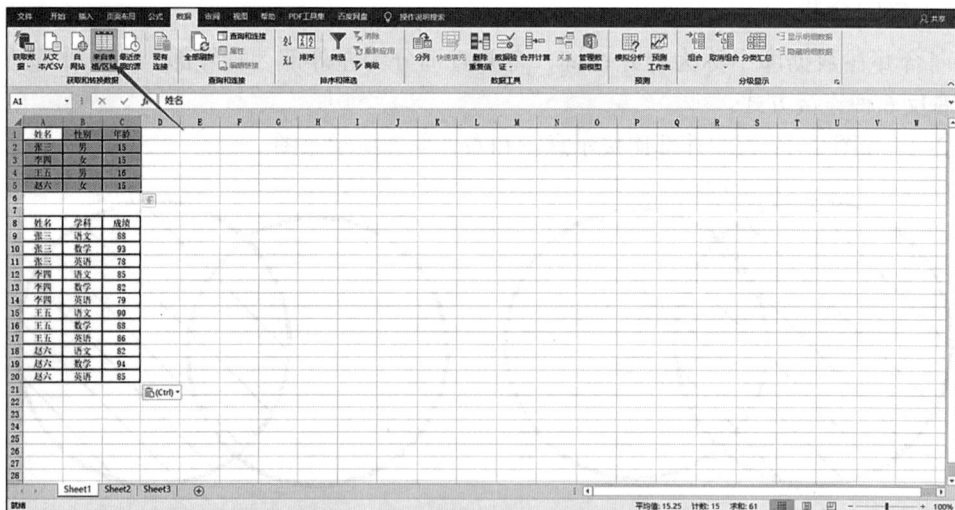

图2-20　"来自表格 / 区域"页面

（2）在 Power Query 编辑器的"主页"选项卡中，单击"合并查询"选项，如图 2-21 所示。在"合并"对话框中，将表 1 和表 2 分别选中"姓名"字段，连接种类选择"左外部"，如图 2-22 所示。

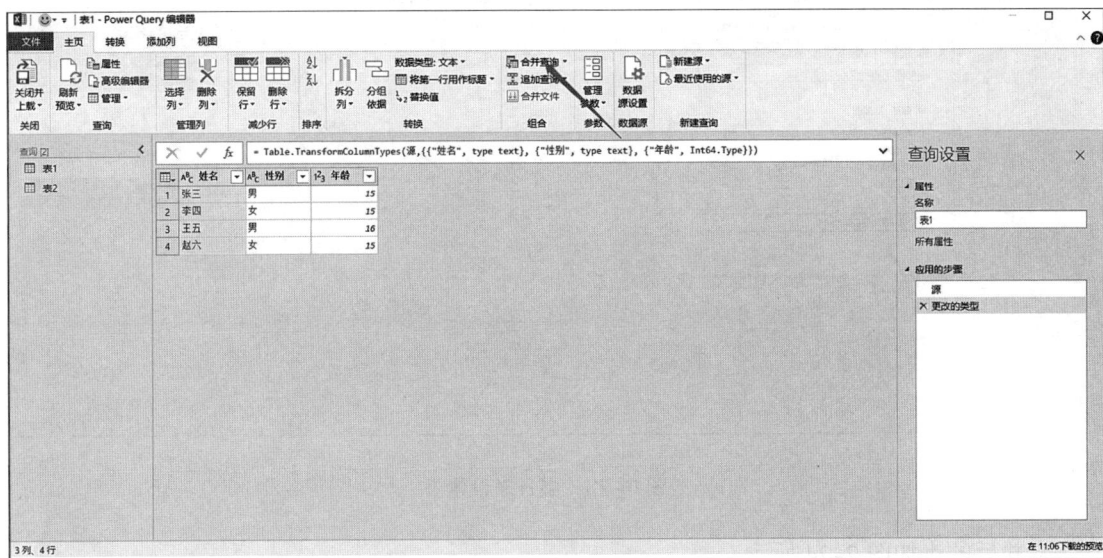

图 2-21　合并查询

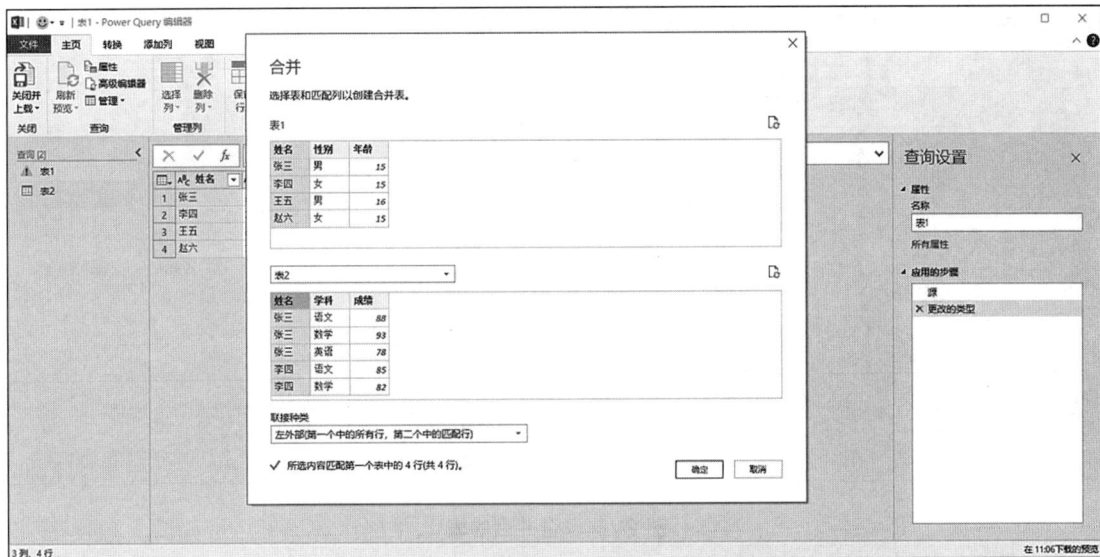

图 2-22　进行合并设置

（3）合并后展开表，由于信息表中已经有姓名字段，因此取消勾选"姓名"，并且取消勾选"使用原始列名作为前缀"，如图 2-23 所示。

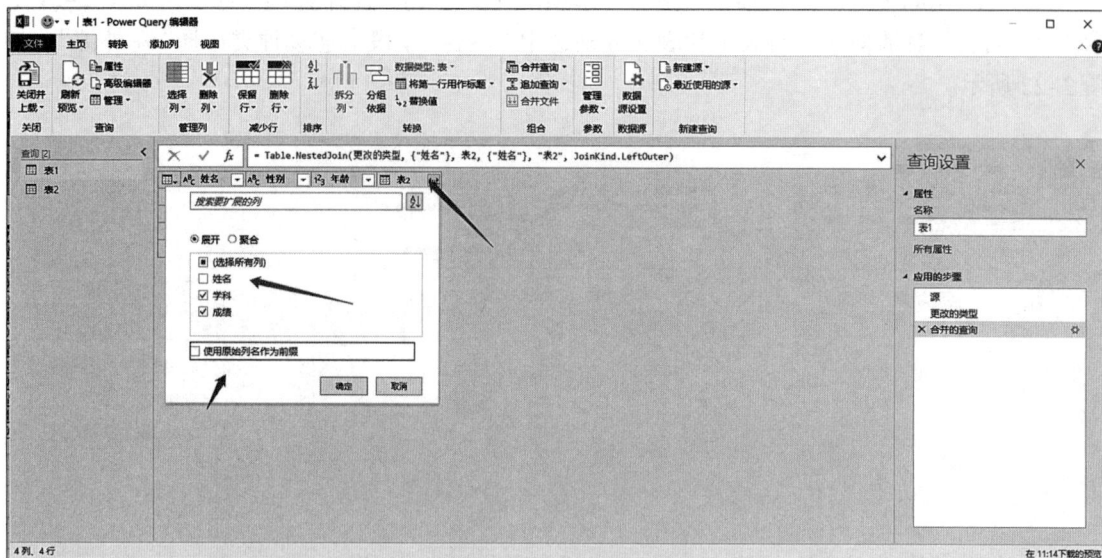

图 2-23　展开表设置

合并后的表如图 2-24 所示。

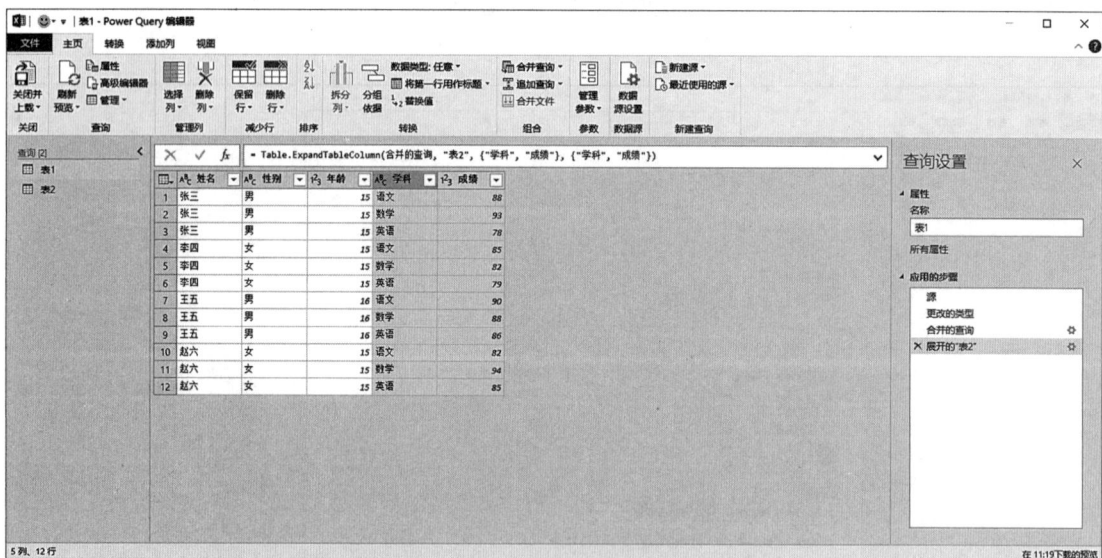

图 2-24　合并后的表

点击"关闭并上载"，即可将表格导入 Excel 进行后续的操作。

图 2-25—图 2-28 为完全外部连接返回左表和右表的所有数据、内部连接仅返回左表和右表匹配的所有数据、左反连接仅返回左表有的数据、右反连接仅返回右表有的数据。

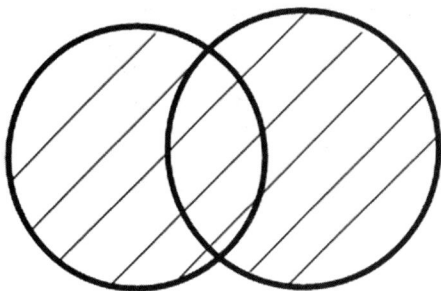

图 2-25　完全外部连接返回左表
和右表的所有数据示意

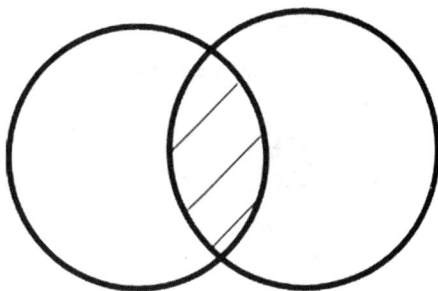

图 2-26　内部连接仅返回左表
和右表匹配的所有数据示意

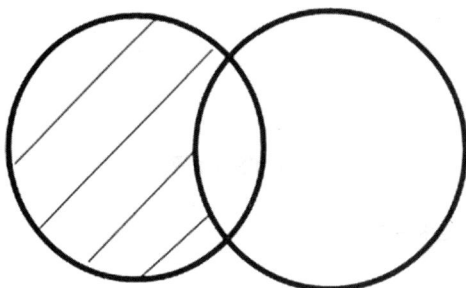

图 2-27　左反连接仅返回左
表有的数据示意

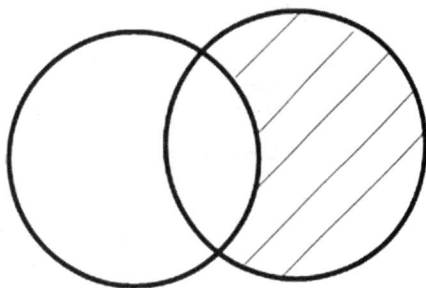

图 2-28　右反连接仅返回右
表有的数据示意

【例 2-3】某企业针对老消费者开展赠品活动，现有已领取礼品的消费者名单如表 2-4 所示，需要排查未领礼品的人员名单，表 2-5 是所有消费者的名单。

表 2-4　已领取礼品的消费者名单

已领取礼品消费者名单
张三
李四
王五
赵六

表 2-5 所有消费者名单

所有消费者名单
张三
李四
王五
赵六
钱七
孙八

前面步骤与【例 2-2】相同，不同的是在"合并"窗口，连接方式选择"左反"。合并后，就可以找到没有领取礼品的消费者名单，表中的空表可以直接删除。最后在"开始"选项卡中单击"关闭并上载"选项，将数据导入 Excel，即可得到所需消费者名单，如图 2-29 所示。

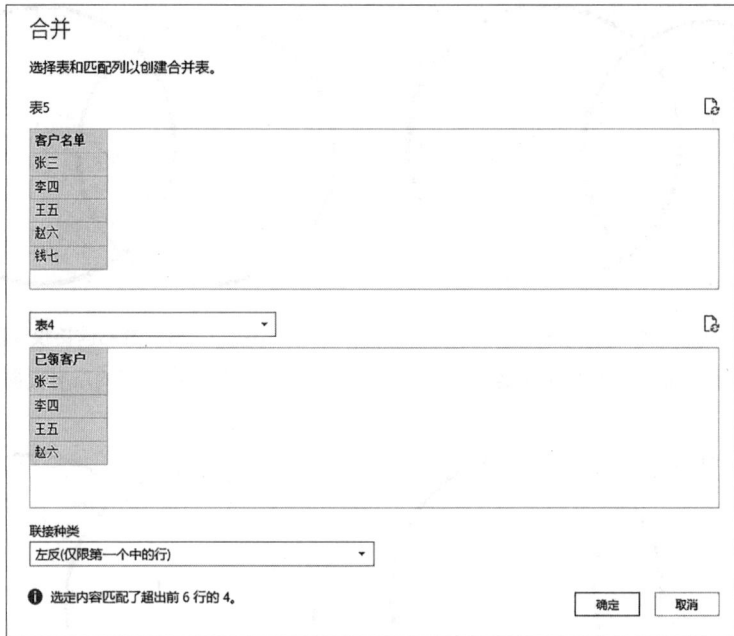

图 2-29 左反连接页面

四、数据分组

数据分组是根据某个维度将数据以某种算术方法（求和、计数等）进行统计汇总。

【例 2-4】现有某班级同学各个学科的成绩（见表 2-6），老师想统计班级各个学科的平均分。

表 2-6 学生成绩

姓名	学科	成绩
张三	语文	88
张三	数学	93
张三	英语	78
李四	语文	85
李四	数学	82
李四	英语	79
王五	语文	90
王五	数学	88
王五	英语	86
赵六	语文	82
赵六	数学	94
赵六	英语	85

（1）先选中学习成绩表，在"数据"选项卡中单击"来自表格 / 区域"（某些版本是"从表格"的字样）选项，将表格导入 Power Query 编辑器，如图 2-30 所示。

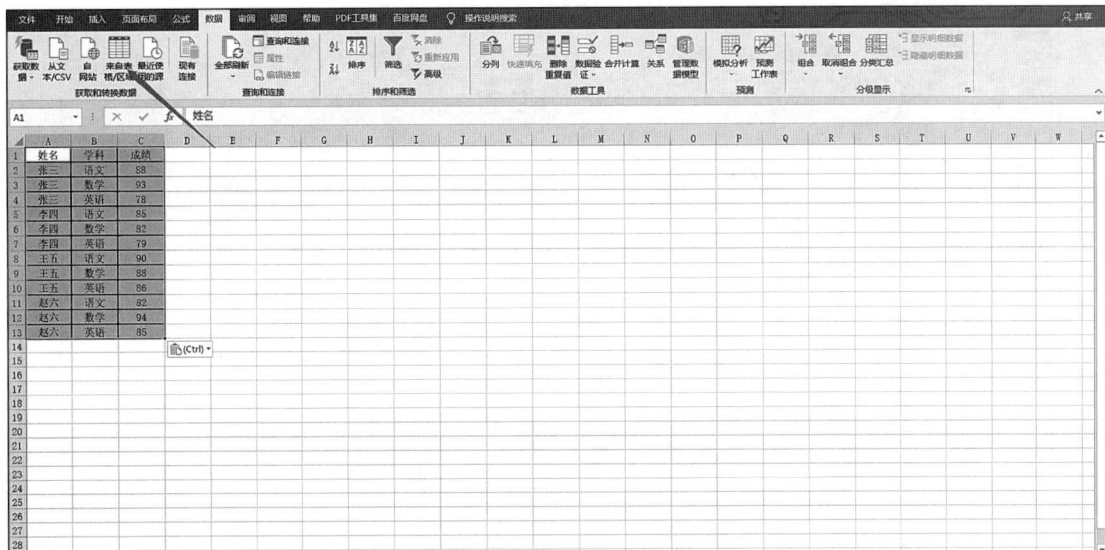

图 2-30　点击 "来自表格 / 区域" 页面

（2）选中 "学科" 列，在 "主页" 选项卡中单击 "分组依据" 选项，如图 2-31 所示，对数据进行分组统计。在 "分组依据" 对话框中进行设置，在 "操作" 中选择 "平均值"，在 "柱" 中选择 "成绩"，如图 2-32 所示。

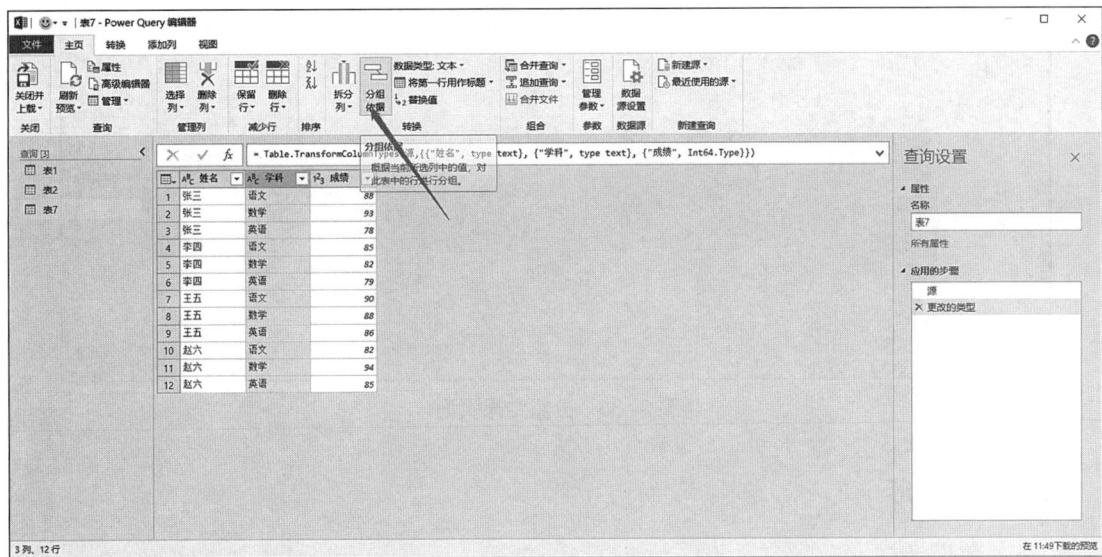

图 2-31　"分组依据" 页面

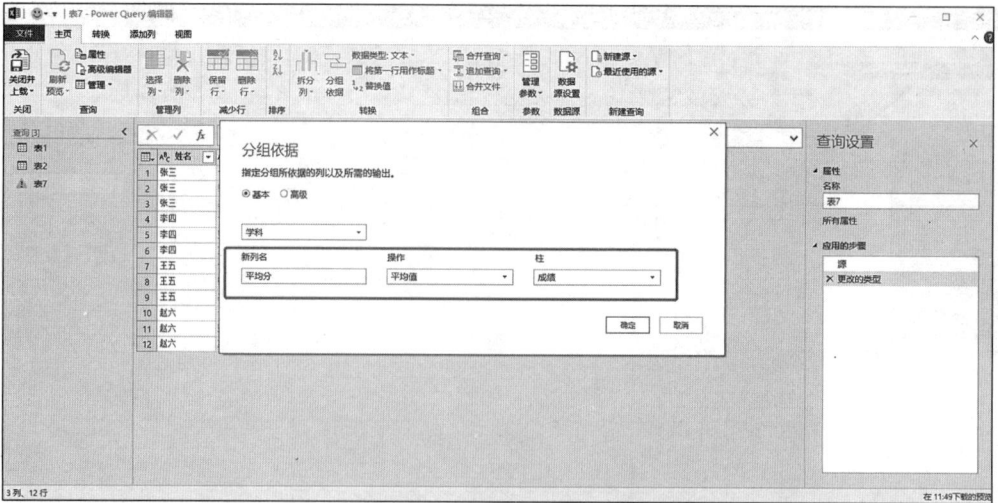

图 2-32 "分组依据"设置

分组结果如图 2-33 所示。

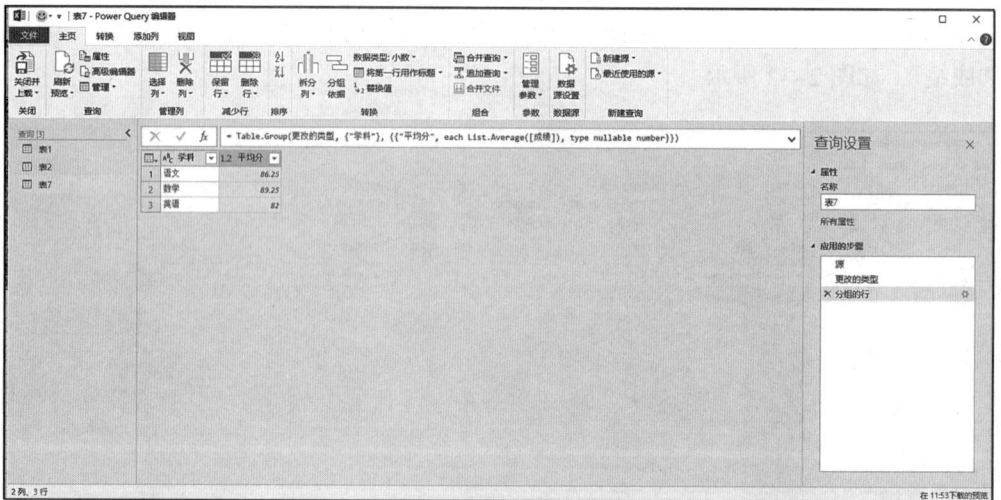

图 2-33 分组结果页面

五、数据变形

（一）数据透视

数据变形是将数据的结构进行变换，比如将一维表转为二维表，或者将二维表转为一维表，变换结构可便于后续数据分析工作的开展。

数据透视是将某维度的行转变成列，可实现数据的快速汇总和分类。

【例 2-5】将表 2-6 所示的学生成绩表转变成姓名和学科的二维表。

（1）选中表格，在"数据"选项卡中单击"来自表格/区域"选项，将表格导入 Power Query 编辑器，如图 2-34 所示。

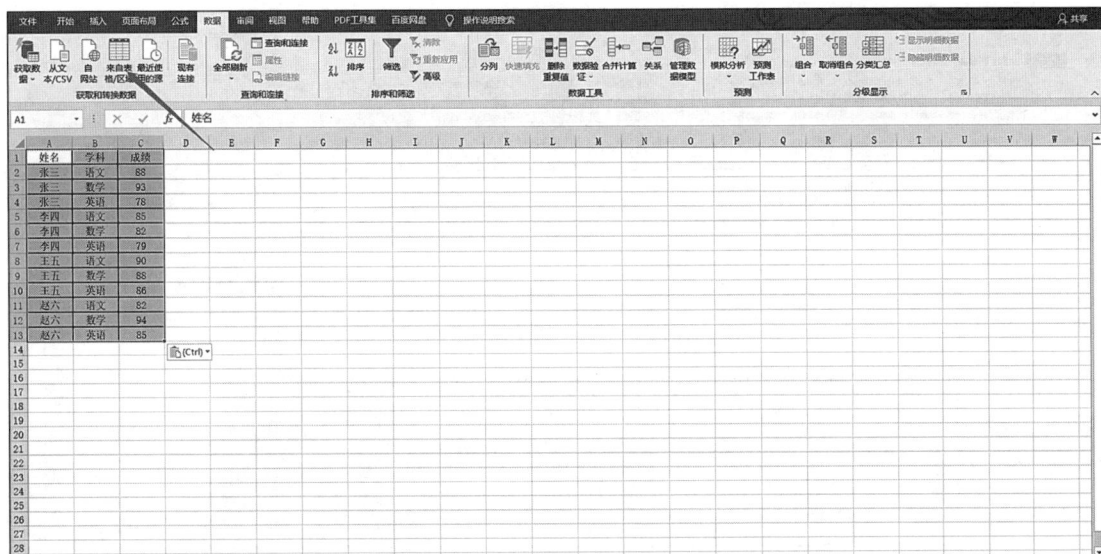

图 2-34 点击"来自表格 / 区域"

（2）在 Power Query 编辑器中，选中"学科"列，在"转换"选项卡中单击"透视列"选项，如图 2-35 所示。

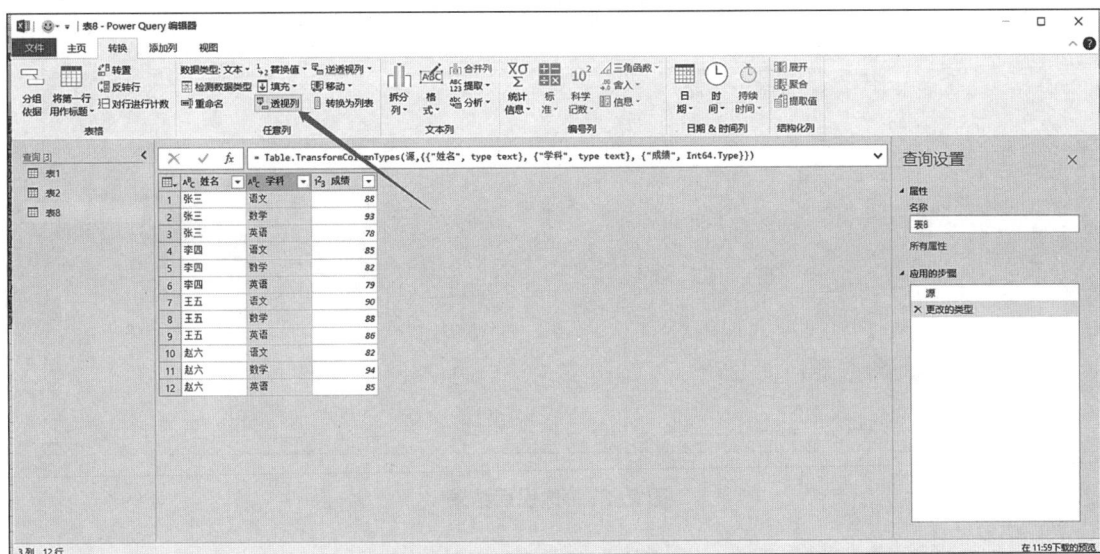

图 2-35 "透视列"页面

（3）在"透视列"对话框中，设置"值列"为"成绩"，如图 2-36 所示。单击"确定"按钮，得到透视后的结果，如图 2-37 所示。

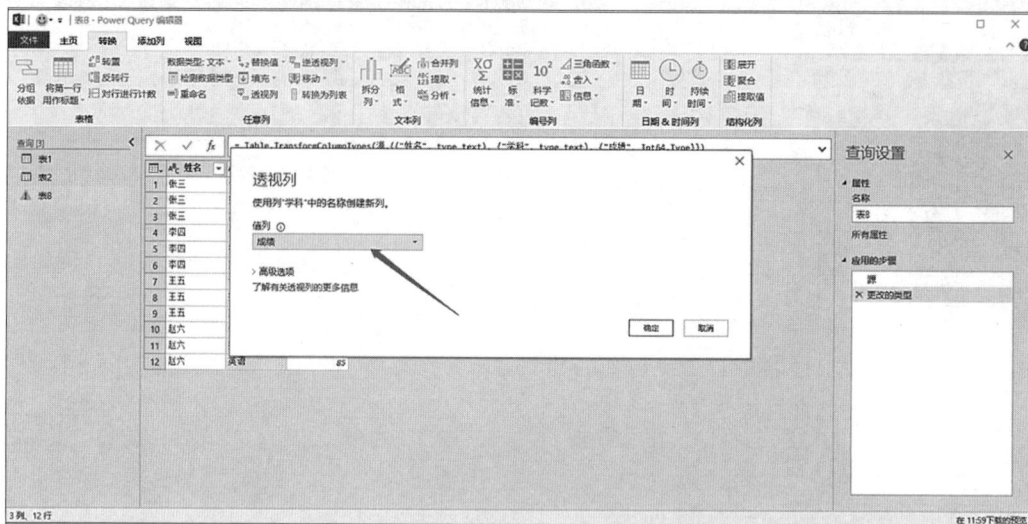

图 2-36　设置值列

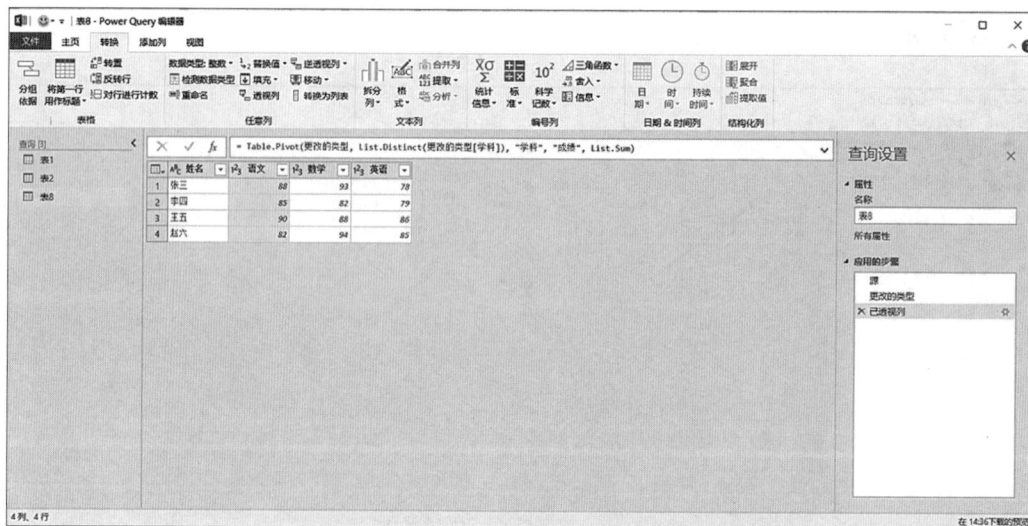

图 2-37　透视后结果

（二）数据逆透视

数据逆透视是将二维表转变为一维表。

【例 2-6】将上次透视后的结果进行一次逆透视转变成一维表。

（1）按住"Ctrl"键选中"语文""数学""英语"3 列。在"转换"选项卡中单击"逆透视列"选项，如图 2-38 所示。

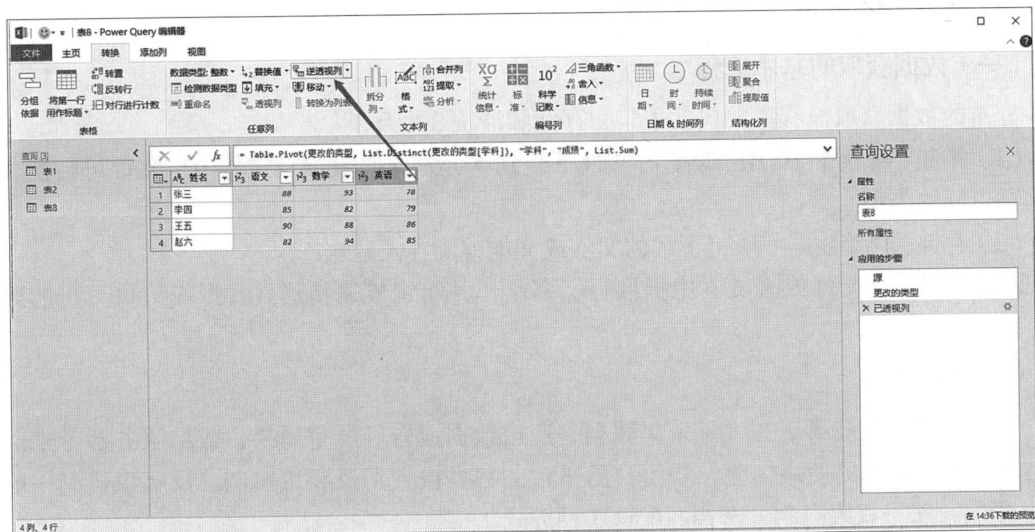

图 2-38　逆透视页面

（2）得到逆透视的结果如图 2-39 所示。

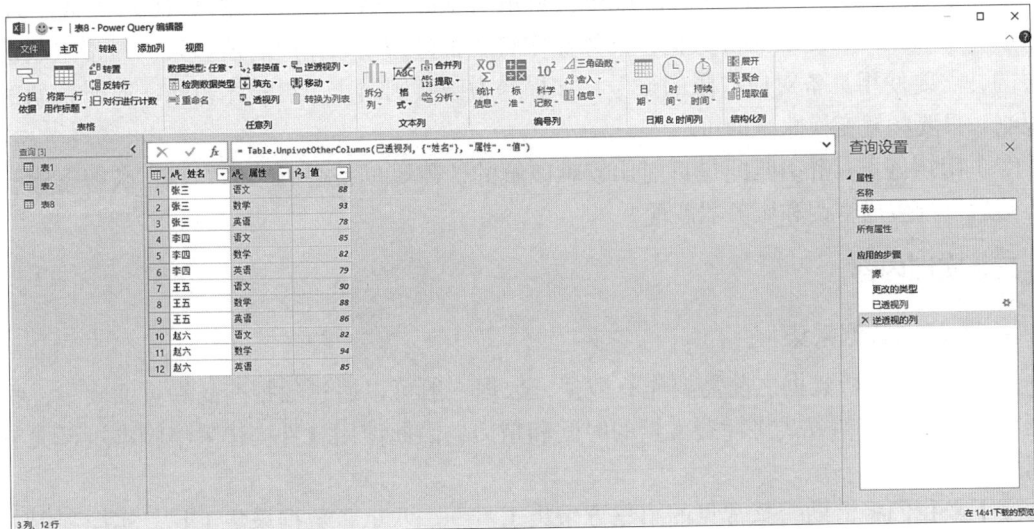

图 2-39　逆透视结果

第三节　跨境电商数据采集实训

一、实训目的

（1）了解数据采集相关知识。

（2）实操通过八爪鱼工具进行数据采集。

二、实训知识准备

（一）数据获取的基本流程

完整的数据获取流程主要包括采集、存储和清洗 3 个环节。

（1）采集：将整个 HTML 或者 JS 文件下载到本地，此时数据在文件中，文件可转换成文本这种可读的类型。

（2）存储：存储数据一般将下载的文件或文本整个存入数据库。

（3）清洗：从文件或者文本中提取目标资料，并组织成表格形式，形成可供分析的原始资料。

（二）反爬虫

平台为了避免被第三方大量采集数据，造成数据泄露等严重后果，或给服务器带来巨大压力影响正常用户的使用体验，均给自己平台的数据设置了反爬虫机制。反爬虫机制一般包含 IP 限制、账号权限限制、密钥匹配这 3 种方式。

（1）IP 限制：这是最基础的反爬虫方式，也比较好破解，通过变换网络 IP 即可破解。

（2）账号权限限制：必须登录账号才可以访问，且账号可能存在访问权限限制，如限制页面或者限制访问次数，破解的方法是上传身份信息给服务器，一般使用 cookie 字段。

惯常的操作是：登录电商平台账号、获取 cookie 参数、在下载网页代码函数中加入 headers、添加延时、提取 json 数据，具体操作将在批量采集数据时有所涉及。对于限制访问权限的，需要使用具备对应权限的账号，如果暴力破解则属于黑客技术范畴。对于访问次数的限制，只要频繁变换账号即可。

（3）密钥匹配：密钥匹配是目前比较难破解的，需要具备密码学的知识，破解密钥的算法，然后自行生成密钥和服务器匹配。

三、实训内容

（一）基本数据采集

业务背景：分析数据之前需要先有数据，数据一般可以通过数据产品和页面收集，收集数据时如果使用手动方式将耗费大量的时间和精力，因此使用软件构建采集脚本可极大节约时间成本。

接下来我们将借助一款常见的第三方采集工具——八爪鱼数据采集工具，实操利用八爪鱼软件爬取亚马逊（Amazon）上的一些商品评论信息。用户首先需要搜索官网，下载八爪鱼客户端并注册登录，普通用户使用免费版功能即可完成基本的数据采集，也可根据需要自行选择付费会员功能。八爪鱼主页如图 2-40 所示。

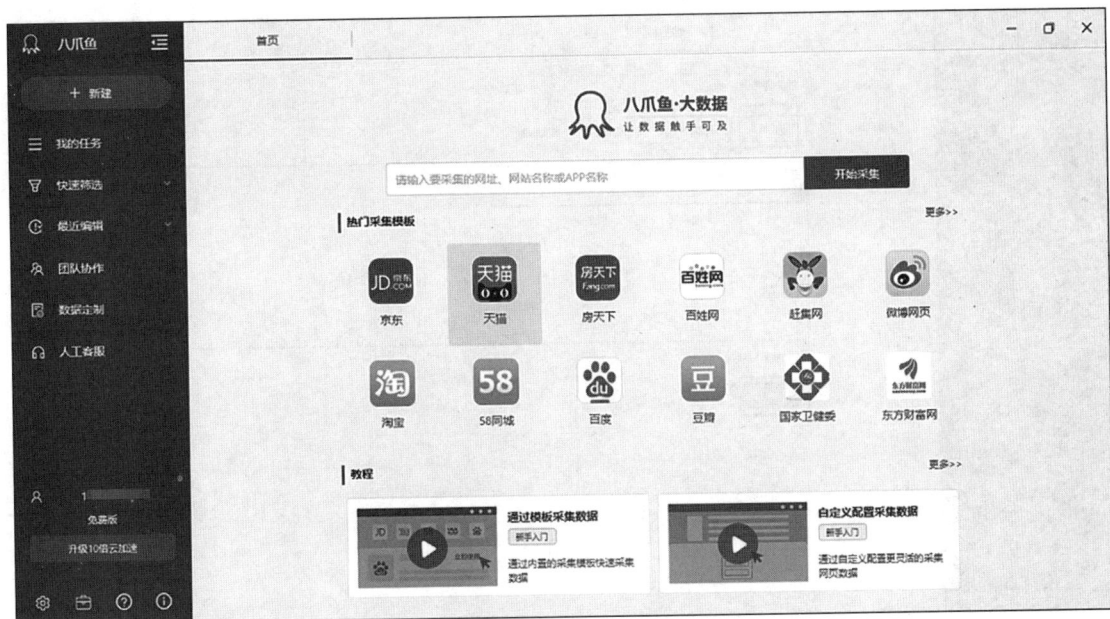

图 2-40　八爪鱼主页

接下来我们以亚马逊平台上某商品为例进行商品评论采集。大家在实操过程中也可根据自身需求，灵活更换其他平台数据进行数据采集。采集字段包括：商品标题、图片链接、商品链接、商品价格、商品评分、评论数等（可根据需要进行相关字段添加或删除）。

在首页点击左上角的"新建"按钮，选择"自定义任务"，如图 2-41 所示。

图 2-41　新建自定义采集任务

在新建任务界面，选择"手动输入"，输入示例网址（https://www.amazon.com/product-reviews/B07XH9KHLR/）并点击"保存设置"按钮（后续可能因平台更新或其他原因导致链接失效，使用时可根据需要在亚马逊平台重新进行搜索获得新链接即可），如图 2-42 所示。

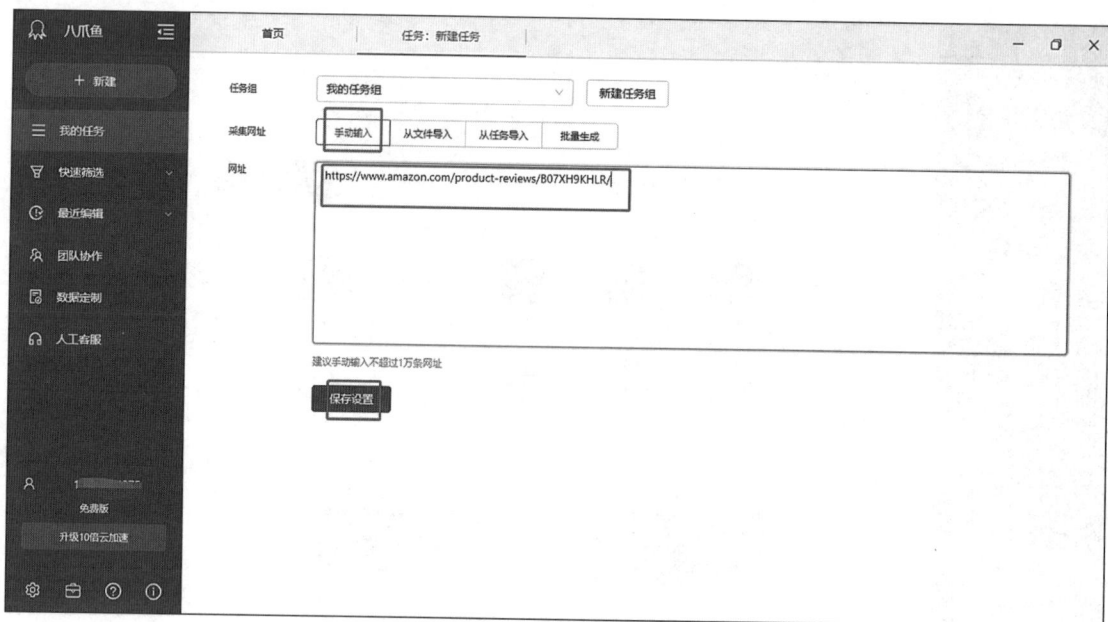

图 2-42　新建任务界面

　　系统会自动识别网页内容并提取相关字段，如图 2-43 所示，成功识别了列表中的数据及翻页、滚动加载设置。

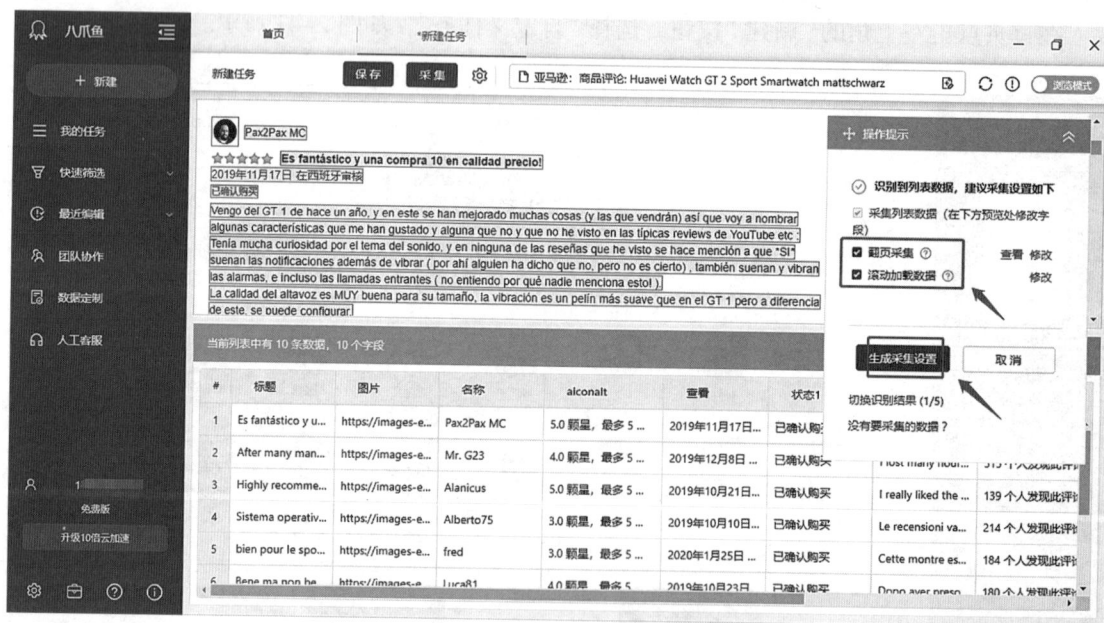

图 2-43　自动识别网页内容并提取相关字段

　　在图 2-43 中，点击"生成采集设置"按钮，将自动识别出的列表数据和翻页，生成为采集流程，方便我们使用和修改，如图 2-44 所示。

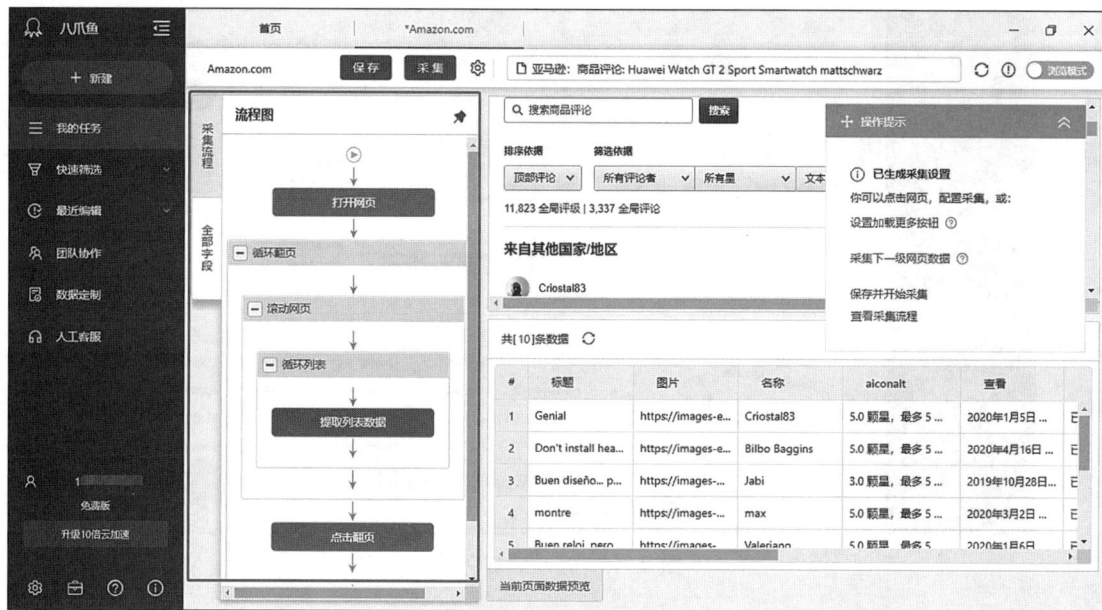

图 2-44　生成采集流程

在"当前页面数据预览"中可对采集规则进行调整与优化，例如根据需要删除不需要的字段、编辑字段名称等，如图 2-45 所示。

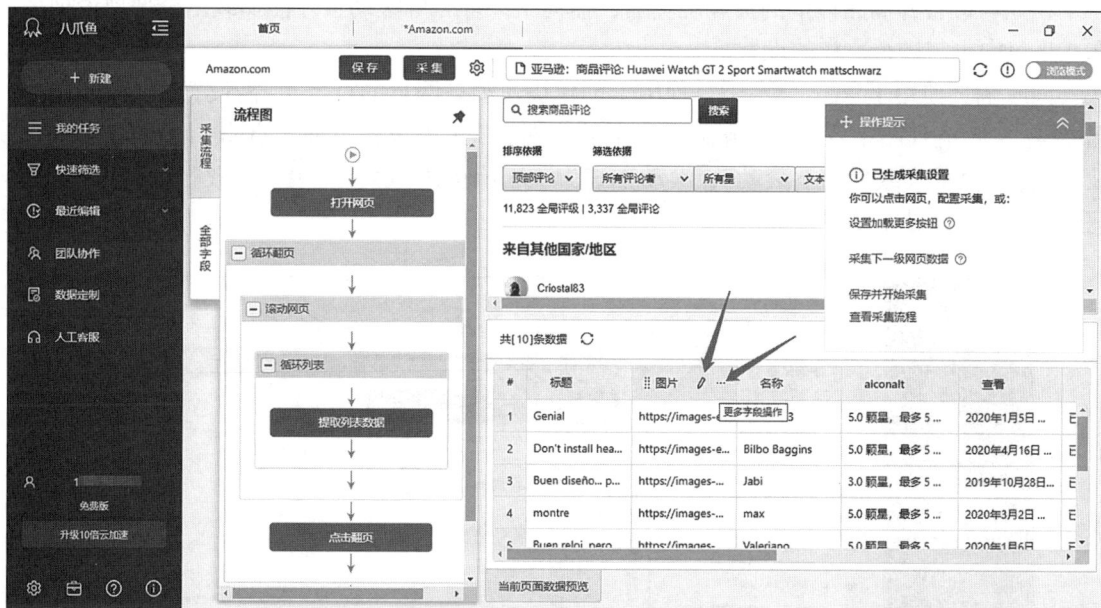

图 2-45　删除字段或编辑字段名

有一些字段，系统无法自动提取到，需要用户手动添加。双击图 2-45 中的"提取列表数据"步骤，进入其设置页面，点击"加号"图标，点击"添加当前时间"和"页面网址"等，如图 2-46 所示。

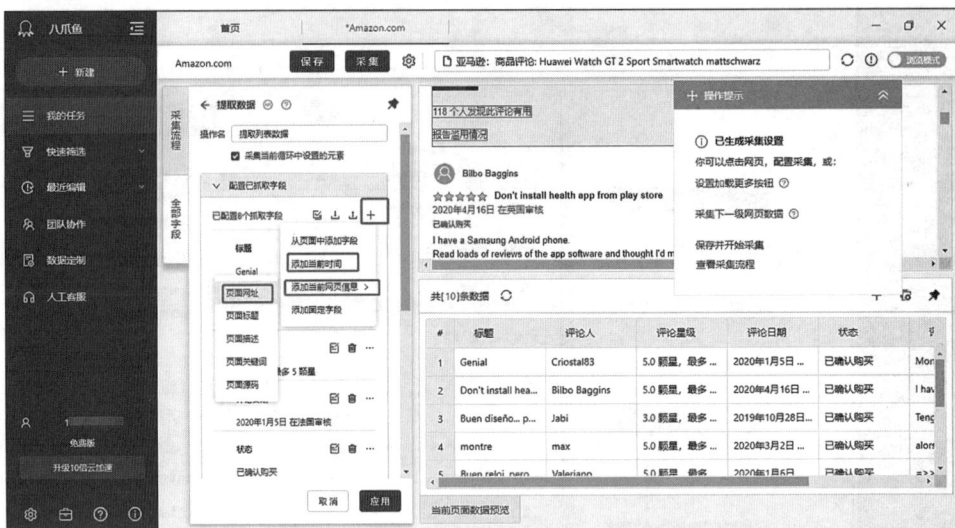

图 2-46　手动添加字段

（二）数据采集规则优化

以上步骤可以完成基本的数据采集。但亚马逊有防采集机制，如需稳定采集大量数据，需对采集规则进行优化。常见的优化方法如下。

1. 设置页面滚动与 Ajax 超时

在亚马逊打开商品评论网页和翻页后，需向下一屏一屏滚动，才能加载出全部评论列表，在八爪鱼中也需进行这样的设置。

同时翻页使用了 Ajax 技术（一种用于创建快速动态网页的技术），需设置 Ajax 超时。在图 2-47 左侧流程图中双击"打开（循环中的）网页"进入设置页面。点击"网页打开后"选项，设置"页面加载后向下滚动"，滚动方式为"向下滚动一屏"，"滚动次数"为 5 次，"每次间隔"1 秒，设置后保存。

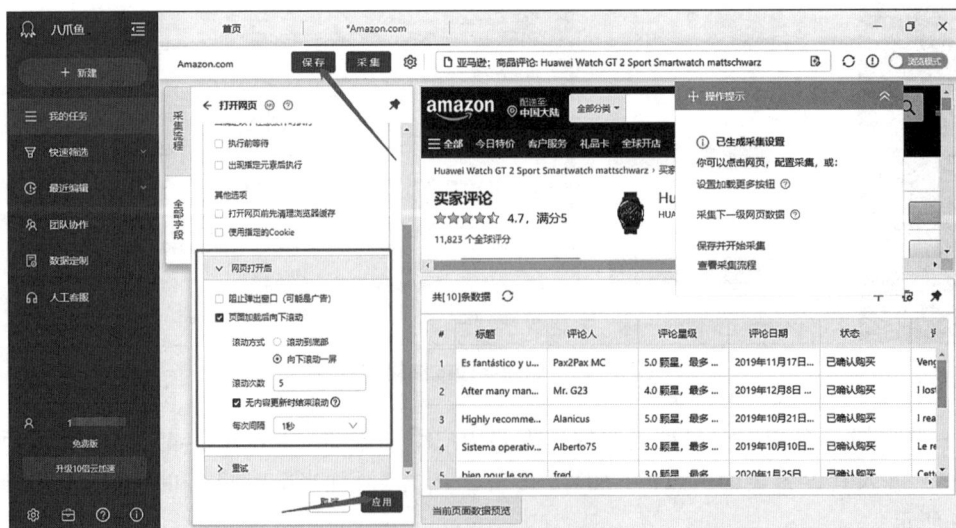

图 2-47　打开网页设置

在图 2-48 左侧流程图中双击"点击元素"进入设置页面。设置"Ajax 超时"30 秒。设置"页面加载后向下滚动",滚动方式为"向下滚动一屏","滚动次数"为 5 次,"每次间隔"1 秒,设置后保存。

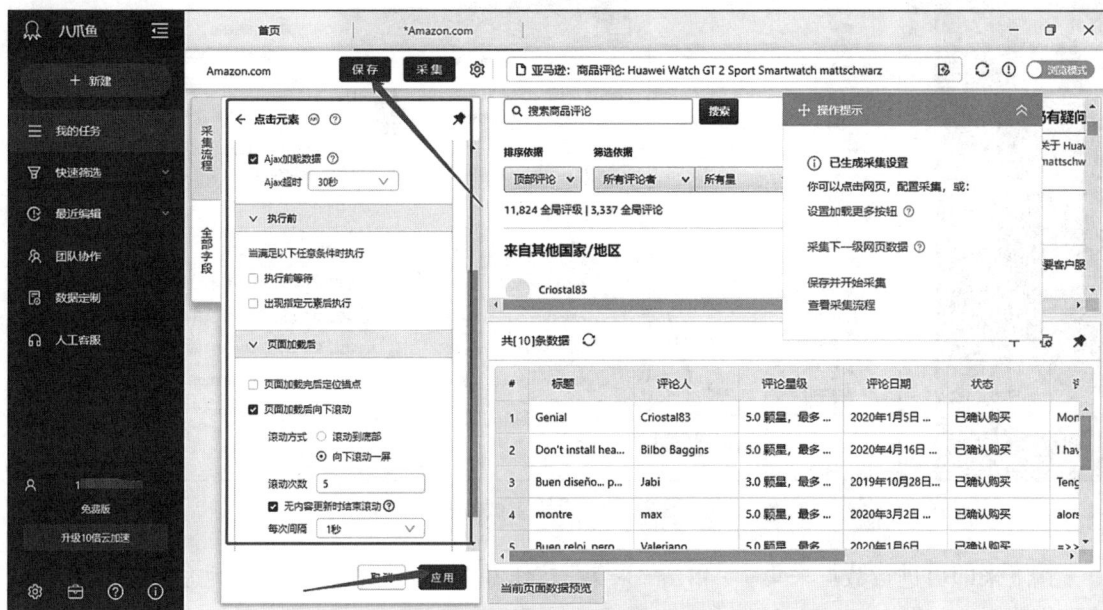

图 2-48　点击翻页设置

2. 设置重试条件

如果是初次采集,可以跳过此步骤,直接启动采集获取数据。如果已经采集到一定数据后,发现触发了亚马逊的防采集机制,出现验证码,可以通过设置重试条件解决。

验证码一般在打开新页面后出现。在这个规则中,"打开(循环中的)网页"后会打开新页面。因此需对这个步骤设置重试,重试时以新的 IP 和浏览器版本打开网页,以跳过验证码。在图 2-49 中,进入"打开(循环中的)网页"后按如下步骤设置:勾选"当如下条件满足时重试",重试条件为:当前页面的"元素 XPath"不包含 //div[@class="a-section review aok-relative"];重试次数为 5 ～ 10 次,每次间隔 0 ～ 3 秒;勾选"重试时同时切换代理 IP",选择"随机伪造 IP";勾选"重试时同时切换浏览器版本",点击"浏览器列表",将除手机端外的所有浏览器列表都勾选上。

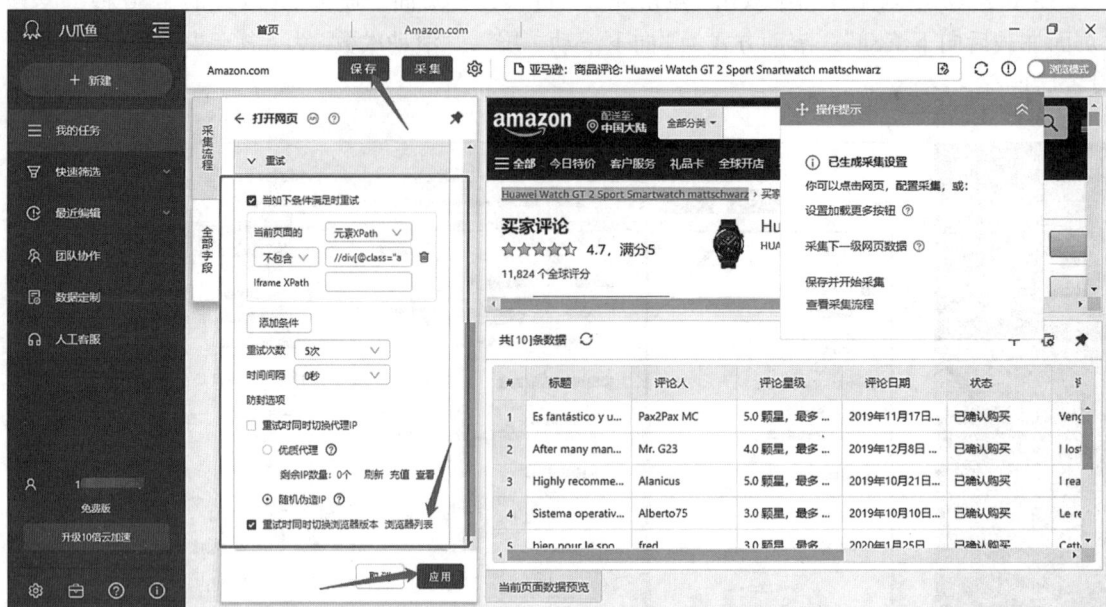

图 2-49　设置重试条件

接下来即可进行数据采集了：单击"采集"按钮并"启动本地采集"，启动后八爪鱼开始自动采集数据，如图 2-50 所示。

图 2-50　启动采集页面

采集完成后，选择合适的导出方式来导出数据。支持导出为 Excel、CSV、HTML、JSON、数据库等。这里导出为 Excel，点击"确定"按钮，选择保存路径将数据导出到本地即可。如图 2-51 所示。

图 2-51　导出数据页面

导出数据示例如图 2-52 所示。

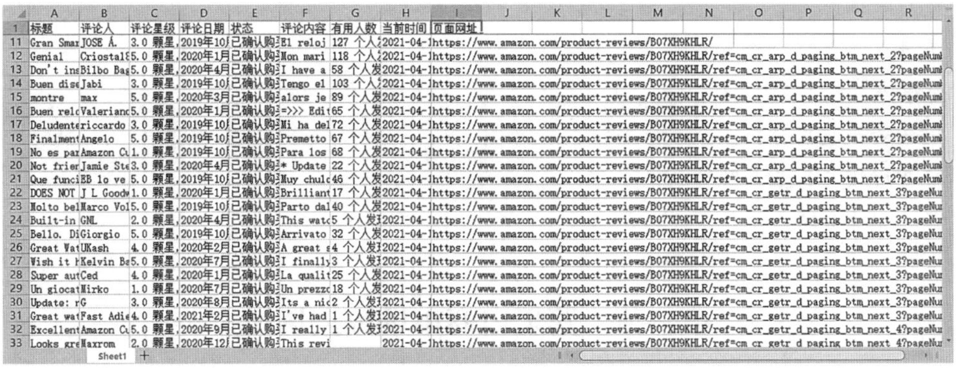

图 2-52　导出数据示例

四、实训总结

本实训主要借助八爪鱼数据采集工具进行亚马逊商品评论数据的采集，帮助商家掌握采集方法与基本流程，后续大家可以根据需要灵活选择采集工具、所采平台与数据类型。

第三章

跨境电商市场数据分析

➡️ **学习目标**

◎ 了解市场的含义。

◎ 掌握市场的分类。

◎ 了解市场行情分析的内容与方法。

➡️ **学习重点、难点**

学习重点

◎ 市场分类的依据。

◎ 理解市场。

◎ 市场大盘数据分析。

学习难点

◎ 市场营销数据分析。

◎ 行业规模与行业趋势分析。

◎ 行业竞争分析。

第一节　跨境电商市场数据认知

一、市场的含义与分类

（一）市场的含义

市场一词源自古时人类对于固定时段或地点进行交易的场所的称呼。发展到现在，市场具备了两种意义：一种是指交易场所，如传统市场、股票市场、期货市场等；另一种是对交易行为的总称。即市场一词不仅仅指交易场所，还包括了所有的交易行为，因此当谈论市场大小时，并不仅仅指场所的大小，还包括了消费行为是否活跃。

狭义上的市场是买卖双方进行商品交换的场所，广义上的市场是指为了买和卖某些商品而与其他厂商和个人相联系的一群厂商和个人。尽管各方可以通过易货交换货物和服务，但大多数市场依赖卖方提供货物或服务（包括劳力）来换取买方的钱。可以说，市场是商品和服务价格建立的过程。市场促进贸易并促成社会分工和资源分配，允许对任何可交易项目进行评估和定价。市场有可能自发地出现，也有可能通过人际互动刻意地构建，以便交换服务和商品，或某种权利（比如所有权）。市场是社会分工和商品交换的产物，哪里有社会分工和商品交换，哪里就有市场。

市场在其发育和壮大的过程中，也推动着社会分工和商品经济的进一步发展。市场通过信息反馈，直接影响着人们生产什么、生产多少，以及上市时间、产品销售状况等。市场联结商品经济发展过程中产、供、销各方，为产、供、销各方提供交换场所、交换时间和其他交换条件，以此实现商品生产者、经营者和消费者各自的经济利益。

（二）市场的分类

按照市场的主体不同可对市场进行不同的分类。

1. 按购买者的购买目的和身份划分

按照购买者的购买目的和身份划分，市场的主体可分为消费者市场、生产商市场、转卖者市场和政府市场。

（1）消费者市场。这指为满足个人消费而购买产品和服务的个人和家庭所构成的市场。

（2）生产商市场。亦称生产者市场或工业市场，是由那些购买货物和劳务，并用来生产其他货物和劳务，以出售、出租给其他人的个人或组织而构成的市场。

（3）转卖者市场。一般指中间商市场，亦称再售者市场（reseller market），是商品从生产者到消费者中间的买卖场所和领域。

（4）政府市场。这是指各级政府为了开展日常政务活动或为公众提供服务，在财政的监督下，以法定的方式、方法和程序，通过公开招标、公平竞争，由财政部门直接向供应商付款的方式，从国内市场为政府部门购买货物、工程、劳务的行为。

2. 按产品或服务供给方的状况（即市场上的竞争状况）分类

按产品或服务供给方的状况划分，市场主体可分为完全竞争市场、完全垄断市场、垄断竞争市场、寡头垄断市场。

（1）完全竞争市场。完全竞争市场又称纯粹竞争市场或自由竞争市场，是指一个行业中有非常多的生产销售企业，它们都以同样的方式向市场提供同类的、标准化的产品（如粮食、棉花等农产品）的市场。

（2）完全垄断市场。完全垄断市场是指在市场上只存在一个供给者和众多需求者的市场结构。垄断市场形成的原因很多，最根本的一个原因就是建立和维护一个合法的或经济的壁垒，从而阻止其他企业进入该市场，以便巩固垄断企业的垄断地位。垄断企业作为市场唯一的供给者，很容易控制市场某一种产品的数量及其市场价格，从而可连续获得垄断利润。完全垄断可分为两种类型：一是政府完全垄断，通常在公共事业中居多，如国有铁路、邮电等部门；二是私人完全垄断，如根据政府授予的特许经营权经营，或根据所获取的专利采取独家经营，又或者由于资本雄厚、技术先进而实行的排他性的私人垄断经营等。

（3）垄断竞争市场。垄断竞争市场是指许多生产相近但不同质量商品的厂商及各类消费者构成的市场，是介于完全竞争市场和完全垄断市场两个极端市场结构的中间状态。垄断竞争市场中竞争程度较大，垄断程度较小，比较接近完全竞争市场，在现实中的大城市的零售业、手工业、印刷业中普遍存在。

（4）寡头垄断市场。寡头垄断市场是介于完全垄断市场和垄断竞争市场之间的一种市场模式，是指某种产品的绝大部分由少数几家大企业控制的市场。每个大企业在相应的市场中占有相当大的份额，对市场的影响举足轻重。如美国的钢铁、汽车，日本的家用电器等规模庞大的行业。

还有其他几种分类标准，如按地理位置不同可分为城市市场和农村市场，按照企业的角色可分为购买市场和销售市场，按照区域范围可分为国际市场和国内市场，按照经营产品的专门化和综合性可分为专业性市场和综合性市场，按照规模大小可分为小型市场、中型市场、大型市场等。

二、市场容量大小分析

（一）市场容量分析思路

市场容量也称为市场规模，是指在不考虑产品价格和供应商的前提下，市场在一定时期内能够吸纳某种产品或劳务的单位数目。市场容量分析是对市场规模的分析和判断，市场规模的上限成为市场中企业发展的天花板。

市场容量的上限成为限制市场发展规模的瓶颈，正常来讲，容量越大瓶颈越高，分析时可用市场总规模和头部企业规模来确定市场瓶颈。

例如，淘宝网某一个品类的市场规模是 10 亿元，那么对于经营该品类的某户商家来讲，业绩做到最好也就是 10 亿元，但这在市场经济环境下是不可能的，假设市场由 20 家店铺瓜分 80% 的份额，这 20 家店铺的市场规模瓶颈可能在 4000 万元左右。也可以通过市场占有率第一的企业份额作为规模瓶颈，假设业内排名第一的企业的规模是 6000 万元，那么 6000 万元就是当前市场的规模瓶颈。

分析时还可从多个指标来描述市场容量，比如销售额、流量、销售件数等指标。市场容量是评判行业的一个维度，但在分析时要注意不能单纯认为市场容量越大越好，市场容量的大小只是一种现状，如何选择市场或如何确定市场策略，需要结合企业的内外部因素。

一般分析师可以认为市场容量越大相对市场竞争也就越大，需要的市场预算也就越大；市场容量越小相对市场竞争也就越小，需要的市场预算也就越少。实力雄厚的企业应该选择市场容量大的市场，实力不足或新兴企业应选择市场容量相对较小的市场。

（二）市场容量汇总

汇总市场数据使用的是统计分组法，可以帮助企业快速发现数据的特征。

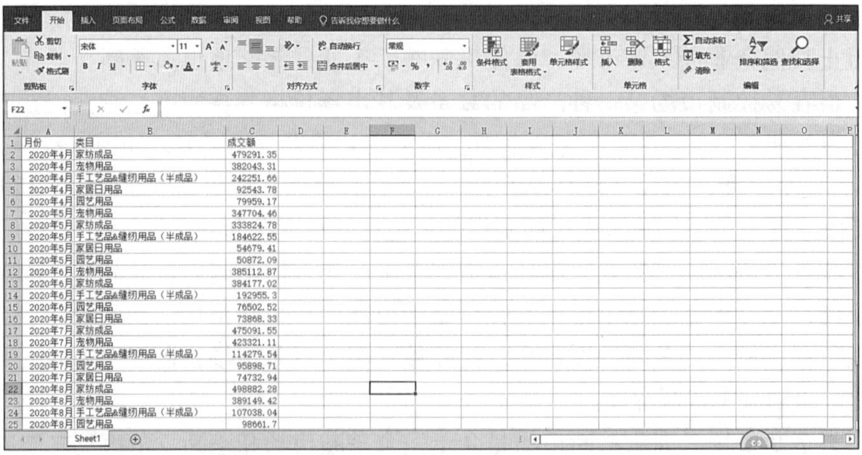

	月份	类目	成交额
2	2020年4月	家纺成品	479291.35
3	2020年4月	宠物用品	382043.31
4	2020年4月	手工艺品&缝纫用品（半成品）	242251.66
5	2020年4月	家居日用品	92543.78
6	2020年4月	园艺用品	79959.17
7	2020年5月	宠物用品	347704.46
8	2020年5月	家纺成品	333824.78
9	2020年5月	手工艺品&缝纫用品（半成品）	184622.55
10	2020年5月	家居日用品	54679.41
11	2020年5月	园艺用品	50872.09
12	2020年6月	宠物用品	385112.87
13	2020年6月	家纺成品	384177.02
14	2020年6月	手工艺品&缝纫用品（半成品）	192955.3
15	2020年6月	园艺用品	76502.52
16	2020年6月	家居日用品	73868.33
17	2020年7月	家纺成品	475091.55
18	2020年7月	宠物用品	423321.11
19	2020年7月	手工艺品&缝纫用品（半成品）	114279.54
20	2020年7月	园艺用品	95898.71
21	2020年7月	家居日用品	74732.94
22	2020年8月	家纺成品	498882.28
23	2020年8月	宠物用品	389149.42
24	2020年8月	手工艺品&缝纫用品（半成品）	107038.04
25	2020年8月	园艺用品	98661.7

图 3-1　2020 年 4—12 月家居用品行业数据

图 3-1 是从速卖通平台采集的家居用品行业 2020 年 4—12 月的市场数据，可使用 Excel 汇总数据来研究市场规模。

1. 第一步：创建数据透视表

选中 Excel 中的数据，在"插入"选项卡中单击"数据透视表"选项，在弹出的"创建数据透视表"对话框中检查设置，若引用的数据是表则无须检查，此处引用的数据是区域则需要检查区域范围是否正确。检查完毕后单击"确定"按钮。

2. 第二步：设置数据透视表

在新建的数据透视表中设置字段，"行"设置为"类目"，"值"设置为"成交额"，如图 3-2 所示。

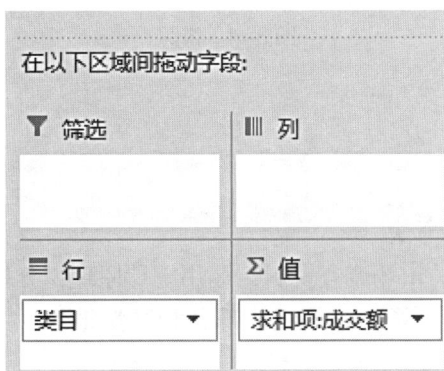

图 3-2　字段设置

设置好字段的结果如图 3-3 所示。完成了对类目的数据汇总后，可以直观地看到宠物用品和家纺成品是一级类目下规模最大的二级类目。

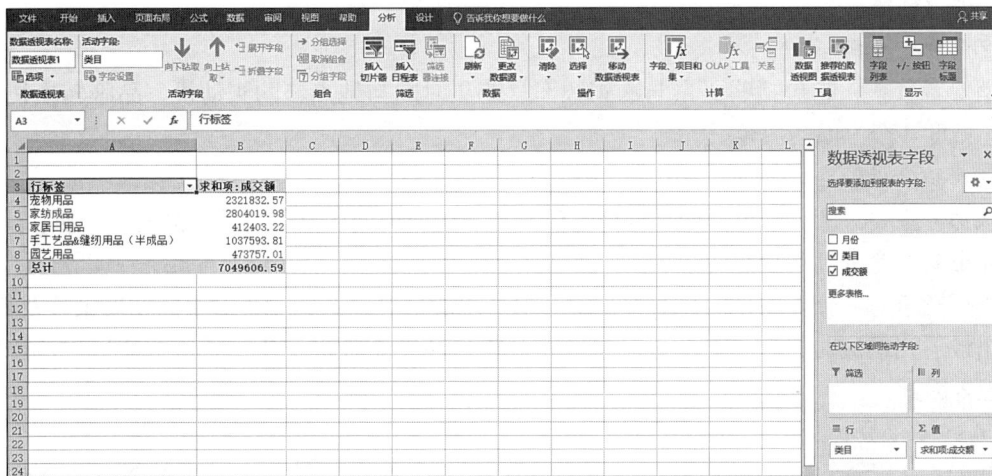

图 3-3　数据透视表

（三）市场容量可视化

在分析市场容量的场景中，最终可呈现的可视化对象有饼图、环形图、柱形图、树状图等。将图 3-3 所示的数据透视表按照成交额进行降序排序后，依次插入相应的图表，如插入饼图，所得可视化结果如图3-4所示。

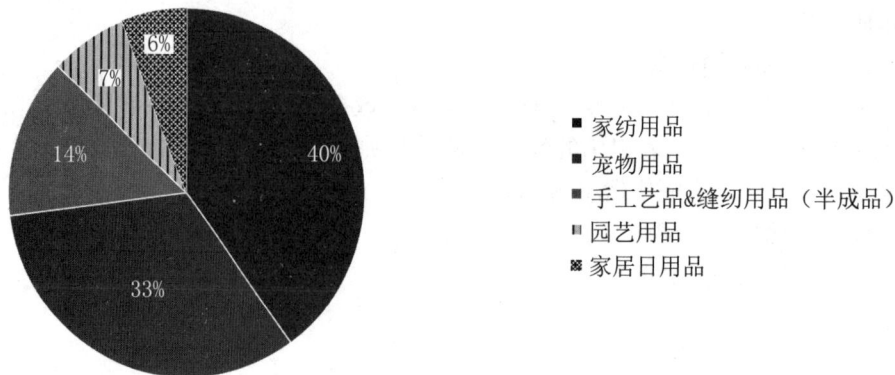

图3-4　饼图

家纺用品
宠物用品
手工艺品&缝纫用品（半成品）
园艺用品
家居日用品

三、市场大盘数据分析

（一）市场行情分析

1. 市场行情分析的内容与方法

市场分析是根据已获得的市场调查资料，运用统计原理，分析市场及其销售变化的过程。从市场营销的角度看，它是市场调查的组成部分和必然结果，又是市场预测的前提和准备过程。

（1）内容

市场分析的内容主要包括以下几方面。

①营销环境分析

营销环境是指与企业营销活动有潜在关系的内部和外部因素的集合。营销环境分为内部环境和外部环境。

②消费者分析

消费者分析，它包括购买量与购买频率、购买时间与地点、购买动机、品牌转换情况与品牌忠诚度4个方面的内容。

③产品分析

该部分主要对产品特色、产品价格定位、产品生命周期、竞争对手产品进行分析。

④企业与竞争对手分析

进行竞争对手分析的目的是通过了解竞争对手的信息，获知竞争对手的发展策略及行动，以做出最适当的应对，除了对竞争对手进行分析，还需要分析企业在竞争中的地位、市场构成特性等因素。

⑤SWOT分析

SWOT分析方法是一种根据企业自身的既定内在条件进行分析，找出企业的优势、劣势及核心竞争力所在的企业战略分析方法。其中战略内部因素（表示"可能做的"）为：S代表strength（优势），W代表weakness（弱势）；外部因素（表示"能够做的"）为：O代表opportunity（机会），T代表threat（威胁）。

（2）方法

市场分析的方法，一般可按统计分析法进行趋势和相关分析。从估计市场销售潜力的角度来讲，也可以根据已有的市场调查资料，采取直接资料法、必然结果法和复合因素法等进行市场分析。

对任何事物的认识有一个从具体到抽象的过程，对市场进行系统分析时也是如此。市场是一个非常复杂的现象，对它的分析研究也必须遵循这一认识规律。在对市场这一对象进行研究时，首先需对市场问题进行概括阐述，进而对基础理论、微观市场、宏观市场进行较为详尽的分析，再对市场的各种类型进行具体的剖析，进而对市场的状况和运行规律产生具体的认识。

①系统分析法

市场是一个多要素、多层次组合的系统，既有营销要素的结合，又有营销过程的联系，还有营销环境的影响。运用系统分析的方法进行市场分析，可以使研究者从企业整体上考虑企业经营发展战略，用联系的、全面的和发展的观点来研究市场的各种现象，既看到供的方面，又看到求的方面，并预见到它们的发展趋势，从而做出正确的营销决策。

②比较分析法

比较分析法是把两个或两类事物的市场资料相比较，从而确定它们之间相同点和不同点的逻辑方法。对一个事物是不能孤立地认识的，只有把它与其他事物联系起来加以考察，通过比较分析，才能在众多的属性中找出本质属性和非本质属性。

③结构分析法

在市场分析中，通过市场调查搜集资料，分析某现象的结构及其各组成部分的功能，进而认识这一现象本质的方法，称为结构分析法。

④演绎分析法

演绎分析法就是把市场整体分解为各个部分、方面、因素，形成分类资料，并通过对这些分类资料的研究分别把握特征和本质，然后将这些通过分类研究得到的认识联系起来，形成对市场整体认识的逻辑方法。

⑤案例分析法

所谓案例分析，就是以典型企业的营销成果作为例证，从中找出规律性的东西。市场分析的理论是从企业的营销实践中总结出来的一般规律，它来源于实践，又高于实践，用它指导企业的营销活动，能够取得更大的经济效益。

⑥定性与定量分析结合法

任何市场营销活动，都是质与量的统一。进行市场分析，必须进行定性分析，以确定问题的性质；也必须进行定量分析，以确定市场活动中各方面的数量关系，只有将两者有机结合起来，才能做到从数量众多的经济活动和经济现象中找准问题的本质，从而使分析更加精确和有说服力。

⑦宏观与微观分析结合法

市场情况是国民经济的综合反映，要了解市场活动的全貌及其发展方向，不但要从企业的角度去考察，还需从宏观上了解整个国民经济的发展状况。这就要求必须把宏观分析和微观分析结合起来以保证市场分析的客观性和正确性。

⑧物与人的分析结合法

市场分析的研究对象是满足消费者需求的企业市场营销活动及其规律。企业营销的对象是人。因此，要想把这些物送到所需要的人手中，就需要既分析物的运动规律，又分析人的不同需求，以便实现两者的有机结合，保证产品销售的畅通。

⑨直接资料法

直接资料法是指直接将已有的本企业销售统计资料与同行业销售统计资料进行比较，或者直接将行业地区市场的销售统计资料同整个社会地区市场销售统计资料进行比较。通过分析市场占有率的变化，寻找目标市场。

2. 理解市场

理解市场就是指运用科学的方法，有目的地、系统地搜集、记录、整理有关市场信息和资料，分析市场情况，了解市场的现状及其发展趋势，为细分市场和营销决策提供客观的、正确的资料的过程。该过程与市场调查有异曲同工之处，在进行市场调查的同时也需进一步理解市场。

要理解市场的内容很多，可采用调查的方法进行深入研究，如市场环境调查，包括对政策环境、经济环境、社会文化环境的调查；市场基本状况的调查，包括对市场规范、总体需求量、市场的动向、竞争对手的市场分布及占有率等的调查；销售可能性调查，包括对现有和潜在用户的人数及需求量、市场需求变化趋势、本企业竞争对手的产品在市场上的占有率，扩大销售的可能性和具体途径等方面的调查；还可对消费者及消费需求、企业产品、产品价格影响销售的社会和自然因素、销售渠道等开展调查。

企业决策者需要借助不同的方法获取有效的信息和资料才能对市场产生深刻的理解，该过程被称为市场调查。在进行市场调查的时候往往需要注意很多问题，除了采集有效信息，还需要明确市场调查的目标、调查要点、设计调查方案等。调查的资料和结论将会为决策者和分析人员提供重要信息：了解市场总的供求情况以确定企业的发展方向；进行准确的市场定位并按照消费者的需求组织生产和销售；促进商品销售了解最适合自己的广告以选择广告媒体；等等。多和销售人员进行交流也会获得许多新的思路。以下是常用的原始数据的收集方法。

（1）观察法

观察法分为直接观察和实际痕迹测量法两种方法。

所谓直接观察法，指调查者在调查现场有目的、有计划、系统地对调查对象的行为、言辞、表情进行观察记录，以取得第一手资料的方法。它最大的特点是，总在自然条件下进行，所得材料真实生动，但也会因为所观察的对象的特殊性而使观察结果流于片面。

实际痕迹测量法是通过观察某一事件留下的实际痕迹来调查的方法，一般用于对用户的流量、广告的效果等的调查。例如，企业在几种报纸、杂志上做广告时，在广告下面附有一张表格或条子，请读者阅后剪下，分别寄回企业有关部门，企业从回收的表格中可以了解在哪种报纸或杂志上刊登广告最为有效，为今后选择广告媒介和测定广告效果提出可靠依据。

（2）询问法

询问法是将所要调查的事项以当面、书面或电话的方式，向被调查者提出询问，以获得所需要的资料的方法，它是理解市场时最常见的一种方法，可分为面谈、电话、邮寄、留置询问表4种具体形式，它们有各自的优缺点：面谈能直接听取对方的意见，富有灵活性，但成本较高，结果容易受调查人员技术水平的影响；邮寄速度快、成本低，但回收率低；电话速度快，成本最低，但只限于在有电话的用户中调查，整体性不高。留置询问表可以弥补以上3种方式的缺点，可在表中说明方法，由被询问人员自行填写，再由调查人员定期收回。

（3）实验法

它通常用来调查某种因素对市场某一产品销售量的影响，这种是一种在一定条件下进行小规模实验，然后对实际结果做出分析，研究是否值得推广的调查方法。它的应用范围很广，某一商品在改变品种、品质、包装、设计、价格、广告、陈列方法等因素时，都可以应用这种方法调查用户的反应。

在进行市场调查的时候还要明确市场调查的目标，按照企业的不同需要，市场调查的目标也有所不同，企业实施经营战略时，必须调查宏观市场环境的发展变化趋势，尤其要调查所处行业未来的发展状况；企业制定市场营销策略时，要调查市场需求状况、市场竞争状况、消费者购买行为和营销要素情况；当企业在经营中遇到问题时，应针对存在的问题和产生的原因进行市场调查。

明确调查目标以后，需要设计完善的调查方案实施调查。

在制定了具体的调研的方案之后还需要进行很多工作，比如安排工作人员开展具体调查，制订调查计划，计算调查预算，确定调查方式等。调查过程看起来很烦琐，但如果能获取有效、实时的资料和信息，能为更加透彻地理解市场提供依据，也能增强自身实力，在竞争激烈的市场竞争中更快地适应经济形势的变化。

在获取有效的资料之后，分析人员或者企业决策者需要结合当前的经济环境，进一步分析市场的走向和趋势，为后面的细分市场做好准备。

3. 了解公司在市场中的地位

在对市场进行了深入的调查，并对市场进行细分以后，决策者需要知道企业在市场中的位置，客观地衡量企业的实力、所处的环境、发展情况等因素，结合市场趋势和市场细分的结果做出有利于企业发展的决策。如果对企业所处的位置认识不清，就无法及时应对外界环境的变化，很可能会将企业带入危机中。例如，许多中小企业经营管理不善、创新能力不强，对企业所处的市场地位认识不清等，企业很容易陷入危机当中。但危机当中孕育着发展机遇，企业能否渡过难关，关键取决于它们能否根据自身特点，在危机中把握发展机遇，加快结构调整升级，转变企业发展方式。

（二）市场大盘数据分析

下面以男装为例，介绍市场大盘数据的采集与分析流程。

（1）第一步：确定分析目标及内容框架。例如，要想分析男装子行业的市场品类行业数据，那么目标就是男装行业大盘下各二级类目的市场容量数据。

（2）第二步：数据采集。要了解男装类目下各品类的市场容量，商家可通过对各品类的成交数据、成交数据变化及卖家数占比进行数据分析。商家进入生意参谋后台后，选择导航栏中的"市场"选项，再单击"市场大盘"选项，然后选择需要采集数据的类目进行查看，而在周期选择上建议以月为单位，方便存档及做其他数据分析使用。

在大盘数据中，从子行业交易排行情况，商家可以看到周期内男装品类下各子行业的支付金额较父行业占比等数据。也可选择按月进行行业构成数据采集，了解子行业支付金额较父行业占比情况，从而确定店铺切入男装市场的品类机会。

市场行业大盘数据采集步骤一般为：①选择生意参谋专业版的男装类目市场，②按月进行类目数据采集，③将采集到的数据进行分析。

商家可以周期内月为指标，将年周期内 1—12 月的数据复制到 Excel 表格中，并在表格内加入周期变化数据，方便对其他数据进行分析时使用。系统按照月进行品类数据采集分类，可帮助商家了解市场月度、年度品类销售情况，从而更好地利用年度、月度品类交易数据，做好商品品类的营销规划。

（3）第三步：数据整理。商家可选择生意参谋中周期内1—12月份的数据，将细分类目数据复制到 Excel 表格内。

（4）第四步：数据展示。依据全年（1—12月）支付金额较父类目占比数据，制成簇状柱形图。

（5）第五步：数据分析。将1—12月份的数据进行整理后，商家可以做出单个品类在12个月内的成交占比数据表，通过对每月的数据进行趋势分析，男装类目大盘中某单个子类目在全年周期内的成交占比的变化趋势便一目了然了。

（6）第六步：周期行业数据对比。商家通过对行业数据进行分析，对比品类商品的支付金额占比数据，可以有效地进行品类商品数据规划，提升商家优质品类中的覆盖量，从而提高销售额。

四、市场营销数据分析

市场营销数据分析，主要是指根据市场大盘行业关键词数据进行品类数据的分析，不同的搜索行为背后代表着不同的搜索流量，不同的搜索流量背后是不同的搜索人群，不同的人群包括不同的性别、年龄、地域、喜好、消费能力等。商家通过数据分析，可以更好地进行商品布局和营销规划。商家通过使用市场行情搜索数据，精准分析类目搜索关键词数据，有利于了解品类下的搜索容量情况。

（一）搜索排行数据分析

商家对类目搜索关键词数据和关键词流量数据进行分析，了解细分品类下的关键词搜索排序，然后进行细分类目关键词分析。同时商家可根据市场搜索需求排行，了解细分类目用户搜索需求的方向，再根据搜索需求方向，去优化店铺商品的上新方向，从而使店铺商品满足市场的需求。

（二）搜索关键词分析

商家对类目搜索关键词数据进行分析，可从行业细分类目品类关键词入手，分析搜索词、长尾词、品牌词、核心词、修饰词的特点。不同的关键词应用场景不同，营销方向也不同：搜索词主要是市场搜索需求词，长尾词是客户精准需求的关键词，品牌词是客户对品牌的认知所产生的关键词，核心词是对搜索词进行分词而产生的属性词，修饰词是针对主词相关的关键词进行配合使用的相关词。商家针对关键词拥有的搜索人气，进行市场数据采集分析，进而得出市场搜索容量的数据。

商家使用生意参谋进行市场行情搜索分析，对关键词趋势数据进行对比，从而确定关键词的使用方向。同时，商家根据关键词搜索人气的数据变化，可以进行关键词的布局优化，在关键词替换的时候，需要参考关键词的热搜排名、搜索人气、支付转化率等数据来进行分析。商家根据搜索人气的上升和下降，进行关键词替换，可以提升关键词的流量效果：商家对于搜索人气上升的关键词，可以布局到店铺，进行搜索提升；对于搜索人气下降的关键词，可以进行替换。商家可主要通过对比关键词的搜索人气、搜索热度、点击人气、点击热度、点击率、交易指数、支付转化率等数据，来分析这个搜索关键词的变化情况。商家根据不同的产品，匹配不同的关键词，才能更好地吸引用户访问，从而提高成交率。

商家使用生意参谋进行市场行情相关搜索词分析，主要是根据热搜词的相关词做数据抓取分析，了解相关搜索词数据及行业词的关联词，从而进一步深挖品类词背后的市场容量数据。

商家通过相关搜索词可了解行业词的容量和竞争度，从而确定市场操作的可行性。商家根据关键词在类目下获取流量的多少，来分析关键词使用在什么类目可以获取最优质的流量，关键词在哪个类目人气越高，越适合将商品布局到该类目下。

（三）搜索关键词属性分析

商家根据生意参谋的市场热搜排行榜数据，针对细分类目数据进行方向性采集，可得类目搜索词属性分布数据。

同时，在做此类分析时，要知道历史数据的局限性，如"月饼"这个产品在中秋节前搜索频率和转化率较高，但中秋节过后，整体的搜索和成交量就成断崖式下降，商家如果只依据高涨的数据就会导致盲目入场，是不明智的选择。

（四）搜索人群分析

商家对类目关键词数据进行对比分析，可以确定关键词的使用方向。关键词数据分析是对市场容量背后的人群数据的进一步探究，同时商家按照时间周期进行关键词数据对比分析，可基于关键词数据变化规律，选择转化率高的关键词。

类目关键词性别对比分析，是指商家可查看每个关键词背后的搜索人群特征，根据搜索人群特征，选择合适的关键词，从而提升店铺搜索人群的精准度。

如果在关键词搜索人群中，男性比例较高，视觉、主图、文案可以适当呈现数量、指标、认证、标准、检验、销量等信息；如果女性比例较高，视觉、主图、文案则倾向于情感、温度、色彩等方面的内容。如果男女比例差别不大，则可以考虑将产品进行分层，将类似的产品一分为二，有的针对男性用户做优化，有的针对女性用户做优化。

类目关键词品牌偏好数据分析，是指商家通过查看关键词下的品牌偏好人群数据，了解关键词人群品牌的偏好方向，从而使店铺可以根据用户品牌偏好来设置关键词，了解品牌的商品视觉设计、客单价等信息，从而进行自身店铺商品视觉、客单价的优化和调整。

商家了解关键词购买品牌偏好数据，可以进行关键词品牌偏好分析，了解品牌的商品视觉、营销方法，从而提升自身店铺在关键词下的竞争力，提升自身店铺商品在关键词下的转化率，最终提高销售额。

类目关键词价格市场分析，是指每个关键词背后会有价格分层，不同价格分层会有不同的市场体量和竞争产品，商家可根据店铺商品的利润空间，确定自己商品的定价方向，为不同消费层次的人群匹配不同的价格区间，以提升流量的精准度。

进行市场关键词分析时，商家会关注关键词的搜索排行数据、搜索人气、交易指数等核心数据。商家通过相关搜索词背后的在线商品数，进一步分析市场容量，了解热搜词背后的市场情况，最后依据关键词人群特征来确定关键词的使用方向，完成对市场容量的分析。

第二节 跨境电商市场数据分析实训

一、统计分析行业基本数据

（一）实训目的

（1）掌握统计分析行业基本情况的方法。

（2）实操统计分析行业基本情况。

（二）实训知识准备

1. 了解行业数据

不同行业在经济特性、竞争环境、未来的利润前景等方面有着重大的区别。以行业经济特性为例，行业经济特性的变化取决于下列各个因素：行业总需求量和市场成长率、技术变革的速度、该市场的地理边界（是区域性的还是全国范围的）、买方和卖方的数量及规模、卖方的产品或服务（是统一的还是具有高度差别化的）、规模经济对成本的影响程度、到达购买者的分销渠道类型。行业之间的差别还体现在对下列各因素的竞争程度的重视方面：价格、产品质量、性能特色、服务、广告和促销、新产品的革新等。在某些行业中，价格竞争占统治地位；而在其他行业中，竞争的核心却可能集中在质量、产品的性能，或品牌形象与声誉上。

不同行业在特征和结构方面有很大的差别，所以企业在进行行业分析及竞争分析时必须首先从整体上把握行业中最主要的经济特性，具体可从以下一些方面考虑。

（1）市场规模：小市场一般吸引不了大的或新的竞争对手；大市场常能引起企业的兴趣，因为它们希望在有吸引力的市场中占据稳固的竞争地位。

（2）竞争角逐的范围：可分析市场是区域性的还是全国范围的。

（3）市场增长速度：快速增长的市场会鼓励其他企业进入；增长缓慢的市场会使市场竞争加剧，并使弱小的竞争对手出局。

（4）行业在成长周期中目前所处的阶段：可分析是处于初始发展阶段、快速成长阶段、成熟阶段、停滞阶段还是衰退阶段。

（5）竞争对手的数量及相对规模：可分析行业是被众多小企业所细分还是被几家大企业所垄断。

（6）消费者的数量及相对规模：可分析消费者的地域、年龄、性别、学历、消费能力等方面的数据来判断某一行业消费者的数量及相对规模。

（7）供应链：可分析整个供应链向前整合或向后整合的程度如何，因为在完全整合、部分整合和非整合企业之间往往会产生竞争差异及成本差异。

（8）到达消费者的分销渠道种类：可从直接渠道和间接渠道、长渠道和短渠道、宽渠道与窄渠道、单渠道和多渠道等方面进行分析。

（9）技术发展：可以从产品生产工艺革新和新产品技术变革的速度等方面来分析。

（10）竞争对手的产品或服务：可以从竞争对手的产品或服务是强差别化的、弱差别化的、统一的还是无差别化的等方面来分析。

（11）规模经济：可分析行业中的企业能否实现采购、制造、运输、营销或广告等方面的规模经济。

（12）单位成本：可分析行业中的某些活动是不是有学习和经验效应方面的特色，从而导致单位成本会随累计产量的增长而降低。

（13）生产能力利用率：生产能力利用率的高低在很大程度上决定企业能否获得成本生产效率，因为生产过剩往往导致价格和利润率降低，而产品紧缺时价格和利润率则会相对提高。

（14）必要的资源及进入和退出市场的难度：壁垒高往往可以保护现有企业，壁垒低则使得该行业易于被新进入者入侵。

（15）行业的盈利水平：可分析行业的盈利水平是处于平均水平之上还是平均水平之下。高利润行业吸引新进入者，行业环境萧条往往会加速竞争对手退出。

2. 商品研究

商品研究的主要数据来自销售数据和商品基础数据，因此以数据结构为主要分析思路，包括商品的类别结构、品牌结构、价格结构、毛利结构、结算方式结构、产地结构等，从而产生商品广度、商品深度、商品淘汰率、商品引进率、商品置换率、重点商品、畅销商品、滞销商品、季节商品等多种指标。通过对这些指标的分析来指导企业商品结构的调整，加强所经营商品的竞争力，促进资源合理配置。

（三）实训内容

业务背景：进入一个行业前，首先需要对该行业的基本情况有所了解。对行业的研究，实质上也是对商品进行研究的过程，二者有着密不可分的关系。假设我们想要进军家居用品行业，则需要对家居用品行业基本情况进行统计分析。

【例 3-1】了解家居用品—宠物用品行业基本数据。

进入跨境电商数据化运营与决策系统首页，如图 3-5 所示。在左侧功能栏或者页面中央功能展示区域依次单击"行业分析"—"商品研究"选项，将进入商品研究页面。

图 3-5 跨境电商数据化运营与决策系统首页

在商品研究页面中，可依次点击选择"时间"（如 2020 年 12 月）、"类目"（如"家居用品"），此处若未选择相应类目，呈现的将是该时间段系统内所有类目的数据，如图 3-6 所示。

图 3-6　商品研究页面

　　选择家居用品类目后，可得到家居用品行业的商品相关数据。在行业下继续点击选择二级类目例如"宠物用品"，即可得到宠物用品行业的商品相关数据，如图 3-7 所示。我们可看到宠物用品商品价格区间分布图，可以选择视图或表格查看模式，并且此处价格区间可以进行自定义设置。

　　通过研究价格区间分布，我们可掌握该行业中商品定价主要集中在哪个区间，由此可为自身产品定价做参考；并可据此为下一步的竞争策略制定提供参考，综合多方面信息考虑选择竞争低的价格区间，还是跟进价格高的区间。

图 3-7　宠物用品商品价格区间分布视图

　　页面下滑，可看到宠物用品订单数量区间分布图，可切换视图与表格查看模式。此处我们先选择视图模式，可得到该行业内商品订单数量区间分布，以及各区间对应的商品数量，并且此处可对订单数量区间进行自定义划分，如图3-8所示。

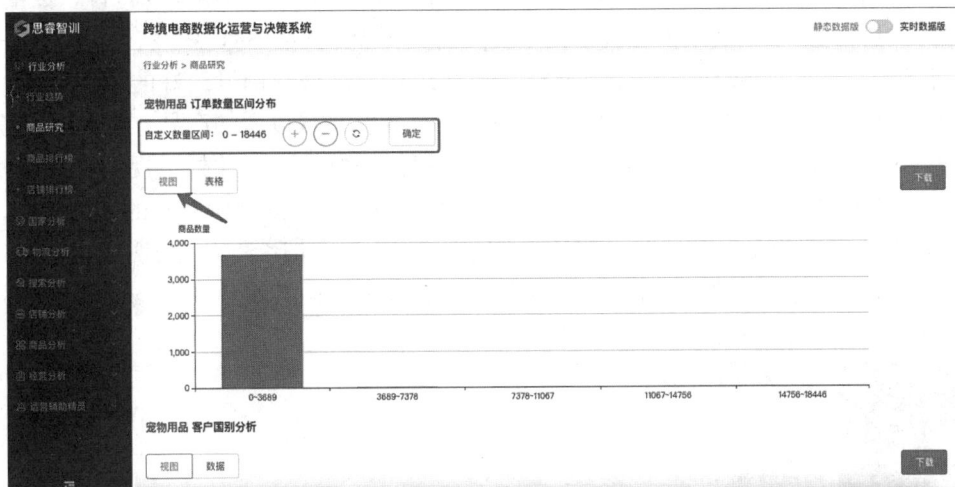

图3-8　宠物用品订单数量区间分布视图

将宠物用品订单数量区间分布图切换到表格查看模式，此时可观察到各订单数量区间对应的商品数量及商品数量所占比例。观察发现，销量遥遥领先的两个区间，均只有几款商品，这说明卖得好的爆款商品通常只有少数几款；而订单数量最低的区间，往往集中着行业内大多数的商品。

在表格最后一列"查看详情"列，点击其中的"详情"按钮，可对该订单数量区间内的商品进行详情分析，由此可将自身产品与订单数量高的商品进行对比分析，分析自身商品的优劣势，为自身商品销量的提升及以后的产品上新提供参考，如图3-9所示。

图3-9　宠物用品订单数量区间分布表格

宠物用品订单数量区间分布图下方，可看到客户国家（地区）分析图，可切换视图与表格查看模式，此处我们选择视图查看模式，将鼠标指针移至地图上某区域时，可查看该区域对应的订单量数据。通过对客户所在国（地区）的分析，可掌握宠物用品在各国家（地区）

的订单量分布，由此把握我们的产品在哪个国家（地区）更畅销，接下来可有针对性地制定推广策略或营销方案。

宠物用品客户国家（地区）分析图下方，可看到热销 SKU 分析结果。对"订单数量"进行降序排列，可得到订单数量最大也就是销量最好的 SKU 属性；各 SKU 属性有其所对应的 SKU 类型，将各销量最好的 SKU 类型对应的 SKU 属性组合起来得到销量最好的 SKU 组合，这样的 SKU 组合更容易达到较好的销量水平，由此可为库存清理或以后的产品上新提供参考。

热销 SKU 分析图下方，可看到宠物用品行业舆情分析结果。此处呈现的是一个根据提炼的客户评价关键词得到的词云图，某关键词出现的频率越高则其所对应的字体越大，例如图 3-10 中的"good""fast""quickly"等表示质量、物流的字体比较大，说明顾客们最为关心的是产品质量、物流的时效性；此外还能够从一些其他关键词，如"soft""small"等，发现顾客们往往还会关心商品的面料、规格等因素。

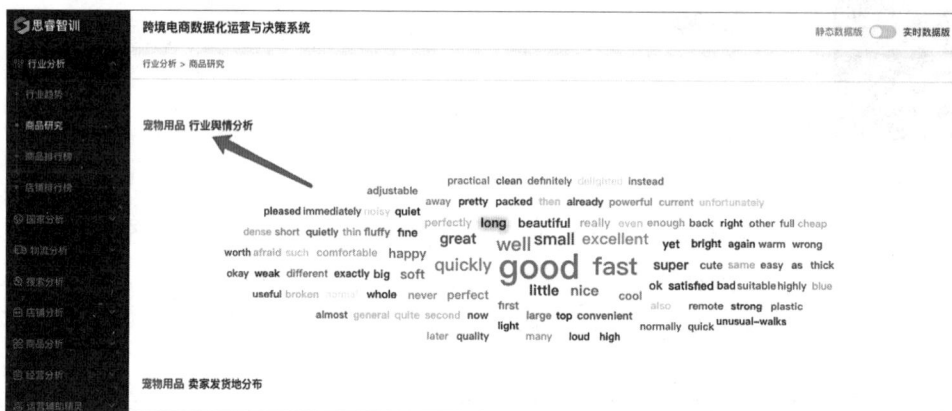

图 3-10　宠物用品行业舆情分析

（四）实训总结

（1）借助"行业分析"—"商品研究"功能对行业基本情况加以了解。

（2）通过对宠物用品价格区间分布、订单数量区间分布、客户国家（地区）分析、热销 SKU 分析、行业舆情分析等各模块结果的分析，对行业基本情况有所掌握，既能够为未进入行业的商家提供参考，也能为已在行业内的商家日后上新、定价、清理库存等提供经营参考。

二、分析行业规模

（一）实训目的

（1）掌握分析行业规模的方法。

（2）实操分析行业规模。

（二）实训知识准备

1. 行业分析

行业分析是指根据经济学原理，综合应用统计学、计量经济学等分析工具对行业经济的运行状况、产品生产、销售、消费、技术、行业竞争力、市场竞争格局、行业政策等行业要素进行深入的分析，从而发现行业运行的内在经济规律，进一步预测未来行业发展趋势的活动。行业分析是介于宏观经济与微观经济分析之间的中观层次的分析，是发现和掌握行业运行规律的必经之路，对指导行业内企业的经营规划和发展具有决定性的意义。

2. 行业规模分析

跨境电商行业规模通常指市场规模（market size，也称市场容量）。可以通过对目标产品或行业的整体规模加以研究来分析市场规模，包括对目标产品或行业在指定时间内的产量、产值等的研究，具体可依据对人口数量、人口需求、年龄分布、地区的贫富度调查所得的结果。决定市场规模和容量的三要素为：购买者、购买力、购买欲望。市场规模大小与竞争性可能直接决定了对新产品设计开发的投资规模。

通常我们习惯将一定时间内，一个（类）产品或服务在某个范围内的市场销售额作为研究市场规模大小的重要依据（在某些场景下也会使用成交量替代销售额进行市场研究）。市场规模的上限决定了市场的天花板，市场天花板是指行业内企业销售额的极限数字，正常来讲，市场规模越大天花板则越高。分析时可用市场总体规模和市场头部企业规模来确定市场天花板。

除借助销售额、成交量两个指标之外，分析时还可从其他多个指标来描述市场规模，比如消费者数量、流量数、销售件数等指标。市场规模是评判行业的一个维度，但在商业层面分析时要注意不能单纯认为市场规模越大越好，市场规模的大小只是一种现状，如何选择市场或如何确定市场策略，需要结合企业的内外因素才可以准确判断。

分析师一般认为，市场规模越大，相对市场竞争也就越大，所需要的市场推广预算也就越多；市场规模越小，相对市场竞争也就越小，所需要的市场推广预算也就越少。实力雄厚的企业应该选择市场规模大的市场以争取更多竞争机会，扩大规模；实力不足或新兴企业可选择市场规模相对小的市场以规避风险，保存实力。

（三）实训内容

业务背景：对于大多数电商商家而言，决定做什么行业是一个需要首先解决的难题，因为一旦决定了做什么行业就决定了商家未来的生存空间和发展方向。某商家在进入某类型玩具行业后后悔不已，原因是他在进入市场后才发现该行业一个月最多也就是做到 100 万元的市场规模，而 100 万元的总规模对于他来讲太少了，因此在决定进入某个行业之前先了解市场规模是十分必要的。

【例 3-2】分析家居用品行业类目排名，并分析家居用品行业规模。

进入跨境电商数据化运营与决策系统首页，如图 3-11 所示。在左侧功能栏或者页面中央的功能展示区域依次单击"行业分析"—"行业趋势"选项，进入行业趋势分析页面。

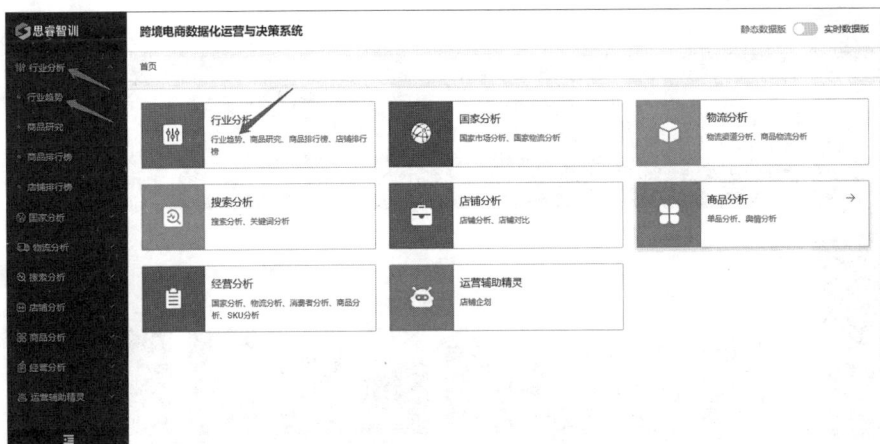

图 3-11 跨境电商数据化运营与决策系统首页

在行业趋势分析页面中，可看到所呈现出的行业词云墙及其下方的趋势图，在行业词云墙中，可依次选择一级、二级类目。行业词云墙的结果是以排序分析的方式呈现的，包括按照总销量排序、按照平均价格排序、按照高质量宝贝（指销量高于平均销量的宝贝）排序3种呈现方式，将鼠标指针停留在各词云块上方可看到对应的成交量、平均价格或高质量宝贝数据，其中方格越大，代表对应数值越大，排名越靠前，由此可以快速掌握排名信息。

1. 分析家居用品行业类目排名

首先，选择一级类目"家居用品"，并按照总销量排序，如图 3-12 所示。观察结果发现，在所呈现的二级类目中，"手工艺品 & 缝纫用品（半成品）"所占方格最大，这意味着其在家居用品类目下销量最高，排名第一，属于规模较大的品类。规模大意味着市场需求旺盛、成功的机会大，与此同时竞争也较激烈。

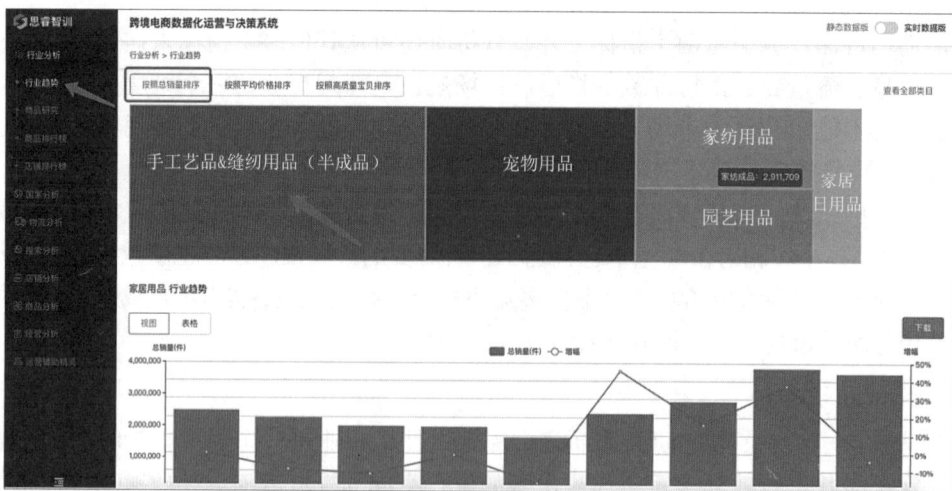

图 3-12 家居用品类目按照总销量排序

接下来，对"家居用品"类目行业词云墙按照高质量宝贝排序，并查看"手工艺品 & 缝纫用品（半成品）"的高质量宝贝排名，如图 3-13 所示。观察结果发现，"手工艺品 & 缝纫用品（半成品）"高质量宝贝排名第一，说明女装市场下上衣 &T 恤的供应情况也是较为充足的。

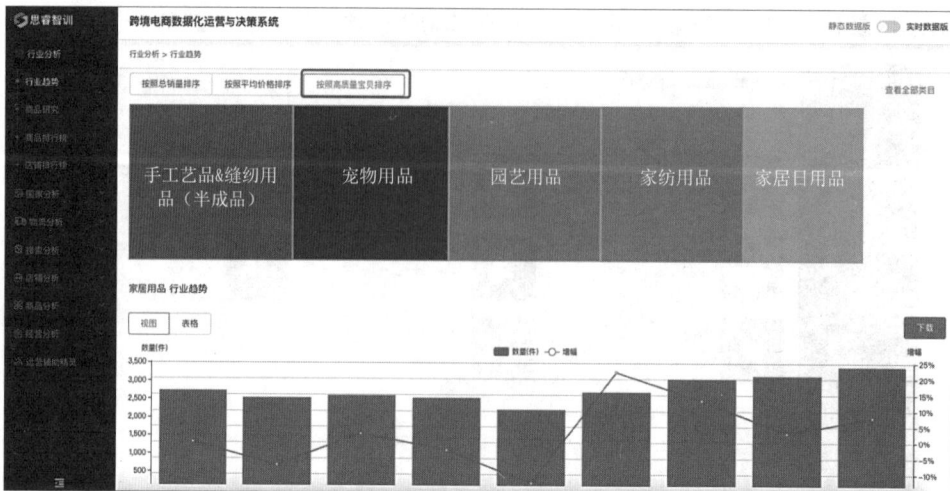

图 3-13 手工艺品 & 缝纫用品（半成品）类目按照高质量宝贝排序

这里高质量宝贝指的是销量高于平均销量水平的宝贝。可近似用总销量数据代表行业需求，高质量宝贝数代表行业供应，通过二者的排名相对顺序来判断行业的供求情况。"手工艺品＆缝纫用品（半成品）"在家居用品类目下销量排名第一，高质量宝贝数排名第一，说明该行业基本上处于供求平衡的状态。

2. 分析家居用品行业规模

在"家居用品"行业按总销量排序的基础上，查看下方对应的"家居用品行业趋势图"，此时横轴为时间，纵轴为成交量，将鼠标指针放在柱形图上时可查看该行业各月份对应的成交量数据，由此可把握该行业的成交量规模，如图3-14所示。

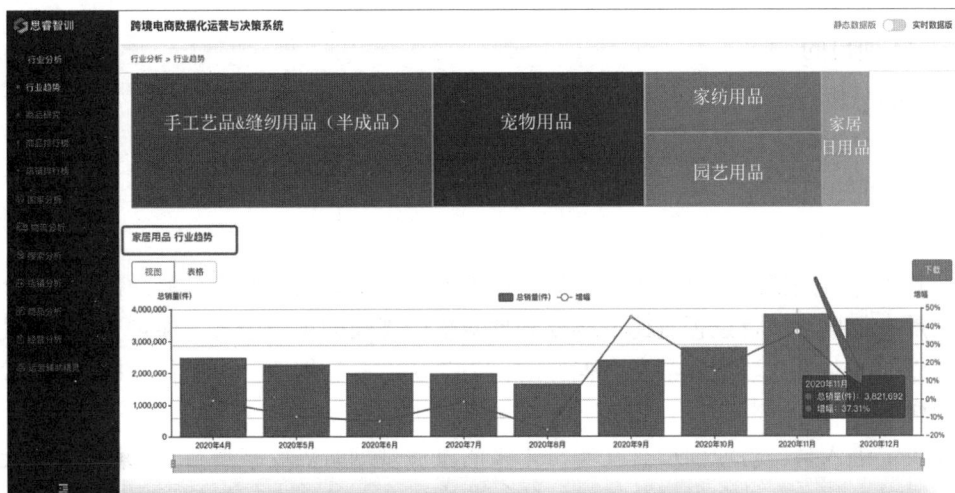

图3-14　家居用品类目按照总成交量排序

将呈现方式转换成表格之后，即可查看各月份对应的平均价格等数据，如图3-15所示。

图3-15　家居用品类目按照平均价格排序

分别得到家居用品行业某月份的成交量与平均价格数据后，可以将成交量与平均价格相乘得到该行业在该月份的总成交额，由此把握该行业的成交额规模。

（四）实训总结

（1）通过总销量与高质量宝贝的排名相对顺序可判断，手工艺品＆缝纫用品（半成品）在家居用品类目下销量排名第一，高质量宝贝数排名第一，基本上处于供求平衡的状态。可能的原因是受疫情影响，境外的客户居家时间较多，会选择待在家里制作一些手工制品。

（2）对"家居用品"行业数据分别选择按总销量排序与按平均价格排序，可得到该行业在某月份对应的成交量及平均价格数据，可将两个数据相乘得到该月份的总成交额，由此可把握该行业的成交量及成交额规模。

三、分析行业趋势

（一）实训目的

（1）掌握分析行业趋势的方法。

（2）实操分析行业趋势。

（二）实训知识准备

1. 行业趋势分析

行业趋势分析是指运用科学方法，对行业的需求和某些商品销售趋势做出估计和预测的活动，它是决定拟建项目是否有建设必要和预测生产规模的关键因素。通过分析行业趋势相关数据可以加深对行业环境和消费者偏好的认识，从而有计划地针对变化中的市场制订未来的业务计划。

企业决定进入某一行业前或者在制订未来的发展规划时需要掌握行业趋势，行业趋势和企业的发展息息相关，处在发展趋势较好的行业中，企业才能有较好的发展态势。当企业评估新的行业机会时，行业趋势分析是行业分析过程的重要组成部分，它不是一次性的工作，而是一个持续的过程。行业趋势分析是企业每隔一段时间都应该做一次的事情，这样才能较好地监控行业变化，从而做出对企业有利的应对之策。成功监控和响应市场变化的企业，才能够从激烈的竞争中脱颖而出并创造竞争优势。

2. 增量市场与存量市场

增量市场主要通过营销和销售来达到获取客户的目标，以市场份额的增加为主要特征。存量市场主要围绕现有客户开展维系工作，以客户服务为目标，达到提升客户满意度的目标。潜在市场份额大的市场被称为增量市场，市场份额已经饱和的市场被称为存量市场。分析市场趋势就是要辨别企业处于何种市场。

市场趋势可根据时间序列图（简称时序图，在 Excel 中可使用折线图工具绘制时序图）的走势来分析，掌握目前走势规律并预测未来走势。通常情况下，可根据时序图的走势对市场的增幅情况进行判断，如果连续两年增幅超过 10% 则可判定为增量市场，若两年连续增幅在 10% 及以下可判定为存量市场。

3. 增幅

我们可通过增幅来判断市场情况，增幅是通过计算两个时间点的相对差异百分比来评判趋势。

增幅的计算公式为

$$增幅 = 增速（增长相对量） = 增长率$$

也可以表示为

$$增幅 =（末期量 - 基期量）/ 基期量$$

增幅一般描述的是紧挨着的两个时段在某些方面存在的差异。对增幅的判断通常用于当前的时态中，比如 2017 年 1 月相对 2016 年 12 月的增幅，也就是判断末期（2017 年 1 月）相对于基期（2016 年 12 月）如何变化的过程。注意：增幅不是一个用来衡量增长量的大小的数值，而是一个表示增长速度的相对值，很多人容易将增幅误解为增长的幅度大小而不是增长速度。

4. 市场发展周期

行业趋势分析除了判断增量与存量市场，还需要识别行业的淡旺季及数据拐点，数据拐点是数据趋势发生转折的时间节点。如图 3-16 所示，市场趋势可分为导入期、上升期、爆发期和衰退期 4 个不同阶段。

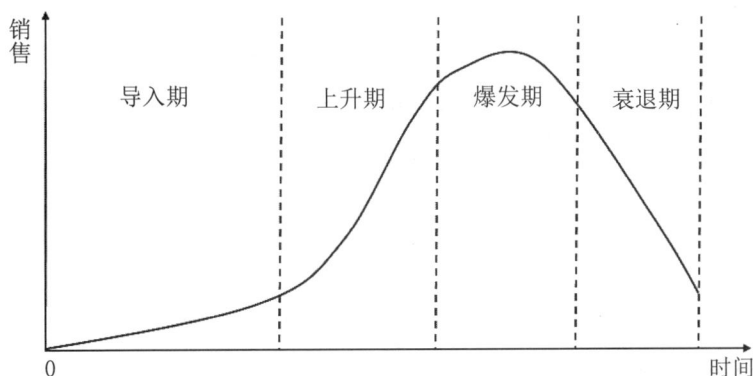

图 3-16　商品投放市场后的不同阶段

导入期是指消费者需求开始产生的阶段，在导入期时企业就要着手将产品投放市场，这意味着需要提前做好相关产品布局的准备工作。

上升期是指消费者需求开始上升的阶段，在此阶段企业要投入足够的市场预算，全力抢占市场。

爆发期是指消费者需求达到顶峰的阶段，在此阶段企业要尽量地多出单，努力创收，使成交量、销售额达到可观数值。

衰退期是指消费者需求开始下降的阶段，在此阶段企业要将库存清理到安全库存（也称安全存储量）的范围，避免资金过量占用。

（三）实训内容

业务背景：进入一个行业，如果未来想要取得可观的盈利，那么这个行业的发展趋势一定是要向上的，因为只有在行业整体趋势向上的情况下，行业中各企业业绩才有保证。某商家在进入塑料餐具市场后后悔不已，原因是他在经营过程中发现随着限塑令的施行，大家逐渐考虑到环保与安全问题，对于塑料餐具没有那么喜爱了。行业缺少市场增长空间，原有的商家都已经打得头破血流，新入场的商家自然而然就容易变成炮灰。因此在决定是否进入某行业之前，需要先了解该行业的市场趋势，判断市场是否还有增量，再决定是否要进入该行业。

【例 3-3】分析家居用品—宠物用品行业趋势。

进入跨境电商数据化运营与决策系统首页，如图 3-17 所示。在左侧功能栏或者界面中央功能展示区域依次单击"行业分析"—"行业趋势"选项，进入行业趋势分析界面。

图 3-17 跨境电商数据化运营与决策系统首页

在行业趋势功能页面中，可看到所呈现出的行业词云墙及其下方的趋势图，在行业词云墙中，可依次选择一级、二级类目及排序方式。选择一级类目"家居用品"—"按照总销量排序"，如图 3-18 所示。

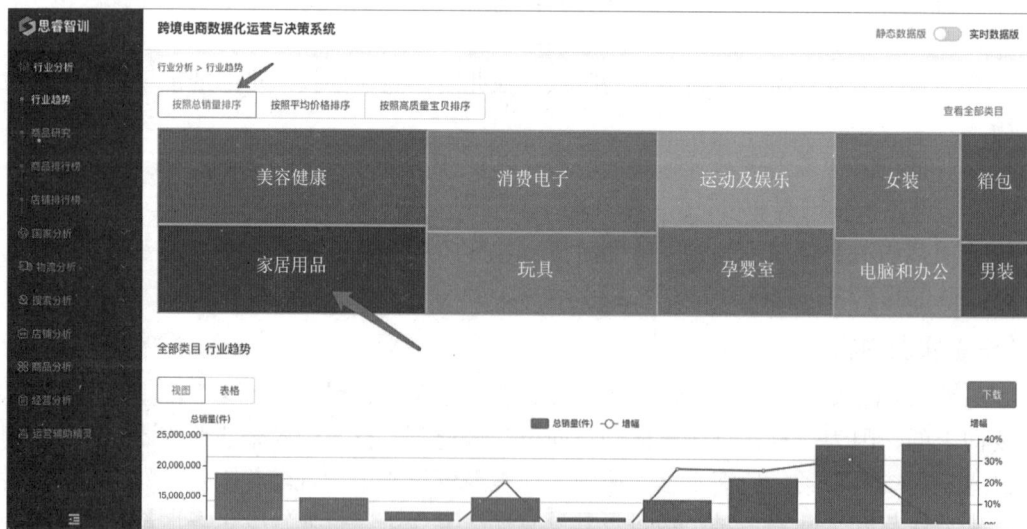

图 3-18 选择一级类目及排序方式

观察"家居用品行业趋势"图可发现，从 2020 年 9 月份开始，家居用品行业成交量呈上升趋势，并且 9 月份、10 月份连续两个月增幅超过 10%，预测在不出现较大波动的情况下，接下来行业月成交量还有增长趋势，如图 3-19 所示。

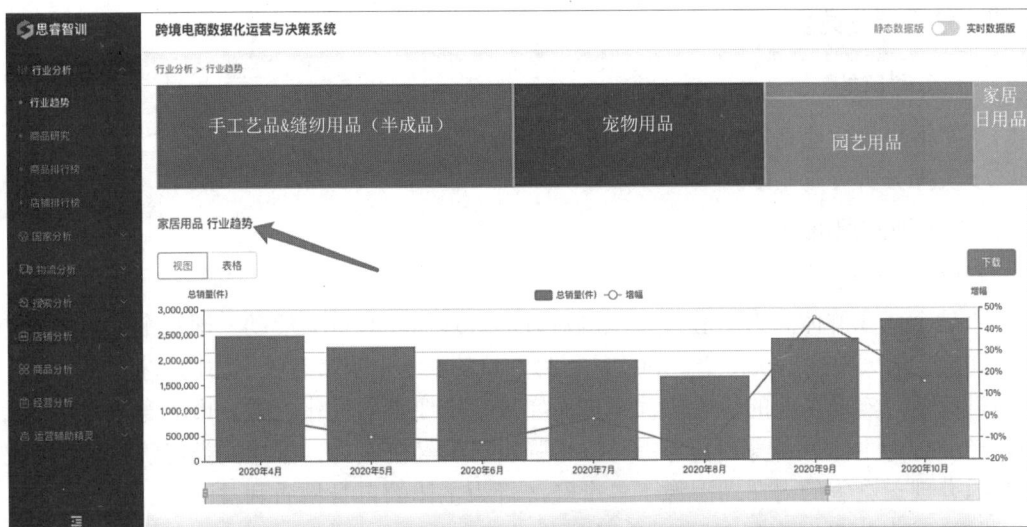

图 3-19　家居用品行业趋势按总销量排序

观察家居用品行业总销量排名结果发现，在所呈现的二级类目中，"手工艺品 & 缝纫用品（半成品）"排名第一，属于规模较大的品类。点击"手工艺品 & 缝纫用品（半成品）"所在方块，下方将呈现"手工艺品 & 缝纫用品（半成品）行业趋势"图。观察该趋势图发现，与"家居用品"行业趋势类似，从 2020 年 9 月份开始，手工艺品 & 缝纫用品（半成品）成交量呈上升趋势，并且 9 月份、10 月份连续两个月增幅均超过 10%，预测在不出现较大波动的情况下，接下来手工艺品 & 缝纫用品（半成品）行业月成交量还有增长趋势，如图 3-20 所示。

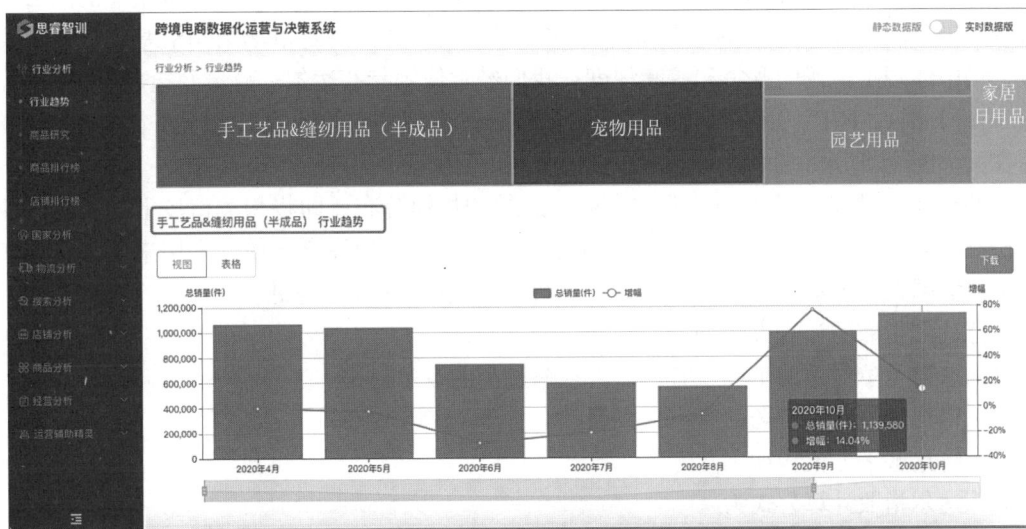

图 3-20　手工艺品 & 缝纫用品（半成品）行业趋势按总销量排序

（四）实训总结

（1）通过查看不同的类目按总销量排序结果，可判断并分析该行业的趋势。

（2）后续还可以切换不同的年份、季度、月份查看行业趋势，由此可对增量市场、存量市场、销售淡旺季等进行更多的分析操作。

四、分析行业竞争

（一）实训目的

（1）掌握分析行业竞争的方法。

（2）实操分析行业竞争。

（二）实训知识准备

1. 行业趋势分析

竞争是个体或群体间力图胜过或压倒对方的心理需要和行为活动。即每个参与者不惜牺牲他人利益，最大限度地获得个人利益的行为，目的在于追求富有吸引力的目标。

通过竞争，实现企业的优胜劣汰，进而实现生产要素的优化配置。市场竞争是市场经济中同类经济行为主体为自身利益考虑，以增强自己的经济实力，排斥同类经济行为主体的相同行为的表现。竞争的内在动因源于各个经济行为主体的自身物质利益驱动，以及对丧失自身物质利益而被市场中同类经济行为主体所排挤而产生的担忧。

2. 竞争强度

竞争强度是指现有企业间争夺市场地位和竞争优势的激烈程度。

市场竞争强度通常用行业内商户的密集程度来衡量，一般认为竞品越多则竞争越激烈，同时也要看市场的变化趋势，主要观察是否有大量竞争对手涌入市场的趋势。基于主体的不同也可以使用品牌数、企业数、商户数、商品数等指标进行分析。假设分析主体是品牌，则分析行业下的品牌数量的情况。除此之外，还可以计算市场集中度。

3. 市场集中度

市场集中度是对整个行业的市场结构集中程度的测量指标，它用来衡量企业的数目和相对规模的差异，是市场势力的重要量化指标。市场集中度是决定市场结构最基本、最重要的因素，集中体现了市场的竞争和垄断程度。我们经常使用赫芬达尔—赫希曼指数（Herfindahl-Hirschman Index，HHI，以下简称赫芬达尔指数）作为集中度的计量指标，这个指标也经常被运用在反垄断经济分析之中。

赫芬达尔指数是指基于该行业中企业的总数和规模分布，即将相关市场上的所有企业的市场份额平方后再相加的总和。它是一种测量产业集中度的综合指数，常用来反映行业集中度。指数值越大，表示市场集中度越高，垄断程度也越高；反之越低。

赫芬达尔指数的计算方法如下。

（1）取得竞争对手的市场占有率，可忽略过小的竞争对手。

（2）得出竞争对手市场占有率平方值。

（3）将这些平方值相加。

赫芬达尔指数计算公式为

$$HHI=\sum_{i=1}^{N}\left(\frac{X_i}{X}\right)^2=\sum_{i=1}^{N}S_i^2$$

其中：X 为市场的总规模；X_i 为 i 企业的规模；$S_i=\dfrac{X_i}{X}$ 为第 i 个企业的市场占有率；N 为该行业内的企业总数。

相较于规模较小的企业，HHI 指数对规模较大的企业赋予的权重更大，因此，HHI 指数对规模较大的前几家企业的市场份额比重的变化反应特别敏感，能真实地反映市场中企业之间规模差距的大小，并在一定程度上反映出企业支配力的变化。

HHI 指数综合地反映了企业的数目和相对规模，能够反映出行业集中率所无法反映的集中度的差别。当市场处于完全垄断时，即 $N=1$ 时，$X_i=X$，HHI 指数 $=1$；当市场上有许多企业，且假设所有的企业规模相同，即 $X_1=X_2=\cdots=X_N=1/N$ 时，HHI 指数 $=1/N$。当行业内企业的规模越是接近，且企业数越多，即 N 越大时，HHI 指数就越接近于 0。因此，HHI 指数可以在一定程度上反映市场结构状况。

例如现有 A、B、C 3 个品牌，市场占有率比分别为 60%、30%、10%，则赫芬达尔指数 $=0.36+0.09+0.01=0.46$，将得到的赫芬达尔指数求倒数，$1/0.46 \approx 2$，说明市场份额主要集中在前 2 个品牌。

在应用时一般选取市场 TOP100 的品牌、店铺或者产品，当赫芬达尔指数接近甚至大于 0.05 说明市场趋于集中，反之则说明市场趋于自由竞争状态。如选取品牌维度进行分析，则可分析消费者是否已经形成了品牌心智。

（三）实训内容

业务背景：竞争是每个行业都存在的，可以说只要存在市场便离不开竞争。商家对竞争环境的分析从未停止过，某商家带着自己的品牌进入市场，却发现线上的消费者并不认可自己的品牌，原因是线上市场的消费者心智已经被其他品牌占据。因此，在决定是否进入某行业之前，要先了解市场的竞争情况，谋定而后动。

1. 分析行业竞争趋势

【例 3-4】了解家居用品行业竞争情况

进入跨境电商数据化运营与决策系统首页，如图 3-21 所示。在左侧功能栏或者页面中央功能展示区域依次单击"行业分析"—"行业趋势"选项，进入行业趋势分析页面。

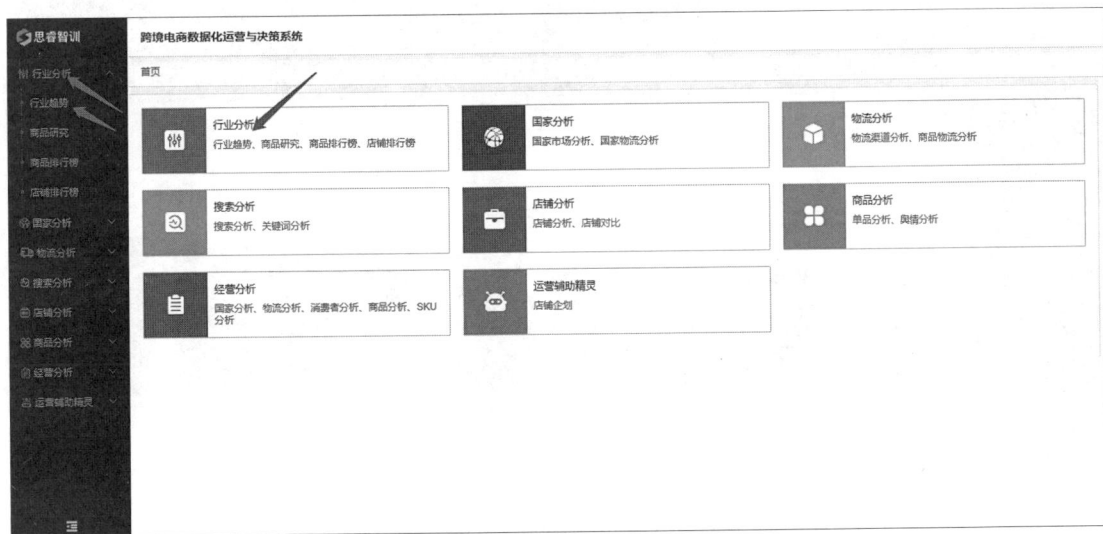

图 3-21　跨境电商数据化运营与决策系统首页

在行业趋势功能页面中，可看到所呈现出的行业词云墙及其下方的趋势图，在行业词云墙中，可依次选择一级、二级类目及排序方式。选择一级类目"家居用品"—"按高质量宝贝排序"（高质量宝贝指行业中有销量的竞品），如图 3-22 所示。

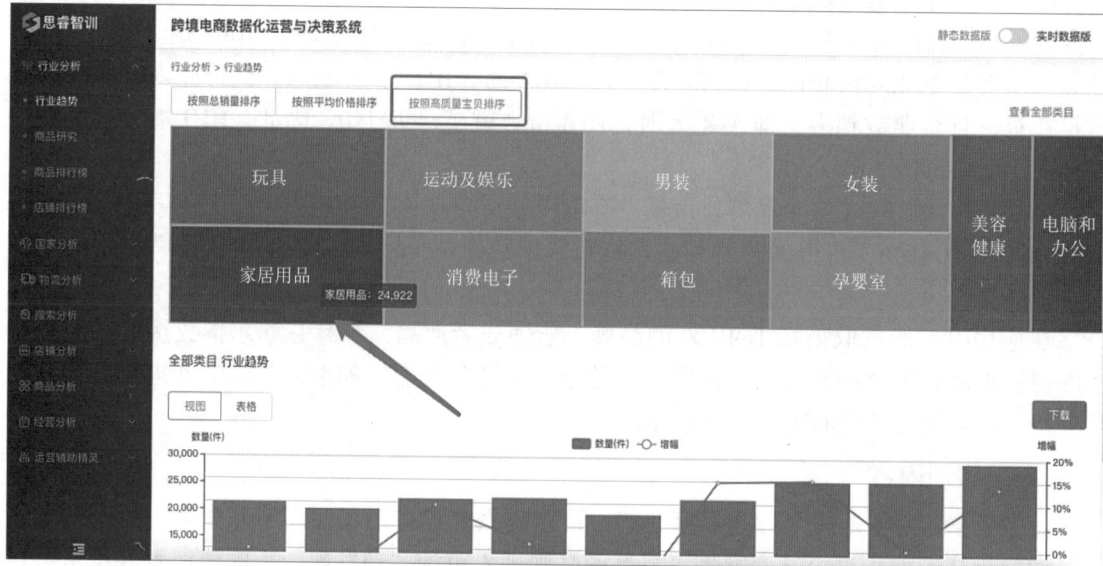

图 3-22　选择一级类目及排序方式

高质量宝贝数越小说明销量相对就越集中，高质量宝贝数越大说明销量相对越分散。如图 3-23 所示。

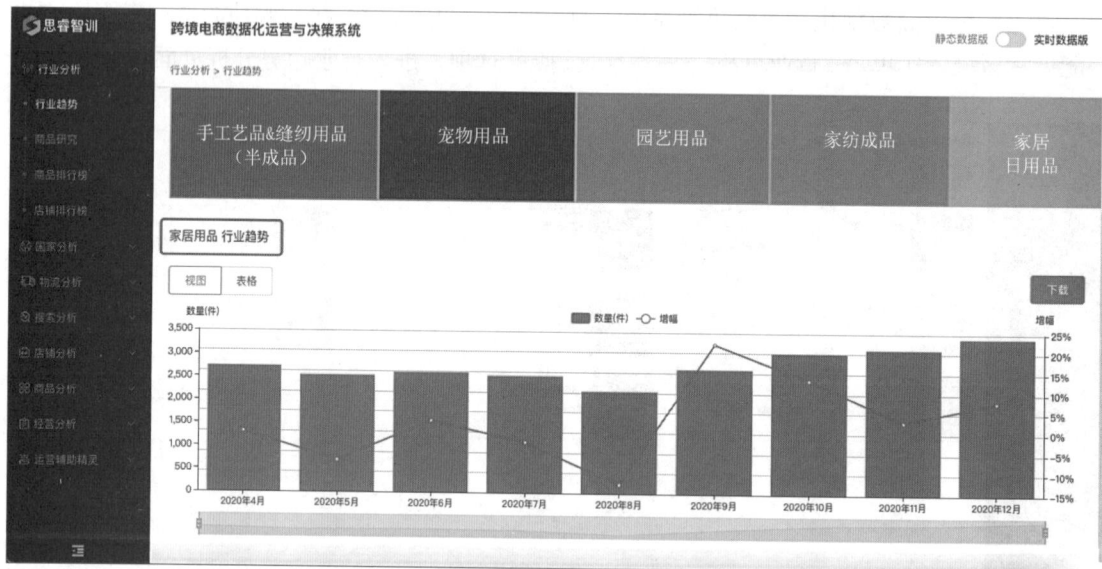

图 3-23　家居用品行业高质量宝贝趋势

接下来还可继续选择二级类目，例如家居用品—宠物用品，查看其高质量宝贝数变化趋势，进而分析其竞争程度。

2. 计算市场集中度

【例 3-5】分析家居用品—宠物用品的市场集中度。

市场集中度以 TOP 店铺的销量集中度为代表。进入跨境电商数据化运营与决策系统首页，依次单击"行业分析"—"店铺排行榜"菜单，进入店铺排行榜页面后，如图 3-24 所示，选择时间及"家居用品"，进入"宠物用品"类目，得到宠物用品店铺排行榜数据，可单击"下载"按钮将此数据下载到本地。

图 3-24　家居用品—宠物用品店铺排行榜

图 3-25 为得到的家居用品店铺排行榜数据，可单击"下载"按钮将此数据下载到本地。该表格中共有 100 条店铺的数据，即所得到的是家居用品—宠物用品 TOP100 店铺数据，接下来可计算赫芬达尔指数并判断行业集中度。

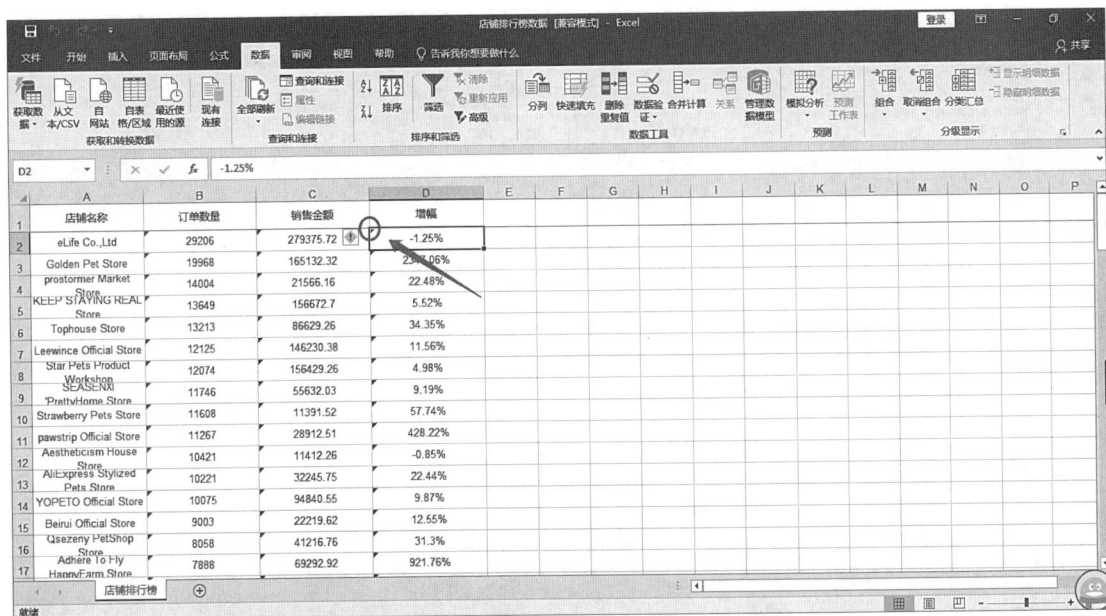

图 3-25　家居用品—宠物用品店铺排行榜数据在 Excel 中的打开效果

观察可发现，每个数值单元格的左上角都有一个绿色小三角符号，这是由于从网页上下载的数据通常为文本格式，此时对数据进行一些运算操作是无法正常完成的。接下来要用到订单量数据，可选择该列，依次单击"数据"—"分列"选项，接下来的两步选择默认设置即可，最后一步中列数据格式选择"常规"，设置完成后点击"完成"按钮，如图 3-26 所示。

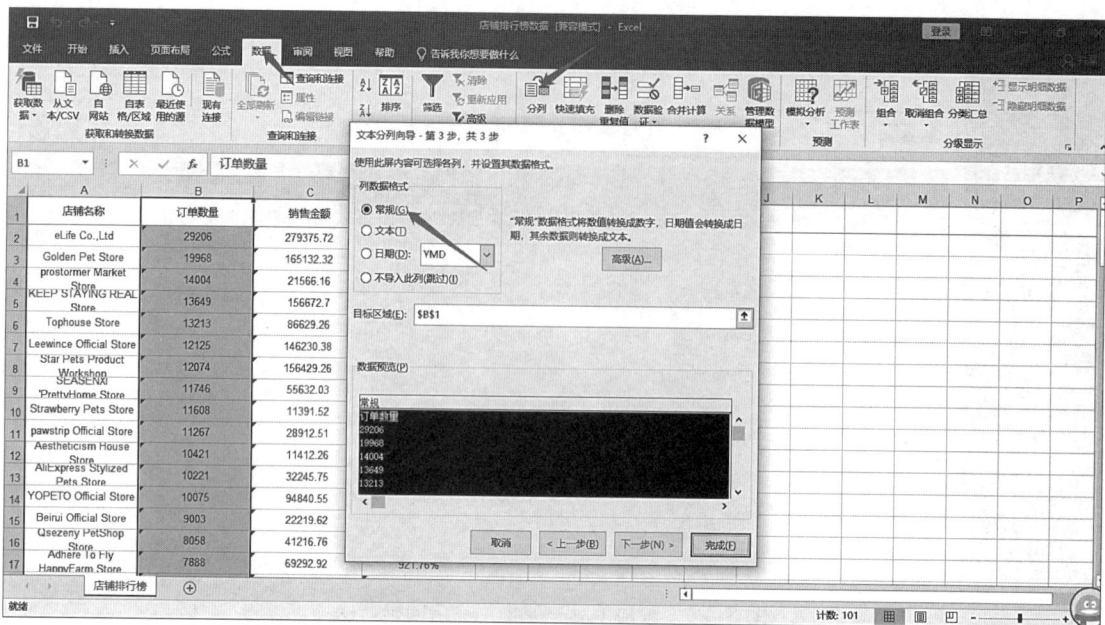

图 3-26　数据分列

数据分列后会发现"订单数量"这一列单元格左上角的绿色小三角消失，此时可正常进行运算操作，计算各店铺订单数量总和，如图 3-27 所示。

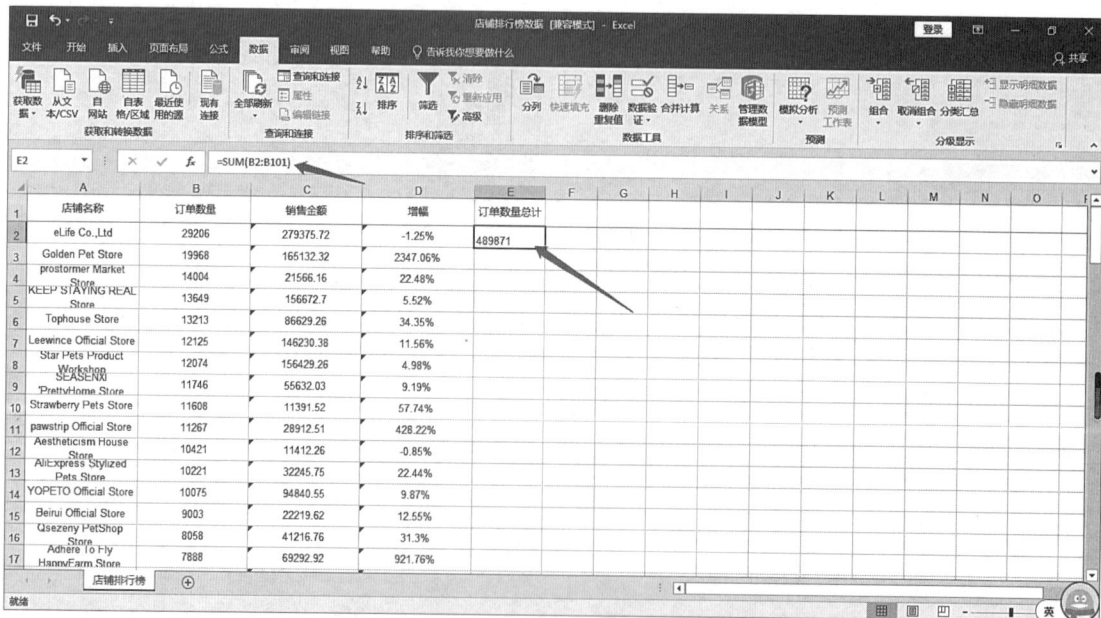

图 3-27　计算订单数量总和

求得各店铺订单数量占订单数量总计的百分比，如图 3-28 所示。

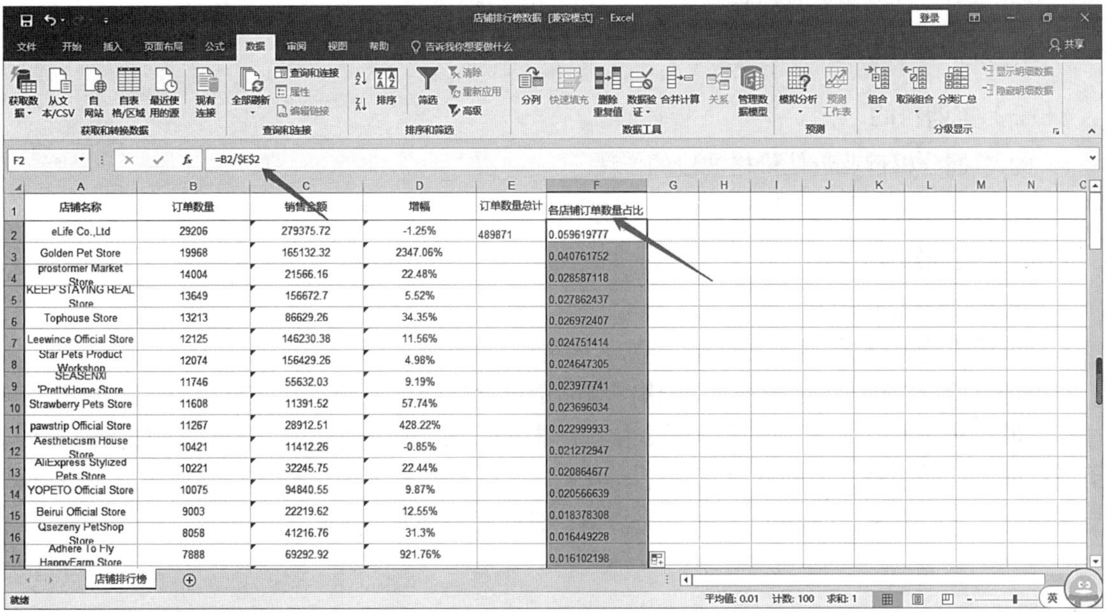
F2 =B2/E2

	A	B	C	D	E	F
1	店铺名称	订单数量	销售金额	增幅	订单数量总计	各店铺订单数量占比
2	eLife Co.,Ltd	29206	279375.72	-1.25%	489871	0.059619777
3	Golden Pet Store	19968	165132.32	2347.06%		0.040761752
4	prostormer Market Store	14004	21566.16	22.48%		0.028587118
5	KEEP STAYING REAL Store	13649	156672.7	5.52%		0.027862437
6	Tophouse Store	13213	86629.26	34.35%		0.026972407
7	Leewince Official Store	12125	146230.38	11.56%		0.024751414
8	Star Pets Product Workshop	12074	156429.26	4.98%		0.024647305
9	SEASENXI 'PrettyHome Store	11746	55632.03	9.19%		0.023977741
10	Strawberry Pets Store	11608	11391.52	57.74%		0.023696034
11	pawstrip Official Store	11267	28912.51	428.22%		0.022999933
12	Aestheticism House Store	10421	11412.26	-0.85%		0.021272947
13	AliExpress Stylized Pets Store	10221	32245.75	22.44%		0.020864677
14	YOPETO Official Store	10075	94840.55	9.87%		0.020566639
15	Beirui Official Store	9003	22219.62	12.55%		0.018378308
16	Qsezeny PetShop Store	8058	41216.76	31.3%		0.016449228
17	Adhere To Fly HappyFarm Store	7888	69292.92	921.76%		0.016102198

图 3-28　计算各店铺订单数量占比

对各店铺订单数量占比求平方和，得到赫芬达尔指数等于 0.017，进一步对其求倒数约等于 58，说明该行业前 100 家店铺的销量主要集中在前 58 家，集中趋势不明显，基本上处于自由竞争的状态，如图 3-29 所示。

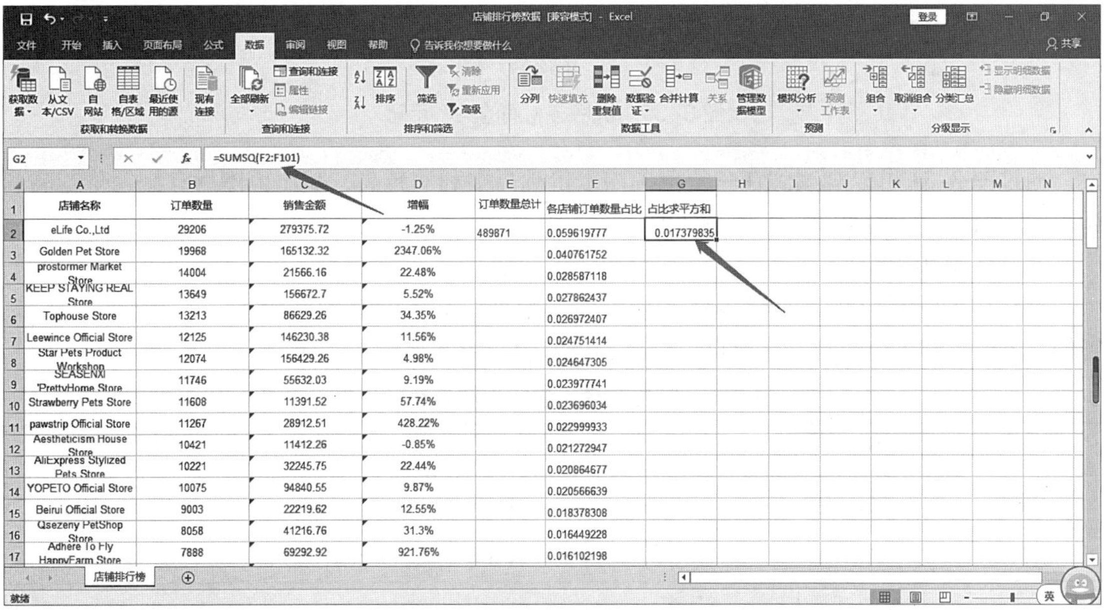
G2 =SUMSQ(F2:F101)

	A	B	C	D	E	F	G
1	店铺名称	订单数量	销售金额	增幅	订单数量总计	各店铺订单数量占比	占比求平方和
2	eLife Co.,Ltd	29206	279375.72	-1.25%	489871	0.059619777	0.017379835
3	Golden Pet Store	19968	165132.32	2347.06%		0.040761752	
4	prostormer Market Store	14004	21566.16	22.48%		0.028587118	
5	KEEP STAYING REAL Store	13649	156672.7	5.52%		0.027862437	
6	Tophouse Store	13213	86629.26	34.35%		0.026972407	
7	Leewince Official Store	12125	146230.38	11.56%		0.024751414	
8	Star Pets Product Workshop	12074	156429.26	4.98%		0.024647305	
9	SEASENXI 'PrettyHome Store	11746	55632.03	9.19%		0.023977741	
10	Strawberry Pets Store	11608	11391.52	57.74%		0.023696034	
11	pawstrip Official Store	11267	28912.51	428.22%		0.022999933	
12	Aestheticism House Store	10421	11412.26	-0.85%		0.021272947	
13	AliExpress Stylized Pets Store	10221	32245.75	22.44%		0.020864677	
14	YOPETO Official Store	10075	94840.55	9.87%		0.020566639	
15	Beirui Official Store	9003	22219.62	12.55%		0.018378308	
16	Qsezeny PetShop Store	8058	41216.76	31.3%		0.016449228	
17	Adhere To Fly HappyFarm Store	7888	69292.92	921.76%		0.016102198	

图 3-29　得到赫芬达尔指数

（四）实训总结

（1）通过查看不同的类目按高质量宝贝排序结果，可判断并分析该行业的竞争趋势。

（2）通过计算家居用品—宠物用品行业的赫芬达尔指数，发现该行业销量集中趋势不明显，基本上处于自由竞争的状态。

五、分析最佳价格波段

（一）实训目的

（1）掌握分析行业最佳价格波段的方法。

（2）实操分析行业最佳价格波段。

（二）实训知识准备

1. 什么是价格波段

对市场售价的分析一般是先设定价格区间再进行分析，亦称为价格波段分析。

市场售价分析的是商品的销售价格，商品销售价格与销售额及利润息息相关。市场售价过高，虽然利润得以保证，但是销量及销售额难以提高，总的利润也不会太乐观；售价过低，销量可能会比较乐观，但利润难以保证。因此，定价时需要考虑最佳的价格波段，一般价格与利润的关系如图 3-30 所示，横坐标为价格，纵坐标为利润。

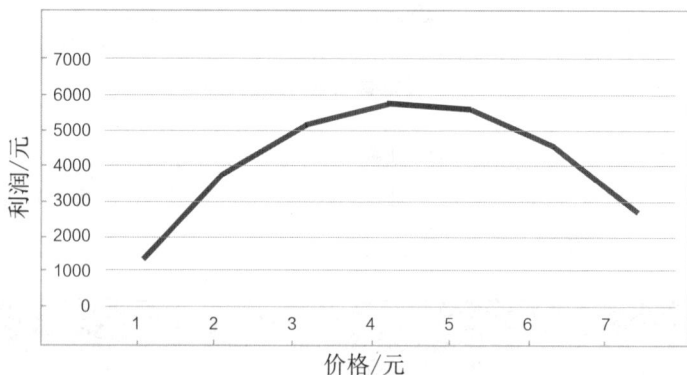

图 3-30　价格与利润的关系示意

通过图 3-31 可以观测到在一定范围内定价越高则利润越高，超出范围后，则定价越高利润越低。因此，定价时需要考虑最佳的价格波段。

2. 价格波段的分析方法

价格波段需要收集具有代表性的市场商品数据，必备的字段一般有：商品名称、规格、售价、单价、销量、销售额。以可口可乐为例，收集形式如表 3-1 所示。

表 3-1　可口可乐天猫超市商品数据收集

商品名称	规格/毫升	售价/元	单价/元	销量/瓶	销售额/元
可口可乐	330×24	45.9	1.91	1054073	48381950.7
可口可乐	300×24	36.9	1.54	731488	26991907.2

具有代表性的市场商品是指在所研究的目标市场中热销或者知名度较高的商品。如表 3-1 所示，将市场的商品数据收集起来，对商品售价做统计分组，即可了解消费者对不同价格波段的认可度。

分析价格波段时要考虑商品的规格，特别是食品和日用家化这类标品产品，销售时除了单卖，还会组合销售。例如表 3-1 中的可口可乐，在定价时就是比较复杂的，因为需要设定商品的规格，以及不同规格的售价，还要考虑是否组合销售。

价格区间的步长设置遵循以下规则。

（1）进行价格波段分析时，可根据商品的价格合理调整价格区间的步长。例如企业产品是以 20 元左右的商品为主的，价格区间步长可设置为 5 元；若企业产品是以 200 元左右的商品为主的，价格区间步长可设置为 20 元。

（2）通常要求价格区间的步长要一致，但有时价格区间的两端在价格跨度较大时可以统一汇总起来。例如，某企业的产品价格范围是 10 ～ 1000 元，如果在 200 元以下的产品份额很低，可以将 200 元以下的数据进行汇总；如果 500 元以上的产品份额很低，可以将 500 元以上的数据进行汇总；中间 3 ～ 500 元的区间按相等步长进行切分区间。

（三）实训内容

业务背景：某商家花费大力气准备好了产品，在上线后却没有达到预期的销量，虽然市场容量没有问题，但市场份额无法提高。后来发现竞品的价格都围绕在自己定价的 1/2 左右，这导致与竞争对手比起来自己毫无价格优势。由此说明定价十分重要，选定正确的市场后也需要做出正确的定价决策才有机会将店铺做大，因此我们可对市场上的商品进行价格波段分析，并以此作为商品定价的参考依据。

1. 价格区间数据

【例 3-6】分析家居用品—宠物用品的热卖价格波段。

进入跨境电商数据化运营与决策系统首页，如图 3-31 所示。在左侧功能栏或者页面中央功能展示区域依次单击"行业分析"—"商品研究"选项，进入商品研究功能页面。

图 3-31　跨境电商数据化运营与决策系统首页

在商品研究页面中，可依次点击选择"时间"（如 2020 年 10 月）、"类目"（如"宠物用品"），得到宠物用品商品价格区间分布数据，可以选择视图或表格查看模式，并且此处价格区间可以进行自定义设置，如图 3-32 所示。

观察该趋势图可发现，宠物用品的价格区间为 0.01 ～ 1759.39 美元，该价格区间被平均分为 5 个子区间，但各子区间内商品数量分布不均衡，大多数商品集中在第一个子区间也就是 0.01 ～ 351.89 美元这个价格区间，其他几个区间内因商品数量较少，因而柱形图不明显。

图 3-32　宠物用品商品价格区间分布视图查看

点击"表格"按钮，将宠物用品商品价格区间分布图切换到表格视图，如图 3-33 所示。可以很直观地观察到：宠物用品各价格区间内分布的商品数量及其对应占比数据，点击最后一列"详情"按钮，可查看该区间内各商品详情。观察发现，价格分布在 0.01 ～ 351.89 美元的商品数量占比约 99.5%，其他几个区间分布有少数商品，而价格分布在 1407.51 ～ 1759.39 美元的商品甚至仅有一个。

联系到宠物用品的商品价值不难理解，大多数商品价格可能为几元到几十元不等，因此我们可通过自定义的方式，对区间 0.01 ～ 100.00 美元进一步细分区间来分析商品价格波段。

图 3-33　宠物用品商品价格区间分布表格

在自定义价格区间的位置，点击对应的"+"或"-"按钮，可添加或删除价格区间。我们首先对 0.01 ～ 100.00 美元这个价格区间进行均分，如仍划分为 5 个区间，则用 100.00 美元除以 5 得到每个区间的步长为 20.00 美元，结果如图 3-34 所示。

通过观察可以发现，此时各区间商品数量分布较之前已有所改善，各区间均有商品。其中商品数量最多的区间是 0.01 ～ 20.00 美元，有 2646 个商品，此区间基本上处于中低端价位，商品数量排名第一，由此说明市场上大多数商品定价选择在此区间。若想得到更详细的区间分布，接下来还可进一步对该区间进行细分。

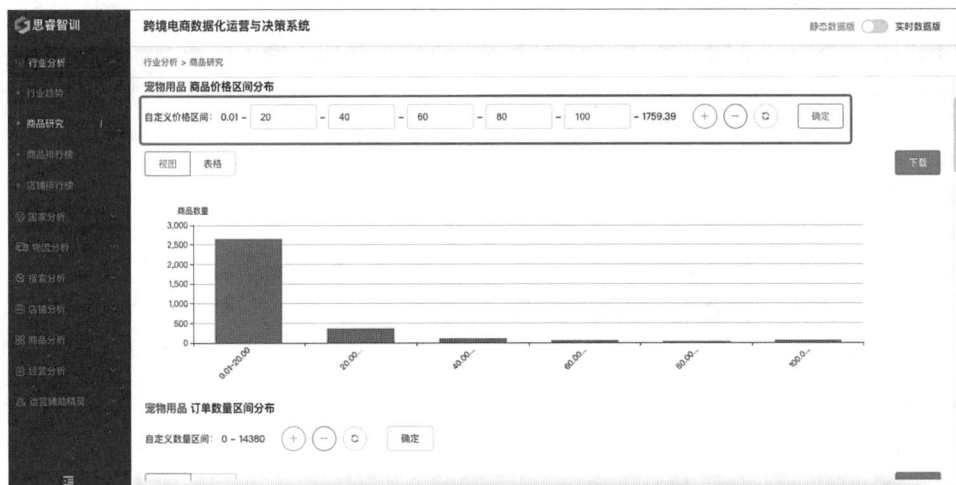

图 3-34　宠物用品商品价格区间细分

与上面的操作方法类似，假设仍将 0.01 ～ 20.00 美元这个区间均分为 5 个子区间，首先将 20.00 美元除以 5 得到步长为 4.00 美元，接下来点击"+"按钮进行自定义区间的设置，结果如图 3-35 所示。观察结果可以发现，商品数量最多的区间为 0.01 ～ 4.00 美元，这说明市场上大多数的商品定价集中在该价格区间。

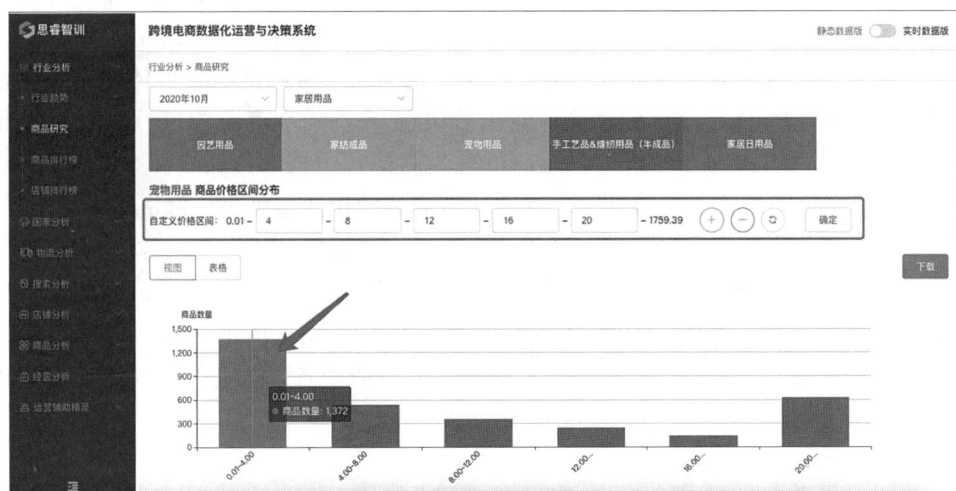

图 3-35　宠物用品商品价格区间进一步细分

由此在进行商品定价时，可参考类似商品的定价范围，在同等商品的情况下参考竞争对手的定价，避免被竞争对手大量狙击；同时也要注意，应结合商品属性等综合考虑上新与定价，例如上新时选择一些稍高档的商品，错开商品数量最多的区间，因为这个区间的商品数量最多也意味着竞争较大，当然这也需要进一步结合销量情况来判断消费者的偏好。

此时各价格区间对应的商品数量柱形图分布已较为均衡，可以较为直观地观察各价格区间的商品数量分布情况。接下来若想了解更加详细的各价格区间商品分布情况，可参照以上步骤进行更进一步的区间细分。

（四）实训总结

（1）通过分析商品价格区间分布有助于产品定价。

（2）观察系统中默认的宠物用品商品价格区间分布发现，绝大多数商品价格集中在第一个区间 0.01 ～ 20.00 美元，其他区间商品数量极少；对该商品数量最多的区间进行两次细分，最终发现商品数量最多的区间集中在 0.01 ～ 4.00 美元这个区间。

六、分析国家市场

（一）实训目的

（1）掌握国家市场分析相关知识。

（2）实操国家市场分析。

（二）实训知识准备

1. 跨境电商境外市场

跨境电商的"跨境"二字就点明跨境电商与传统电子商务的不同，其目标市场是境外市场而不是境内市场。不同跨境电商平台境外的主要市场也不尽相同，因此根据企业进行国家市场分析，再结合自身所在跨境电商平台及自身店铺经营状况，进一步选择目标市场，有助于商家经营业绩的提升。

2. 目标市场营销

目标市场营销是指企业识别各个不同的购买者群体，选择其中一个或几个作为目标市场，运用适当的市场营销组合，集中力量为目标市场服务，满足目标市场的需要的活动。

目标市场营销由以下 3 个步骤组成：市场细分、目标市场选择及市场定位。

目标市场是指具有相同需求或特征的、公司决定为之服务的购买者群体。它是企业在市场细分之后的若干"子市场"中，运用企业营销活动之"矢"瞄准市场之"的"的优选结果。例如，现阶段我国城乡居民对照相机的需求，可分为高档、中档和普通 3 种。调查表明，32%的消费者需要物美价廉的普通相机，52% 的消费者需要使用质量可靠、价格适中的中档相机，16% 的消费者需要美观、轻巧、耐用、高档的全自动或多镜头相机。国内各照相机生产厂家，大都以中档、普通相机为生产营销的目标，因而市场出现供过于求的现象，而各大中型商场的高档相机，多为高价进口货。如果某一照相机厂家选定 16% 的消费者为目标市场，优先推出质优、价格合理的新型高级相机，就会受到这部分消费者的欢迎，从而迅速提高市场占有率。

（1）市场细分

所谓市场细分，就是企业根据市场需求的多样性和购买行为的差异性，把整体市场划分为若干个具有某种相似特征的顾客群（即细分市场或子市场），以便确定自己的目标市场的过程。经过市场细分的子市场之间消费者具有较为明显的差异性，而在同一子市场之内的消费者则具有相对的类似性。所以，市场细分是一个同中求异、异中求同的过程。

（2）目标市场选择

目标市场选择是指在预估每个细分市场的吸引力程度的基础上，选择进入一个或多个细分市场。企业选择的目标市场应是那些企业能在其中创造最大顾客价值并能保持经营一段时间的细分市场。资源有限的企业在评估每个子市场的发展潜力后，或许会决定只进入一个或几个特殊的细分市场。公司应选择那些可以产生最大价值并可持续一段时间的子市场。

（3）市场定位

市场定位也称作"营销定位"，是市场营销工作者用以在目标市场（此处目标市场指该市场上的客户和潜在客户的心目中）塑造产品、品牌或组织的形象或个性的营销技术。企业根据竞争者现有产品在市场上所处的位置，针对消费者或用户对该产品某种特征或属性的重视程度，强有力地塑造出此企业产品与众不同的、给人印象鲜明的个性或形象，并把这种形象生动地传递给顾客，从而使该产品在市场上确定适当的位置。

（三）实训内容

业务背景：基于跨境电商数据化运营与决策系统，进行国家市场分析，分析不同国家市场的订单量、商品价格偏好等数据，有助于商家更好地把握市场。

进入跨境电商数据化运营与决策系统首页，如图 3-36 所示。在左侧功能栏或者页面中央功能展示区域依次单击"国家分析"—"国家市场分析"选项，进入国家市场分析页面。

图 3-36　跨境电商数据化运营与决策系统首页

在国家市场分析页面中，可依次点击选择"时间"（如 2020 年 7 月）、"国家"（如"俄罗斯"），可得到对应的俄罗斯相关市场数据。首先查看客户订单量国家分布情况，这里所呈现的是全部国家与订单量数据分布整体数据，可切换视图与数据查看模式。在视图查看模式下，可观察到各国家订单数量的地图分布情况，地图色块由深到浅代表着订单数量由高到低的变化，将鼠标指针移至地图上某一国家区域时，可看到该国家对应的订单数量。

将客户订单量国家分布情况由视图模式切换到表格模式，可以看到国家与对应订单数量的数据表。此处对订单数量进行降序排列，观察到订单数量最多的国家为俄罗斯，如图 3-37 所示。

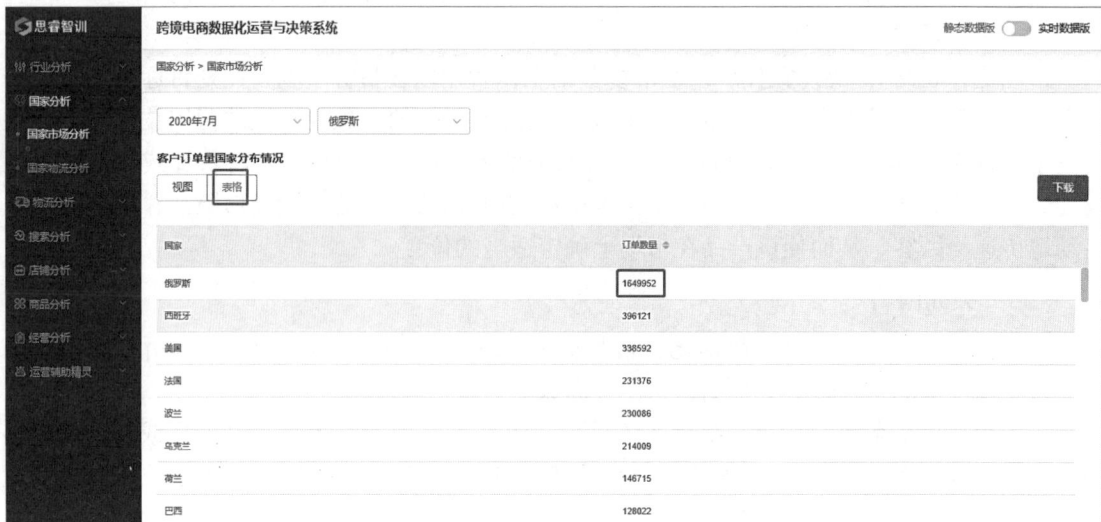

图 3-37　客户订单量国家分布情况数据模式查看

　　将页面下滑，在客户订单量国家分布情况下方，可查看俄罗斯订单量变化趋势，由此可分析各国家在各月份的订单量变化趋势，当数据月份更多的时候，还可分析是否存在季节性变化趋势等，如图 3-38 所示。

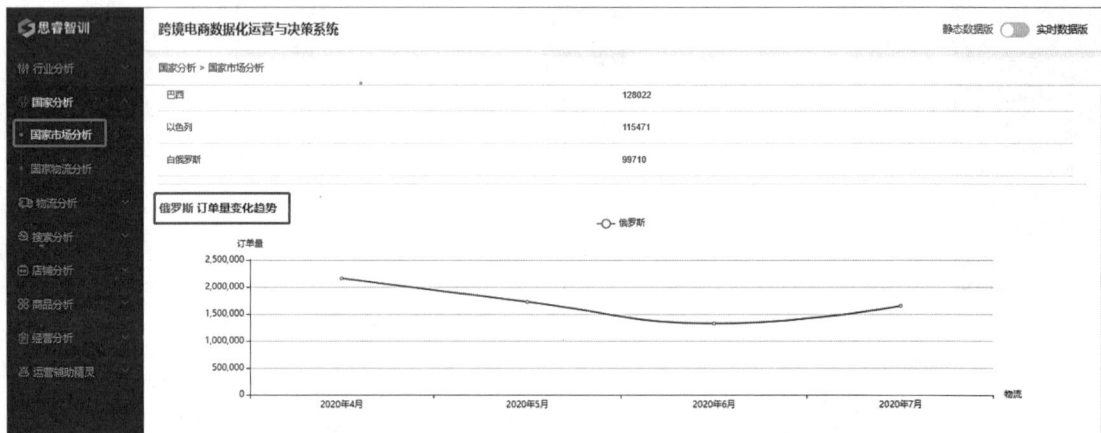

图 3-38　订单量变化趋势

　　继续将页面下滑，可查看俄罗斯客户订单数量分析结果。切换至表格查看模式，可以看到各订单数量区间对应的商品数量。

　　观察结果发现，订单数量在 1 ~ 684 区间内的商品数量最多，超过 64000 个；订单数量越大的区间，商品数量越大，说明销量达到较高水平的只能是少部分商品；在订单数量最大的区间 2733 ~ 3417 内，商品数量只有 5 个，说明这几款商品可能是销售爆款；另外，在最后一列点击"查看详情"列中"详情"字样，可以查看该区间内商品的详细信息，分析这些商品的特征并找到有价值的参考信息，有助于我们选品或者产品上新，如图 3-39 所示。

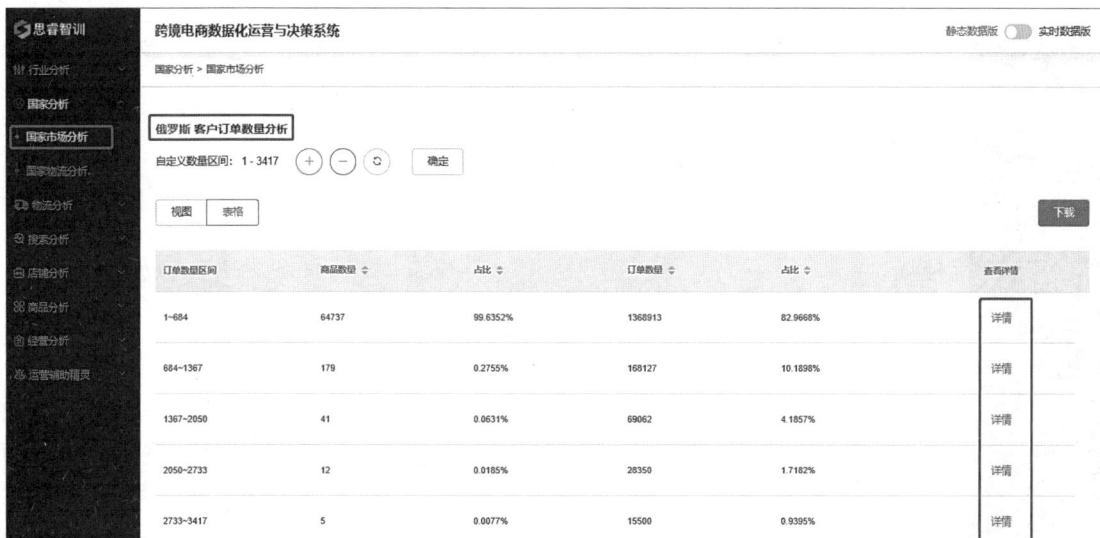

图 3-39　俄罗斯客户订单数量分析

　　继续将页面下滑，可以看到俄罗斯商品价格区间分析结果。我们可以选择视图或表格查看模式，并且此处价格区间可以进行自定义设置，图 3-40 为视图模式查看的结果。

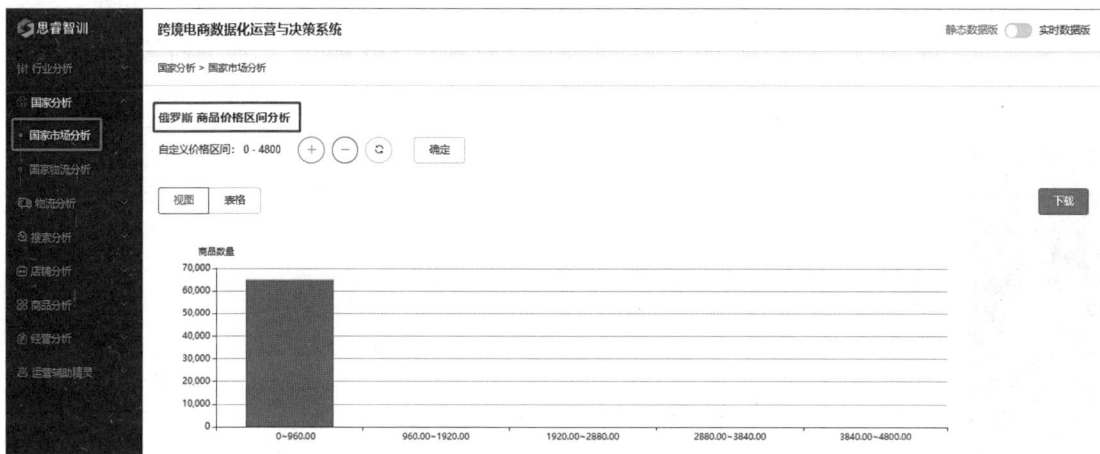

图 3-40　俄罗斯商品价格区间分析视图模式

　　切换到表格视图，如图 3-41 所示。可以很直观地观察到：俄罗斯国家的商品的价格区间为 0 ～ 4800.00 美元（点击最后一列"详情"按钮，可查看该区间内各商品详情），该价格区间被平均分为 5 个子区间，但各子区间内商品数量分布不均衡。处于 0 ～ 960.00 美元这个价格区间的商品数量最多，接下来可对该区间进一步细分。

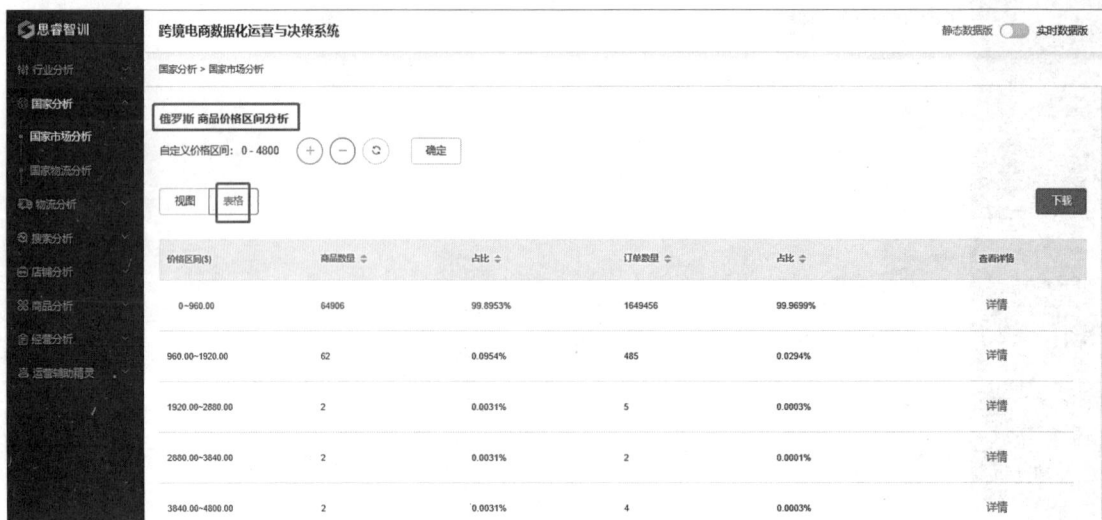

图 3-41　俄罗斯商品价格区间分析表格模式

　　通过自定义价格区间，首先将 0 ～ 960.00 美元均分为 5 个区间，区间步长四舍五入约等于 192.00 美元，结果表明仍是第一个价格区间 0 ～ 192.00 美元商品数量最多，相比之下其他区间商品数量极少，于是，接下来可对 0 ～ 192.00 美元这个区间再次进行细分，如图 3-42 所示。进行商品价格区间分析的目的，主要是掌握消费者的价格偏好，以便为商品合理定价提供参考。

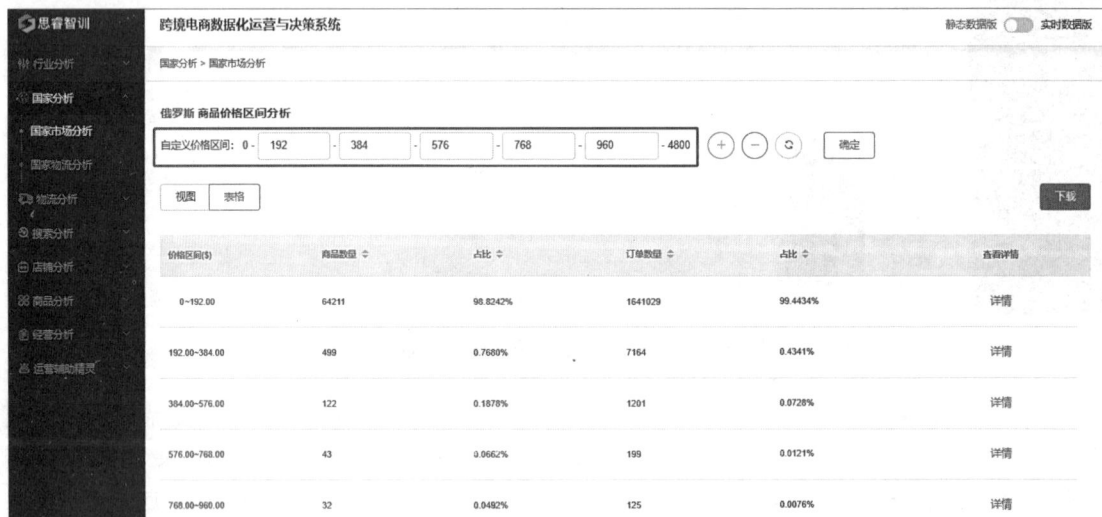

图 3-42　俄罗斯商品价格区间细分

　　将 0 ～ 192.00 均分为 5 个区间，区间步长约等于 38.00 美元，结果如图 3-43 所示，此时各价格区间对应的商品数量已较为均匀。若还有需要，可进一步对区间 0 ～ 38.00 美元进行细分操作。

图 3-43　俄罗斯商品价格区间进一步细分

　　将页面继续下滑时，可以看到俄罗斯类目成交额对比结果。在视图模式下，从俄罗斯类目成交额占比饼图可以看到占比最大的类目为消费电子，成交额占比为 27.09%，如图 3-44 所示。

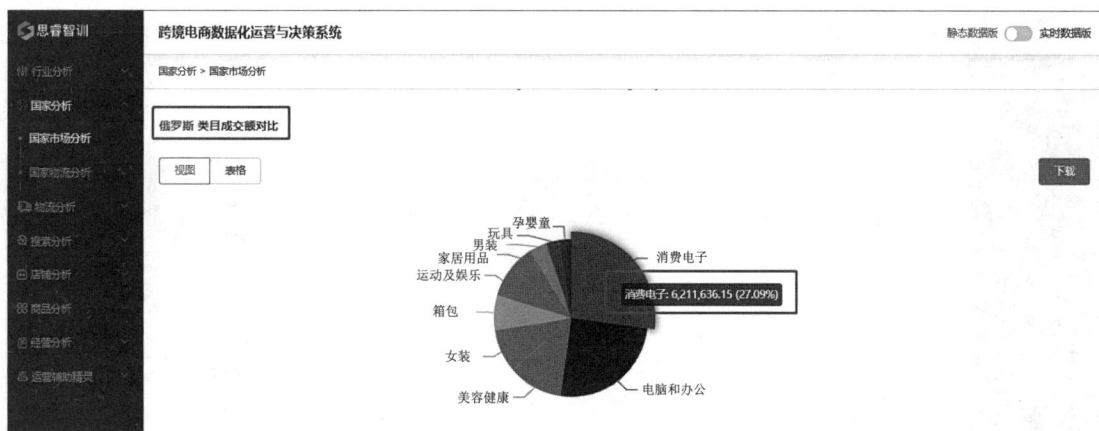

图 3-44　俄罗斯类目成交额占比视图

　　将俄罗斯类目成交额占比结果切换到表格模式，得到俄罗斯类目成交额对比数据表，可以查看各类目对应的成交额及占比详细列表数据，可作为选择要进军的行业时的参考，如图 3-45 所示。

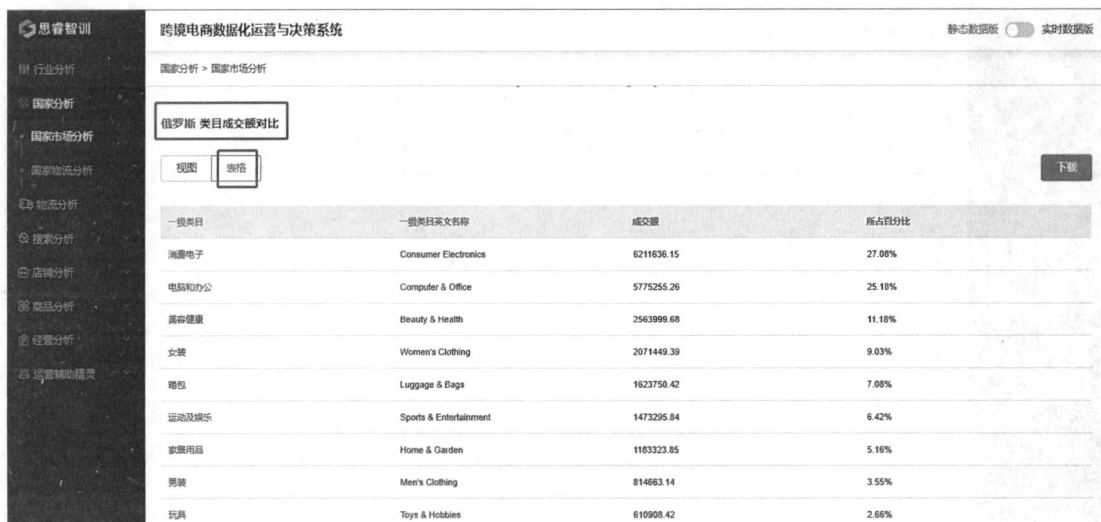

图 3-45 俄罗斯类目成交额占比表格

图 3-46 所示是部分俄罗斯热卖店铺列表。列表中呈现有店铺名称、订单数量、成交金额等数据，点击某店铺名称时可以对该店铺进行相应的店铺分析。这些热卖店铺极有可能是行业内的领跑者，可将这些店铺作为自身的参考榜样。

图 3-46 俄罗斯热卖店铺列表

在"国家市场分析"功能页面最底部，可查看"俄罗斯热卖商品数据"，这里给出的是部分俄罗斯热卖商品，这些商品按照销量由高到低进行排布，排在前面的这些商品多为各行业内的销量爆款商品，可点击查看这些商品的详情信息，为自己的店铺选品上新、商品信息优化等提供参考，如图 3-47 所示。

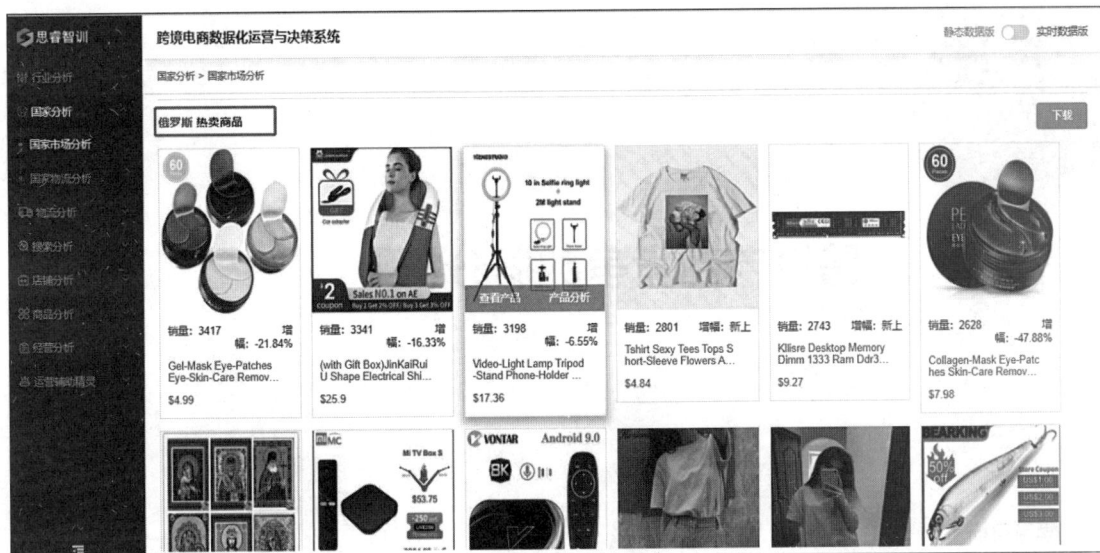

图 3-47　俄罗斯热卖商品

（四）实训总结

（1）可借助"国家分析"—"国家市场分析"功能了解各国家市场情况。

（2）通过客户订单量国家分布情况、客户订单数量、商品价格区间、类目成交额对比，以及热卖店铺、热卖商品等各模块数据的分析，掌握各国家的市场情况，以便制定有针对性的营销方案。

第四章

跨境电商竞争数据分析

▶▶ **学习目标**

○ 了解竞争对手的概念。

○ 掌握如何分析竞争店铺数据。

○ 了解竞品的概念。

▶▶ **学习重点、难点**

学习重点

○ 企业竞争对手的界定。

○ 竞争对手的分析方法。

○ 竞争店铺品类结构数据分析。

学习难点

○ 竞争商品数据分析。

○ 竞争店铺流量数据操作分析。

○ 竞争对手数据的搜集。

第一节 跨境电商竞争数据认知

一、竞争对手概述

（一）竞争对手的概念

竞争对手是指在某一行业或领域中，拥有与我们相同或相似资源（包括人力、资金、产品、环境、渠道、品牌、智力、相貌、体力等）的个体（团体），并且该个体（团体）的目标与我们相同，产生的行为会给我们带来一定的利益影响。简单来说，可以理解为跟我们产生竞争的对手或者说竞争者。

（二）企业竞争对手的界定

我们可以从人、货、场、财四部分来界定企业的竞争对手。

1. 从"人"的方面发现竞争对手

总在挖企业墙角的那些企业，或者该企业的员工离职后去得最多的企业，他们一定是该企业的竞争对手，说明该企业与竞争对手之间的资源有相似性，在抢夺同一类型的人力资源。

从争夺顾客资源的角度找到竞争对手，可以从顾客的时间资源、预算资源、身体资源等方面来考察。在互联网信息爆炸的时代，网络游戏、微博、微信、各种APP都在抢夺用户的碎片时间，这些APP之间互为竞争关系。对大多数消费者来说，可用的消费金额是有限的，所以每年电商大促活动实际上都是在抢夺有限的资源。

2. 从"货"的方面发现竞争对手

提供同品类商品或近似服务的企业为直接竞争对手，这是最大众化意义上的竞争对手，大家常说的同业竞争就是这个意思，也是狭义的竞争对手。耐克和阿迪达斯，肯德基和麦当劳，百事可乐和可口可乐无不是经典的竞争对手。

提供扩大品类的商品或服务，也就是非同品类但是属于可替代品类的商品或服务，也构成竞争关系。如休闲服的同品类竞争对手是休闲服，它的可替代竞争对手是体育运动服饰，甚至正装等。再比如柯达的同品类竞争对手是富士，扩大品类的竞争对手是数码相机公司。

提供互补品类的商品或服务，互补商品指两种产品之间互相依赖，形成互利关系。例如牙刷和牙膏、照相机和胶卷、汽车行业和石油行业都形成互补关系。一般意义的互补商品间不形成竞争关系，但是如果你是生产电动汽车的公司，加油站就是你的隐形竞争对手。如果你是生产数码相机的公司，那么胶卷行业就是你的竞争对手。

3. 从"场"的方面发现竞争对手

这里主要指卖场商业资源的竞争，如果想开一个服装专卖店，在拓展寻找店铺位置的时候，其他服装品牌、电器手机专卖、餐饮企业、银行等都是你的竞争对手，因为该企业中意的地方对方也很可能中意，形成了对资源占有的竞争关系。如果想在百货商场的共享空间搞一场大型特价促销活动，那商场内其他品牌可能都是你的竞争对手，因为大家都有促销的需求，需要利用共享空间做促销。

4. 从"财"的方面发现竞争对手

营销资源的竞争，如果想做广告，在同时段、同一媒介准备打广告的其他企业就是本企业的竞争对手。

生产资源的竞争，是指争夺同一类生产资源的企业间形成竞争关系，如星巴克与所有以咖啡为生产原料的厂家之间都是竞争关系。

物流资源的竞争，这一点在每年的春节和"双十一"期间尤其明显，为了顺利发货，各大厂商使出了浑身解数。对一个企业来说，找到竞争对手不难，找准竞争对手不容易。

5. 竞争对手

竞争对手的特点有如下几方面的特点。

（1）竞争对手形式呈现多样性，包括直接竞争对手、间接竞争对手、替代竞争对手等。

（2）竞争对手具有地域性，同一个公司在不同地区的竞争对手很可能是不一样的，所以对竞争对手需要差异化对待。包括全球性竞争对手、全国性竞争对手、区域性竞争对手、渠道通路内竞争对手等。举例来说，在渠道通路的竞争方面，如果在超市，方便面的直接竞争对手是其他方便面；如果在学校，方便面的竞争对手就是食堂和餐厅。

（3）竞争对手具有非唯一性，比如，对销售部来说，同业竞争就是最大的竞争对手；对市场部来说，抢夺营销资源的都是竞争对手；对生产部来说，抢夺生产资源的都是竞争对手；

对人力资源部来说，其他抢夺人力资源的公司也都是竞争关系。

（4）竞争对手具有变化性，现在的竞争对手是 A，未来的竞争对手可能是 B，是否能及时发现潜在竞争对手也很关键。

（三）竞争对手的类型

企业参与市场竞争，不仅要了解谁是自己的顾客，还要弄清谁有可能是自己的竞争对手。从表面上看，识别竞争对手是一项非常简单的工作，但实际上，由于需求的复杂性、多层次性、易变性，技术的快速发展、演进及产业的发展，使得找准竞争对手也并非易事。市场竞争中的企业面临复杂的竞争形势，一个企业可能会被新出现的竞争对手打败，也或者由于新技术的出现和需求的变化而被淘汰。企业必须密切关注竞争环境的变化，了解自己的竞争地位及彼此的优劣势，只有知己知彼，方能百战不殆。对于不同的竞争者，我们可以从不同的角度来划分竞争对手的类型。

1. 从行业的角度来看

从行业的角度来看，竞争对手有如下类型。

（1）现有厂商

这是指本行业内现有的与企业生产同样产品的其他厂家，这些厂家是企业的直接竞争对手。

（2）潜在加入者

当某一行业前景乐观、有利可图时，会引来新的竞争企业，使该行业增加新的生产能力，并要求重新瓜分市场份额和主要资源。另外，某些多元化经营的大型企业还经常利用其资源优势从一个行业侵入另一个行业。新企业的加入，将可能导致产品价格下降，利润减少。

（3）替代品厂商

与某一产品具有相同功能、能满足同一需求的不同性质的其他产品，属于替代品。随着科学技术的发展，替代品将越来越多，某一行业的所有企业都将面临与生产替代品的其他行业的企业进行竞争。

2. 从市场的角度来看

从市场的角度来看，竞争对手有如下类型。

（1）品牌竞争对手

企业把同一行业中以相似的价格向相同的顾客提供类似产品或服务的其他企业称为品牌竞争对手。如家用空调市场中，生产海尔空调、格力空调、美的空调等厂家之间的关系。

品牌竞争者之间的产品相互替代性较高，因而竞争非常激烈，各企业均以培养顾客品牌忠诚度作为争夺顾客的重要手段。

（2）行业竞争对手

企业把提供同种或同类产品，但规格、型号、款式不同的企业称为行业竞争对手。所有同行业的企业之间存在彼此争夺市场的竞争关系。如家用空调与中央空调的厂家、生产高档汽车与生产中低档汽车的厂家之间的关系。

（3）需要竞争对手

提供不同种类的产品，但均能满足和实现消费者某一需求的企业称为需要竞争者。如航空公司、铁路客运、长途客运汽车公司都可以满足消费者外出旅行的需要，当火车票价上涨时，乘飞机、坐汽车的旅客就可能增加，不同运输企业相互之间为满足消费者的同一需要而展开竞争。

（4）消费竞争对手

提供不同产品，满足消费者的不同需求，但目标消费者相同的企业被称为消费竞争者。如很多消费者收入水平提高后，可以把钱用于旅游，也可用于购买汽车，或购置房产，因而这些企业间存在相互争夺消费者购买力的竞争关系，消费支出结构的变化，对企业的竞争有很大影响。

3. 从企业所处的竞争地位来看

从企业所处的竞争地位来看，竞争对手的类型有如下几种。

（1）市场领导者

这是指在某一行业的产品市场上占有最大市场份额的企业。一般来说，大多数行业都存在一家或几家市场领导者，他们处于全行业的领先地位，其一举一动都直接影响到同行业其他厂家的市场份额，他们的营销战略成为其他企业挑战、仿效或回避的对象。如柯达公司曾是摄影市场的领导者，宝洁公司是日化用品市场的领导者，可口可乐公司是软饮料市场的领导者等。市场领导者通常在产品开发、价格变动、分销渠道、促销力量等方面处于主宰地位。市场领导者的地位是在竞争中形成的，但不是固定不变的。

（2）市场挑战者

这是指在行业中处于次要地位（第二、第三甚至更低地位）但又具备向市场领导者发动全面或局部攻击的企业。如富士是摄影市场的挑战者，高露洁是日化用品市场的挑战者，百事可乐是软饮料市场的挑战者等。市场挑战者往往试图通过主动竞争扩大市场份额，提高市场地位。

（3）市场追随者

这是指在行业中居于次要地位，并安于次要地位，在战略上追随市场领导者的企业。在现实市场中存在大量的追随者。市场追随者的最主要特点是跟随。在技术方面，它不做新技术的开拓者和率先使用者，而是做学习者和改进者。在营销方面，不做市场培育的开路者，而是搭便车，以减少风险和降低成本。市场追随者通过观察、学习、借鉴、模仿市场领导者的行为，不断提高自身技能，不断发展壮大。

（4）市场补缺者

多是行业中相对较弱小的一些中小企业，它们专注于市场上被大企业忽略的某些细小部分，在这些小市场上通过专业化经营来获取最大限度的收益，在大企业的夹缝中求得生存和发展，对满足顾客需求起到拾遗补阙、填补空白的作用。市场补缺者通过生产和提供某种具有特色的产品和服务，赢得发展的空间，甚至可能发展成为"小市场中的巨人"。

综上所述，企业应从不同的角度，识别自己的竞争对手，关注竞争形势的变化，以更好地适应和赢得竞争。

（四）竞争对手数据分析的内容与选择原则

1. 竞争对手数据分析的内容

竞争对手分析属于战略分析方法之一，是对竞争对手的现状和未来动向的分析。其目的是准确判断竞争对手的战略定位和发展方向，并在此基础上预测竞争对手未来的战略，准确评价竞争对手对本组织的战略行为的反应，估计竞争对手在实现可持续竞争优势方面的能力。竞争对手分析是确定组织在行业中战略地位的重要方法。内容主要包括：① 识别现有的直接竞争者和潜在竞争者；② 收集与竞争者有关的情报和建立数据库；③ 对竞争者的战略意图和各层面的战略进行分析；④ 识别竞争者的长处和短处；⑤ 洞察竞争者在未来可能采用的战略和可能做出的竞争反应。

2. 竞争对手选择原则

从短期利益来看，选择实力较弱的竞争对手比选择实力较强的竞争对手取胜的把握更大一些，但是不利于提高企业自身的竞争能力。当然如果挑选过强的竞争对手，就会给企业带来很大的竞争风险，对此，一定要结合企业的战略目标和竞争策略进行综合考量。

在不同的阶段需要不同的竞争对手，竞争对手的选择须遵循以下 3 条原则：比自己优秀、可在中短期内超赶对方、与自己的定位相近。

根据以上 3 条原则进行判断，如果企业目前的营业收入为 100 万元，那么对标营业收入在 300 万～ 500 万元的竞争对手是比较合理的；而如果直接对标到千万元级规模的竞争对手，甚至企图将竞争对手定位为规模过亿元的行业龙头企业，那难免会由力量悬殊给企业带来过大的竞争风险，严重者可能导致企业自身濒临倒闭。

（五）如何收集竞争对手的数据

1. 竞争对手数据的搜集类型

简单来说，你的公司有什么数据就需要收集对手相对应的数据。不过这需要收集的数据实在太多，并且每个部门关注点也不一样，财务部门关注利润，生产部门关注资源，销售部门关注市场，所以整合很关键。企业内部最好是建立一个竞争对手数据库，由专门的数据团队维护，由各职能部门和专业的调查公司提供数据，并将每个情报设定保密级别，便于不同的职位查看。

竞争对手数据的搜集可以从不同的角度进行，像媒体数据、工厂数据、组织数据、经营数据、营销数据等不同的方面。搜集媒体数据的时候，可以搜集竞争对手的新闻报告、财务报告、分析报告及行业报告；搜集竞争对手的工厂数据的时候，可以搜集竞争对手在生产计划、工厂数量及布局、研发情报等方面的数据；搜集竞争对手的组织数据的时候，可以搜集其企业及品牌基础数据、员工数据、组织结构及招聘数据；搜集竞争对手的经营数据的时候，可以搜集其在财务、销售、客户数量、市场份额方面的数据；搜集竞争对手的营销数据的时候，可以搜集其商品数据、价格数据、促销数据、渠道数据等。

2. 竞争对手数据的搜集方法

竞争对手的情报分散在现实生活中的每一个角落，有的公司员工利用微博来汇报每日销售数据，有的员工会把自己公司的数据有意或无意间上传到百度文库。公司信息无意被透露的情况无处不在，所以搜集竞争对手数据也不是毫无途径。美国海军高级情报分析部门曾提到：情报的 95% 来自公开资料，4% 来自半公开资料，仅 1% 或更少来自机密资料。

常规的竞争对手情报有线上搜集和线下搜集两种途径。线下搜集时间成本较大，线上搜集比较方便，因此这种方式也越来越受到企业的喜欢。线下渠道主要包括：购买行业分析报告、参加各种论坛、去对方门店观察、购买对手的产品、通过人才流动了解、通过共同的客户了解、通过市场调查获得、委托专业机构调查等。线上渠道主要包括查看上市公司年报、搜索竞争对手的新闻报道、搜索网络关键词、分析竞争对手的招聘广告、进行线上问卷调查等。

目前一些专业网站也开发了一些工具帮助我们分析竞争对手的舆情及发展趋势，并且都有现成的分析模型。以下是 4 款常用的免费工具。

（1）百度文库

百度文库是一个供网友在线分享文档的平台。百度文库的文档由网友上传，经百度审核后发布。文库内容包罗万象，专注于教育、PPT、专业文献、应用文书四大领域。企业文档的上传者包括普通网民、合作伙伴、公司员工、公司前员工……只要变换不同的关键词进行搜索，就能找到很多有价值的资料，其中不乏货真价实的数据。

（2）百度指数

百度指数是用来反映关键词在过去一段时间内网络曝光率和用户关注度的指标。它能形象地反映该关键词每天的变化趋势，提供以百度网页搜索和百度新闻搜索为基础的免费海量数据分析服务，用以反映不同关键词在过去一段时间里的"用户关注度"和"媒体关注度"。竞争对手的公司名称、品牌名称、产品名称、产品品类、关键人物、关键事件等都是情报收集的关键词。由于百度指数来源于用户主动搜索，所以具有很高的参考价值。

（3）谷歌趋势

谷歌趋势类似于百度指数，内容都差不多，数据展示方式略有不同，可以看到关键词在全球的搜索分布。它有两个功能，一是查看关键词在谷歌的搜索次数及变化趋势，二是查看网站流量。

（4）新浪微指数

微指数是通过对新浪微博中关键词的热议情况，以及行业／类别的平均影响力，来反映微博舆情或账号的发展走势。我们可以通过搜索品牌名、企业名称、商品类别等关键词来分析自己及竞争对手在微博的热议度、热议走势、用户属性、地区分布等。同时微指数还提供企业类的行业指数分析，甚至是现成的分析报告。

（六）竞争对手的分析方法

竞争对手不一定是同行，同行也不一定就是你的核心竞争对手。确定了你的竞争对手并搜集到足够数据后，我们就要对它们进行深度分析了。

1. 竞争对手分析路径

竞争对手分析共分为 10 个步骤：① 搜集可能的竞争对手资料（上游企业、下游企业、顾客等）— ② 找出竞争对手（确定竞争对手范围、确定主要竞争对手、确定竞争对手优先级、画竞争对手图谱）— ③ 搜集数据（搜集主要竞争对手详细数据、整理数据、分析数据）— ④ 产品策略分析（产品竞争力、品牌影响力、产品实用性分析）— ⑤ 渠道策略分析（经营能力、拓展能力、掌控度、渠道四度分析）— ⑥ 价格策略分析（定价策略、价格稳定性、议价能力分析）— ⑦ 营销策略分析（媒体策略、促销策略、资源分析）— ⑧ 客户服务能力分析（信息化、服务效率、投诉分析）— ⑨ 综合竞争力分析（波特五力模型、SWOT 分析）— ⑩竞争力分析报告。

2. 画竞争对手图谱

路线图第②步"找出竞争对手"中，画竞争对手图谱是为了将各个层面的核心竞争对手和潜在竞争对手标注出来，以便在渠道策略、资源投放、生产规划等方面更有针对性和差异化对待。画竞争对手图谱可以从以下几个层面开始：公司策略层面、生产物流组织层面、市场资源层面、销售渠道层面。

3. 量化竞争对手的四度

在路线图第⑤步"渠道策略分析"中需要量化竞争对手的渠道四度,这四度就是渠道广度、渠道宽度、渠道长度和渠道深度。渠道广度是指公司产品覆盖的区域和范围是什么,渠道宽度是指有几种类型的通路,渠道长度是指产品平均经过几个中间渠道到达消费者手中,渠道深度是指通路上渠道商数量的多少。

4. 波特竞争力分析模型

波特竞争力分析模型是哈佛商学院教授迈克尔·波特提出的,用于竞争战略分析。他把竞争力归纳为五力,分别是供应商的议价能力、购买者的议价能力、潜在竞争者进入的能力、替代品的替代能力和行业内竞争者现有的竞争能力。五力的组合决定了行业的利润水平,如果企业处在一个供应商议价能力低,购买者议价能力也低,有行业壁垒使潜在竞争者不易进入,没有替代品,同时行业竞争也不充分的行业中,这个企业一定是处于高利润高垄断的行业。

传统零售业的波特竞争力五力分析如下。

(1) 供应商的议价能力

无论是自营化的连锁超市,还是平台化经营的百货商场、购物中心,基本上都是零售商占主导地位,供应商的议价能力不强。特别是电器连锁卖场(KA,key account,重要客户)、大卖场等,供应商的议价能力更低。

(2) 购买者的议价能力

越充分竞争的市场,消费者选择的余地就越大,零售商间的竞争赤裸裸地体现在价格上,从而造成了顾客的议价能力逐渐加强。

(3) 潜在竞争者进入的能力

传统零售业是一个投资周期长、投入高,需要规模化运营的行业,潜在竞争者直接进入的能力并不强。

(4) 替代品的替代能力

目前传统零售业的最大替代者是电子商务,电子商务对传统零售业的冲击逐渐增强,所以替代者的替代能力很大。

(5) 行业内竞争者现有的竞争力

零售业是一个充分竞争的行业,一二线城市大都饱和,三四线城市还有一些机会。

波特竞争力五力分析模型除了对行业进行整体分析外,还可以对具体竞争对手进行对比分析,并通过专家打分的方式进行量化处理。

5. SWOT分析模型

SWOT是对企业所处的外部环境和内部环境综合分析的方法。SWOT分析可以用在公司战略、竞争对手分析、市场定位,甚至个人的职业规划等方面。用SWOT分析竞争对手可将收集到的竞争对手情报进行综合分析,并最终形成分析结论和策略。

SW为内部关键因素,OT是外部关键因素。对于零售企业或零售品牌来说,在建立SWOT分析模型前我们需要回答如下问题。

(1) 优势

S1:我们最擅长什么?是产品设计开发、渠道布局、营销手段,还是有竞争力的价格?

S2:我们在成本、技术、定位和营运上有什么优势吗?

S3:我们是否有其他零售商不具有或做不到的东西?

S4：我们的顾客为什么到我们这里来购物？我们的供应商为什么支持我们？

S5：我们成功的原因何在？

（2）**劣势**

W1：我们最不擅长做什么？产品、渠道、营销还是成本控制？

W2：其他零售商或品牌商在哪些方面做得比我们好？

W3：为什么有些老顾客离开了我们？我们的员工为什么离开我们？

W4：我们最近失败的案例是什么？为什么失败？

W5：在企业组织结构中我们的短板在哪里？

（3）**机会**

O1：就外部机会来说，我们在产品开发、渠道布局、营销规划和成本控制方面还有什么机会？

O2：如何吸引到新的顾客？如何做到与众不同？

O3：在外部因素中，公司短期、中期规划目标的机会点有哪些？

O4：竞争对手的短板是我们的机会吗？

O5：行业未来的发展趋势如何？是否可以异业联盟？

（4）**威胁**

T1：经济走势、行业发展、政策规则是否会不利于企业的发展？

T2：竞争对手最近的计划是什么？是否会有潜在竞争对手出现？行业内最近倒闭的企业失败的原因是什么？

T3：企业最近的威胁来自哪里？有办法规避吗？

T4：上下游的客户中是否有不和谐的地方？资源状况如何？

T5：舆情是否不利于公司发展？

二、竞争店铺数据概述

竞争店铺数据分析有 4 个核心要点，即竞争店铺抓取、竞争店铺流量结构数据分析、竞争店铺品类结构数据分析和竞争店铺流量数据操作分析。商家根据竞争店铺的数据，了解其运营方式，进而可以有效地调整自身店铺的运营方式。

（一）竞争店铺抓取

商家通过搜集店铺数据，可以了解能从哪些维度来寻找自身的竞争店铺。店铺抓取竞争对手的方式有很多，按照关键词、目标人群、产品、价格、所在地、营销活动、视觉拍摄等维度，都可以找到竞争店铺。

通过对竞争店铺视觉拍摄、店铺分类、店铺营销方案等进行分析，商家可以了解竞争店铺的基础数据，主要包括竞争店铺的拍摄方式、详情页设计制作方式、店铺类目分类构成、店铺营销方案、单品营销方案设置、优惠券、满减折扣设置等。

通过抓取店铺品牌，商家可以了解竞争店铺是不是原创品牌，店铺是不是多品牌销售，以及店铺风格、店铺人群定位（人群标签）、店铺属性数据（商品适用季节、适用场景、基础风格）等。

通过获取店铺价格、店铺销量、店铺排行情况，商家可以了解竞争店铺商品整体的销量，从而抓取核心商品进行数据对比分析。

（二）竞争店铺流量结构数据分析

使用生意参谋的市场行情进行竞争店铺数据分析是指商家通过对同类型店铺进行销售排行数据监控、竞争店铺品类结构数据分析和核心商品销售数据分析，找到数据差异点，然后针对自身店铺数据弱项进行数据提升和优化的过程。

通过竞争店铺数据监控，商家可以了解竞争店铺实时、7天、30天及周期性的数据，了解竞争店铺流量指数、搜索人气、交易指数、客群指数和行业排名等数据。通过同类型店铺对比，商家可以了解自身店铺数据差异、排名差异，而且可以根据竞争列表数据变化，及时了解竞争品牌数据为什么会突然提升、突然下降，是整体下降，还是个别店铺下降，以此帮助店铺更好地了解竞争店铺的数据状态，从而反映出自身店铺存在的问题。

商家使用生意参谋的市场行情进行竞争店铺分析，对竞争店铺进行数据匹配，通过流失竞争店铺识别、高潜力竞争店铺识别，帮助店铺识别优质的竞争店铺。

商家可利用生意参谋工具，根据店铺流量指数、支付转化指数、交易指数等，进行趋势数据分析，了解竞争对手数据的增长情况，了解自身店铺与其数据的差异点，从而对数据弱项进行优化提升。

通过生意参谋的市场行情进行竞争店铺分析，商家可以查看流失的店铺和流失的产品，根据系统流失竞争店铺和高潜力竞争店铺情况，了解店铺的流失方向，找到类似店铺并进行数据采集分析，从而了解自身店铺数据提升的方向。

商家使用生意参谋数据分析，监控潜在的优质竞争对手，通过各种维度找到优质店铺并进行学习参考，再通过店铺监控，寻找和自己店铺类似或者商品流量结构类似的店铺进行数据对比分析，从而找到差异点并进行数据提升优化处理。

商家利用生意参谋的市场行情做竞争店铺的竞店对比分析，根据时间周期进行店铺数据对比分析，了解竞争店铺在年周期下的数据变化情况，从而更好地了解店铺的成长过程并且从中找到店铺的优势和亮点，然后对自身店铺进行数据优化处理。

商家使用生意参谋的市场行情，点击"竞争店铺"—"竞店对比"—"关键指标"进行分析，来对比时间上的差异和增长点的不同，同时商家可以了解在一定时间周期内交易指数、流量指数、搜索人气、收藏人气、加购指数等维度的数据差异，从而进行自身数据的优化提升。

（三）竞争店铺品类结构数据分析

商家使用生意参谋的市场行情，点击"竞争店铺"—"竞店分析"—"品类销售额"进行分析，根据时间周期，了解竞争店铺按年、月的品类交易构成数据、类目支付金额占比数据、类目支付金额占比排名情况，了解自身店铺和竞争店铺在类目布局和品类销售额方面的差距，从而进行品类布局的优化和提升。

根据竞争店铺交易构成数据，商家可了解自身店铺核心类目支付金额占比，竞争店铺核心类目金额占比，从而可以对比出两个店铺的优势类目、成交类目、访客集中类目。商家可利用竞争店铺品类数据分析，根据竞争店铺类型品类销售情况，并依据自己供应链、利润情况，酌情进行店铺上新，以提升店铺的流量和销售额。

商家可以参照比自身店铺优秀的店铺，进行品类数据优化，提升店铺类目的销售量，也要思考自己店铺类目是否有缺失，店铺类目是否丰富等问题，以帮助店铺更好地优化品类结构。

商家通过使用生意参谋的市场行情，点击"竞争店铺"—"竞店分析"—"竞争店铺价格

"带"进行分析，对比价格人群，从而确定广告投放策略，同时可以根据竞争店铺客单价分布情况，进行店铺产品客单价的提升。需要强调的是，竞争对手的价格带，可以作为我们的参考，但不同来源的产品的质量、成本都不一样，特定的利润空间也不一样，不能简单地参考同行的价格。其实无所谓贵贱，每个价格区间都有对应的消费者，不是贵的就一定好，重要的是，能让你的目标客户认为你的商品足够好就可以了。

（四）竞争店铺流量数据操作分析

商家要根据竞争店铺流量对比，找到自身数据弱的地方，进行数据提升处理。

竞争店铺流量数据分析是指针对竞争店铺进行流量结构、流量数据对比及流量玩法分析，商家可以找到与竞争店铺的数据差距和自身店铺提升的方向，从而帮助自身店铺进行流量数据的提升。商家可以通过对细分流量数据的对比分析，参考流量玩法并加以学习。商家通过分析竞争店铺的流量结构组成情况，可以了解竞争店铺的搜索流量访客数占比、直通车访客数占比等，从而有针对性地帮助自身店铺进行流量提升。

通过竞争店铺流量数据分析，商家可以对竞争对手的品类结构、流量结构、访客数占比等数据的分析，找到自身店铺的优化方向和新流量玩法，使店铺清楚自身的问题，从而找到解决的方法。

通过对比竞争店铺流量结构数据，商家可以了解竞争店铺的数据，例如，竞争店铺手淘搜索、淘内免费其他流量数据较多。商家可以通过对竞争店铺的流量结构数据的分析，思考自身店铺是否适用这样的玩法，再进一步考虑提升店铺的数据流量的方法。

三、竞品数据概述

（一）竞品与竞品分析

竞品是竞争产品，也指竞争对手的产品。顾名思义，竞品分析是对竞争对手的产品进行比较分析。

竞品分析可以从客观和主观两个方面来考量。客观分析即从竞争对手或市场相关产品中，圈定一些需要考察的角度，得出真实的情况；此时，不需要加入任何个人的判断，应该用事实说话。主观分析是一种对用户流程进行模拟的结论，比如可以根据事实（或者个人情感），列出竞品或者自己产品的优势与不足。其实你在分析别人的产品的同时，也是走了一遍用户流程。

（二）竞争品牌

1. 含义

品牌竞争，即在满足消费者某种需求的同种产品中，因质量、特色、服务、外观等方面的差异而产生不同品牌之间的竞争。

2. 竞争品牌数据分析

在市场竞争品牌分析中，把同一行业中企业品牌相似、价格区间相近、目标客户类似的企业称为竞争品牌者。竞争品牌者之间的产品相互替代性较高，因而竞争非常激烈，各企业均以培养客户品牌忠诚度作为争夺客户的重要手段。市场竞争品牌分析以品牌数据排名、品牌视觉调性为参考，进行品牌数据采集，找到品牌之间的数据差异，从而进行竞争品牌数据分析。商家通过品牌数据分析，可以深入了解品牌营销的方式、方法，能为自身店铺营销提供参考。

商家通过生意参谋市场排行数据，按照时间周期可以了解父类目下细分的子类目的品牌排行数据，进而获得细分类目的品牌排序。商家通过品牌数据排序，可以找到细分类目下的高交易品牌和高流量品牌，这样便可以精准找到和自己品牌相似的品牌进行数据监控和数据分析，获得行业优质品牌的数据运维方法，从而找到自己品牌可以提升的方向。

（1）市场竞争品牌监控分析

市场竞争品牌监控分析是指商家通过生意参谋工具，可以将选中的品牌按时间周期进行数据监控，从行业排名、收藏人气、加购人气、支付转化指数、交易指数等方面进行数据对比分析。商家根据店铺之间流量指数、收藏人气、加购人气数据的不同，找到和竞争店铺存在的差异，可以进行店铺数据的优化提升。

商家使用市场竞争品牌监控分析，可以按照时间周期，了解竞争品牌的数据。商家通过掌握竞争品牌的排名变化、交易指数变化情况，可以及时了解竞争品牌动态，进而了解品牌市场的变化。

（2）市场竞争品牌识别分析

市场竞争品牌识别分析是指商家通过生意参谋，根据店铺品牌定位，按照时间周期、品牌人群价格进行竞争品牌推荐。市场竞争品牌识别分析主要从4个维度为店铺进行潜力品牌推荐，这样根据系统抓取的竞争品牌，商家便可以找到自身的参考对象。

第一个维度是高增长低销量，主要是找到行业增长速度较快的品牌。

第二个维度是高增长高销量，系统会将品牌力相对来说更强一点的品牌推荐给店铺做数据参考。

第三个维度是低增长低销量，这类店铺集中度比较高，销量排名提升比较缓慢，商家可以选择性地找到店铺的类似品牌进行数据分析。

第四个维度是低增长高销量，对于这类销量运维能力强的品牌，商家可以进行品牌分析，了解品牌细分的数据情况。

商家利用竞争店铺竞品识别工具，帮助自身店铺从4个维度进行竞争店铺查询，通过品牌店铺之间的对比，来确定自身店铺的竞争店铺，从而可以进行竞争店铺数据监控，了解竞争对手的数据变化情况。

（3）市场竞争品牌数据分析

市场竞争品牌数据分析，是指商家通过分析竞争品牌的品类结构数据、商品数据，找到竞争品牌的优势所在，然后学习竞争品牌的优势，合理调整并优化自有品牌的营销策略、推广策略，从而提升自身品牌的行业竞争力。

①品牌数据对比分析：商家通过数据对比，了解品牌之间的交易指数、流量指数、搜索人气、收藏人气等具体数值的差异，寻找自身店铺提升的方向。通过品牌与品牌之间的对比，商家可以了解竞争品牌数据之间的差距，从而做好品牌数据的提升安排。

②商品数据对比分析：商家通过了解商品的数据，找到店铺的核心品类结构和商品销售结构，从而挖掘出竞争品牌的优势，找到自有品牌可以提升数据的方向。品牌对比主要是对比 TOP 商品的数据，对比内容主要包含交易指数数据、流量指数数据，商家通过这些可以了解竞争品牌的商品交易情况，并与自身店铺热销单品进行数据对比分析。商家通过了解品牌 TOP 商品的整体流量分布和成交分布情况，能更加具体地找到自有品牌的提升方向。另外，商家通过了解所属店铺商品的交易指数排序，可以了解竞争品牌商品整体的交易指数。

③品牌商品店铺交易指数分析：通过品牌商品店铺分布情况，如店铺数量、分销商数量，

商家可以了解品牌市场交易指数、销售总额和市场的占比情况。

④竞争品牌的关键成交构成分析：通过品牌数据对比分析，商家可以了解竞争品牌的关键成交构成情况、品牌的子类目的支付金额占比情况及竞争品牌核心成交的类目，可以给自身品牌进行品类拓展布局规划提供有效的参考。另外，商家根据竞争品牌支付金额占比较大的类目，进行访客定向投放，获取竞争对手优质的类目精准流量，从而提升自有品牌的品类销售额。

商家通过竞争品牌价格带支付金额占比情况，分析品牌之间客单价人群分布情况，了解竞争对手的访客成交人群数据分布情况，根据价格带的匹配度和相似度，进行访客定向的付费投放，从而提升自有品牌的访客数据和销售数据。

（三）竞争商品数据分析

竞争商品数据分析围绕竞争商品的数据，进行数据对比分析，从而了解行业优质商品的数据、流量结构和流量玩法，商家可以通过对竞争商品的数据采集，发现学习优质商品的流量玩法，从而找到自身店铺单品数据的提升方法。

商家可根据商品类目、商品视觉和商品价格，进行竞争商品数据采集对比分析，了解同类目、同类型产品的数据差异点，找到商品数据可以优化提升的地方。

1. 竞争商品数据监控分析

商家可通过生意参谋进行竞争商品数据监控分析，了解同类目下的商品行业排名、搜索人气、流量指数、收藏人气、加购人气、支付转化指数和交易指数数据的变化情况，从而进行竞争商品数据分析。

（1）竞争商品周期数据分析：商家通过生意参谋市场行情"竞争商品"—"监控商品"，按照时间周期（实时、7天或30天），查看竞争商品的流量数据变化，并且根据竞争商品的流量结构，了解竞争商品的流量提升过程，并进行商品流量数据采集，形成竞争商品流量结构表，找到流量提升的方法。

商家根据竞争商品的周期流量数据，通过对商品的搜索人气、流量指数、收藏人气、加购人气等的数据分析，找到影响流量提升的核心数据点，其中加购人气和收藏人气的数据，直接影响商品交易指数和流量指数的数据。商家通过对比优质商品数据找出差异，然后进行自身商品数据优化，实现自身商品流量和销售额的提升。

（2）顾客流失竞品数据分析：商家可通过生意参谋市场"竞争商品"—"竞品识别"，查看商品实时数据，并进行周期数据监控（7天或30天），同时抓取同类型产品的数据。商家可通过店铺顾客流失竞品推荐，查看流失金额、流失人数等数据，对推荐细分类目流失金额大的商品进行抓取，以更好地去做竞争流失分析，同时可参考流失商品的主图、详情页、营销方式，帮助店铺实现数据提升。

（3）竞争商品数据监控分析：商家通过生意参谋市场行情"竞争商品"—"竞品分析"，查看产品实时数据，然后根据系统推荐，进行竞争商品数据监控。目前只能监控120个商品，监控的商品可以进行替换或删除，这样可以更好地去做竞争商品监控调整方案。

2. 竞争商品流量数据分析

商家利用市场行情，点击"竞争商品"—"竞品分析"—"入店来源"查看商品流量数据，可通过商品流量来源数据进行数据对比分析，了解自身商品与竞品之间的数据差异，分析竞争对手的流量构成情况，从而得出其获得流量的主要方法。

商家可通过生意参谋进行竞争商品关键指标监控，了解类目行业下的竞品数据变化情况，从而进行竞争商品数据分析。将本店商品从流量指数、交易指数、搜索人气、收藏人气、加购人气等几方面与竞品进行数据对比，在流量指数接近的情况下，对比搜索人气可以知道商品搜索流量出现的问题，而收藏人气、加购人气的差距可以反映出商品价值方面的问题，商家可以针对商品流量价值进行优化，或者重新选款进行推广营销活动。商家要提升竞争商品的销售和排名，就需要提升自身商品的流量指数、收藏人气和加购人气数据，提升商品在行业中的排名。

3. 竞争商品流量玩法

商家可对比竞争商品关键词下的价格带、视觉、坑产等数据，找到自己适合切入的流量人群。另外，商家可通过单品数据对比分析，对比关键词下的数据，找到自己可以分析的竞争商品，了解单品流量玩法和竞争商品的流量结构。

商家可通过使用生意参谋竞争商品分析，了解行业商品的流量结构，找到行业优质的流量玩法。另外，使用竞争商品数据对比，可分析自身商品和竞争商品的流量结构和流量数据占比之间的差距，找到提升的方法，从而丰富店铺商品的流量玩法，帮助店铺进行销售数据提升。

四、撰写营销分析报告

营销分析报告区别于日常报告的一个重要特点是，营销分析报告是围绕某个特定领域展开小而精的深入研究，而日常报告则侧重于某个周期大而全的概要分析。

营销分析报告的结构如下。

（1）封皮和封底。每个公司都有自己的封皮和封底模板。

（2）摘要页。摘要页是对报告中内容的概述，方便领导层直接了解报告内容而无须阅读整个报告。

（3）目录页。如果报告内容过多，则需要通过目录页告诉阅读者本报告包括哪些内容。

（4）说明页。这是关于报告中数据时间、数据粒度、数据维度、数据定义、数据计算方法和相关模型等内容的特殊说明，目的是增强报告的可理解性。

（5）正文页。正文页是报告的核心，通常使用"总—分—总"的思路撰写报告。作为日常报告，除了数据陈列外，一定要有数据结论；而对于数据结论的挖掘，可根据阅读者的需求自行安排并酌情添加。

（6）附录。如果报告存在外部数据引用、原始数据、数据模型解释等，建议作为附录放在报告最后。

第二节　跨境电商竞争数据分析实训

一、竞店的识别与分层

（一）实训目的

（1）掌握竞店的识别与分层方法。

（2）实操竞店的识别与分层。

（二）实训知识准备

1. 竞争对手

竞争对手是企业经营行为最直接的影响者和被影响者，这种直接的互动关系决定了竞争对手在外部环境分析中的重要性。竞争是任何在市场经济中生存的企业都无法回避的永恒主题，企业为了生存，必须了解其竞争对手，以便制定更有效、更有针对性的竞争战略。一个企业的产品能否在市场上取得成功，除了自身产品的质量、价格等因素外，还要考虑竞争对手产品。自己的产品虽然很好，如果竞争对手的产品更好，则自己的产品还是不会有市场。因此，研究和分析竞争对手对企业非常重要。

分析竞争对手最重要的目的是预测竞争对手行为，包括竞争对手对未来机会和威胁可能的反应，竞争对手对企业的战略行动可能的反应，竞争对手未来的动向等。企业需要预期竞争对手的反应，以避免企业采取的战略行动被竞争对手的行动抵消。企业也需要了解竞争对手未来的动向，以预测未来的竞争优势。

2. 竞争对手分层

可以根据运营阶段分为前期、中期和后期3个阶段进行竞争对手分层。主要是参考销量和销售两个指标。具体如何划分竞争对手阶段，需要结合运营情况与总体战略进行规划。例如一家新开设不久的店铺，分析市场行情后进行竞争对手分层，根据目前的市场份额与销售情况进行规划，将前期竞争对手定为3个月左右可超越的对手，中期竞争对手定为1年内可超越的对手，后期竞争对手定为1年之后要重点超越的对手。

3. 竞店

竞店，顾名思义，可以理解为竞争店铺的简称。一般而言，竞争对手是指那些生产经营与本企业提供的产品相似或可以互相替代的产品，以同一类顾客为目标市场的其他企业，也即产品功能相似、目标市场相同的企业。从商家的角度出发，竞争的粒度可以按店铺、品牌和产品划分，而竞店即是从店铺粒度而言的竞争对手。

4. 竞店分析

在店铺运营过程中时刻关注竞争对手是非常重要的，对手店铺的任何变化都极有可能直接影响到自己店铺的销量。

竞争店铺的强弱对自身店铺的销售额有不同影响，因此，做竞争店铺分析要先了解竞争店铺的类型、规模、销售额、客单价、访客数、商品构成、SKU 数、产品差别化主力产品群、消费层定位、便利性、服务水准、促销力度和水准、品牌影响力等重要因素，再逐一分析，制定有效策略，迎战竞争店铺。可以着重从以下几个方面来分析。

（1）**产品差别化**

与竞争店铺相较时，产品重复太多是最不利的因素，特别是主力产品群相似太多，竞店产品将会严重瓜分市场，因此要注意产品的差别化。

（2）**消费层诉求**

每种类型的竞争店铺都有其经营宗旨，也各拥有其忠实的消费层，消费水准高的地区一般较能接受经营高端产品的网店。

（3）**促销力度和水准**

可以从广告促销主题设计是否明确、重点商品是否突出、折扣力度和优惠方式是否吸引人、主图是否展示商品的特性等方面来分析。

（4）商品力

可以从价格策略采用的是哪种策略，如低价格低毛利、高价格高毛利、诱饵价格政策、设定尾数价格政策等，品项是否齐全，缺货情况及重点商品管理方法等方面分析。

（5）竞店指标

主要关注的指标有店铺创建时间、主营类目、DSR（detail seller ratings，店铺动态评分）、主销商品、SKU数、类目销量分布、UV（unique visitor，独立访客）、客单价、转化率、动销率、复购率、引流词等。

（三）实训内容

业务背景：竞争对手需要时刻关注，因此商家需要找到相关目标竞争对手，有了目标以后才有明确的发力点。本实训项目从店铺（竞店）粒度进行竞争对手分析。

进入跨境电商数据化运营与决策系统首页，如图4-1所示。在左侧功能栏或者页面中央功能展示区域依次单击"行业分析"—"店铺排行榜"选项，进入店铺排行榜页面。

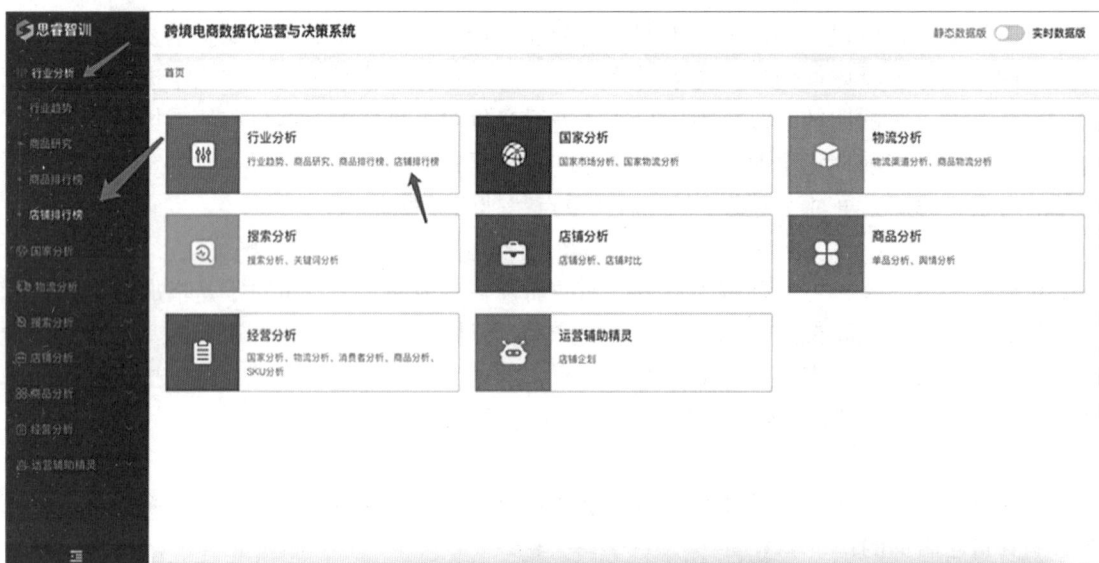

图4-1 跨境电商数据化运营与决策系统首页

选择自己所在的类目，以家居用品—宠物用品为例，如图4-2所示。点击最后一列蓝色"店铺分析"字样，可跳转进入店铺分析功能页面。观察列表发现，每一条搜索结果中都包含有该店铺的订单数量和销售金额，根据不同的店铺信息指标进行排序，可以从不同方面进行竞店分层。

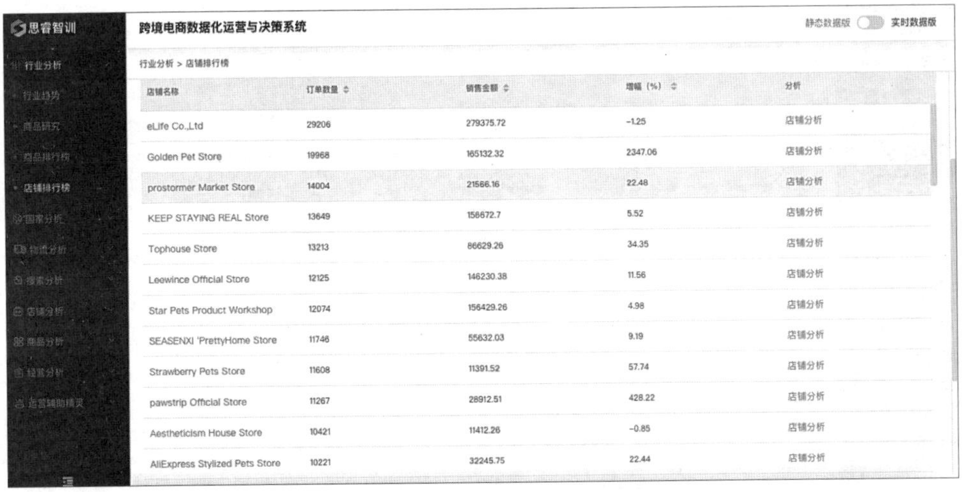

店铺名称	订单数量	销售金额	增幅（%）	分析
eLife Co.,Ltd	29206	279375.72	-1.25	店铺分析
Golden Pet Store	19968	165132.32	2347.06	店铺分析
prostormer Market Store	14004	21566.16	22.48	店铺分析
KEEP STAYING REAL Store	13649	156672.7	5.52	店铺分析
Tophouse Store	13213	86629.26	34.35	店铺分析
Leewince Official Store	12125	146230.38	11.56	店铺分析
Star Pets Product Workshop	12074	156429.26	4.98	店铺分析
SEASENXI 'PrettyHome Store	11746	55632.03	9.19	店铺分析
Strawberry Pets Store	11608	11391.52	57.74	店铺分析
pawstrip Official Store	11267	28912.51	428.22	店铺分析
Aestheticism House Store	10421	11412.26	-0.85	店铺分析
AliExpress Stylized Pets Store	10221	32245.75	22.44	店铺分析

图 4–2　家居用品—宠物用品店铺排行榜界面

例如，以店铺销售金额指标为例，对销售金额选择按降序排列，得到各店铺销售金额由高到低的排序结果，根据竞争对手分层的原理与自身经营状况，确定前期、中期、短期赶超目标，如图 4–3 所示。

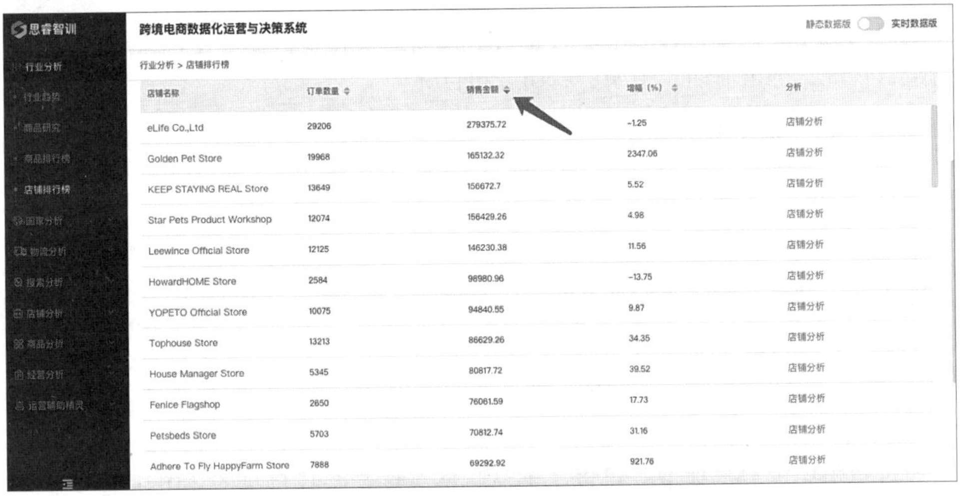

店铺名称	订单数量	销售金额	增幅（%）	分析
eLife Co.,Ltd	29206	279375.72	-1.25	店铺分析
Golden Pet Store	19968	165132.32	2347.06	店铺分析
KEEP STAYING REAL Store	13649	156672.7	5.52	店铺分析
Star Pets Product Workshop	12074	156429.26	4.98	店铺分析
Leewince Official Store	12125	146230.38	11.56	店铺分析
HowardHOME Store	2584	98980.96	-13.75	店铺分析
YOPETO Official Store	10075	94840.55	9.87	店铺分析
Tophouse Store	13213	86629.26	34.35	店铺分析
House Manager Store	5345	80817.72	39.52	店铺分析
Fenice Flagshop	2650	76061.59	17.73	店铺分析
Petsbeds Store	5703	70812.74	31.16	店铺分析
Adhere To Fly HappyFarm Store	7888	69292.92	921.76	店铺分析

图 4–3　对销售金额降序排列进行竞店分层

在搜索分析结果列表中最后一列“分析”列中，点击“店铺分析”字样，跳转进入店铺分析页面，此处我们选择第 1 页第 1 位商品所对应的店铺，如图 4–4 所示。

在店铺分析功能页面中，可以得到该店铺的店铺名称、创店时间、所在地区等基本信息，此外还有 DSR、店铺粉丝数、店铺宝贝数、总销售额等经营分析指标，点击页面下方的“销售分析”选项，还可以得到该店铺的 180 天销量、180 天销售额等数据，可将多个店铺的这些信息汇总起来制作统计列表，进行对比分析。例如，对这些店铺的 180 天销量数据进行降序排列，与我们自身店铺的 180 天销量进行对比，结合自身的经营情况，确定前期、中期、后期赶超目标，实现按照 180 天销量对竞店进行分层。

图 4-4　店铺分析页面

（四）实训总结

（1）商家可以借助"店铺排行榜"功能进行竞争店铺的识别，此外还可以借助"店铺分析"功能进一步得到竞店详细经营数据。

（2）通过对竞争店铺各指标进行统计汇总、排序、对比分析等操作，实现对竞店的分层，结合自身经营情况，确定前期、中期、后期赶超目标。

二、统计分析竞店的宏观数据

（一）实训目的

（1）掌握分析竞店的宏观维度。

（2）通过竞店分析掌握行业经营方向。

（二）实训知识准备

商家根据竞争店铺的数据，了解其运营方式，进而可以有效地调整自身店铺的运营方式。

1. 竞店数据抓取

商家通过竞争店铺数据抓取，可以了解从哪些维度来寻找自身的竞争店铺。竞争店铺抓取的方式有很多，按照关键词、目标人群、产品、价格、所在地、营销活动、视觉拍摄等维度，都可以找出竞争店铺。

（1）通过对竞争店铺视觉拍摄、店铺分类、店铺营销方案等分析，了解竞争店铺的基础数据，主要包括竞争店铺的拍摄方式、详情页设计制作方式、店铺类目分类构成、店铺营销方案、单品营销方案设置、优惠券、满减折扣设置。

（2）通过抓取店铺品牌，了解竞争店铺有没有原创品牌，店铺是不是多品牌销售，以及店铺风格、店铺人群定位（人群标签）、店铺属性数据（商品适用季节、适用场景、基础风格）等。

（3）通过获取店铺价格、店铺销量、店铺排行情况，了解竞争店铺商品整体的销量，从而抓取核心商品进行数据对比分析。

2. 竞店数据宏观维度

竞争店铺的宏观维度主要是基于竞争店铺基本信息页面展示的数据汇总后的信息，包含店铺类型、店铺粉丝数、店铺宝贝数、销量、销售额、平均成交价、开店时间、滞销宝贝数、动销率、好评率、DSR。

（1）店铺类型：速卖通的店铺类型一共有 3 种，分别是速卖通官方店、速卖通专卖店和速卖通专营店。官方店是指商家以自有品牌或由权利人独占性授权（商标为 R）入驻速卖通开设的店铺。专卖店是指商家以自有品牌（商标为 R 或 TM 状态），或者持他人品牌授权文件在速卖通开设的店铺。专营店是指经营 1 个及以上他人或自有品牌（商标为 R 或 TM 状态）商品的店铺。

（2）店铺粉丝数量：用户关注店铺后即计为粉丝，一些官方活动对粉丝数量有要求。

（3）店铺宝贝数：宝贝数是以链接条数计数的，商品数是以款式计数的。例如，一瓶 200 克的牛肉酱，是一个商品，这个商品单独以一瓶发布是一个宝贝，以两瓶组合发布也是一个宝贝。

（4）销量：是店铺宝贝销售件数的总和。

（5）销售额：将宝贝的销售件数分别乘以售价后得到的总和，该数值不能去除打折优惠的这部分数据。

（6）平均成交价：指平均成交件单价，等于销售额除以销售件数。

（7）开店时间：店铺开设的时间（老店有加权）。

（8）滞销宝贝数：官方的滞销宝贝的定义为，连续 90 天无成交、无浏览、无编辑的宝贝（在实际操作中，考虑到市场竞争激烈，资源紧张，滞销的定义实际已经收窄，一般认为 30 天内没有成交转化的宝贝即为滞销宝贝，不过也要具体问题具体分析）。

（9）动销率：等于近 30 天有销量的宝贝数除以总宝贝数量。不同类目的动销率可能对店铺权重的影响不一样，也有可能有不同的指标要求，但总体我们可以这样算：动销率达到 80% 为合格，达到 90% 算优秀，达到 100% 为最好。

（10）好评率：等于好评数量除以总评价数量，淘宝店才有好评率，天猫店没有好评率。

（11）DSR：是服务体验、宝贝与描述相符和物流体验 3 项评价打分的数据，消费者可以打 1 ～ 5 分，计算公式是分数乘以打分比例，如服务分打 5 分的消费者是 90%，打 4 分的是 10%，打 1 ～ 3 分的为 0，分数则为 5×0.9+4×0.1=4.9 分。

（三）实训内容

业务背景：竞争对手的动向是运营决策的基本数据参考，针对竞争对手的数据采集和分析是商家日常的工作之一。

在店铺分析页面，将页面下滑，点击"宝贝分析"选项模块，可得到该店铺内宝贝相关信息，通常包含标题、价格、SKU、库存、销量、销售额等宝贝相关的数据，如图 4-5 所示。

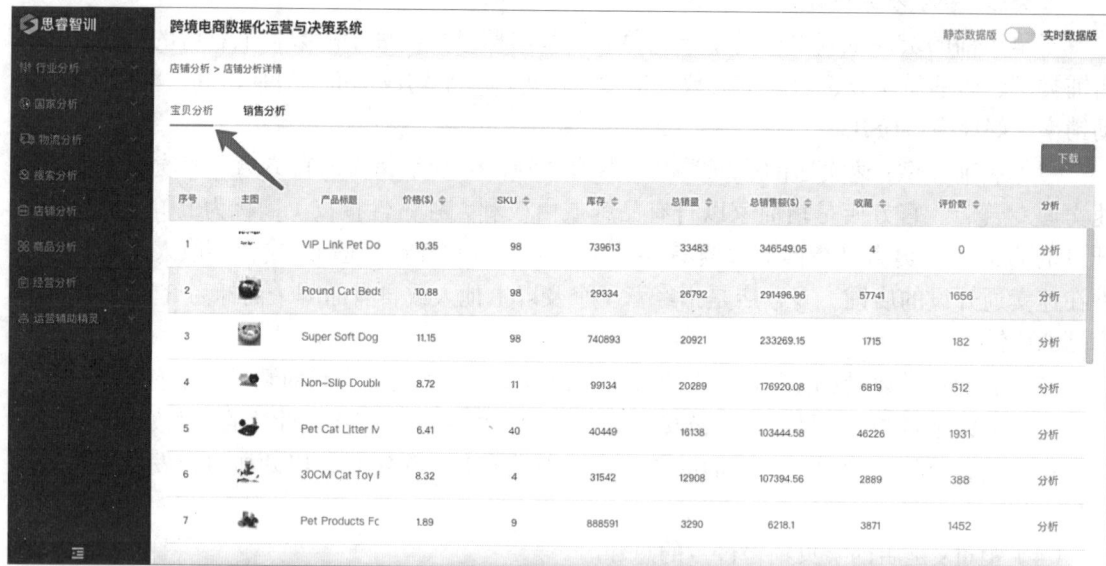

图 4-5　宝贝分析

　　在"销售分析"模块的"店铺总销量分析"中，可以观察到该店铺近 180 天销售额、平均日销额、近 180 天销量、平均日销量、动销率等销售相关的数据，由此掌握竞店的基本销售情况，如图 4-6 所示。

图 4-6　店铺总销量分析

　　继续将页面下滑，查看"不同销量范围的宝贝数据"，可以看到不同的销量范围区间对应的商品数量、近 180 天销量、近 180 天销售额等数据，如图 4-7 所示。

图 4-7　不同销量范围的宝贝数据

查看"不同价位销售宝贝数据"，此处可得到不同价格范围区间对应的商品销量分布，由此判断消费者的价格偏好，如图 4-8 所示。

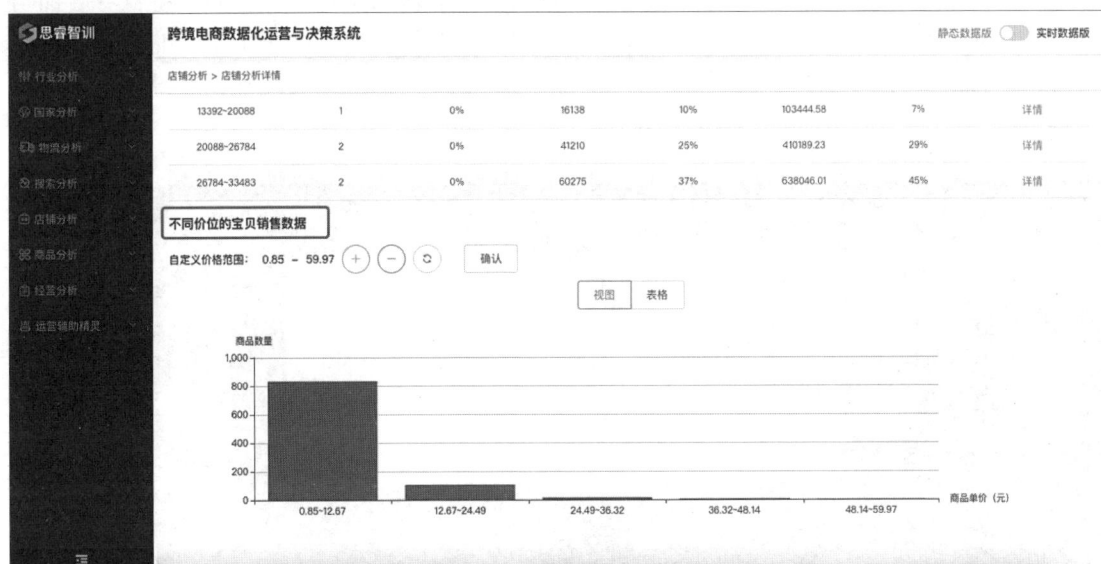

图 4-8　不同价位的宝贝销售数据

单个竞店缺少数据的对比，这些数据无法形成对比信息，如果要形成对比信息，必须通过对比法和自己其他时期或者同行数据进行对比，没有对比的数据是没有实际价值的。因此，通常同时对多家竞店进行店铺分析，手动或者借助其他工具将这些竞店数据汇总到一起进一步分析。此处，我们可利用系统的"店铺对比"功能实现多店铺的对比。

进入跨境电商数据化运营与决策系统首页，在左侧功能栏或者页面中央功能展示区域依次单击"店铺分析"—"店铺对比"选项，进入店铺对比页面，如图 4-9 所示。

图 4-9　跨境电商数据化运营与决策系统首页

点击"添加采集任务"按钮，将店铺 ID 或者店铺链接输入文本框中，通常将自身店铺与竞店的 ID 或者链接同时输入，以便对比分析。例如，假设图 4-10 中第 1 家店铺是我们自己所开设的店铺，其他 4 家为我们所确认的竞店。在输入每个 ID 或链接后用回车键换行，输入完成后点击"查询"按钮，如图 4-10 所示。

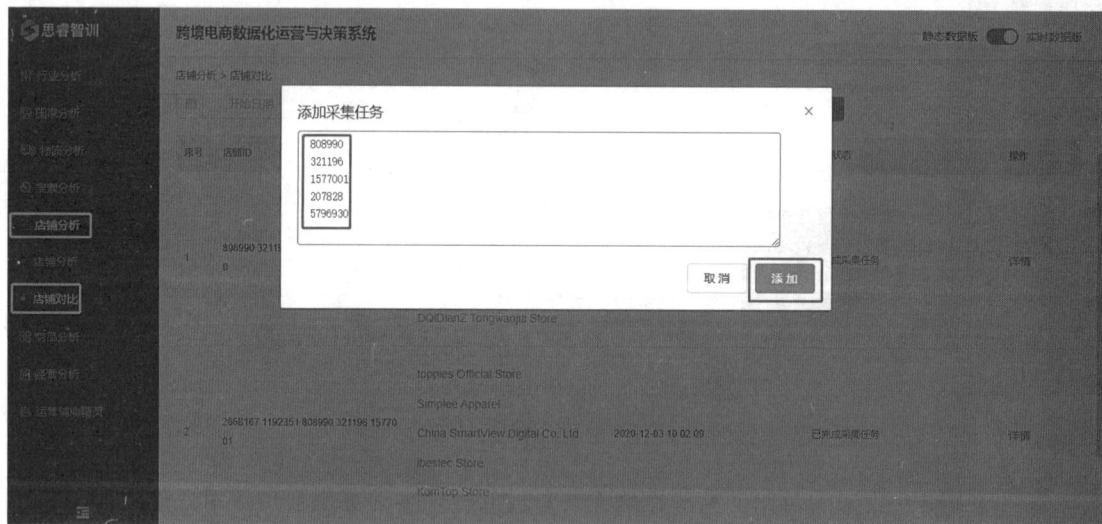

图 4-10　店铺对比页面

如图 4-11 所示，通过数据对比结果，理解数据的意义。这里假设第 1 家为我们自身所经营的店铺，该店铺创立于 2018 年。观察数据可以发现，从近 180 天销量来看，第 4 家店铺销量最高，该店铺创立于 2017 年；从近 180 天销量额来看，第 2 家店铺最高，该店铺也创立于 2017 年；与这两家创立于 2017 年的店铺相比，自身的店铺还是存在一定差距的。而第 5 家店铺创立于 2020 年，可谓是一家后起之秀，虽创店时间较短，店铺宝贝数还不多，但动销率达到 75.56%，发展空间较大。此外，对比 5 家店铺的近 180 天滞销宝贝数与动销率发现，第 3

家店铺近 180 天滞销宝贝数达 807 种，动销率为 42.32%，处于较低水平；其他几家动销率均超过 75%。

		4.7	4.7	4.5	4.8	4.6
铺动态评分	服务态度	4.7	4.7	4.5	4.8	4.7
	物流服务	4.6	4.7	4.4	4.7	4.8
经营分析						
近180天销量		22276	37750	35326	67833	4191
近180天销售额		484842.51	1017025.57	140046.88	1861156.26	90241.92
平均日销量		742	1258	1177	2261	139
平均日销售额		16161.41	33900.85	4668.22	62038.54	3008.06
平均成交价		21.78	26.94	3.96	27.43	21.64
近180天滞销宝贝		9	2	807	8	11
动销率		93.92%	95.65%	42.32%	94.37%	75.56%

图 4-11　店铺对比结果

（四）实训总结

（1）商家可以借助"店铺分析"功能，既可用于分析自身店铺的经营情况，也可用于掌握竞争店铺的相关信息。

（2）单个店铺数据缺少对比，可以通过"店铺对比"功能实现多个店铺数据的对比分析。

（3）对比 5 家店铺数据结果来看，从近 180 天销量、近 180 天销售额、动销率数据来看，第 4 家店铺的经营状况相对来说是较好的。

三、分析竞店价格布局

（一）实训目的

（1）掌握竞店的价格布局分析方法。

（2）实操店铺价格布局规划。

（二）实训知识准备

1. 识别店铺的主要价格区间

（1）店铺的主要价格区间的判断指标

①商品数量：对应的价格波段中商品数量最多的，代表该店主要的商品布局。

②商品销量：对应的价格波段中商品销量最多的，代表消费者接受的波段。

③商品销售额：对应的价格波段中商品销售额最大的，代表给该店的业绩贡献。

（2）区间不一致的情况

分析过程中会发现以上 3 个指标的结果可能落在同一区间，也可能分别指向 3 个不同的区间。在 3 个区间不一致的情况下，有以下几种不同的分析结论。

①商品数量的主要价格区间和其他不同：说明店铺主要布局的热销产品和扛业绩的产品没有关系，可能是由于换季的缘故；如果产品不是处在导入期，可能是店铺布局的问题，或者

是该价格区间放的是主营商品的配件类商品，配件类商品可以忽略不分析。

②商品销量的主要价格区间和其他不同：商品销量的主要价格区间为引流作用，一般价格较低，引流款不用布局太多。

③商品销售额的主要价格区间和其他不同：商品销售额的主要价格区间是扛业绩的，这个区间的商品布局应该是最多的，因此商品销售额和商品数量的主要价格区间应该是一致的，不一致说明店铺的布局可能有问题。

2. 竞店价格区间的统计方法

竞店的每个商品都有对应的销量和价格，将数据收集并汇总到表格中，用销量 × 价格的算法计算出销售额，然后使用数据透视表进行统计分析。

（三）实训内容

业务背景：竞争对手的动向是运营决策的基本数据参考，通过分析竞店的价格布局可以为自己的规划提供数据参考。

【例 4-1】分析竞店 A 和 B 的价格区间结构。

在店铺分析查询结果中，将页面下滑点击"销售分析"选项，查看不同销售价位的宝贝数据。可以自己设定价格范围。观察发现，该店铺中价位在 0.85 ～ 5.00 美元内的商品数量最多，但是该区间内销量与销售额数据均不是最高的，说明该区间应该是店铺主要在布局的区间；销量和销售额最高的是 10.00 ～ 15.00 美元这个价格区间，该区间内销量和销售额占比均超过 50%，说明这个区间是该店铺扛业绩的主要价格区间。根据上文描述，商品数量的主要价格区间和其他不同，说明店铺主要布局的热销产品和扛业绩产品没有关系，如果产品不是处在导入期，可能是店铺布局问题，或者是该价格区间放的是主营商品的配件类商品，配件类商品可以忽略不分析。当然具体情况还需结合实际情况进一步观察。图 4-12 所示为该店不同价位的宝贝销售数据。

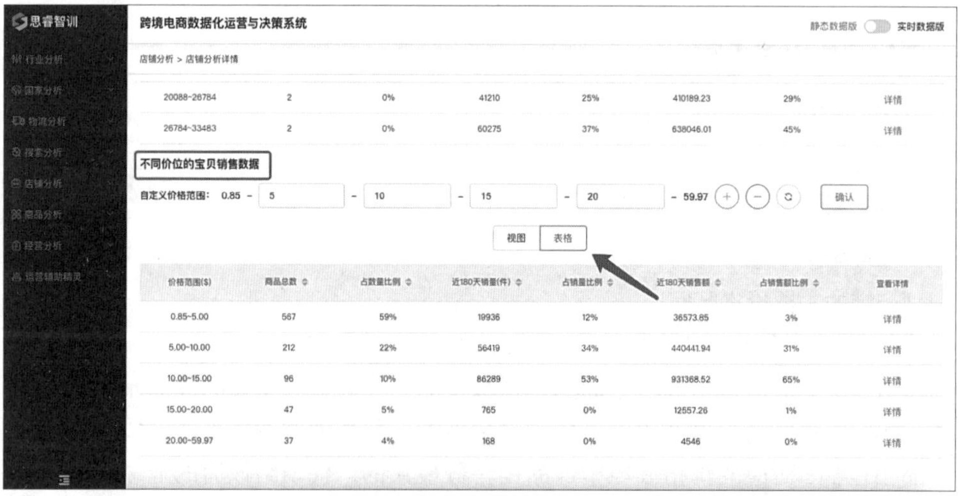

图 4-12　A 店铺价格区间分析页面

同理，我们可以分析多家竞争店铺的价格布局，图 4-13 所示为 B 店铺价格区间。

如图 4-13 所示，该店铺的商品总数、近 180 天销量、近 180 天销售额主要区间落在同一个价格区间内，说明这个价格区间是市场认证过的，消费者愿意买单的价格区间。

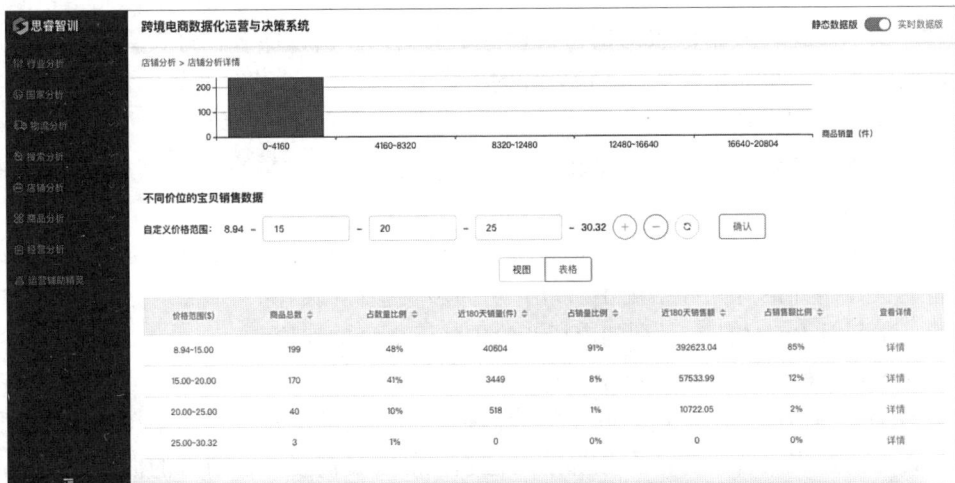

图 4-13　B 店铺价格区间分析页面

（四）实训总结

（1）如图 4-12 所示，该店铺的商品总数、近 180 天销量、近 180 天销售额落在不同价格区间，可能存在主要布局区间不明确的情况。

（2）如图 4-13 所示，该店铺的商品总数、近 180 天销量、近 180 天销售额主要区间落在同一个价格区间内，说明这是市场认证过的、消费者愿意买单的价格区间。

（3）综合分析结果来看，总体上来讲，第二家店铺的经营状况要比第一家好。

四、竞品的识别与分层

（一）实训目的

（1）掌握竞品的识别与分层方法。

（2）实操竞品的识别与分层。

（二）实训知识准备

1. 竞品

竞品是竞争产品，竞争对手的产品。

2. 竞品分析的方法

（1）客观分析

客观分析即从竞争对手或市场相关产品中，圈定一些需要考察的角度，得出真实的情况，此时，不需要加入任何个人的判断，应该用事实说话，主要分析市场布局状况、产品数量、销售情况、操作情况、产品的详细功能等。

（2）主观分析

这是一种接近用户流程模拟的结论，如可以根据事实或者个人情感，列出对方店铺的优缺点与自己所销商品的情况，或者竞品与自己产品的优势与不足。这种分析主要包括：用户流程分析、产品的优势与不足分析等。

（3）竞争对手的销售商品类别分析

竞争对手和周边门店的商品类别销售数据对商品的销售有非常重要的参考价值。如一家做时尚休闲服饰品牌的商店，商品类别非常广泛，而隔壁有一个定位与自己完全相似的专业牛仔品牌专卖店。这时其牛仔服饰销售数量肯定会受到冲击，那么在订货管理中就要避开与之相近的牛仔款式，而挑选与之有一定差异的牛仔款式，并减少牛仔服饰的订货量。

又如，商家的同类竞争品牌，其衬衫销售较好，而商家则在销售 T 恤方面更有优势，这样商家在订货管理中则把重点放到 T 恤上，同时研究该品牌衬衫的特点，使自己的衬衫与之有所区别。

当然，这里所说的订货管理的订货量减少是指订货数量，而不是款式数量，如果减少了款式数量就会让整体的陈列和搭配不合理，从而影响整体门店陈列形象。只有充分发挥自身品牌优势，避开对手，才能在激烈的市场竞争中处于更强的地位。

（4）竞争对手的促销调查与分析

竞争对手和周边门店的促销对商家的销售有着非常大的影响，这一点在现今的百货商场销售中显得尤为突出。曾经有两个相邻的定位相似的百货商场，在节日的促销战中，A 商场制定了"满 400 元减 160 元，满 800 元减 320 元"的活动，B 商场得到这一情报以后马上制定对策——"满 400 元减 160 元，满 600 元减 180 元，满 800 元减 320 元"的活动。B 商场在此次活动中大获全胜，因为虽然其活动力度完全相同，但此时商场内的服装大部分吊牌价格均在 600 ~ 700 元，这让 B 商场的活动更有优势。

所以，在经营过程中，商家对于促销手段的调查内容应该进行合理的分析，同时应该注意扬长避短，发挥自己的优势，最终达到最佳效果。以上商场促销的案例就充分说明了这点，商家不仅要注意分析竞争对手的促销手段，还要分析自身的产品及价格体系，同时还要考虑消费者的购买行为及消费习惯……只有将各种数据进行有效的综合分析，才能达到最终的活动效果，赢得市场先机。

（三）实训内容

业务背景：竞争对手需要时刻关注，因此商家需要找到竞争对手目标，有了目标以后才有明确的发力点。本实训项目从产品（竞品）粒度进行竞争对手分析。

进入跨境电商数据化运营与决策系统首页，如图 4-14 所示。在左侧功能栏或者页面中央功能展示区域依次单击"行业分析"—"商品排行榜"选项，进入商品排行榜页面。

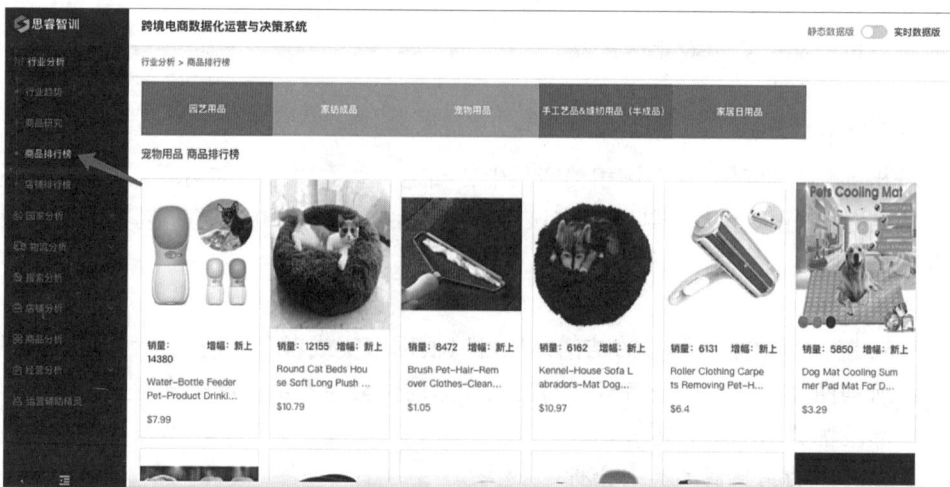

图 4-14　跨境电商数据化运营与决策系统首页

　　商品排行榜默认是按照销量排序的，根据竞争对手分层的原理与自身经营状况，确定前期、中期、短期赶超目标。点击该商品"商品分析"，跳转进入商品分析功能，可以得到更详细的数据信息。此处我们选择第 1 位商品进行商品分析，如图 4-15 所示。

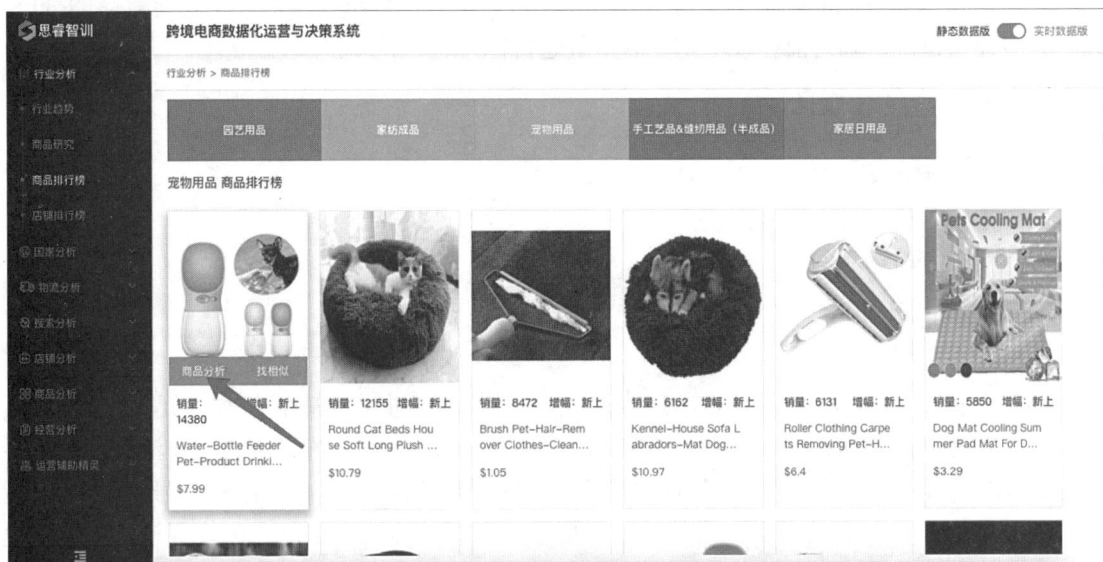

图 4-15　点击进入商品分析

　　在单品分析功能界面中，可以得到该宝贝的标题、所属类目、宝贝属性、促销活动等基本信息；此外还有库存量、收藏量、评价人数、月销量、总销量等经营分析指标，可将多个宝贝的这些信息汇总起来制作统计列表，进行对比分析，如图 4-16 所示。例如，我们可以对价格进行排序并划分层次，进行性价比的分析；还可以对这些宝贝的月销量数据进行降序排列，与我们自身宝贝的月销量进行对比，结合自身的经营情况，确定前期、中期、后期赶超目标，按照月销量对竞品进行分层。

图 4-16　单品分析页面

（四）实训总结

（1）商家可以借助"商品排行榜"功能，进行行业内竞争商品的识别；此外还可以借助"商品分析"功能进一步得到竞品详细数据信息。

（2）通过对竞争商品各指标进行统计汇总、排序、对比分析等操作，实现对竞品的分层，结合自身经营情况，确定前期、中期、后期赶超目标。

五、分析竞品 SKU

（一）实训目的

（1）了解分析竞品 SKU 的方法。

（2）实操分析竞品的 SKU 销售情况。

（二）实训知识准备

1. SKU

SKU 全称为 stock keeping unit（库存量单位），即库存进出计量的基本单元，可以以件、盒、托盘等为单位。SKU 是大型连锁超市 DC（distribution center，配送中心）物流管理的重要方法，现在已经被引申为产品统一编号的简称，每种产品均对应有唯一的 SKU 号。

单品是指对一种商品而言，当其品牌、型号、配置、等级、花色、包装容量、单位、生产日期、保质期、用途、价格、产地等属性中任一属性与其他商品存在不同时，可称为一个单品。在零售连锁门店中，有时称单品为一个 SKU。当然，单品与 SKU 也有不同，如单听销售的可口可乐是一个单品 SKU，而整扎销售的可口可乐又是一个单品，这两个单品在库存管理和销售上是不一样的。

对电商而言，SKU 有另外的注解。

（1）SKU 是指一款商品，每款都有一个 SKU，便于电商品牌识别商品。

（2）一款商品多色，则有多个 SKU，如一件衣服不同颜色，则 SKU 编码也不相同。

2. 分析竞品 SKU 的方法

通过产品 SKU 分析，可以判断消费者更倾向于哪种颜色、款式、价格等，以帮助企业快速定位产品、了解目标消费人群，有利于挖掘产品的潜力爆款，提升整个店铺的单品转化率。

由于我们无法查看竞品的后台，因此理论上是无法分析的，但是在页面上存在两个入口可以帮助我们实现需求分析。

（1）SKU *库存*

如图 4-17 所示，可以通过监控 SKU 库存的变化来掌握库存的情况，这需要实时监控 SKU 库存才可以还原 SKU 的销售情况。遇到增加库存时（电商平台商品卖完需要增加库存）还需要用算法进行处理，此方法较难。

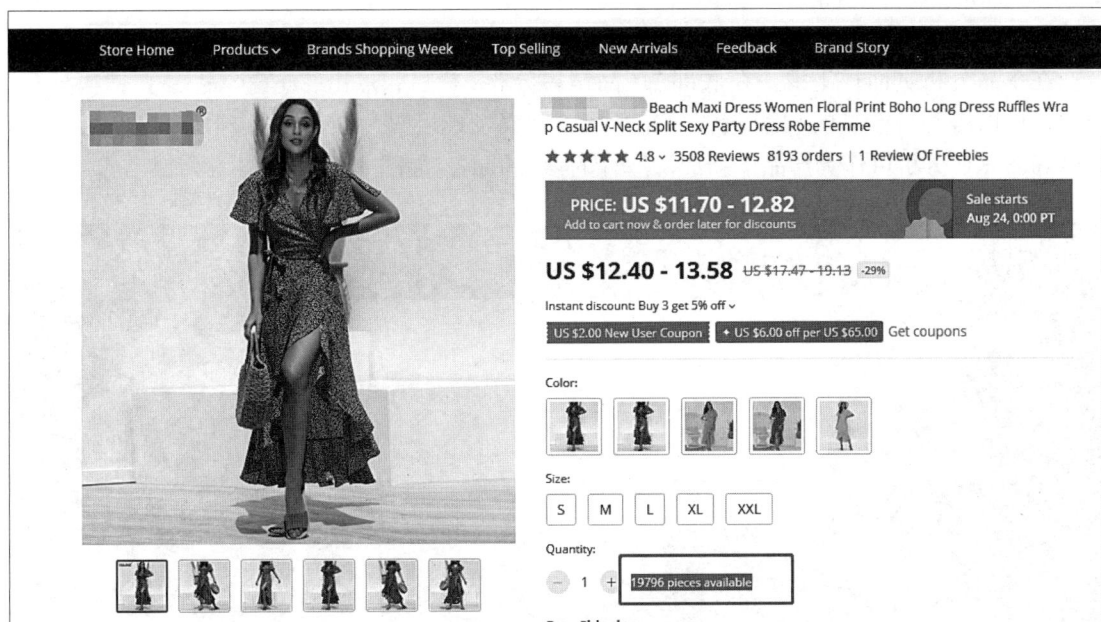

图 4-17　SKU 库存页面

（2）评价中的 SKU 信息

如图 4-18 所示，商品评价中有 SKU 信息，可以通过统计商品评价的 SKU 信息作为统计抽样代表总体数据。

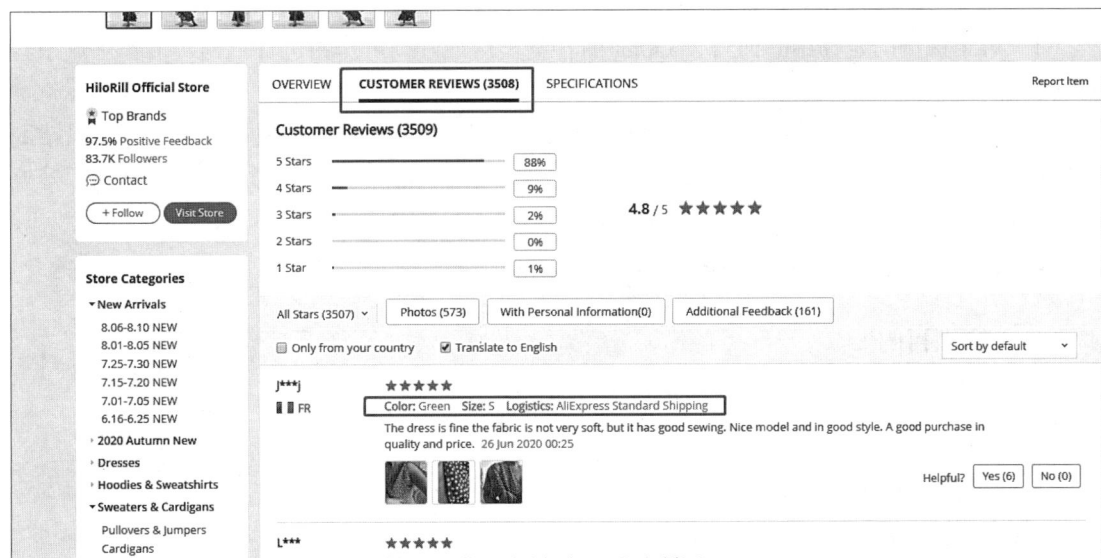

图 4-18　商品评价页面

（三）实训内容

业务背景：商家在备货的时候是考虑到 SKU 的粒度层面的，但并不是每个 SKU 都一样好卖，因此在备货时会根据历史的 SKU 销售数据确定备货数量，而如果是新品或者新商家则需要参考竞品的 SKU 销售情况。

【例 4-2】分析竞品的 SKU 销量分布情况。

在单品分析页面往下滑，在底部"产品销售分布"栏目，点击"查看产品 SKU 销售分布"选项，可以得到该产品的 SKU 销售分布情况，观察发现尺码为 350ml（毫升）的商品销量情况最好，SKU 分析可作为产品上新或清库存的参考依据，如图 4-19 所示。

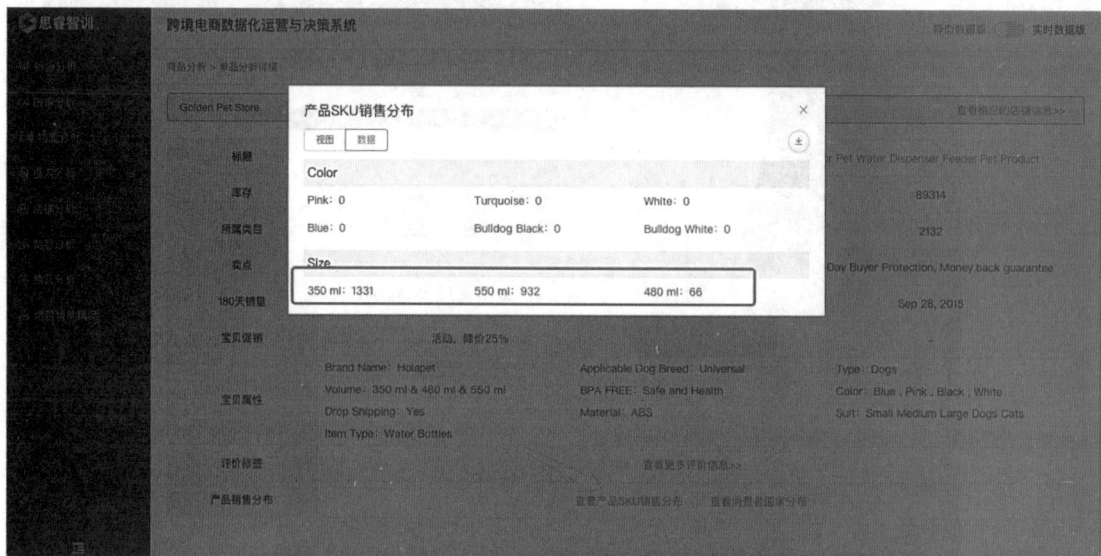

图 4-19　产品 SKU 销售分布页面

（四）实训总结

（1）对于该例的宠物用品而言，350ml 的容量卖得最好，可作为进货依据，多备一点小容量的商品。

（2）通过产品 SKU 分析，有助于判断消费者更倾向于哪种颜色、款式、价格等，以帮助企业快速定位产品，了解目标消费人群，可作为产品上新或清库存的参考依据；也有利于挖掘产品的潜力爆款，提升整个店铺的单品转化率。

六、分析竞争产品消费者国家（地区）分布

（一）实训目的

（1）了解分析竞品消费者国家（地区）分布的方法。

（2）实操分析竞品的消费者国家（地区）分布情况。

（二）实训知识准备

1. 买家地域分析

地域分析可以帮助卖家知道他的兴趣买家、意向客户分布在哪些地方，哪些地域更偏好于何种商品类型，然后可以针对这些地方做重点推广。

对于跨境电商卖家来说，买家地域数据是至关重要的，即便是同样的产品，因为具有不同的属性，在不同的地区中所获得的销售状况是不同的，所以掌握产品这个不同地域的销售数据十分有用，运用数据分析对地域性的数据进行分析之后就可以针对性地投放了。

比如同样是服装行业，针对俄罗斯与针对非洲的服装产品投放就大有区别，因为不同的

气候导致服装类型差别较大。另外，各国家（地区）的地域文化也会导致消费者偏好有所区别，因此，分析买家地域数据，有针对性地进行产品投放是十分必要的。

2. 消费者偏好

消费者偏好是反映消费者对不同产品和服务的喜好程度的个性化偏好，是影响市场需求的一个重要因素。主要由当时当地的社会环境、风俗习惯、时尚变化等对整个消费者群体或某个特定群体产生的影响所决定。

（三）实训内容

业务背景：对于跨境电商商家而言，商家在备货的时候是需要考虑消费者国家（地区）分布的，因为不同国家（地区）的消费者可能有不同的跨境电商平台偏好及不同的消费习惯，因此，在制定经营策略时需要考虑到消费者地域因素。

【例 4-3】分析竞品的消费者国家（地区）分布。

在商品分析页面往下滑，在底部"产品销售分布"栏目，点击"查看消费者国家（地区）分布"选项，可以得到该产品的消费者国家（地区）分布情况，发现分布在俄罗斯的消费者数量远高于其他国家。

（四）实训总结

通过查看消费者国家（地区）分布情况，可发现俄罗斯消费者数量较多，这与速卖通平台的主要客户国家（地区）也是吻合的。

七、跨境电商数据化选品

（一）实训目的

（1）掌握数据化选品相关知识。

（2）实操数据化选品。

（二）实训知识准备

1. 跨境电商选品概述

近年来，跨境电商成了关注热点。国家给跨境电商发展提供了很好的机遇和政策支持，中国制造业丰富的产品线、低廉的价格也有天然的优势，但是面对如此多的产品，如何选择符合境外客户需求的产品就成了难题。

（1）选品综述

从市场角色关系看，选品即选品人员从供应市场中选择适合目标市场需求的产品。从这个角度看，选品人员一方面要把握用户需求，另一方面要从众多供应市场中选出质量、价格和外观最符合目标市场需求的产品。成功的选品，最终能实现供应商、客户、选品人员三者的共赢。

从用户需求的角度看，选品要满足用户对某种效用的需求，比如带来生活便利、满足虚荣心、消除痛苦等方面的心理或生理需求。从产品的角度看，选出的产品，在外观、质量和价格等方面要符合目标用户需求。由于需求和供应都处于不断变化之中，选品也是一个无休止的过程。

（2）选品思路

在把握网站定位的前提下，研究需要开发产品的行业所处情况，获得对供需市场的整体认识；借助数据分析工具，进一步把握目标市场的消费规律，并选择正确的参考网站，结合供应商市场，进行有目的的产品开发。

（3）网站定位

网站定位，即网站的目标市场或目标消费群体，通过对网站整体定位的理解和把握，产品专员选择适合的品类进行研究分析。

网站综合性定位对产品集成的要求，主要体现在以下两个方面。

第一，宽度方面。拓展品类开发的维度，全面满足用户对某一类别产品的不同方面的需求，在拓宽品类宽度的同时，也提升品类的专业度。

开发产品时，应考虑该品类与其他品类之间的关联性，提高关联销售度和订单产品数。

第二，深度方面。每个子类的产品数量要有规模，品相要足够丰富；产品要有梯度，体现在品相、价格等方面；要挖掘有品牌的产品进行合作，提高品类口碑和知名度；要对目标市场进行细分研究，开发针对每个目标市场的产品。

（4）行业动态分析

从行业的角度研究品类，了解中国出口贸易中该品类的市场规模和国家（地区）分布，对于认识品类的运作空间和方向有较大的指导意义。

目前，了解某个品类的出口贸易情况，主要有以下3种途径。

①第三方研究机构或贸易平台发布的行业或区域市场调查报告

第三方研究机构或贸易平台具备独立的行业研究团队，这些机构具备全球化的研究视角和资源，因此，它们发布的研究报告，往往可以带来较系统的行业信息。

②行业展会

行业展会是行业中供应商为了展示新产品和技术、拓展渠道、促进销售、传播品牌而进行的一种宣传活动。参加展会，可以获得行业最新动态和企业动向。

③出口贸易公司或工厂

产品专员在开发产品时，需要与供应商进行直接沟通。资质较老的供应商，对所在行业的出口情况和市场分布都很清楚，通过他们，产品专员可以获得较多有价值的市场信息。需要注意的是，产品专员需要先掌握一定的行业知识后再与供应商进行沟通。

2. 数据分析工具

从数据来源看，数据分为外部数据和内部数据。外部数据是指企业以外的其他公司、市场等产生的数据。内部数据是指企业内部经营过程中产生的数据信息。要想做出科学、正确的决策，需要对内外部数据进行充分的调研和分析。

（1）外部数据分析

分析思路：灵活综合运用各个分析工具，全面掌握品类选型的数据依据。

分析工具：通过 Google Trends（谷歌趋势）工具分析品类的周期性特点，把握产品开发先机；借助 KeywordSpy（关键词搜索）工具发现品类搜索热度和品类关键词，同时借助 Alexa 工具，选择出至少 3 家竞争对手网站，作为对目标市场产品分析和选择的参考。

① Google Trends。工具地址：http : //www.google.com/trends；查询条件：关键词、国家、时间。

② KeywordSpy。工具地址：http : //www.keywordspy.com；查询条件：关键词、站点、国家。

③ Alexa。工具地址：http : //alexa.chinaz.com；查询条件：站点。

（2）内部数据分析

分析思路：内部数据是已上架的产品的销售信息，是我们选品成功与否的验证，也可用于以后选品方向的指导。

分析工具：可使用 Google Analytics（GA，谷歌分析）工具，其地址为：http：//www.google.com/analytics/，通过 GA 分析工具获得已上架产品的销售信息（流量、转化率、跳出率、客单价等），分析哪些产品销售好，从选品成功和失败的案例中逐步积累选品经验，结合外部数据，一步步成为选品高手。

3. 速卖通平台的选品

由于目前速卖通定位在俄罗斯及巴西等新兴电商市场，同时外界多建议卖家在刚开始选品的时候选择体积小、价值低的产品进行销售，目前速卖通平台上集中的品牌还是以时尚类、产品配件及小家居、运动类产品为主。多数中国卖家在选品时，还是以中国式的采购思维为主，标题、关键词、页面、图片等都是必须做好的，性价比要比其他平台表现得更为突出。有心的速卖通卖家还可以按照亚马逊自建 listing（产品详情）的思维，做垂直化的产品线，把亚马逊的卖家品牌思路利用起来，重点利用速卖通的付费流量做自己的品牌店铺。不少业内人士也表示，有关速卖通的选品并没有一定的条框或规则，也没有永远的热销产品。"人无我有，人有我优，人优我转"是卖家应该谨记的一条准则。

（三）实训内容

业务背景：假设你经营着一家速卖通宠物用品店铺，打算进行宠物用品的上新，现基于跨境电商数据化运营与决策系统，进行速卖通数据化选品分析。

进入跨境电商数据化运营与决策系统首页，在左侧功能栏或者页面中央功能展示区域依次单击"行业分析"—"商品研究"选项，进入商品研究页面，如图 4-20 所示。

图 4-20　跨境电商数据化运营与决策系统首页

在商品研究页面中，依次点击设置时间、类目等，即可得到关于宠物用品的商品数据，此处可进行多项数据的分析来作为选品的参考。例如，分析宠物用品商品价格区间分布，可以分析行业中商品主要集中的价格区间或者掌握消费者价格偏好，由此综合考量成本与定价进行选品；分析宠物用品订单数量区间分布，查看订单数量较大的商品详情，可分析这些销量较好的商品热销的原因及特点，由此作为选品参考；进行宠物用品热销SKU分析，分析哪些SKU卖的数量更好，由此可能把握当年的热销颜色等流行趋势，以此为参考进行选品，可能会使得产品热销的几率更大。商品研究页面如图4-21所示。

图 4-21　商品研究页面

依次点击"行业分析"—"商品排行榜"选项，进入商品排行榜页面。设置时间、类目后，可以查看某月份宠物用品按销量排序的排行榜结果。查看销量较高的商品详情信息，例如了解卖得比较好的同类产品，对比各商品在标题设置、价格设定方面的优势。基于热销商品的属性特征作为选品参考，可以提升选品质量，降低踩雷风险，商品排行榜页面如图4-22所示。

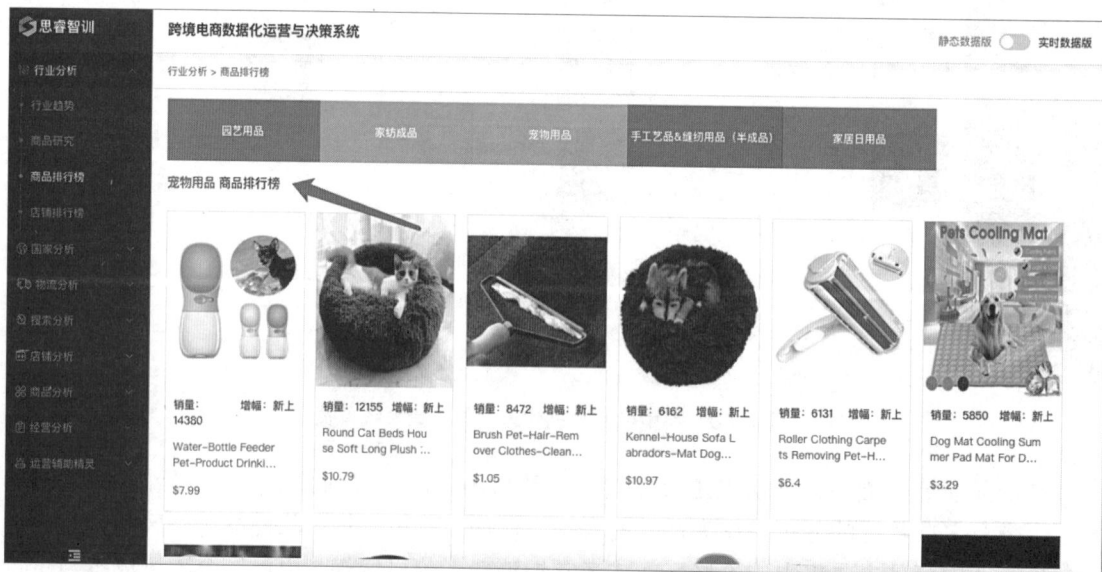

图 4-22　商品排行榜页面

依次点击"行业分析"—"店铺排行榜"选项，进入店铺排行榜页面。设置时间、类目后，可以查看某月份宠物用品店铺按订单数量排序的排行榜结果。从行业角度而言，经营着同样商品类目的店铺之间属于竞争对手关系，因此这里的店铺排行榜数据也可以理解为竞店数据，点击店铺排行榜列表最后一列中某店铺对应的"店铺分析"按钮，可以对该店铺进行店铺分析。分析竞店数据，了解竞店详情，查看竞店内商品信息同样可以作为自身选品的参考。店铺排行榜页面如图 4-23 所示。

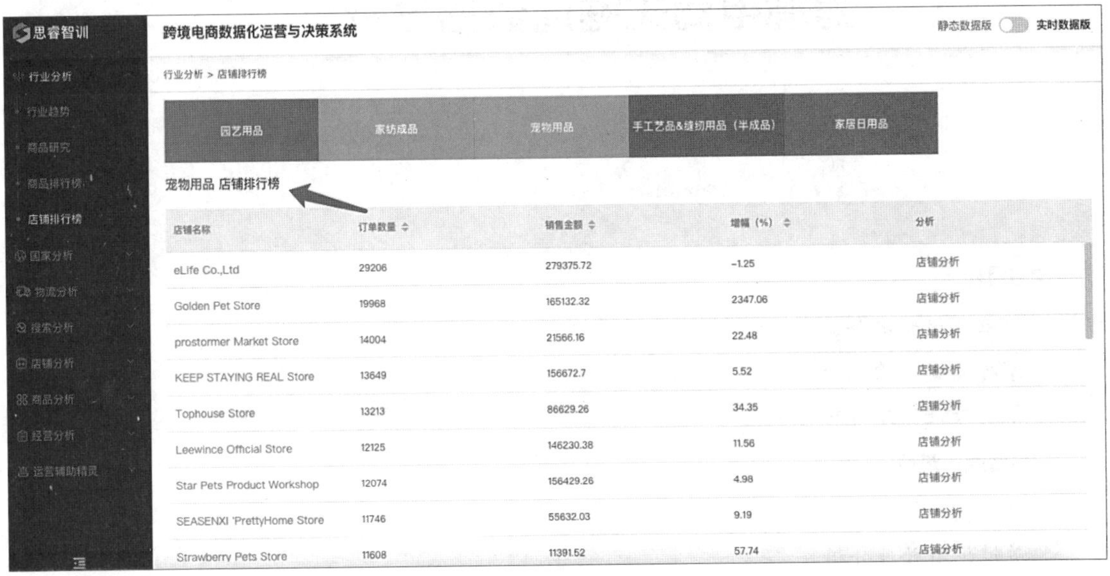

图 4-23 店铺排行榜页面

（四）实训总结

借助跨境电商数据化运营与决策系统分析速卖通平台行业、商品数据，有助于商家进行选品上新；此外，还可拓展物流分析、国家（地区）分析数据作为数据化选品的依据。

跨境电商关键词数据分析

第一节　关键词数据

一、关键词类别

关键词是关乎产品曝光量、流量乃至订单量的重要因素。对于固定类目经营且有经验的跨境电商运营者而言，往往会积累一些自己常用的关键词，在遇到不同类型产品时可以使用恰当的词汇。在学习关键词分析之前我们首先需要了解一下关键词有哪几类。

（一）基本关键词

对于关键词好不好的评判标准只有一个：商品能获得的有效流量的大小。经验上来看，各大跨境电商平台对新品有一定的扶持期，在此期间链接将会在其所包含的关键词下得到额外曝光。通过对基本词的整理和分类，在新品上架及手动广告优化时可以有效地涵盖产品的各个流量来源，避免隐形的销量流失。

为了能够更加精准地描述产品，首先要积累一定程度的基础词汇。一般而言，可以分为以下 4 种。

1. 品牌词

对于注册对应站点品牌的店铺，自己的店铺名可以作为关键词使用。通过一段时间的品牌化运营，不仅可以提升品牌词的搜索流量，也可以为店铺其他链接带来额外的曝光机会。对一些同类目热销的大卖品牌也可以进行积累，在后期广告关键词投放时进行尝试。

2. 型号词

对于 3C 类目（计算机、通信和消费类电子产品）等标准品（以下简称标品）而言，由于买家对产品属性了解程度较高，购买决策偏向理性，因此型号词是买家搜索时重点关注的内容，比如 "iPhone 12" "USB 3.0" 等词。这些词和产品本身关联度较高，需要按实际情况选取使用。

3. 类目词

对于服装等非标品而言，买家在购买前较少有清晰的购买意向，也更倾向于做出感性购买决策，因此搜索行为更倾向于使用类目词。除了自身平台提供的分类树用词外，还可以参考其他跨境电商平台的分类标准添加同义词。

4. 属性词

属性词是对型号词和类目词的补充，以商品的风格、材质、颜色及使用场景等其他特质为主。最简单的方法是直接对对应类目下排名 TOP 100 的产品进行标题关键词的抓取，根据词义和字符数保留和产品本身最相关的核心词，再将其分门别类进行整理。

与一般单词相比，基本关键词在标题中出现的频率更高，买家搜索的可能性也更大。这时可以通过爬虫的方式批量采集相应类目下产品的信息，通过词频分析软件进行使用排序，最后按照以上分类规则进行编码整理保存，就可以得到一份较为完整的基本关键词表格。

（二）其他关键词类型

1. 词根

词的意义主要是由组成单词的词根体现出来的，以蓝牙耳机举例，headphones、earbuds、headsets、bluetooth 都是词根。词根的作用是可以扩大广告范围，带出相关长尾词。

2. 长尾关键词

长尾关键词一般使用型号词、类目词、属性词中的 2～3 种，长度过 5 个单词或词组。一般来讲，长尾关键词带来的流量，转化为店铺客户的概率比目标关键词高很多，因为长尾词的目的性更强。

3. 近义词

就是和类目关键词意思一样的词，只是换个说法。比如 headphones 的近义词是 earbuds、headsets、earpiece、earphones 等。

二、关键词的主要来源

（一）搜索下拉框

在平台搜索框中输入 "dress"，下拉框中就会出来搜索词推荐，以速卖通平台为例，如图 5-1 所示。

图 5-1　速卖通下拉框推荐词

（二）官方数据平台

同样以速卖通为例，速卖通官方数据平台生意参谋，可以查看热搜词、飙升词等关键词信息，如图 5-2 所示。

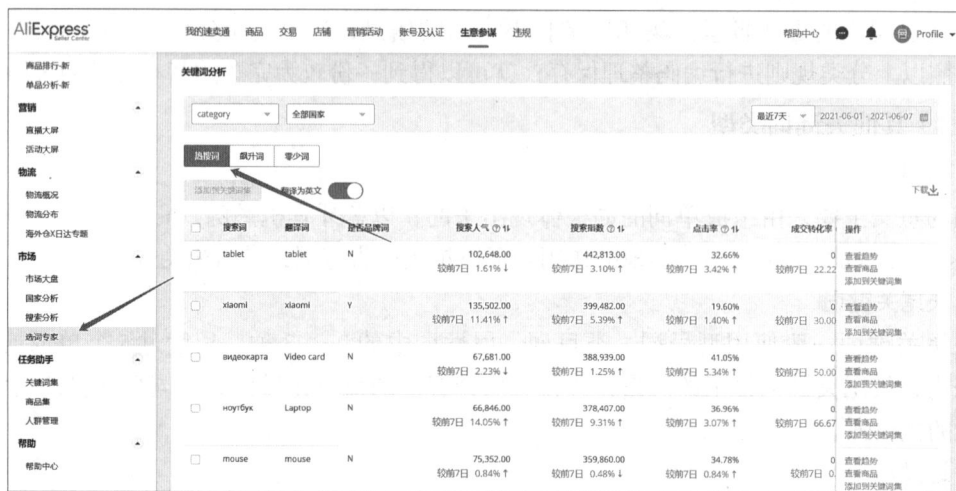

图 5-2　生意参谋页面

（三）其他第三方平台

如 AsinSeed（一款亚马逊关键词反查工具）、亚马逊的美国站 TOP 25W 搜索词排名、Google Adwords（谷歌广告关键词）搜索等都可以查看热搜的关键词。

三、关键词设置方法

（一）透过关键词看买家需求

买家心理存在一定的共性，从关键词的搜索热度看，我们可以分析买家市场的心态，判断出买家想买什么产品，以及期望获得的服务。通常情况下，买家搜索的关键词有以下 3 个共同特征。

1. 搜产品名

产品名最好与产品类目词相同，而且要将产品的特征体现出来，与速卖通其他卖家的同类产品也不要相差太远。

非标品，如服装、珠宝等，一般是产品属性 + 产品类目词。例如买家想买一件大码的婚纱，就会使用 plus size wedding dress 这个关键词。

标品，如 3C 产品，买家一般会直接搜索型号或使用型号 / 属性 + 产品类目词的组合，如 unlocked phones，a5000。

2. 搜特色服务（营销词）或特性词

下面列出了买家经常使用的一些特性词。

（1）特色服务词：free shipping，wholesale，sale，promotion 等。

（2）特性词：hot，fashion，designer，cheap，2021，men，women，kids 等。

3. 搜品牌

买家在搜索时也常使用品牌，其中既有 LV、Nike 这样的国际品牌，也有中国的华为、小米等国产品牌。使用这些搜索词的卖家往往是带着很强的目的性的。要注意的是，很多品牌没有获得授权是不能发布的，违规发布会受到平台的惩罚。

除了以上提到的 3 个特征，我们还可以从关键词的搜索热度变化来判断某一产品的需求走势。

例如，夏天来了，sunglasses 的搜索量已经连续几周稳步上升，运动用品中与渔具有关的关键词如 fishing，fishing equipment 也持上升趋势。

（二）用关键词数据设好产品标题

产品标题是被搜索到和吸引买家进入产品详情页的重要因素。整个产品标题的字数不应太多，应尽量准确、完整、简洁。优质的产品标题应该包含买家最关注的产品属性，能够突出产品的卖点。举例如下。

（1）产品的关键信息及销售的亮点。

（2）销售方式及提供的特色服务。

（3）买家可能搜索到的关键词。

标题一般可设为：物流运费 + 服务 + 销售方式 + 产品材质 / 特点 + 产品名称。

标题设置常见误区：关键词重复、堆砌，会导致产品排序降权、靠后。

（三）利用生意参谋工具

速卖通的"数据产品"—"生意参谋"拥有关键词查询功能。使用路径为"卖家后台"—"生意参谋"—"市场"—"选品专家"—"热搜词"。

（四）利用第三方工具

Google Insight for Search（谷歌搜索解析）、Google Adwords 等，可以查询关键字和相关关键词的海外搜索量，找到热卖的品类。

四、关键词设置技巧

（1）在长度上，关键词最好是用短语或词，尽量不要用长句，越长的关键词反而不容易吸引顾客关注。

（2）关键词排列上，建议从与产品相关性最高、最精准的顺序从上往下排。

（3）要站在买家的立场思考，关键词的内容顺序要按照正常的顺序来排列，且内容拼写要正确无误。

（4）使用简洁的关键词，不要重复关键词。

（5）关键词需要结合数据不断优化。

第二节　跨境电商关键词数据分析实训

一、实训目的

（1）掌握关键词分析相关知识。

（2）实操关键词分析。

二、实训知识准备

（一）搜索引擎优化

搜索引擎优化，又称为 SEO，即 search engine optimization，它通过分析搜索引擎的排名规律，了解各种搜索引擎怎样进行搜索、怎样抓取互联网页面、怎样确定特定关键词，提高网站在搜索引擎中的自然排名，吸引更多的用户访问网站，从而提高网站的访问量，提高网站的销售能力和宣传能力，进而提升网站的品牌效应。

网站搜索引擎优化任务主要是认识与了解其他搜索引擎在抓取网页、索引、确定搜索关键词等方面的相关技术，以此优化本网页内容，确保其能够与用户浏览习惯相符合，并且在不影响网民体验的前提下使其搜索引擎排名得以提升，进而使该网站访问量得以提升，最终提高本网站宣传能力或者销售能力。搜索引擎优化处理的核心，就是让搜索引擎更易接受自己网站，搜索引擎往往会比对不同网站的内容，再通过浏览器把内容以最完整、直接及最快的速度提供给网络用户。

（二）关键词分析

想要在平台做好做活店铺，卖家不仅要懂得如何选品，还需要融会贯通和综合运用各种关键因素，才能让店铺走得越来越远，这其中就包含很重要的一个因素，那就是卖家从商品本身提炼关键词。

关键词是买家能否搜到你的商品的关键点之一，它对拓展卖家店铺的流量很重要。流量大就会有更高的曝光率，所以卖家要尽可能地发掘更多与店铺商品相关的关键词，尽量准确地表达出商品的本质属性，以此来扩大曝光力度。卖家在挑选关键词的时候需要注意一个基本点：首先要保证关键词符合产品的特性。比如常见的产品属性、品牌、商标等，就好比卖家是做服饰的，那么就需要对服饰进行细分，比如，是外套还是内搭，外套是长款还是短款，衣服薄厚、款式等都可以提取关键词。对产品的描述越精准，买家在搜索时就能按照细分的关键词找到合适的产品，从而增加出单概率。

卖家在设置关键词时，要优先考虑买家的搜索习惯，一般都会使用一些简短但具体的词。不同地域人们的语言习惯不同，就算是同类产品也会有不同的说法，对于跨境电商卖家来说，面对的消费者大部分是外国人，如果关键词采用中文形式的话是很难得到精准的回馈的。所以卖家选择哪个站点，就要尽量设置成当地主要使用的语言或者英语。

在选词方面也需要一定的技巧，比如可以多选择一些搜索热度高的词汇，卖家可以借助平台搜索高热度词汇，通过后台营销中心，找到新增关键词，通过平台最终的数据分析出现阶段的市场容量。如果实在找不到，卖家也可以借鉴一些大卖店铺的热销商品标题，然后在自己的店铺营销中心去搜索那些标题的搜索次数；卖家也可以看热卖商品的买家评论，往往评论中会出现一些关键的要素，卖家可以加以整理，筛选出最合适的词语。

关键词的质量越高，卖家的曝光概率就会增大，那么相应的成本投入也可以适当减少，所以卖家在优化关键词这方面也需要深入学习和借鉴，充分利用各种能利用的工具，一切以店铺等级和利润为目的。

（三）速卖通店铺寻找关键词的技巧

1. 关键词选取技巧

大家都知道在电商平台想要有稳定的流量和转化，关键词的选取非常重要，速卖通网站也不例外，速卖通关键词选取可以把握以下技巧。

（1）利用搜索词进行分析

这个是目前最常用的方法，需要注意的是一定要选择 30 天以内的，这样才可以获得稳定的关键词，而且不要只关注热搜词，飘升词和零少词也不能忽略。

（2）直通车中的系统推荐词

这个方法也值得大家参考，不过大家要适当地进行关键词筛选，有些词相关性还是不太行的。

（3）来源词的搜索

来源词相对来说是最精准的，建议卖家可以看看近期带来自然流量的搜索关键词，强烈建议把这些词加上去，使用一些优化技巧，使关键词更精准，很容易使排名靠前。

（4）搜索下拉框的关键词

大家可以登录速卖通，然后通过下拉框来找关键词，这里可以找到大量高流量的词。而且准确度也非常高，非常建议大家使用这种方式来寻找关键词。

（5）产品链接页面下方的关键词

虽然这些关键词不是在普通的产品链接页面就有，但这里的长尾词质量还是非常高的。

（6）官网首页的热搜词

这里是关注平台最高流量词的好地方。卖家可以参考热销产品的选词及同行业热销产品选词，并加以借鉴。

（7）目录关键词

也即是买家页面，搜索栏自动弹出的相关关键词。

2. 关键词选取的原则

除了以上技巧外，速卖通关键词选取可以把握以下原则。

（1）所选词必须来源于产品标题，高于产品标题。来源于产品标题，即标题里面的关键词以产品为基础，高于产品标题，即延伸的长尾关键词需要精准和优化（速卖通推广原则为：从小词到大词）。

（2）关键词必须与属性紧密相关。属性选择来源于产品，标题编写也跟属性相呼应。相关度高的词质量才高，转化也高。所以这里选择属性的时候一定要精准，当然标题关键词的选择也一样。

总之，大家在寻找关键词的时候，一定要注意关键词的搜索量，搜索量决定一切，如果没有搜索量，哪怕再准确的搜索词也是无用，所以大家还要注意在标题上加入高质量的长尾词，这样二者结合才能达到最佳的效果。

三、实训内容

业务背景：做一个好标题可以提高产品的流量，标题是关键词的组合，而每一个关键词背后都隐藏着流量入口，因此做好标题的前提是找到关键词；否则，若连关键词都不清楚，想要做好标题是无从下手的。通过跨境电商数据化运营与决策系统可以进行一些关键词分析操作。

进入跨境电商数据化运营与决策系统首页，如图 5-3 所示。在左侧功能栏或者页面中央功能展示区域依次单击"搜索分析"—"关键词分析"选项，进入关键词分析页面。

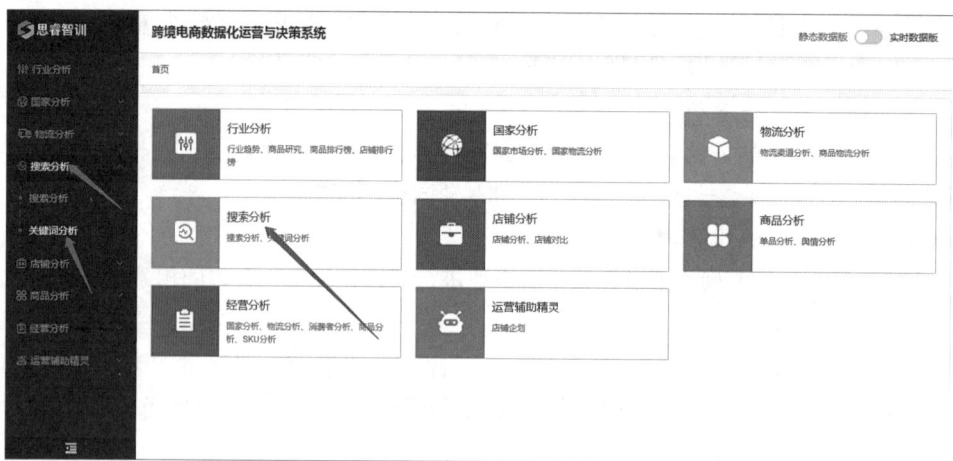

图 5-3　跨境电商数据化运营与决策系统首页

进入关键词分析功能中，在搜索框中输入关键词，例如"dress"，点击"搜索"按钮搜索已采集的关键词，点击最后一列"详情"按钮可得到关键词分析结果。如图 5-4 所示，可以看到与 dress 相关的各关键词所对应的商品数、价格等数据。点击"下载"按钮，可以把该查询结果下载到本地表格进一步分析。

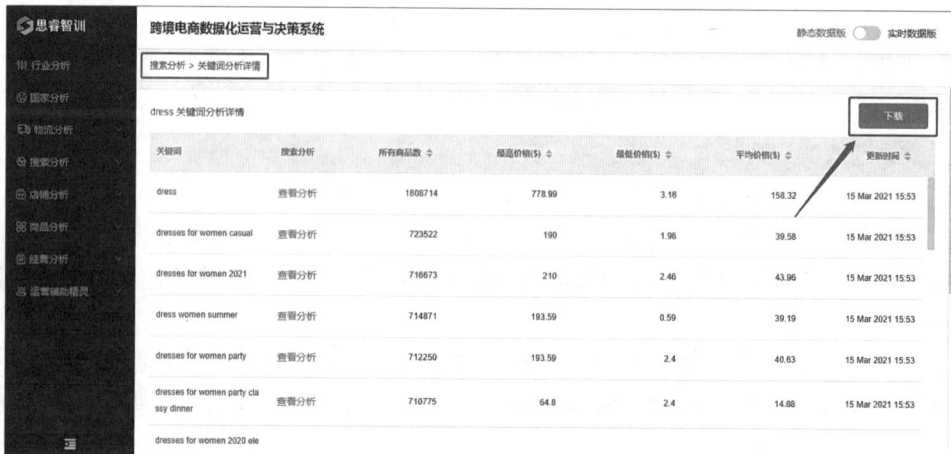

图 5-4　关键词分析页面

在关键词分析页面中，默认的是按照"所有商品数"由高到低排序的结果，某关键词所对应的所有商品数越高，说明标题中包含该关键词的宝贝数量越多，也说明许多商家在确定商品标题时会选择该关键词，这类关键词通常由一些基础的属性词构成，例如"dress""for women""for summer"等。

除了按默认的所有商品数由高到低排序，还可选择其他排序方式，如对"平均价格"选择由高到低排序，观察可以发现，价格较高的商品通常带有"for party""for wedding"字样，说明通常一些中高端的礼服款连衣裙价格较高，如图5-5所示。

图 5-5　关键词分析结果按平均价格降序排列

点击列表中每个关键词后面所对应的"查看分析"字样，即可进入使用该关键词进行搜索分析的页面，例如，对图5-5中第一个关键词"dressers for bedroom furniture"进行"查看分析"，得到如图5-6所示的搜索分析结果。

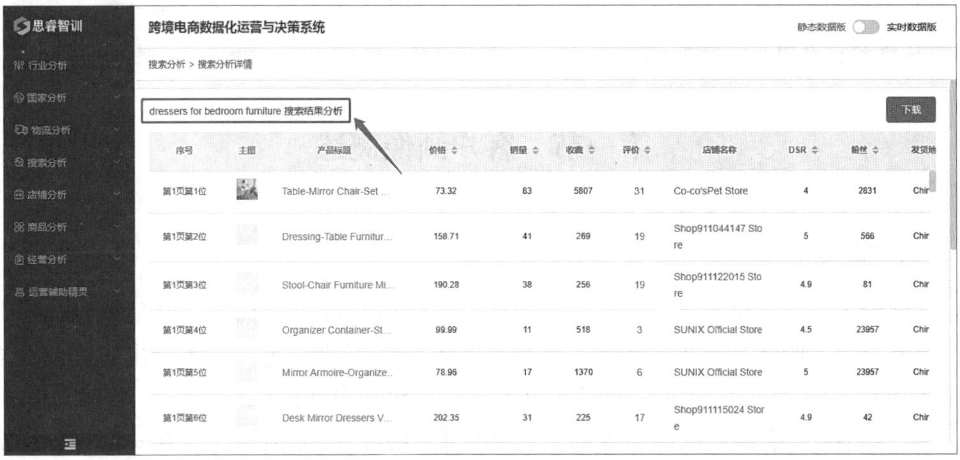

图 5-6　关键词搜索分析结果

四、实训总结

（1）借助"搜索分析"—"关键词分析"功能进行关键词的基本分析。

（2）可利用搜索词、下拉框推荐词等技巧寻找热度较高的关键词进而进行标题优化。

第六章

跨境电商用户数据分析

- 了解客户画像的概念。
- 能够分析用户购物习惯。
- 了解词云与词云图。

▶ 学习重点、难点

学习重点

- 客户画像的流程与方法。
- 用户消费习惯分析。
- 用户地区分析。

学习难点

- 用户价格分析。
- 消费者舆情分析。

第一节　客户画像概述

一、客户画像的概念

客户画像即卖家从多个维度对本店受众客户群体的特征进行描述，然后总结出有相同点的客户全貌。客户画像是通过不同维度对客户的各种特征的描述，来区分出店铺的受众群体与其他群体的不同，目的是寻找并明确客户需求，完成客户营销。

客户画像是由大量客户标签组成的，这些所有给客户贴的标签综合在一起，就形成了一个画像，也可以说客户画像就是判断一群人是什么样的人（性别、年龄、兴趣爱好、家庭状况等）的工具。

在各种服务行业中，从业人员有意无意、或多或少都会自发地对客户进行画像，会用一些比较模糊或相对清晰的形容词来描述自己的客户群体。电商企业虽然不能像实体店那样通过面对面的交易得到形象的客户画像信息，但商家能比较容易地获得客户消费数据和属性特征数据，也就是说，在拥有各种画像素材的基础上，完全可以把客户画像准确而形象地勾勒出来。

二、客户画像的目的

客户画像的目的是了解客户。当看到一个熟悉的品牌名称或标识时，我们首先会想到什么？我们的脑海里往往会出现一个品牌形象：卖什么、什么价位、商品品质、服务水平等，这就是品牌画像。品牌不是让客户主动去描述，而是企业结合自身特征，对品牌进行定位，对外塑造生动的品牌形象，对内赋予更多的理念和文化，把品牌画像丰满、清晰地描述出来，并不厌其烦地展现在客户面前，让客户在众多品牌中认识并记住这个品牌。从过去较为传统的生产模式——"企业生产什么就卖什么给用户"的原则，在战略方向不变的情况下转变为"用户需要什么企业就生产什么"。

客户画像在店铺营销的不同阶段会有不同的作用。

在前期规划中，商家要把产品卖给正确的人，明确自己的市场定位，找到这个人群的共同点——客户取向、行为模式、平均消费客单价等，帮助店铺确定整体运营节奏和选择相应有效的推广手段，确保店铺在发展思路和方向上没有大的偏差。

中期，商家则要完善优化产品及运营，找出产品的核心卖点去优化产品，完善店铺首页、详情页等；在提升客户满意度方面，客服售前、售后要完善沟通方式，深入了解买家咨询的问题；精细化营销，提升经营效益，参照前期的访客量，总结出人群画像，然后在直通车中进行精细化投放。商家可将反馈的数据进行分析，通过访客数和下单买家数的高低峰来判断客户群体的活跃时间。另外，可根据评论和售后反馈的问题来优化产品结构。

后期，商家可结合老产品判断出什么是新产品不可或缺的卖点，了解换新产品后老客户的反应和接受时间，以及新产品的访客量。这样对于店铺产品更新换代来说有一个更好的保障。

三、客户画像的流程与方法

客户画像的流程主要分为三大块：明确营销需求、确定客户画像的维度和度量指标、客户画像和营销分析。

（一）明确营销需求

我们经常说，商场如战场，这一方面是指同行之间的竞争关系，另一方面是指要赢得客户的认可，并让其忠于品牌，也就是要长期"捕获"客户。商家在各种营销活动中都要对目标客户进行精准营销，利用有限的营销资源"捕获"更多的目标客户。商家要做到精准捕获，获得客户的"情报"尤为重要。所以，客户画像在很大程度上就是客户地图、客户情报，有了客户画像，商家的营销才能做到精准。

对电商企业而言，在整个数据化营销过程中，需要解决的四大核心问题：流量、转化、客单价和复购率。

1. 流量

即要解决"如何让客户来"的问题。要让客人来，首先要了解客户，从而才能精准地安排推广方案，将诱人的商品、动人的促销活动、好玩的互动等定向展现在目标客户面前。有展现才有点击，有点击才有流量。所以，为了解决流量问题，我们需要从新老客户资源、购买地域分布、平台（移动端和PC端）、浏览习惯等方面对客户人数多少、占比多少进行描述，然后相对应地进行精细化安排。

在前期，新店铺可用推广测试的方法开始投放流量，在没有测试款的时候，也可以主要在直通车移动端投放核心词，可以先不投钻石展位，在店铺卖家信用达到一钻之前也是没法投放的。有基础的店铺可以在直通车内设置相对应的自定义人群进行精准投放。

2. 转化

即要解决"如何让客户买"的问题。要让客户买，商家就要知道客户的需求和喜好，为不同的客户推送不同的商品，尽量满足客户的需求。同样的商品在不同的地域、面对不同的流量来源时，转化率会有比较大的差异，在营销资源有限的情况下，商家有必要从转化率高的目标群体中引进流量。所以，为了解决转化率的问题，我们需要从新老客户的区域分布、平台（移动端和 PC 端）、购物平台浏览习惯（来源）等方面对客户的转化率进行描述然后进行提升。后期则要做好售后，如管理好买家秀和评论，这样有助于后期新访客的转化。

3. 客单价

即要解决"如何让客户多买"的问题。要让客户多买，商家就要知道哪些客户会多买，然后匹配不同价位、不同搭配方案给相应的客户，如通过搭配购买、组合满减活动、优化 SKU 等方式。

4. 复购率

即要解决"如何让客户再买"的问题。要让客户再次购买，商家就要知道哪些客户再次购买的概率会更高。所以，商家就需要从区域分布、购物平台、浏览习惯等方面对客户的复购率进行研究。

（二）确定客户画像的维度和度量指标

1. 从多维度进行客户画像

商家要比较准确地描述一个客户，仅从一个维度进行度量和描述是不够的。例如，要描述一个人，如果仅有身高没有体重，那么我们对其身材就很难有比较形象的感知，所以描述一个人的身材起码要有身高和体重两个维度。对成年女性往往还需要增加"三围"等数据对其身材进行描述，客户画像数据才能更准确具体。

商家要想比较全面而精确地了解客户，同样需要从两个或两个以上维度进行度量和描述，这样客户画像才会立体而饱满。然后对现存客户进行分析，如现存客户怎么样、有什么消费习惯和商品喜好等，以及潜在客户在哪儿、喜欢什么、通过什么渠道获取、获取成本是多少等，这样精准营销才具有应用价值。

2. 客户画像的常见维度和度量指标

商家进行客户画像时，需要从营销需求出发，梳理出画像的维度、度量指标及表达特征或形式。

客户画像常用的维度有：购买时间（recency，R）、购买次数（frequency，F）、购买金额（monetary，M）、地域（境内外）、来源、性别、年龄、平台（指移动端平台或 PC 端平台）等。通常使用不同的维度对客户进行描述时，采用的度量指标也是不同的，下面我们介绍一些用于描述客户的常见度量指标。

（1）PV：也叫页面浏览量，即页面被查看的次数，如果客户多次打开或刷新同一个页面，则用该指标值累加计算即可。

（2）UV：也叫独立访客数，即全店各页面的访问人数，在所选时间段内，如果同一访客多次访问，进行去重计算即可。

（3）浏览回头客户数：即最近 7 天内跨天再次浏览的客户数；对于当天回访的客户数，在所选时间段内会进行去重计算。

（4）平均访问深度：访问深度是指客户一次连续访问店铺的页面数（即每次进店浏览的页面数）；平均访问深度即客户平均每次连续访问浏览店铺的页面数。

（5）成交客户数：即成功拍下商品并完成付款的客户数，按付款时间统计。

（6）成交金额：即成功完成付款的金额，按付款时间统计。

（7）转化率：即产生购买行为的客户人数占所有到达店铺的访客人数的比率。计算公式为

$$转化率 = （成交客户数 /UV）\times 100\%$$

（8）客单价：即每一个顾客平均购买商品的金额。其计算公式为

$$客单价 = 成交金额 / 成交客户数$$

（9）成交回头客户数：曾在店铺发生过交易并再次发生交易的客户被称为成交回头客户，在所选时间段内要进行去重计算（生意参谋的统计标准为最近一年再次成交的客户算回头客）。

（三）客户画像和营销分析

在明确了营销需求和画像的维度后，我们就可以针对目标客户，从不同层面、不同维度进行画像和营销分析，具体可以从以下几个方面对客户进行画像。

1. 客户性别比例

通常情况下，大部分品类都有定向的目标客户，例如女装，一般认为购买者都是女生，可是在实际的运营过程中男性客户的占比也不低。因此，在营销和细节服务的过程中，商家不能只考虑到女性顾客的需求，也要考虑男性客户的感受和体验。在不同品类的店铺中，商家要针对不同的客户群体、不同的消费特点进行研究。

2. 客户年龄结构

客户的年龄结构是客户画像的重要维度之一。商家在产品设计、价格定位、图片页面设计、促销活动策划等方面需要考虑不同年龄层次客户的消费特征。当然每个地区的客户情况还是有一定区别的，商家要综合分析，然后合并成一个完整的客户画像。

3. 客户地域分布

相比实体店，跨境电商最大的特点就是突破了地域限制，覆盖了全球的客户。在转化比率比较高的地区，在进行付费流量投放时，可以在这个几个地域单独新建一个投放计划，实现更加精准的投放。对客户进行地域画像能够有效地帮助店铺设计营销活动，不同地域的气候、人文、历史、语言习惯、消费时间都有所不同，商家根据人群数量、购买能力、购买习惯制定差异性的方案，有助于产品快速抢占市场、做大市场规模。

第二节　用户地区与价格数据

一、用户地区数据

（一）用户地区分布分析

1. 地区筛选

用户地区分布分析是建立店铺用户画像的基础性分析，其数据来源于后台数据中的订单报表。需要的参数有："ship-city"（目的地城市）、"ship-state"（目的地州）。数据的筛选方法

分为以下 4 类：①不同地区订单排序，②不同地区累计订单统计，③不同地区市场占有率分析，④头部市场、长尾市场、低单市场的分类。

首先运营者需要将订单报表中的“ship-city”或者“ship-state”信息筛选出来，本节以“ship-state”为例进行讲解。当完成“ship-state”的筛选后（在订单报表中可以直接选择该数据列完成筛选），需要通过 Excel 的数据透视表功能计算出各个地区的订单量，之后就可以制作出如图 6-1 所示的 Excel 表格了。

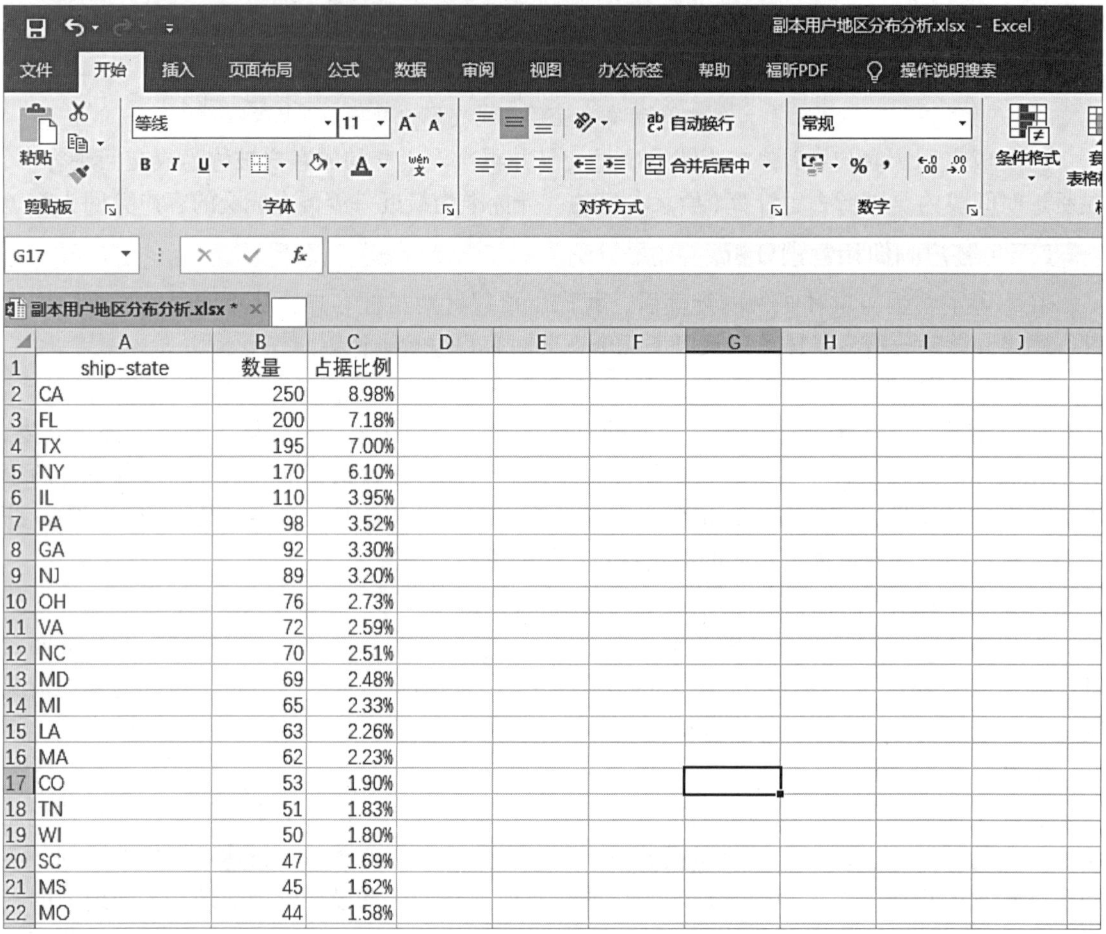

	ship-state	数量	占据比例
2	CA	250	8.98%
3	FL	200	7.18%
4	TX	195	7.00%
5	NY	170	6.10%
6	IL	110	3.95%
7	PA	98	3.52%
8	GA	92	3.30%
9	NJ	89	3.20%
10	OH	76	2.73%
11	VA	72	2.59%
12	NC	70	2.51%
13	MD	69	2.48%
14	MI	65	2.33%
15	LA	63	2.26%
16	MA	62	2.23%
17	CO	53	1.90%
18	TN	51	1.83%
19	WI	50	1.80%
20	SC	47	1.69%
21	MS	45	1.62%
22	MO	44	1.58%

图 6-1　用户地区分布分析

在图 6-1 中存在 3 种数据，分别为“ship-state”（即订单的目的地州）、“数量”（即不同地区的订单总数）和“占据比例”（即不同地区订单总数占所有订单的比例）。其中“占据比例”不能从后台订单报表中直接得出，而是需要通过计算得到。例如，CA 州的订单为 250 单，所有州的总订单为 2785 单，那么 CA 州的“占据比例”为 250 ÷ 2785 ≈ 8.98%，其他州的“占据比例”依此类推。为了能够更加直观地了解各个地区的订单分布，这时需要对数据进行可视化处理，最后运营者可以得到如图 6-2 所示的可视化图。

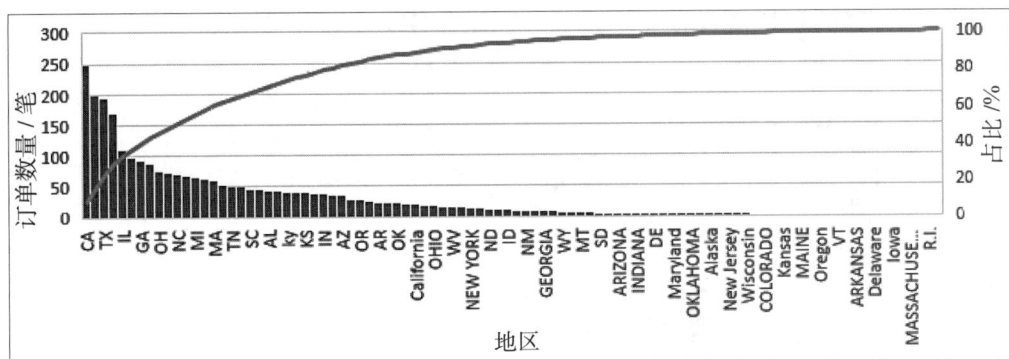

图 6-2 不同地区订单及订单累计分布

在图 6-2 中，图表的横轴代表了不同的地区，图表的左纵轴代表了不同地区的订单数，图表的右纵轴代表了不同地区订单累计数量占订单总数的比例。因此，如果运营者想要知晓自身店铺 80% 的市场份额来自哪些地区，就可以先从右纵轴中找到 80% 的数值，再通过地区对应关系找到相关联的订单产生地，如图 6-3 所示。

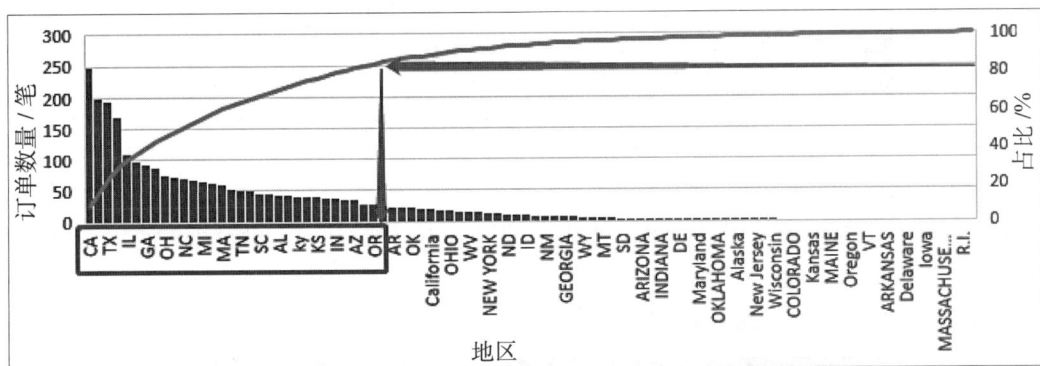

图 6-3 确定具体市场份额主要地区

2. 市场划分

当了解了各个地区的市场比例后，运营者就可以划分店铺的各类市场，一般的划分类别为：头部市场、长尾市场、低单市场。

（1）划分标准

其划分标准可以参考如下标准。

①头部市场：市场份额大于 1% 的地区。

②长尾市场：市场份额大于 0.1% 小于等于 1% 的地区。

③低单市场：市场份额小于等于 0.1% 的地区。

在定义了 3 类市场的区分标准后，原本的表格就可以变成如图 6-4 所示的形式。

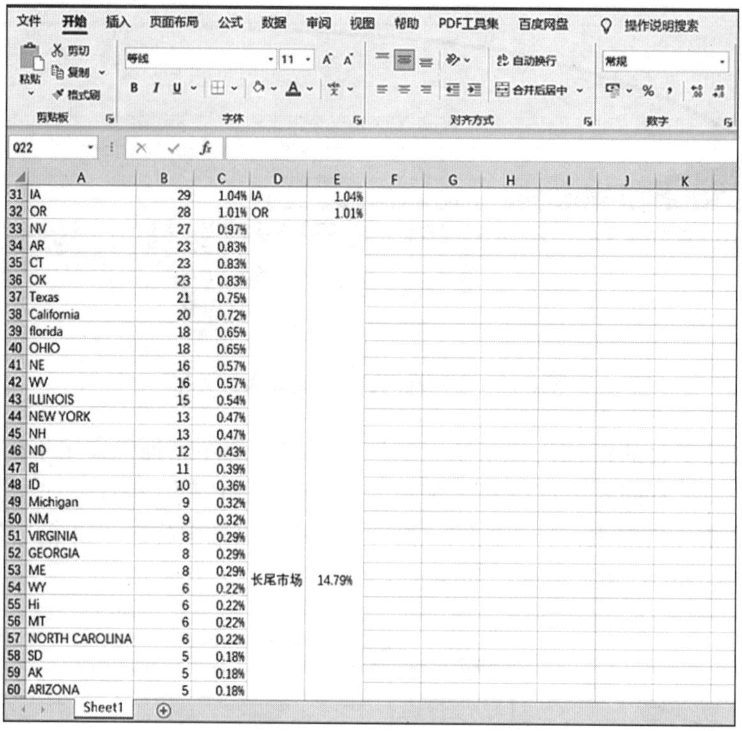

	A	B	C	D	E
31	IA	29	1.04%	IA	1.04%
32	OR	28	1.01%	OR	1.01%
33	NV	27	0.97%		
34	AR	23	0.83%		
35	CT	23	0.83%		
36	OK	23	0.83%		
37	Texas	21	0.75%		
38	California	20	0.72%		
39	florida	18	0.65%		
40	OHIO	18	0.65%		
41	NE	16	0.57%		
42	WV	16	0.57%		
43	ILLINOIS	15	0.54%		
44	NEW YORK	13	0.47%		
45	NH	13	0.47%		
46	ND	12	0.43%		
47	RI	11	0.39%		
48	ID	10	0.36%		
49	Michigan	9	0.32%		
50	NM	9	0.32%		
51	VIRGINIA	8	0.29%		
52	GEORGIA	8	0.29%		
53	ME	8	0.29%	长尾市场	14.79%
54	WY	6	0.22%		
55	Hi	6	0.22%		
56	MT	6	0.22%		
57	NORTH CAROLINA	6	0.22%		
58	SD	5	0.18%		
59	AK	5	0.18%		
60	ARIZONA	5	0.18%		

图 6-4 不同市场分布

（2）可视化处理

之后需要对头部市场（用各个区域来表示即可，不需要进行市场份额累加）、长尾市场、低单市场进行可视化处理。

① 在 Excel 中选择“市场分类”和“市场比例”，如图 6-5 所示。

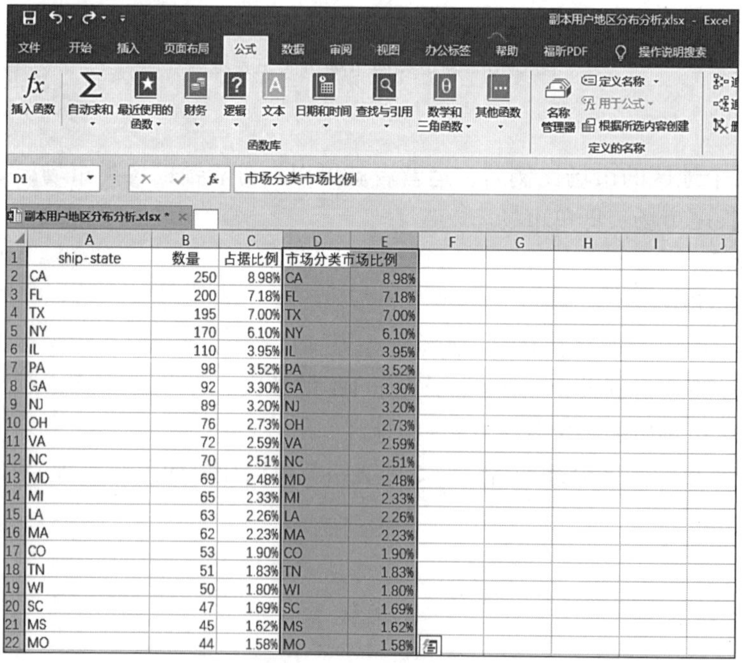

	A	B	C	D	E
1	ship-state	数量	占据比例	市场分类	市场比例
2	CA	250	8.98%	CA	8.98%
3	FL	200	7.18%	FL	7.18%
4	TX	195	7.00%	TX	7.00%
5	NY	170	6.10%	NY	6.10%
6	IL	110	3.95%	IL	3.95%
7	PA	98	3.52%	PA	3.52%
8	GA	92	3.30%	GA	3.30%
9	NJ	89	3.20%	NJ	3.20%
10	OH	76	2.73%	OH	2.73%
11	VA	72	2.59%	VA	2.59%
12	NC	70	2.51%	NC	2.51%
13	MD	69	2.48%	MD	2.48%
14	MI	65	2.33%	MI	2.33%
15	LA	63	2.26%	LA	2.26%
16	MA	62	2.23%	MA	2.23%
17	CO	53	1.90%	CO	1.90%
18	TN	51	1.83%	TN	1.83%
19	WI	50	1.80%	WI	1.80%
20	SC	47	1.69%	SC	1.69%
21	MS	45	1.62%	MS	1.62%
22	MO	44	1.58%	MO	1.58%

图 6-5 选择“市场分类”和“市场比例”

② 在 Excel 上方的工具栏中选择"插入"，再点击"推荐的图表"，如图 6-6 所示。

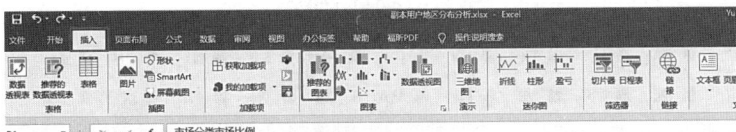

图 6-6　点击"推荐的图表"

③ 在弹出的操作页面上方选择"所有图表"，然后选择"树状图"，选择默认的图表形式即可，如图 6-7 所示。

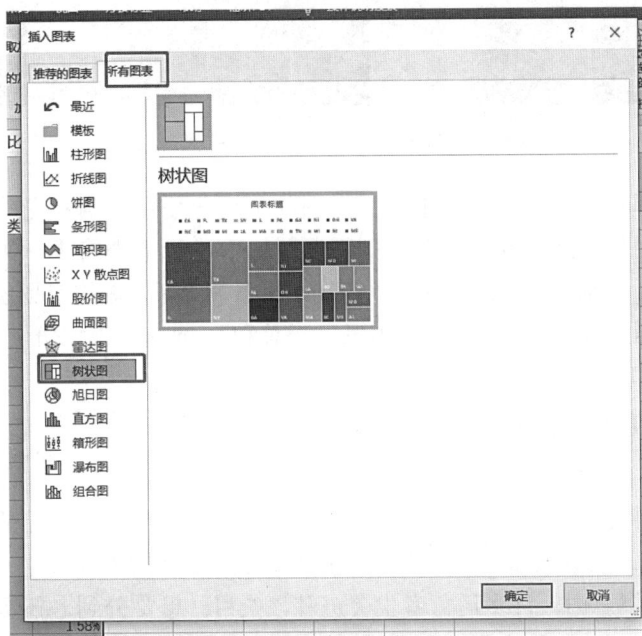

图 6-7　选择"所有图表"中的"树状图"

图 6-8 所示的树状图以更加直观的方式帮助运营者理解各个市场份额的不同，也可以用来评判头部市场、长尾市场、低单市场 3 类市场划分的标准是否正确。在市场划分上，长尾市场的市场总份额一定要比第一头部市场的区域份额大。在图 6-8 所示的案例中，长尾市场的市场总份额比第一头部市场区域即 CA 区域的市场份额大，因此长尾市场的划分标准是正确的。与长尾市场相反，低单市场的市场总份额一定要比最后一个头部市场的区域份额小。在图 6-8 所示的案例中，低单市场的市场份额比最后一个头部市场区域即 IA 区域的市场份额小，因此低单市场的划分标准是正确的。

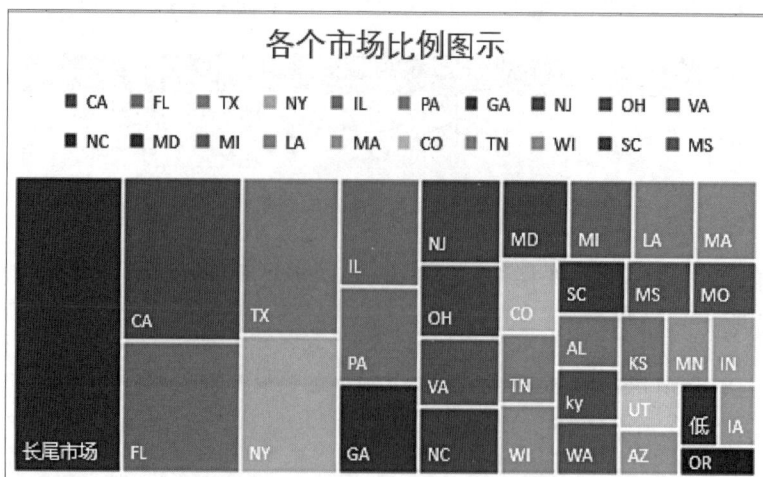

图 6-8　各个市场份额

在实际运营过程中，运营者需要根据树状图的可视化信息来判断先前设定的市场划分标准是否正确，如果划分标准出现了偏差，则需要对标准进行适当修改。如果长尾市场的市场份额太小，那么就可以把原本"市场份额大于 0.1% 小于等于 1% 的市场份额总和"的标准变为"市场份额大于 0.1% 小于等于 1.2% 的市场份额总和"，或者"市场份额大于 0.1% 小于等于 1.5% 的市场份额总和"。

（二）用户地区数据的应用

1. 针对化选品

在亚马逊选品领域，大多数的运营是从"竞争者"角度出发进行选品的。例如，当某一款产品突然销量大增时，会有大量的卖家跟进生产和销售与之类似的产品；又或者有一个新店做某一类目出现好几个爆款时，许多运营者也会进驻该类目，想要分到一杯羹。无论是从其他独立站选品，还是从境内 1688 批发网站上选品，这些都是属于从"竞争者"角度出发的选品方式。

当运营者通过订单报表分析用户的地区分布规律后，就可以尝试以"消费者"的角度进行选品，即：店铺的消费者来自哪些区域？这些区域的消费者有什么特点？其他区域的消费者与这些区域的消费者有哪些区别？通过对这一系列问题的分析和解剖，运营者就可以对自身产品的定位有一个更加清晰的认知。

2. 多店铺市场差额比较与运营能力分析

在多数跨境电商公司，运营者或者运营团队很多时候并不会使用单店铺运营的模式，而是会采用多店铺运营的模式，即一个公司或者团队同时运营多家店铺，那么这时候如何去辨别各个店铺的运营水准则成了难题。如果一个团队中有 A、B、C 共 3 家店铺，店铺 A 日均业绩 4000 美元，店铺 B 日均业绩 2000 美元，店铺 C 日均业绩 1000 美元，这时候大多数运营者会认为店铺 A 的运营水平最高，店铺 C 的运营水平最低，但是这种结论不一定是正确的，其原因如下。

（1）店铺业绩是一个综合指标，与店铺健康度、运营者水准、品牌化程度等因素相关，并不能将店铺业绩与运营水平直接对等。

（2）不同店铺因为开店时间长短不同而有着不同的店铺权重，开店时间较短的店铺权重较低，即使新店的运营者运营水平较高，新店业绩也无法在短期内赶超老店。

（3）一件商品一天卖1000件，与100件商品一天各卖10件是不同的，前者是爆款模式，后者是铺货模式，虽然在业绩上两者可能相等，但是运营的方式和技术含量则完全不同。

因此在评价不同店铺运营水准时需要具体问题具体分析，因为一个店铺的受众区域与商品价格、运营者运营风格、店铺品牌化程度相关，所以不能一概而论。

通过以上分析，我们可知，团队管理者可以不再以纯“业绩”论英雄，而是可以从多个店铺受众区域的不同找到所有的目标市场，做到“查漏补缺，一网打尽”。

二、用户价格数据

（一）用户价格分布分析

除了介绍的用户地区分布分析外，运营者还可以通过订单报表完成用户价格分布分析。与地区分布分析所不同的是，用户价格分布分析存在两种维度的分析方式：① 价格时间分布，② 价格地区分布。价格时间分布是指随着一天24小时的变化，客单价会发生怎样的改变。价格地区分布主要关注不同地区的平均客单价是多少，哪个区域的平均客单价最高，哪个区域的平均客单价最低。

1. 价格时间分布分析

（1）数据准备

首先打开“用户价格分布分析”的Excel表格，其页面如图6-9所示。

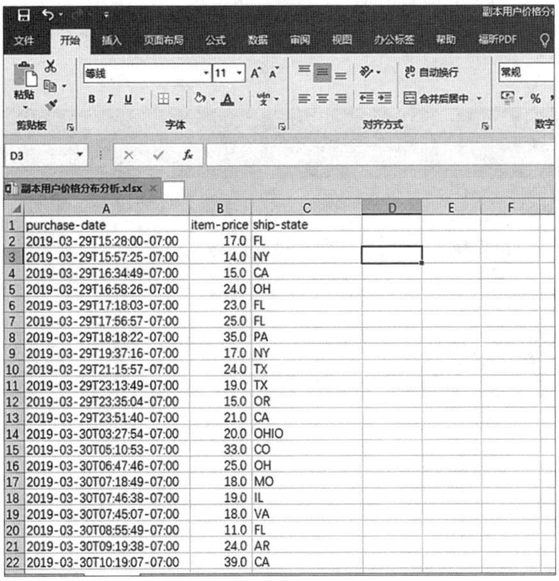

	A	B	C
1	purchase-date	item-price	ship-state
2	2019-03-29T15:28:00-07:00	17.0	FL
3	2019-03-29T15:57:25-07:00	14.0	NY
4	2019-03-29T16:34:49-07:00	15.0	CA
5	2019-03-29T16:58:26-07:00	24.0	OH
6	2019-03-29T17:18:03-07:00	23.0	FL
7	2019-03-29T17:56:57-07:00	25.0	FL
8	2019-03-29T18:18:22-07:00	35.0	PA
9	2019-03-29T19:37:16-07:00	17.0	NY
10	2019-03-29T21:15:57-07:00	24.0	TX
11	2019-03-29T23:13:49-07:00	19.0	TX
12	2019-03-29T23:35:04-07:00	15.0	OR
13	2019-03-29T23:51:40-07:00	21.0	CA
14	2019-03-30T03:27:54-07:00	20.0	OHIO
15	2019-03-30T05:10:53-07:00	33.0	CO
16	2019-03-30T06:47:46-07:00	25.0	OH
17	2019-03-30T07:18:49-07:00	18.0	MO
18	2019-03-30T07:46:38-07:00	19.0	IL
19	2019-03-30T07:45:07-07:00	18.0	VA
20	2019-03-30T08:55:49-07:00	11.0	FL
21	2019-03-30T09:19:38-07:00	24.0	AR
22	2019-03-30T10:19:07-07:00	39.0	CA

图6-9　用户价格分布分析

如图6-9所示，该表格中存在3种数据，分别为“purchase-date”（购买时间）、“item-price”（商品价格）、“ship-state”（目的地州），在进行价格时间分布分析时，运营者需要的数据为“purchase-date”与“item-price”，因此可以暂且删除“ship-state”列，将表格变成如图6-10所示的形式。

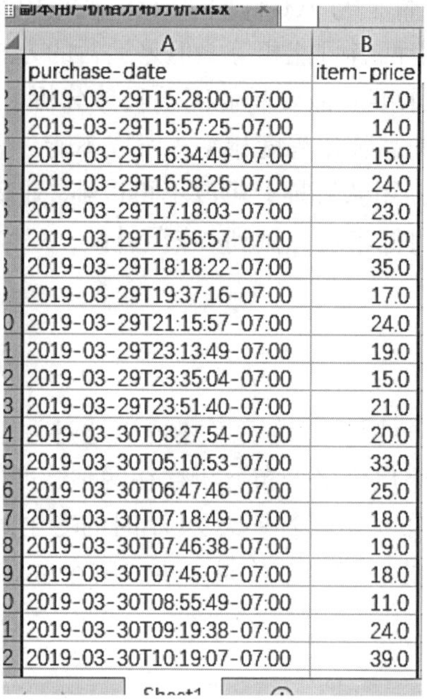

purchase-date	item-price
2019-03-29T15:28:00-07:00	17.0
2019-03-29T15:57:25-07:00	14.0
2019-03-29T16:34:49-07:00	15.0
2019-03-29T16:58:26-07:00	24.0
2019-03-29T17:18:03-07:00	23.0
2019-03-29T17:56:57-07:00	25.0
2019-03-29T18:18:22-07:00	35.0
2019-03-29T19:37:16-07:00	17.0
2019-03-29T21:15:57-07:00	24.0
2019-03-29T23:13:49-07:00	19.0
2019-03-29T23:35:04-07:00	15.0
2019-03-29T23:51:40-07:00	21.0
2019-03-30T03:27:54-07:00	20.0
2019-03-30T05:10:53-07:00	33.0
2019-03-30T06:47:46-07:00	25.0
2019-03-30T07:18:49-07:00	18.0
2019-03-30T07:46:38-07:00	19.0
2019-03-30T07:45:07-07:00	18.0
2019-03-30T08:55:49-07:00	11.0
2019-03-30T09:19:38-07:00	24.0
2019-03-30T10:19:07-07:00	39.0

图 6-10　暂且删除 “ship-state” 列的表格

对于 “purchase-date”，需要对其进行 “数据清洗”，将数据中不需要的部分筛除。最终的数据表格如图 6-11 所示。

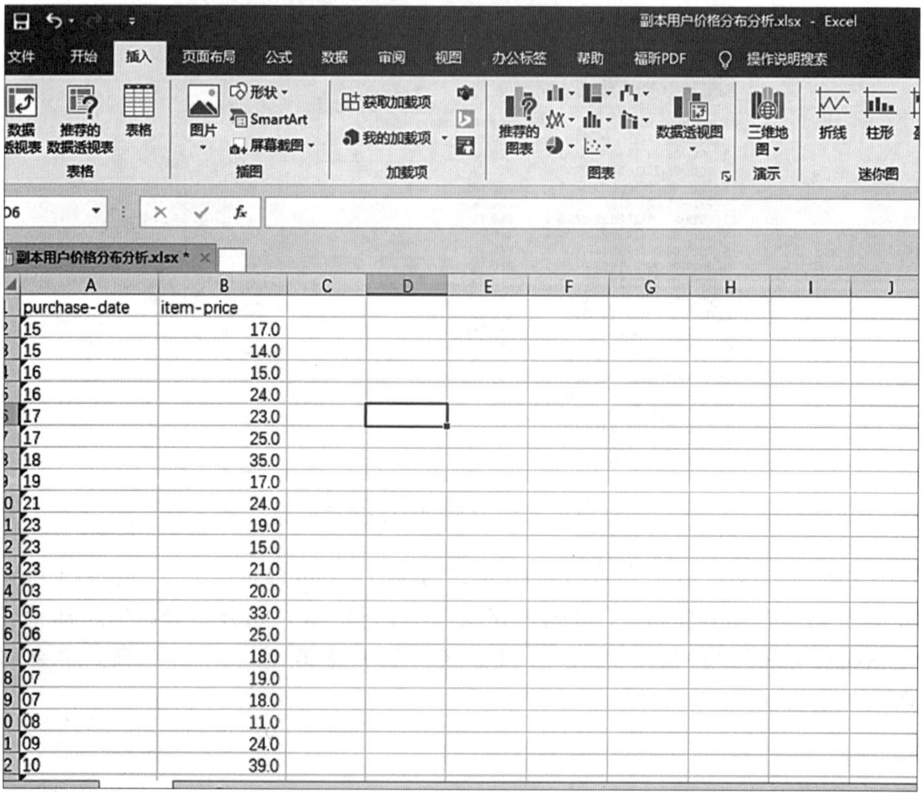

purchase-date	item-price
15	17.0
15	14.0
16	15.0
16	24.0
17	23.0
17	25.0
18	35.0
19	17.0
21	24.0
23	19.0
23	15.0
23	21.0
03	20.0
05	33.0
06	25.0
07	18.0
07	19.0
07	18.0
08	11.0
09	24.0
10	39.0

图 6-11　数据清洗后的表格

（2）"筛选法"统计方式

之后就需要将每个时间段的平均客单价统计出来，在 Excel 中有多种统计方式，本节将介绍最常用的统计方式，即"筛选法"。

选择第一行的前两列数据，即"A1"与"B1"单元格数据，然后在 Excel 上方的工具栏中选择"开始"，再点击"排序与筛选"，选择其中的"筛选"选项，如图 6-12 所示。

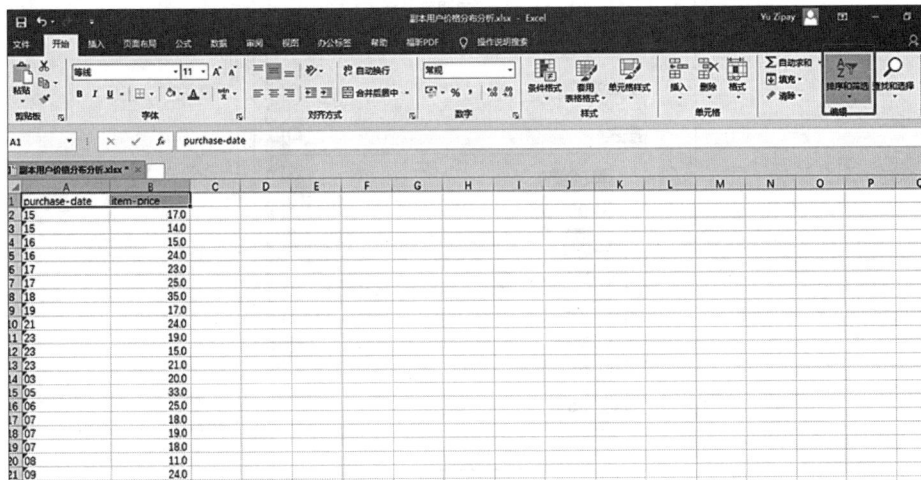

图 6-12　选择"筛选"选项

操作完成后，在"purchase-date"与"item-price"单元格右边分别会出现两个下拉筛选箭头，点击箭头可以看到如图 6-13 所示页面。

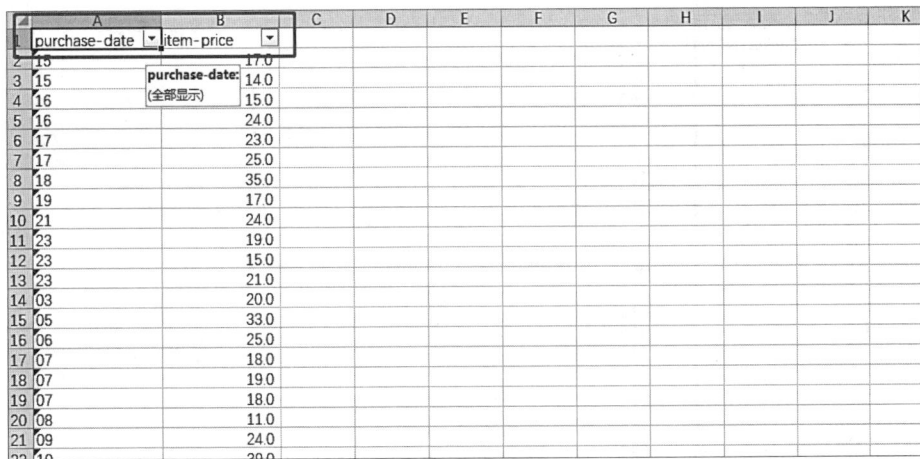

图 6-13　点击下拉箭头

点击"purchase-date"的筛选箭头，选择"00"。

选择"00"后的图表页面就会显示所有在"00"时间产生订单的"item-price"信息，然后就可以统计"00"时间段的平均客单价，其页面如图 6-14 与图 6-15 所示。

图 6-14 选择"00"时间段

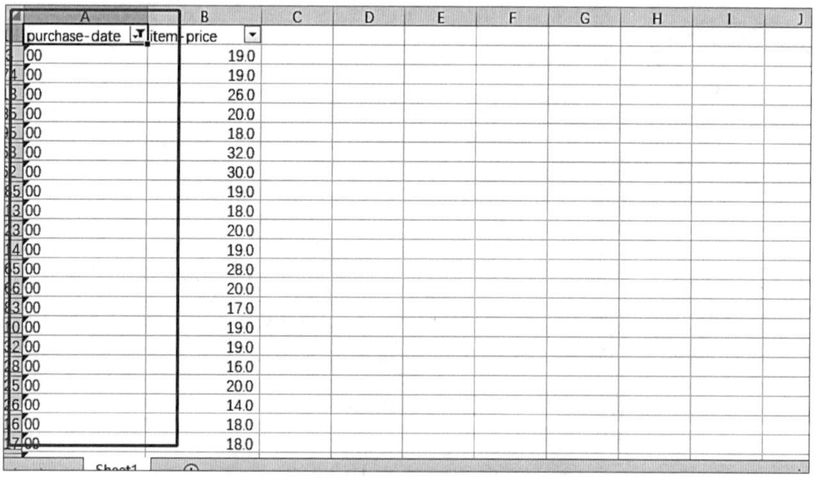

图 6-15 "00"时间段的平均客单价

统计完 0 ～ 23 时各个时间段的平均客单价后，可以得到如图 6-16 所示的表格。

时间段	平均客单价
0	20.5
1	22.1
2	21.3
3	22.5
4	20.3
5	21.8
6	21.5
7	19.6
8	21.3
9	20.8
10	21.4
11	20.6
12	21.4
13	23.1
14	21.8
15	21.7
16	22.9
17	21.6
18	21.4
19	21.1
20	22.8
21	22.1
22	21.1
23	21.8

图 6-16 各个时间段的平均客单价

利用 Excel 软件中的折线图绘图功能，可以得到如图 6-17 所示的平均客单价折线图。

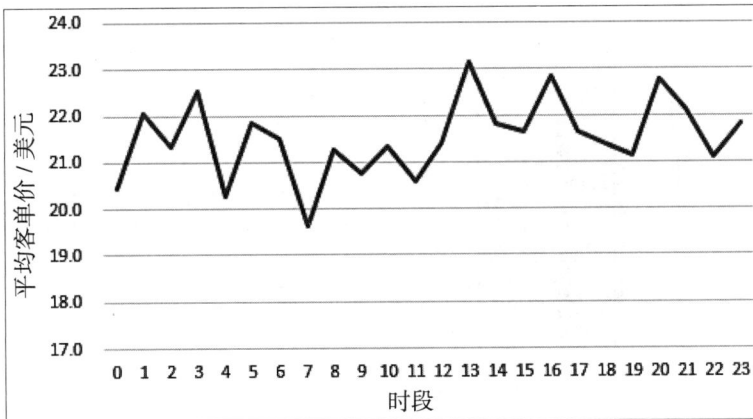

图 6-17 平均客单价折线

（3）每小时订单量和平均客单价统计及可视化

除了可以通过订单报表推算出单日 24 小时平均客单价的变化，还可以根据订单报表数据得到每小时的订单量（在计算平均客单价时，每个时间段客单价数据的数量就是该时间段订单的数量），其对应表格如图 6-18 所示。

时间段	订单量	平均客单价
0	26	20.5
1	16	22.1
2	21	21.3
3	31	22.5
4	66	20.3
5	98	21.8
6	151	21.5
7	209	19.6
8	187	21.3
9	198	20.8
10	180	21.4
11	175	20.6
12	150	21.4
13	153	23.1
14	145	21.8
15	167	21.7
16	165	22.9
17	178	21.6
18	158	21.4
19	150	21.1
20	101	22.8
21	85	22.1
22	65	21.1
23	45	21.8

图 6-18 每小时的订单量

根据每个时间段的订单量数据和平均客单价数据，可用 Excel 制作组合图来实现数据可视化。在图 6-18 中选择"订单量"和"平均客单价"所有数据，如图 6-19 所示。

图 6-19 选择"订单量"和"平均客单价"

在 Excel 上方的工具栏中选择"插入"，再点击"推荐的图表"，如图 6-20 所示。

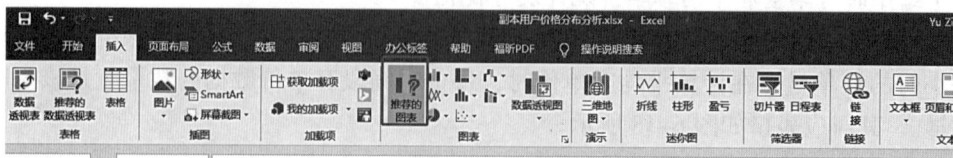

图 6-20 在"插入"中选择"推荐的图表"

在弹出的操作页面上方选择"所有图表"，然后选择"组合图"，再点击上方的"簇状柱形图"，设置"订单量"为"簇状柱形图"，"平均客单价"为"折线图"，次坐标轴设置为"平均客单价",如图 6-21 所示。

图 6-21　选择"簇状柱形图"和"折线图"

最后就可以得到一天 24 小时内有关订单量和平均客单价变化的组合图,如图 6-22 所示。同时,读者可以根据自身需求更改上述图表的颜色、文本、设计风格等。

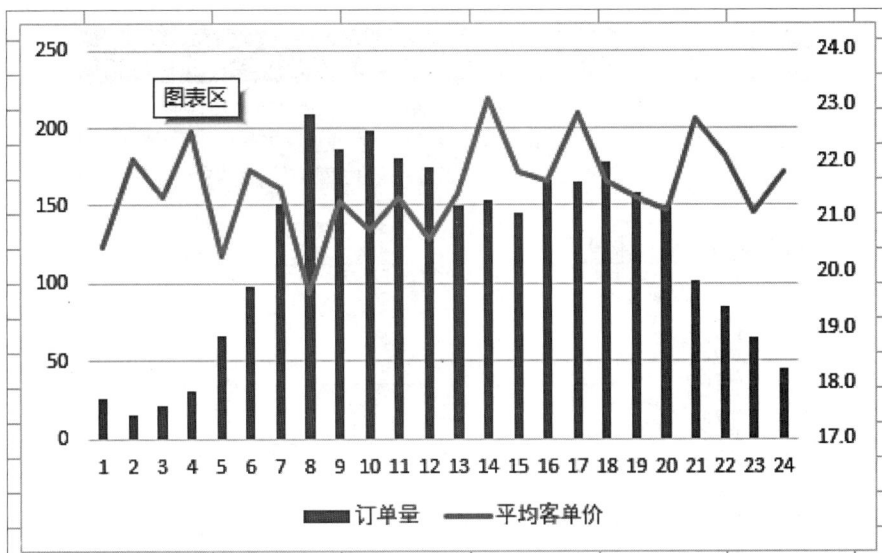

图 6-22　每小时的订单量和平均客单价变化的组合

2. 价格地区分布分析

完成价格和订单量的时间分布分析后,就需要进行价格地区分布分析,如图 6-23 所示。

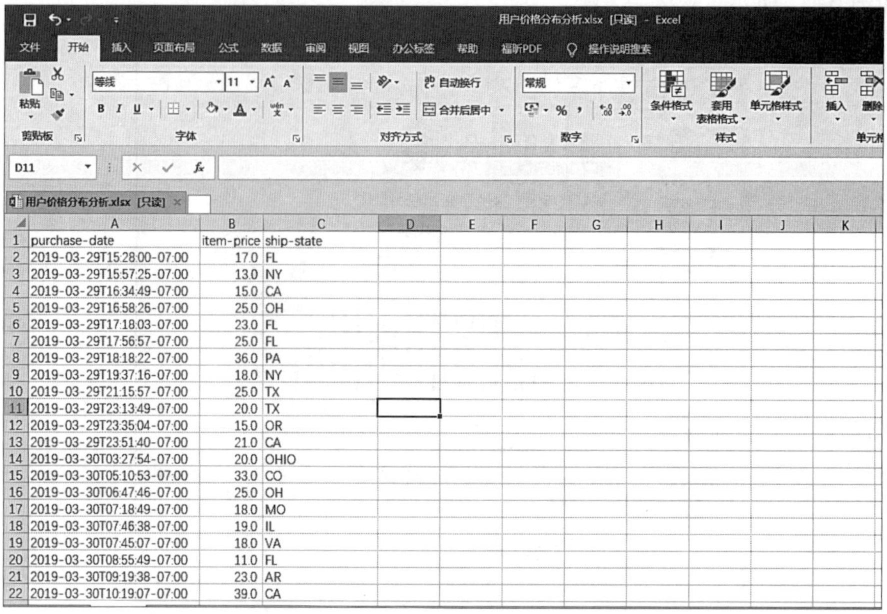

	A	B	C
1	purchase-date	item-price	ship-state
2	2019-03-29T15:28:00-07:00	17.0	FL
3	2019-03-29T15:57:25-07:00	13.0	NY
4	2019-03-29T16:34:49-07:00	15.0	CA
5	2019-03-29T16:58:26-07:00	25.0	OH
6	2019-03-29T17:18:03-07:00	23.0	FL
7	2019-03-29T17:56:57-07:00	25.0	FL
8	2019-03-29T18:18:22-07:00	36.0	PA
9	2019-03-29T19:37:16-07:00	18.0	NY
10	2019-03-29T21:15:57-07:00	25.0	TX
11	2019-03-29T23:13:49-07:00	20.0	TX
12	2019-03-29T23:35:04-07:00	15.0	OR
13	2019-03-29T23:51:40-07:00	21.0	CA
14	2019-03-30T03:27:54-07:00	20.0	OHIO
15	2019-03-30T05:10:53-07:00	33.0	CO
16	2019-03-30T06:47:46-07:00	25.0	OH
17	2019-03-30T07:18:49-07:00	18.0	MO
18	2019-03-30T07:46:38-07:00	19.0	IL
19	2019-03-30T07:45:07-07:00	18.0	VA
20	2019-03-30T08:55:49-07:00	11.0	FL
21	2019-03-30T09:19:38-07:00	23.0	AR
22	2019-03-30T10:19:07-07:00	39.0	CA

图 6-23 价格地区分布分析

在图 6-23 中，存在 3 种数据，分别为“purchase-date”（购买时间）、“item-price”（商品价格）、“ship-state”（目的地州）。在进行价格地区分布分析时，运营者需要的数据为“ship-state”与“item-price”，因此可以暂且删除“purchase-date”列，将表格变成如图 6-24 所示的形式。

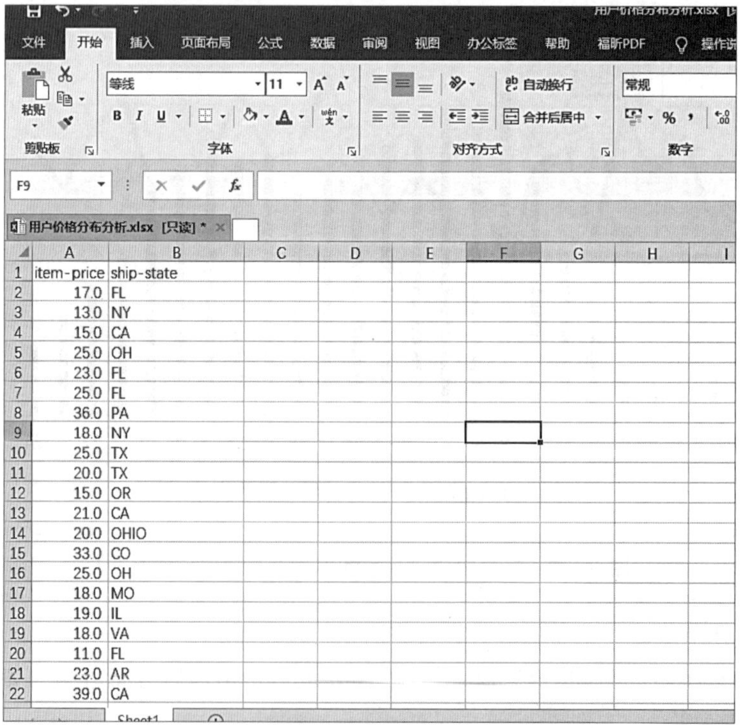

	A	B
1	item-price	ship-state
2	17.0	FL
3	13.0	NY
4	15.0	CA
5	25.0	OH
6	23.0	FL
7	25.0	FL
8	36.0	PA
9	18.0	NY
10	25.0	TX
11	20.0	TX
12	15.0	OR
13	21.0	CA
14	20.0	OHIO
15	33.0	CO
16	25.0	OH
17	18.0	MO
18	19.0	IL
19	18.0	VA
20	11.0	FL
21	23.0	AR
22	39.0	CA

图 6-24 暂且删除“purchase-date”后的表格

之后的操作为对"ship-tate"进行"筛选"操作，然后选择不同的地区计算其平均客单价。完成"筛选"操作且计算出各个地区的平均客单价后，可以得到如图 6-25 所示的表格。

地区	平均客单价
MS	24
TN	23.4
WA	22.6
MA	22.5
OH	22.4
PA	22.4
VA	22.3
OK	22.2
CA	22.1
CO	22.1
NV	22
GA	22
UT	22
NC	22
WI	21.7
NY	21.7
IN	21.7
MD	21.5
KY	21.4
CT	21.2
MN	21.2
AR	21.1
AZ	21.1
MO	21
NJ	20.9
FL	20.9
SG	20.3
LA	20.2
TX	20.1
MI	20
IL	20
IA	19.8
KS	19.5
OR	19

图 6-25　各个地区的平均客单价

选中表格中的数据，可以制作出如图 6-26 所示的柱形图。

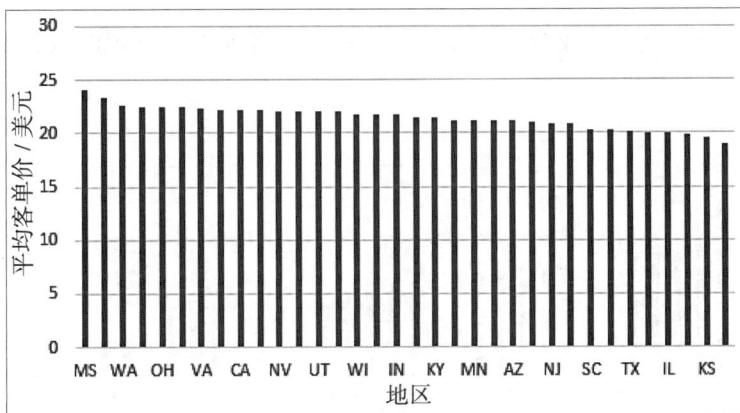

图 6-26　各州平均客单价柱形图

如图 6-26 所示，虽然该柱状图已经可以用来对比各个地区平均客单价的高低，但是图表本身数据差异不大，所以为了方便比较，运营者需要定义一个"比较数"，其数值计算规则为

$$比较数＝平均客单价－最低平均客单价$$

由图 6-26 可得，最低平均客单价为 19 美元，因此可以根据该数值得出新的数据表格，如图 6-27 所示。

地区	平均客单价	比较数
MS	24	5
TN	23.4	4.4
WA	22.6	3.6
MA	22.5	3.5
OH	22.4	3.4
PA	22.4	3.4
VA	22.3	3.3
OK	22.2	3.2
CA	22.1	3.1
CO	22.1	3.1
NV	22	3
GA	22	3
UT	22	3
NC	22	3
WI	21.7	2.7
NY	21.7	2.7
IN	21.7	2.7
MD	21.5	2.5
KY	21.4	2.4
CT	21.2	2.2
MN	21.2	2.2
AR	21.1	2.1
AZ	21.1	2.1
MO	21	2
NJ	20.9	1.9
FL	20.9	1.9
SG	20.3	1.3
LA	20.2	1.2
TX	20.1	1.1
MI	20	1
IL	20	1
IA	19.8	0.8
KS	19.5	0.5
OR	19	0

图 6-27　新的数据表格

根据图 6-27 所示的"比较数"数值，运营者可以得到更加直观的数据对比柱形图，如图 6-28 所示。

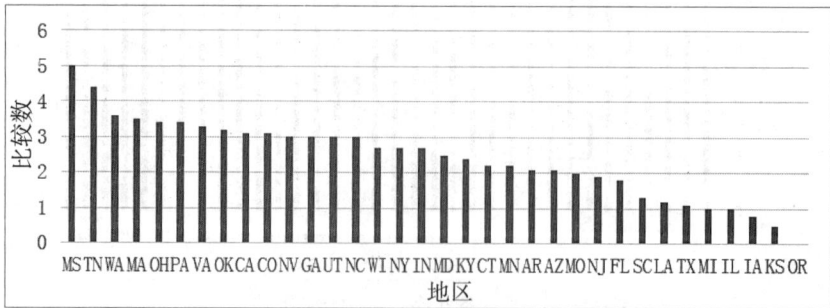

图 6-28　数据对比柱形图

同时，读者可以根据自身需求更改上述图表的颜色、文本、设计风格等。

（二）用户价格敏感度数据的应用

价格时间分布敏感度数据主要应用于 listing 优化与广告优化这两个环节中。

关于 listing 优化，价格时间分布敏感度数据可以用来实现"价格歧视"，从而帮助运营者获得超额利润。

关于广告优化，价格时间分布敏感度数据中的订单量变化数据可以用来推断广告的最佳曝光时期，从而帮助运营者确定广告的最佳开设时间。除此之外，价格时间分布敏感度数据中的客单价变化可以用来帮助运营者优化单次广告竞价。

第三节　用户消费习惯与消费者舆情分析

一、用户消费习惯分析

（一）用户购物习惯分析

用户购物习惯分析可以有以下一些思考的角度：用户每日的购物峰值在哪里？不同地区用户购物高峰期是否有不同？上一节分别结合时间与地区两个维度对客单价波动进行了讲解，在这一节中，编者将把这两个维度结合到一起，通过一系列数据的整理与分析得到不同地区的用户购物习惯。数据来源仍然为后台数据中的订单报表，分析需要参数："purchase-date"和"ship-state"。筛选方法分为以下两类：① 24 小时总订单量变化规律，② 不同地区 24 小时订单量规律。

完成数据筛选后，就可以构建用户购物习惯可视化图。

用户购物习惯分析可以理解为更深一层的单日订单量波动分析，即将不同地区的单日订单量波动进行数据筛选和可视化处理。

本节以 CA、FL、TX 这三大地区为案例进行讲解，当对订单报表进行数据筛选后，运营者可以得到如图 6-29 所示的三大地区不同时间段的订单量单日变化数据。

时间段	CA	CA	FL	FL	TX	TX
0	9	3.40%	2	0.94%	2	0.98%
1	5	1.89%	1	0.47%	1	0.49%
2	2	0.75%	1	0.47%	0	0.00%
3	3	1.13%	2	0.94%	2	0.98%
4	1	0.38%	6	2.83%	2	0.98%
5	1	0.38%	12	5.66%	2	0.98%
6	11	4.15%	16	7.55%	3	1.47%
7	9	3.40%	16	7.55%	18	8.82%
8	6	2.26%	17	8.02%	11	5.39%
9	17	6.42%	9	4.25%	22	10.78%
10	13	4.91%	17	8.02%	12	5.88%
11	24	9.06%	14	6.60%	9	4.41%
12	18	6.79%	15	7.08%	13	6.37%
13	17	6.42%	6	2.83%	11	5.39%
14	8	3.02%	8	3.77%	12	5.88%
15	14	5.28%	9	4.25%	12	5.88%
16	15	5.66%	15	7.08%	13	6.37%
17	15	5.66%	17	8.02%	10	4.90%
18	19	7.17%	7	3.30%	17	8.33%
19	7	2.64%	9	4.25%	14	6.86%
20	10	3.77%	8	3.77%	3	1.47%
21	16	6.04%	4	1.89%	9	4.41%
22	12	4.53%	1	0.47%	4	1.96%
23	13	4.91%	0	0.00%	2	0.98%

图 6-29　订单量单日变化数据

筛选出不同地区不同时间段的订单后，运营者需要计算不同时间段的订单比例来确保用户画像数据的准确性，新表格如图 6-30 所示。

时间段	CA	FL	TX
0	9	2	2
1	5	1	1
2	2	1	0
3	3	2	2
4	1	6	2
5	1	12	2
6	11	16	3
7	9	16	18
8	6	17	11
9	17	9	22
10	13	17	12
11	24	14	9
12	18	15	13
13	17	6	11
14	8	8	12
15	14	9	12
16	15	15	13
17	15	17	10
18	19	7	17
19	7	9	14
20	10	8	3
21	16	4	9
22	12	1	4
23	13	0	2

图 6-30　订单比例数据

在图 6-31 中，CA、FL、TX 三大州地区不同时间段的订单比例＝地区单一时间段产生的订单 ÷ 地区所有时间段产生的总订单。

完成上述数据筛选的步骤后，就可以结合不同的数据进行可视化分析。运营者首先针对订单量单日变化数据绘制"订单量整体趋势"的柱形图，如图 6-31 所示。

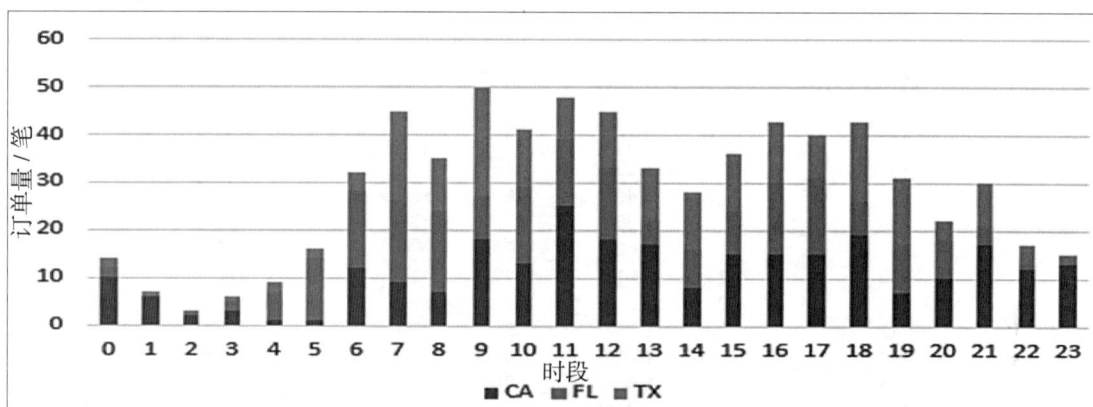

图 6-31　订单量整体趋势柱形图

如果运营者需要结合所有地区观察店铺总体订单量波动趋势，可以绘制新的可视化柱形图。

除了订单量单日变化趋势，运营者还可以结合不同地区单日订单比例的变化绘制"用户购物习惯"的折线图，分别如图 6-32、图 6-33、图 6-34 所示。

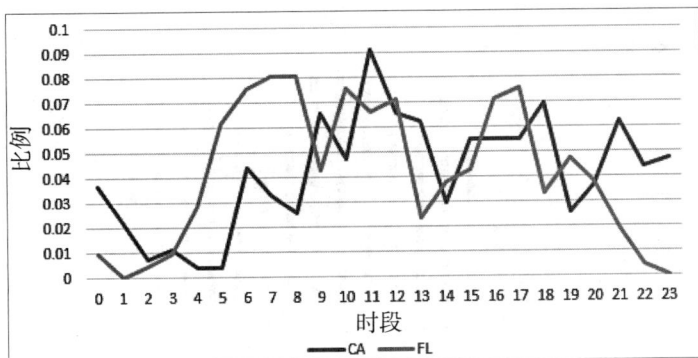

图 6-32　CA 与 FL 地区用户购物习惯折线图对比

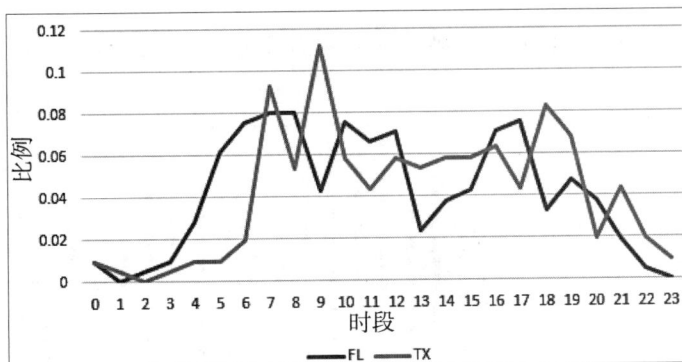

图 6-33　FL 与 TX 地区用户购物习惯折线图对比

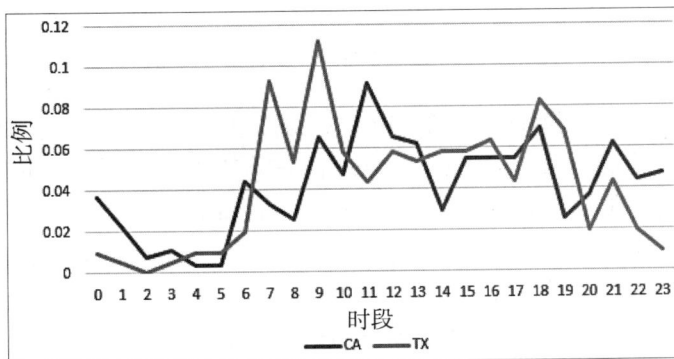

图 6-34　CA 与 TX 地区用户购物习惯折线图对比

（二）用户购物习惯数据的应用

1. 用户购物习惯数据的广告应用

用户购物习惯数据的广告应用，可以分为两个方面：第一个方面可用于广告的曝光时间优化，第二个方面可用于广告的单次点击竞价优化。本节主要讲述第一个方面的应用。

运营者可以通过柱状图来展现店铺总订单的单日变化趋势，如图 6-35 所示。

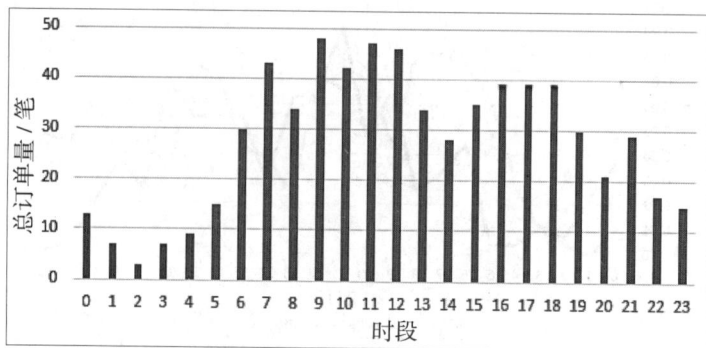

图 6-35 店铺总订单的单日变化趋势

在图 6-35 中，运营者可以将店铺整体的购物高峰进行标注，如图 6-36 所示。

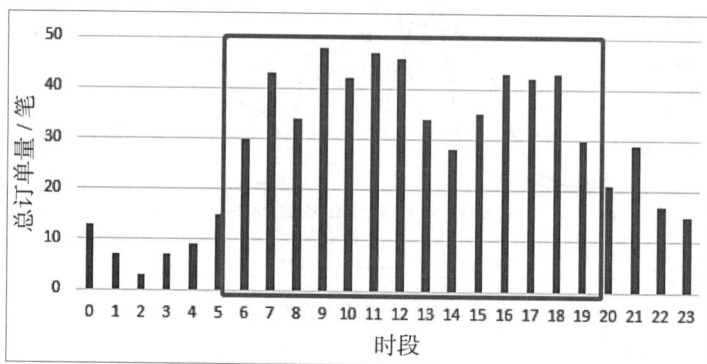

图 6-36 将店铺整体的购物高峰进行标注

如 6-36 所示，美国东部时间 6：00—19：00 为订单高峰期，那么这段时间也是亚马逊美国站的流量高峰期，因此运营者可以利用这段时间来使广告的曝光效率最大化。需要注意的是，这里的最佳曝光时段并不是指 ACoS（ advertising cost of sales，广告销售成本 ）最低的时段，而是在相同时间内广告效率最大的时段，适合属于成长期的产品而非稳定期的产品。

2. 用户购物习惯数据的 listing 优化应用

在 listing 优化上，可以运用一个比较高阶的运营操作方式——价格歧视。

价格歧视（price discrimination）实质上是一种价格差异，通常指商品或服务的提供者在向不同的接受者提供相同等级、相同质量的商品或服务时，在接受者之间实行不同的销售价格或收费标准。例如，同样在亚马逊上销售一件商品，运营者如果卖给 A 用户为 5 美元，B 用户为 6 美元，则这种行为就已经构成了价格歧视，而卖家通过这样的行为获得了超额利润。

在亚马逊平台上，"价格歧视"的运营技巧一般可以分为以下 6 类。

（1）用户职业导向价格歧视，即卖家面对不同职业的用户会制定不同的价格，如面对学生用户时价格偏低，而面对职场用户时价格偏高。

（2）用户地区导向价格歧视，即对于不同地区的用户设定不一样的销售价格。

（3）用户种族导向价格歧视，即对于不同种族的用户设定不一样的销售价格。

（4）用户语言导向价格歧视，即对于不同语言习惯的用户设定不一样的销售价格。

（5）用户性别导向价格歧视，即对于不同性别的用户设定不一样的销售价格。

（6）用户购物习惯导向价格歧视，即对于不同购物习惯的用户设定不一样的销售价格。

本节主要结合上述第（6）点，即"用户购物习惯导向价格歧视"来讲解"价格歧视"运营技巧的使用方法。

在图 6-32 中，FL 地区的用户购物高峰期为美国东部时间 05：00—08：00，而 CA 地区的用户购物高峰期为美国东部时间 10：00—12：00，运营者可以在图表中用不同颜色的方框标注出这两个时间段，如图 6-37 所示。

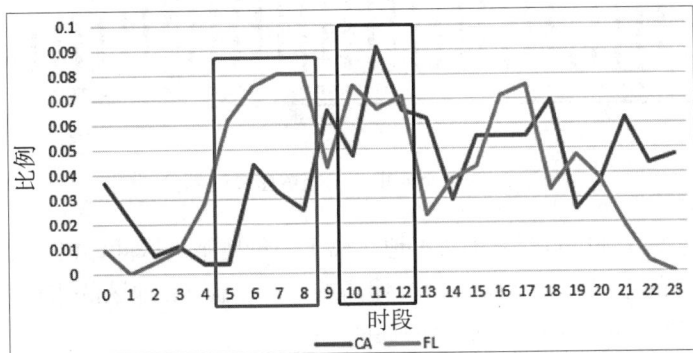

图 6-37　用不同颜色的方框标注出的两个时间段

在图 6-37 中，05：00—08：00 与 10：00—12：00 这两个时间段都为"价格歧视"策略有条件实行的时间段，但是考虑到相比于 05：00—08：00 的清晨时间，10：00—12：00 的中午时间 CA 与 FL 地区的用户购物趋势差异不大，所以为了让"价格歧视"策略的效率最大化，运营者可以选择 05：00—08：00 时间段作为"价格歧视"运营策略实行时间段。

确定了"价格歧视"的时间段后，就需要判断"价格歧视"运营策略实现的可能性是否存在，即需要判断 CA 与 FL 地区用户对于商品价格的敏感度是否有差异。

在本书中介绍了不同地区订单平均客单价对比的信息可视化方法，运营者可以在该图上将 CA 与 FL 地区标注出来，标注后的新图如图 6-38 所示。

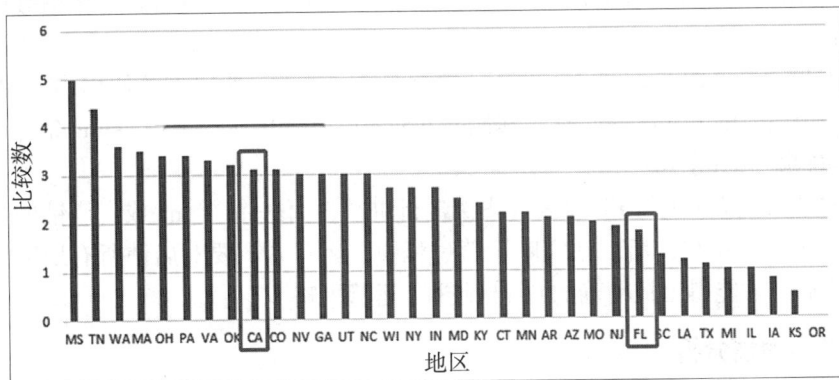

图 6-38　标注后的不同地区订单平均客单价对比柱形图

然后，运营者可以在图 6-39 中参考不同地区价格敏感度的划分。

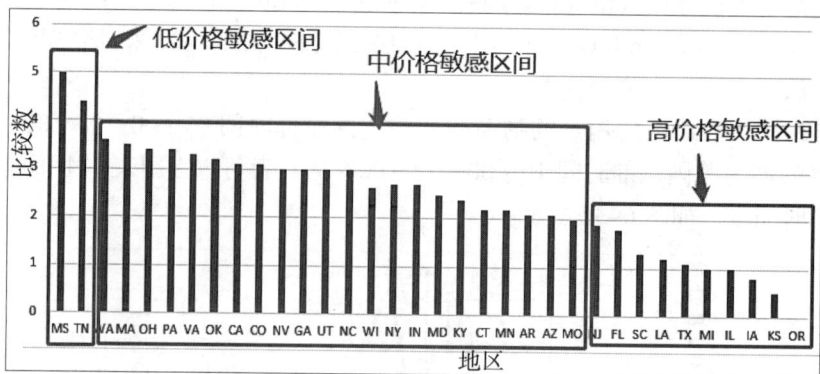

图 6-39　不同地区价格敏感度的划分

结合图 6-38 与图 6-39 可以得知：CA 地区属于中价格敏感区间，FL 地区属于高价格敏感区间，那么 CA 地区的用户偏向于购买价格偏高的产品，而 FL 地区的用户偏向于购买价格偏低的产品，"价格歧视"策略实行的依据便存在。

其具体运营逻辑为：当 CA 地区用户的购物高峰期到来时，运营者可以提升 listing 销售价格以获取超额利润，与此同时不用担心价格的提升会导致 FL 地区用户订单的下滑，这是因为 FL 地区用户的购物高峰期还没有到来。随后，当 FL 地区用户的购物高峰期到来时，运营者可以将 listing 销售价格调回原位，从而促使更多 FL 地区的用户下单购买。

在具体运营实操的过程中，运营者可运用如下两种方式完成"价格歧视"的操作。

第一，设置多个 listing 子变体，同时将每个子变体设置高低不同的价格，然后在不同地区用户购物高峰期时显示不同的 listing，其显示的 listing 价格取决于该时间段内属于用户购物高峰期的区域的价格敏感度，价格敏感度高的地区显示低价 listing，价格敏感度低的地区显示高价 listing。

第二，对于同一个 listing 在不同时间段设置不同的价格，其价格取决于该时间段内属于用户购物高峰期的区域的价格敏感度，价格敏感度高的地区显示低价，价格敏感度低的地区显示高价。

考虑到如果频繁修改 listing 价格可能会影响 listing 权重，所以推荐使用第一种操作形式，在前台显示一个适合的 listing 的同时，其他的 listing 可以禁止显示（将 listing 禁止显示的方法有很多，比如删除主图等）。

当然，本节只是以 CA 与 FL 地区为案例进行讲解，而一个 listing 或者店铺的受众不只是 CA 与 FL 两个地区的用户，所以在实际运营过程中，运营者需要对店铺所有地区的用户购物习惯进行分析后，才能得出最精确的"价格歧视"运营策略。

二、消费者舆情分析

（一）舆情行业背景分析

电子商务的核心维度是产品、营销和服务，做好这 3 个维度就可以在电商行业立足。而消费者的舆情数据则是优化这 3 个维度的核心参考数据。消费者如何评价我们的产品和服务，将直接指导我们对产品和服务的升级迭代。舆情数据可以从电商评价、客服聊天记录、社交平台等渠道采集。

（二）舆情分析

舆情分析是指根据特定问题的需要，对针对这个问题的舆情进行深层次的思维加工和分析研究，得到相关结论的过程。通常有以下两大分析方法。

1. 内容分析法

内容分析法是一种对信息内容做客观系统的定量分析的专门方法，其目的是弄清或测验信息中本质性的事实和趋势。提示信息所含有的隐性情报内容，对事物发展做情报预测。

2. 实证分析法

实证分析法是通过分析大量案例和相关数据后试图得出某些结论的一种常见研究方法。对于电商行业，舆情分析是指将客户在线上留下的文字（聊天记录、评论等）进行统计和模型分析，了解客户对品牌、产品的看法，需求和情感上的喜恶。这对品牌、产品的战略定位将起到非常重要的作用，能够为运营者做出正确决策提供重要参考。

（三）词云与词云图

1. 词云

"词云"这个概念由美国西北大学新闻学副教授、新媒体专业主任里奇·戈登提出。里奇·戈登做过编辑、记者，曾担任《迈阿密先驱报》（*Miami Herald*）新媒体版的主任。他一直很关注网络内容发布的新形式——即那些只有互联网可以采用而报纸、广播、电视等其他媒体都望尘莫及的传播方式。通常，这些新的、适合网络的传播方式，也是好的传播方式。因此，"词云"的优势就在于对网络文本中出现频率较高的"关键词"予以视觉上的突出，形成"关键词云层"或"关键词渲染"，从而过滤掉大量的文本信息，使浏览网页者只要一眼扫过文本就可以领略文本的主旨。

2. 词云图

词云图广泛应用于教育、娱乐、计算机软件等各行各业。例如，在电子小说阅读中，词云图会提示关键词和主题索引，方便用户在互联网上快速阅读；一些先进的外语学习网站采用教育加娱乐的方式，用自动分析的方法，进行概率统计与分析后，提供给外语学习者相应的词汇表与词云图；也有些文娱爱好者将这些词云图保存打印下来，印在明信片等载体上，甚至是放到自己的网络相簿内，这都是展现自己的极佳方式。

3. 词云图制作工具

在数据可视化图表中，词云图是一种视觉冲击力很强的图表。对输入的一段文字进行词频提取，然后以根据词汇出现频率的高低集中显示高频词，简洁、直观、高效。目前，国内外已有多种词云图制作工具，例如微词云、WordArt、Tableau 等；此外还可通过 Python 等编程语言来实现词云图的制作。不同的工具或制作方法有不同的特色及优缺点，大家可根据需要自行尝试并选择喜欢的软件或方式来制作词云图。

第四节　跨境电商舆情数据分析实训

一、消费者舆情分析

（一）实训目的

（1）了解商品评价和评价标签。

（2）实操商品评价词云图。

（二）实训知识准备

关于词云图的相关背景知识可参考上一节有关内容。

（三）实训内容

业务背景：商家需要时刻了解客户的舆情，用于产品的更新迭代、优化页面设计、提高转化率等，也可用于提高商家的决策能力。

1. 使用系统采集评价

【例 6-1】采集连衣裙客户评价内容。

进入跨境电商数据化运营与决策系统首页，如图 6-40 所示。在左侧功能栏或者页面中央功能展示区域依次单击"商品分析"—"舆情分析"选项，进入舆情分析页面。

图 6-40　跨境电商数据化运营与决策系统首页

在舆情分析功能页面中，在搜索框中输入宝贝链接或 ID 后，点击"搜索"按钮，即可搜索该商品，点击最后一列"详情"可查看该商品的评价信息。图 6-41 所示是一款连衣裙的舆情分析结果，能够看到消费者的评价内容，分析差评出现的原因，有助于进行商品优化。另外，可以观察评价内容中一些评价标签关键词出现的频次，这些词多为形容词，一定程度上能够反映出消费者们对商品的使用反馈情况。

图 6-41　舆情分析结果

点击关键词末尾的"查看词云图"选项，上述评价标签关键词将以词云图的形式直观地展示出来，观察这个简易的词云图可以发现，关键词出现的频次越高则该关键词对应的字号越大，也就说明消费者对商品的该类评价较多，从而找出消费者们的关注点，如图 6-42 所示。

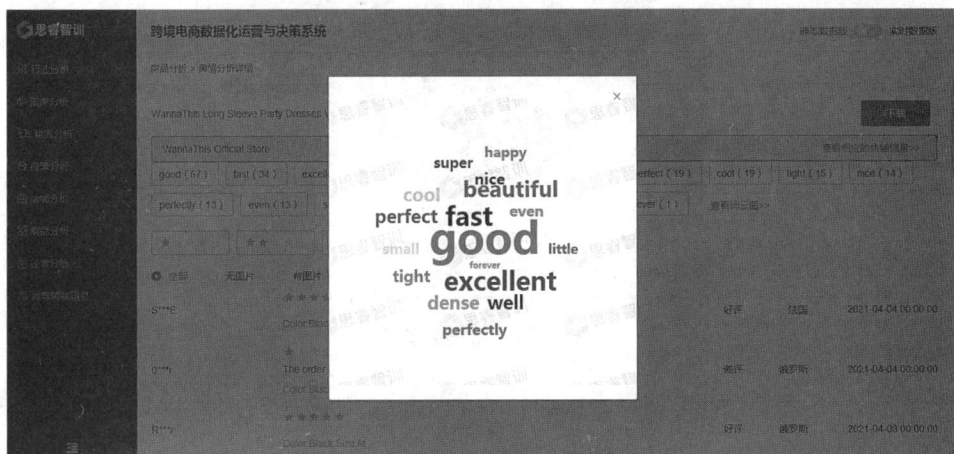

图 6-42　查看词云图

以上是系统内置的简易词云图，根据评价标签而生成，下面我们将通过系统采集商品评价数据，借助"微词云"数据分析工具制作词云图。在图 6-43 中，点击"下载"按钮，将评价数据下载到本地。

图 6-43　下载评价

2. 借助第三方工具制作舆情词云图

下面我们将以微词云为例，来演示词云图的制作过程。微词云（Mini Tag Cloud）是一款非常实用、简单的在线词云生成工具，无论是设计人员、运营人员、学生、数据分析师都可以很简单地做出令人眼前一亮的词云图。

打开微词云官网，使用自己账户登录，在右上角点击头像，在弹出的菜单栏中单击"我的作品"选项，切换到自己的作品，如图 6-44 所示。

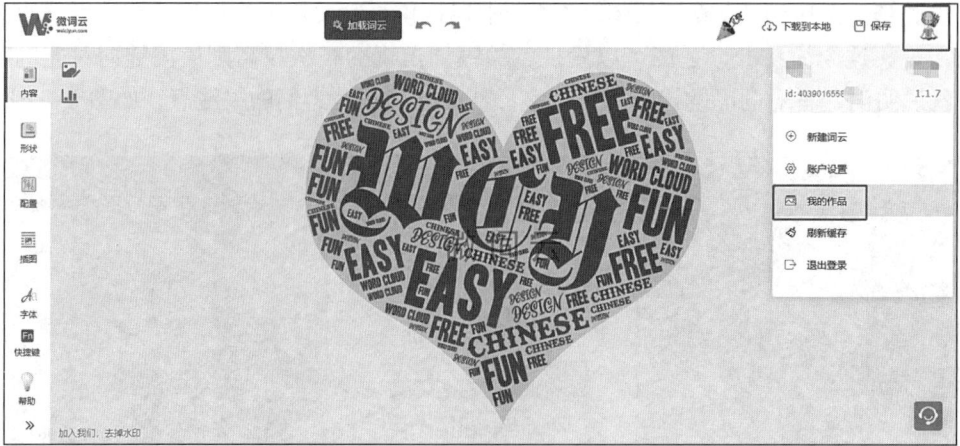

图 6-44　微词云首页

在页面右上角点击"创建词云"按钮，或者点击"创建新的词云设计"所在模块，如图 6-45 所示。

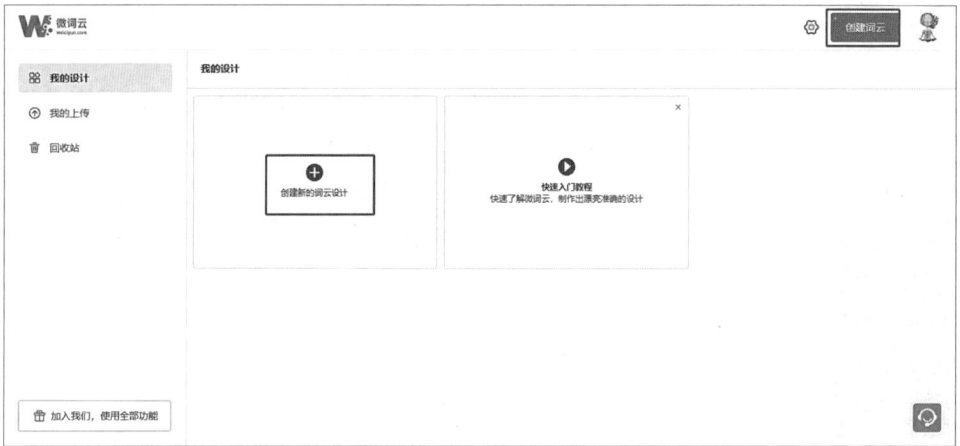

图 6-45　创建词云

这时会出现一个默认的图形模板，点击"内容"模块，将会出现该默认图形背后所使用的数据。点击"导入单词"按钮，如图 6-46 所示。

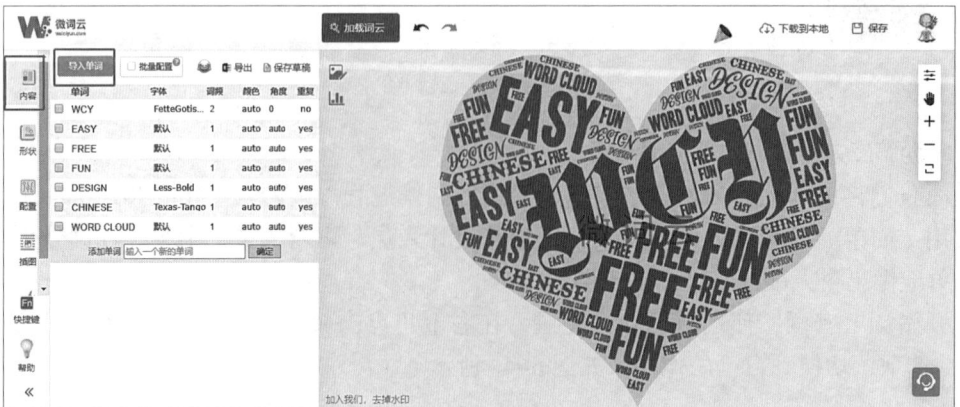

图 6-46　导入单词

在图 6-47 中，选择"分词筛选后导入"。打开前面在跨境电商数据化运营与决策系统"舆情分析"功能中下载到本地的评价数据，在 Excel 表格中选择"评价"列，复制粘贴到"分词筛选后导入"文本框中，将行与行之间的空格删除，简单查看是否有特殊符号并将其删除，文本调整完成后，在该选项卡底部点击"开始分词"按钮。

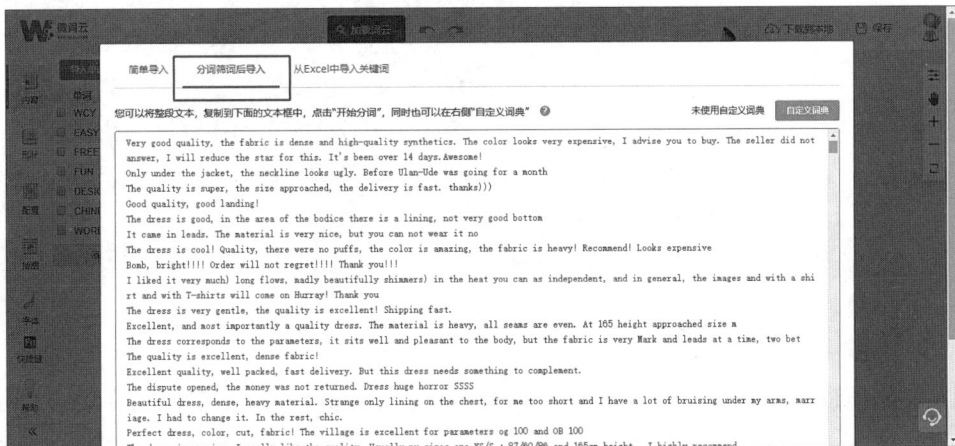

图 6-47　输入文本开始分词

根据"词性"过滤不要的关键词，通常可将一些副词、动词、数量词筛选掉，使用名词、形容词来制作词云图。最后点击"确定使用所选单词"按钮，此处的分词结果也可下载到本地，如图 6-48 所示。

图 6-48　过滤关键词

词云的默认形状为最初创建词云时所呈现的默认图形，如果出来的还不是我们所导入的关键词结果，可点击"加载词云"按钮进行刷新，如图 6-49 所示。

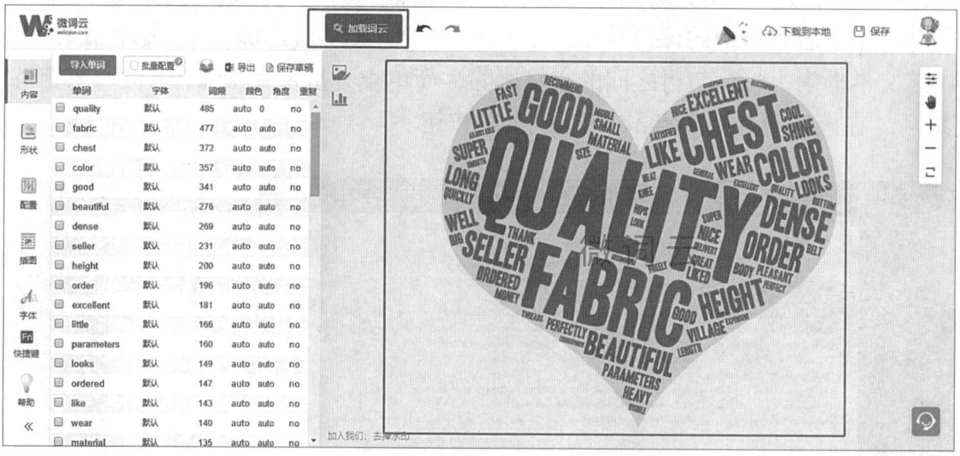

图 6-49　点击"加载词云"按钮进行刷新

可在左侧项目栏中进一步选择设置"形状""字体"等选项，最终效果如图 6-50 所示。

观察发现，"QUALITY""FABRIC""COLOR"这几个名词字号较大，说明消费者们更关心质量、材质、颜色等方面的问题；此外还有"GOOD""LIKE"等几个形容词字号较大，说明消费者们的整体评价还是不错的。

图 6-50　最终结果

（四）实训总结

（1）可借助"商品分析"—"舆情分析"功能了解并下载商品评价相关的数据。

（2）观察评价标签或者其所对应的词云图，由于这些词多为形容词，能够在一定程度上反映出消费者们对商品的使用效果或者看法。

（3）可将评价数据下载到本地，并借助第三方工具来制作更生动形象的词云图。观察词云图中的评价关键词，可以通过一些名词反映出消费者们关心的问题，通过一些形容词反映出消费者们对商品的使用效果或看法。

二、客户生命周期分析

（一）实训目的

（1）了解客户生命周期分析相关知识。

（2）实操客户生命周期分析。

（二）实训知识准备

1. 客户分析的概念

客户分析就是根据客户信息数据来分析客户的各种特征，评估客户价值，从而为客户制订相应的营销策略与资源配置计划。通过合理、系统的客户分析，商家可以知道不同的客户有着什么样的需求，分析客户消费特征与经营效益的关系，使运营策略得到最优的规划。更为重要的是客户分析可以帮助商家发现潜在客户，从而进一步扩大商业规模，使企业得到快速的发展。商家可以从以下几个方面入手，对客户数据信息展开分析。

（1）客户个性化需求分析

随着企业经营理念的转变，"以客户为中心"的经营理念越来越受到商家的推崇，客户个性化的需求分析越来越受到商家的关注。客户关系管理（customer relationship management, CRM）是以客户为核心的，分析客户的个性化需求也是客户关系管理的一个重要内容。

通过客户个性化需求分析，商家可以了解不同客户的不同需求，从而采取有针对性的营销活动，使得企业的投资回报率达到最大。

（2）客户行为分析

利用客户数据信息，商家可以了解到每一个客户的购买行为，通过对这些客户行为的分析可以了解客户的真正需求。客户行为分析是客户分析的重要组成部分，通过客户行为分析可以知道哪些客户行为会对商家的利润产生影响，商家可以通过调整策略来改变客户的行为，进而改善客户与商家之间的关系。

（3）有价值的信息分析

要做到以客户为中心，商家就必须对客户进行分析。商家通过客户分析可以进行科学的决策，而不是将决策建立在主观判断和过去经验的基础之上。通过客户分析，商家可以获得许多有价值的信息，例如，某次促销活动中客户对哪些促销方式感兴趣，哪些产品不适宜进行促销，影响客户购买促销品的因素有哪些，客户再次参加类似促销活动的可能性有多大等。这些有价值的信息有利于商家进行科学的决策。

2. 客户购买频次

对于电子商务来说，维护一个老客户的成本要远远低于开发一个新客户。分析客户购买频次的目的是寻找最有价值的客户，提高用户网站黏性，尽量多地满足老客户的需要。

（1）客户购买频次的含义

客户购买频次即客户在某一时间段内购买的次数。它能够反映客户购物的活跃度，频次越高，其活跃度也越高，客户对于网站的价值也就越大，网站的黏性也就越大。常用以下 3 种方式来增加网站黏性，提高客户购买频次。

①客户活跃度分析

客户的活跃度可以从平均访问次数、平均停留时间、平均访问深度 3 个方面进行分析。只要分析这三方面数据，自然可以提高客户的活跃度。

②客户流失分析

客户的流失分析需要通过数据分析发现潜在流失客户名单，设定一个"挽回方案"，尽可能留住需要的客户。最好依据客户之前的购买记录和行为轨迹，找出他们需要的商品，做出针对性的促销活动来挽回这些客户。但是，对这些客户只能是适当关怀，而不要形成骚扰，不然只会把客户"越推越远"。

③提升客户平均停留时间

客户停留在电子商务网站上的时间越长，就越有希望购买其中的商品，从而提高购买频次。网站通常可以根据客户的浏览历史记录和购买记录做商品的选择分析，动态地调整网站页面，向客户推荐、提供一些特有的商品信息和广告，从而使客户能够继续保持对网站的兴趣。

（2）客户购买频次分析

某化妆品商家分析店铺内某化妆品一周的客户订单数据发现，一周内下单 1 次的客户有655 人，订单总金额为 13 万元；下单 2 次的客户有 7 人，订单总金额为 2000 元。

通过对会员下单次数与订单金额分析发现，该化妆品的客户在 1 周内通常只下单 1 次，订单金额大部分是第 1 次下单所得。

考虑到该店铺主要经营化妆品，这个结果是合理的。因为化妆品具有一定的使用时间，在短时间内不会重复下单，提高客户在 1 周内的下单次数和下单金额相对比较困难。

然而，对于其他行业，结果也许会大相径庭。例如，主要销售零食的网站，零食的回购率往往都会很高，所以客服人员可以在短时间内对消费者进行商品推广，适当推出促销活动，这样就可以在短时间内增加回购率，加大订单量，提升店铺效益。

3. 客户生命周期分析

客户生命周期是指从一个客户开始对企业进行了解或企业欲对某一客户进行开发开始，直到客户与企业的业务关系完全终止且与之相关的事宜完全处理完毕的这段时间。客户的生命周期是企业产品生命周期的演变，但对商业企业来讲，客户的生命周期比企业某个产品的生命周期重要得多。客户生命周期描述的是客户关系从一种状态（一个阶段）向另一种状态（另一个阶段）运动的总体特征。

在生命周期上，客户关系的发展是分阶段的，客户关系的阶段划分是研究客户生命周期的基础。目前这方面已有较多的研究，有的学者提出了买卖关系发展的 5 阶段模型，也有的学者将客户生命周期划分为 4 阶段，而笔者则认为将客户生命周期划分为 5 个阶段比较符合电商企业的实际情况。

（1）阶段 A：客户获取。发现和获取潜在客户，并通过有效渠道提供合适的价值定位以获取客户。

（2）阶段 B：客户提升。通过刺激需求的产品组合或服务组合把客户培养成高价值客户。

（3）阶段 C：客户成熟。使客户使用新产品，培养客户的忠诚度。

（4）阶段 D：客户衰退。建立高危客户预警机制，延长客户的生命周期。

（5）阶段 E：客户离开。该阶段主要是赢回客户。

在与之相关的营销学上，涉及的理论是 CRM。根据该理论，可以采取科学的方法计算客户生命周期价值，进而进行企业经营决策的分析。

（三）实训内容

业务背景：通过消费者分析功能，了解各客户的订单金额、订单数量及最近一次购买间隔，做针对性商品推送。

【例6-2】对m店进行客户生命周期分析。

进入跨境电商数据化运营与决策系统首页，如图6-51所示。在左侧功能栏或者页面中央功能展示区域依次单击"经营分析"—"消费者分析"选项，进入消费者分析页面。

图6-51　跨境电商数据化运营与决策系统首页

选择店铺名称metersbonwe，点击"查询"按钮，可得到新老访客分布图与新老客生命周期图。若顾客有过两次及两次以上购买经历的即将其定义为老顾客，观察新老顾客分布图可发现，该店铺新顾客占大多数，老顾客所占份额较少。因此可进一步做好回访工作，并向已购买过的顾客适时推送新的产品信息，培养更多的忠实客户，如图6-52所示。

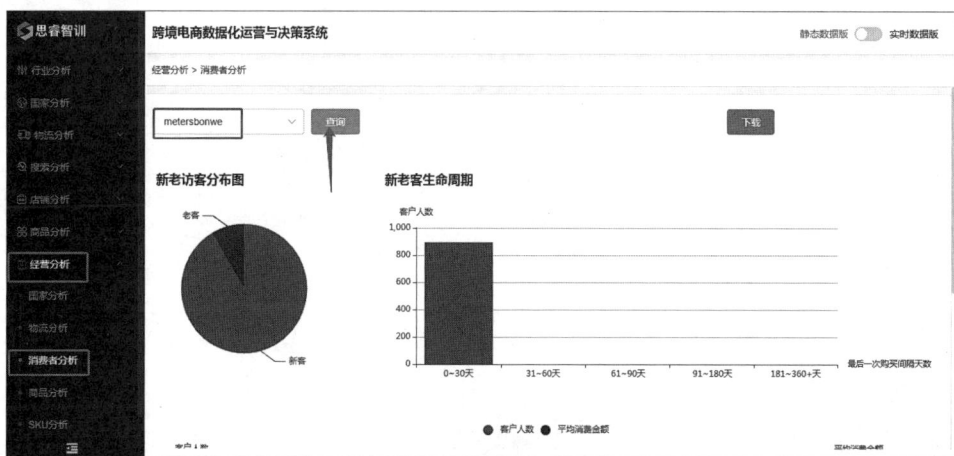

图6-52　消费者分析页面

将消费者分析页面下滑可得到消费频次与客户人数及平均消费金额之间的关系，如图6-53所示。

观察结果可发现，与图 6-52 中新老访客图的数据较为吻合的是，消费频次为 1 的客户人数最多，对应的平均消费金额为 12.42 美元；消费频次为 2 时，对应的客户人数排名第二，为 60 人，平均消费金额为 17.34 美元。这说明金额在 12.42 ～ 17.34 美元的商品符合大多消费者的价格偏好。针对以上结果，在接下来的经营过程中，可针对价格在该金额区间的商品进行上新及宣传推广。

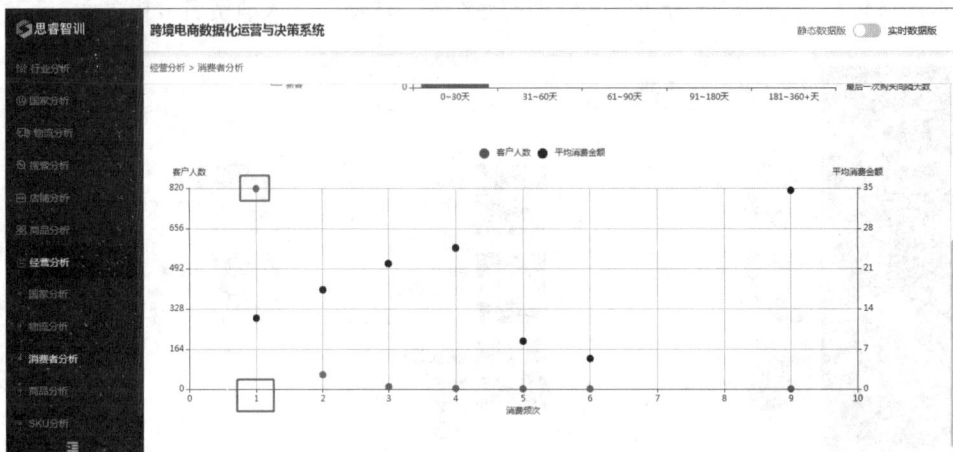

图 6-53　消费频次与客户人数及平均消费金额关系

（四）实训总结

（1）借助"经营分析"—"消费者分析"功能，基于客户数据进行客户生命周期分析。

（2）通过消费者分析功能，可了解新老客户、最近一次购买间隔及各个消费频次对应的客户人数与平均消费金额，进一步分析消费者可能喜欢的商品价格区间、购买时间间隔等，由此进行针对性的商品推送。

第七章

跨境电商物流数据分析

▶▶ **学习目标**

◦ 了解跨境电商物流的概念。

◦ 掌握跨境电商物流的模式。

◦ 了解跨境电商物流的特点。

▶▶ **学习重点、难点**

学习重点

◦ 跨境电商物流模式的选择。

◦ 跨境电商物流技术的应用。

学习难点

◦ 国家市场分析。

◦ 国家物流分析。

◦ 物流渠道分析。

◦ 商品渠道分析。

第一节　跨境电商物流概述

一、跨境电商物流概念与特点

（一）跨境电商物流的概念

　　跨境电子商务物流简称跨境物流，目前尚没有统一的定义。国外有学者认为：跨境物流是指在两个或两个以上国家（地区）之间进行的物流服务，是物流服务发展到高级阶段的一种表现形式。国内有学者认为：跨境物流是指以海关关境两侧为端点的实物和信息有效流动及存储的计划、实施和控制管理的过程。

　　本书结合对跨境电子商务、物流概念及业务的理解，将跨境物流做如下定义：跨境物流是供应链的一部分，是为满足不同关境客户需求，为使商品、服务及相关信息从供应方向需求方高效率、高效益地正向和反向流动及储存而进行的计划、实施与控制的过程。

（二）跨境电商物流的特点

在跨境电商开始发展时，电商商家主体已经自然而然地开始自主整合传统物流的服务资源。跨境电商的发展首先推动了跨境电商物流的出现，在传统物流的基础上，出现了属于跨境电商物流的一些新特征。

1. 服务功能多样化与目标的系统化

单一物流服务功能与单一物流环节最优化已不能满足现代物流需求，因此在进行物流作业时，除了需要考虑运输、仓储等环节的协调外，还要考虑物流与供应链中的其他环节的相互配合，不仅要实现单个物流环节最优化，而且要追求物流活动的整体最优化，从而保证物流需求方整体经营目标最优化。

2. 物流作业标准化与服务的个性化

一方面，标准化作业流程可以使复杂的作业变得简单，有利于跨地区协同与沟通，也有利于操作过程监控及对操作结果进行评价。另一方面，受经营产品、经营方式及自身能力的影响，物流需求方除了获得传统的物流服务外，还希望针对自身经营产品的特点与要求获得量身定制的个性化服务与增值服务，比如市场调查与预测、采购及订单处理、物流咨询、物流方案的选择与规划、库存控制策略建议，以及货款回收与结算等方面的服务，从而提高物流服务对决策的支持作用。

3. 以先进物流系统为基础的高效快速反应能力

根据哈佛大学教授艾尔弗雷德·钱德勒对速度经济的阐述，快速反应能力是指企业在竞争环境突变中迅速做出反应的能力，其重要性不亚于产品质量。当物流过程涉及的包装、装卸、运输、仓储和配送等系列环节出现不协调时，就可能导致全部或部分链条运转停滞直接影响物流效率或造成巨大的损失。伴随市场范围空间延伸与产品生命周期的缩短，企业为了达到扩大市场份额和降低成本的双重目的，不仅需要建立完善的全球产供销经营体系，还需要提高及时供应、减少库存以降低成本等方面的能力，因此物流管理也就成为企业管理的重要环节。

4. 物流技术先进化

国际（地区间）物流作业的各个环节广泛应用先进的物流技术，不仅提高了每个作业环节的效率，而且确保了整个经营目标的实现。比如，根据电子商务服务平台指令，物流供应商按照运输计划，组织提货、仓储、包装、报关、国际（地区间）运输和境外配送等。在整个物流链中，参与各方有效地利用了电子数据信息交换（electronic data interchange，EDI）系统，实现了信息的即时交换和资源共享，使参与各方及时了解货物的流向与下一步操作，避免了由于信息滞后而造成操作环节的延误，从而确保整个物流链的顺畅。在跨境电商交易中，物流公司起到了一个桥梁的作用，它利用其丰富的物流管理技术和运作经验，促使交易顺利完成。

5. 物流系统信息化与服务网络全球化

一方面，由于跨境交易范围是在全球范围内，物流服务网络覆盖范围越广，越有利于商家根据市场变化储存、调配商品，从而更能满足商家的物流需求。另一方面，先进的物流网络不仅能够做到物流网点间物流活动的一致性，使整个物流网络的库存总水平、库存分布、运输与配送最优化，同时为满足经营的需求，还可以通过物流信息系统加强供应与销售环节在组织物流过程中的协调和配合，并加强对物流的控制。

二、跨境电商物流模式

（一）国际（地区间）邮政小包

国际（地区间）邮政小包指通过万国邮政体系实现商品的进出口，运用个人邮包形式进行发货的跨境物流方式。邮政小包的覆盖范围相对较广，因此配送区域十分广阔。除此之外，邮政小包手续便捷，投递卖家根据要求在箱身粘贴航空标签、报关单、地址和挂号单号码后，就可以完成投递。商品投递之后包括报关、商检等所有手续均由邮政公司代为完成。邮政小包是一种相对简单快捷的物流方式，加之门槛较低，国际（地区间）邮政小包在目前的跨境电商中使用较多，且占较大比例。

但与此同时，邮政小包的安全性、配送速度广受诟病，在一定程度上影响了用户体验。由于配送条件的限制，邮政小包不能配送粉末、液体；此外，邮政小包对物流信息的收集和跟踪水平较低，发货者很难及时查询到真实、准确的物流信息，因此退换货业务和售后服务过程常常与顾客发生纠纷。最后，邮政小包的价格变动较显著，不同业务、不同时期所采用邮政小包配送货物的成本可能差别很大。伴随着各国（地区）通关政策的收紧，国际（地区间）邮政小包的优势或面临挑战。

（二）国际（地区间）快递

跨境电商使用较多的另一种物流模式为国际（地区间）快递，指商品通过国际（地区间）快递公司进行物流与配送。知名的国际（地区间）快递公司主要有 UPS（联合包裹运送服务公司）、FedEx（联邦快递集团）、DHL（敦豪航空货运公司）、TNT（荷兰邮政集团）等。此外，顺丰速运（以下简称顺丰）航空国际快递、申通快递等我国本土快递公司也逐步涉足跨境物流业务。

顺丰 2014 年推出专门面向境外电商客户的"全球顺"服务，其产品价格是原价的60%～80%。"全球顺"是顺丰在跨境电商物流领域的又一次尝试（顺丰旗下还有 SFbuy，服务于海淘转运）。"全球顺"发展初期仍将通过低价来推广，例如，香港到内地的首重费用为33 元／千克，续重费用为 21 元／千克；美国到中国的首重费用为 37 元／磅，续重费用为 31元磅。除此之外，"全球顺"还会根据客户的发货量调整定价，其中最低折扣可达到 7 折。"全球顺"主要是为了适应国际（地区间）电商物流 B2C 市场的变化趋势，满足客户寄递经济型快递的需求而开发的物流模式。在"全球顺"业务下，未来香港至内地的妥投时间预计为7～9 天，纽约至中国境内预计为 7～12 天，符合经济型快递的属性。另外，"全球顺"还将提供超范围转寄、偏远地区附加费豁免，以及预计派件时间等服务。未来，"全球顺"还将在中国台湾，以及日本、韩国等地陆续上线。

国际（地区间）快递多由经验丰富、管理规范的国际（地区间）知名物流企业所运营，这些企业大多拥有完整的配送链条、覆盖范围较广，服务质量较高，对物流信息的收集与跟踪能力较强。国际（地区间）快递可以针对不同的顾客群体，如国家地域、商品种类、体积大小、商品重量等选取不同的渠道实现商品速递。国际（地区间）快递具有时效性高、丢包率低等优点。

但与此同时，这类快递费用十分昂贵，尤其在偏远地区的附加费更高，且含电、特殊类商品无法进行速递。

（三）国际（地区间）物流专线

国际（地区间）物流专线是针对某一特点的国家或地区的跨境专线递送的方式，多在广州、深圳等出口城市设有仓库，以供分拣、整理、包装、分配货物，再将去向相同的货物用同一航班统一发出。主要是航空包仓的方式，比如东航物流。另外，目前许多物流公司整合各种资源开发了自己的国际（地区间）物流专线渠道，例如恒盛通物流公司具有俄罗斯专线、中美专线等国际（地区间）物流专线，并且提供清关、关税、送货上门等一站式服务。

这类物流渠道成本相对较低，配送效率相对较高。其物流起点、物流终点、运输工具、运输线路、运输时间基本固定。物流时效较国际（地区间）邮政小包快，物流成本较国际（地区间）快递低，且在其服务范围内的通关、衔接等业务中表现规范并高效。因此，针对固定路线的跨境电商而言是一种较好的物流解决方案。国际（地区间）物流专线的突出的弊端是具有区域局限性。

（四）海外仓

海外仓又称海外仓储，是指在跨境电商目的地预先租赁或建设仓库，通过国际（地区间）物流预先把商品送达仓库，然后通过互联网销售商品，当接到顾客订单后从海外仓库进行发货与配送的方式。这样一来，消费者下单后无须等待较长时间就可收到货物，因而大大改善了用户体验。同时，这种物流配送模式也降低了跨境电商因配送时滞而承担的风险和成本。由于是前期配货，物流方可以选择海运将商品运送至目的地，运输限制由此减少，电商企业的产品线获得了极大丰富，因而有利于跨境电商的横向拓展。

但与此同时，海外建仓初期需要较大资金投入，而海外仓库管理也需要固定的租赁、人工、设备等成本。海外仓的租赁、建设与运营也需要专业人员与资金，且在商品预运前要有准确的销售预期，否则会产生商品运后因滞销而造成的库存与积压。

（五）边境仓

边境仓是指在跨境电商目的国（地区）的邻国（地区）边境内租赁或建设仓库，通过物流将商品预先运达仓库，通过互联网接受顾客订单后，从该仓库进行发货的方式。根据所处地域不同，边境仓可分为绝对边境仓和相对边境仓。

绝对边境仓是指当跨境电商的交易双方所在国（地区）相邻，将仓库设在卖方所在国家（地区）与买方所在国家（地区）相邻近的城市的边境仓模式，如我国对俄罗斯的跨境电商交易，在哈尔滨或中俄边境的中方城市设立仓库。

相对边境仓是指当跨境电商的交易双方不相邻，将仓库设在买方所在国家（地区）的相邻国家（地区）的边境城市的边境仓模式，如我国对巴西的跨境电商交易，在与之相邻的阿根廷、巴拉圭、秘鲁等接壤国家的临近边境城市设立仓库。相对边境仓对买方所在国（地区）而言属于边境仓，对卖方所在国（地区）而言属于海外仓。海外仓的运营需要成本，商品存在积压风险，送达后的商品很难再退回国内，这些因素推动着边境仓的出现，如在对俄罗斯的跨境电商交易中，我国在哈尔滨设立了边境仓和临沂（中俄）云仓。一些国家（地区）的税收政策和政局不稳定、货币贬值、通货膨胀严重等因素，也会刺激边境仓的出现，如巴西税收政策十分严格，海外仓成本很高，那么可以在其接壤国家（地区）的边境设立边境仓，利用南美自由贸易协定推动在巴西的跨境电商业务。

（六）保税区、自贸区物流

保税区或自由贸易区（以下简称自贸区）物流，是指先将商品运送到保税区或自贸区仓库，通过互联网获得顾客订单后，通过保税区或自贸区仓库进行分拣、打包等程序后集中运输并进行物流配送的一种物流方式。这种方式具有集货物流和规模化物流的特点，有利于缩短物流时间和降低物流成本。保税区模式是目前最常用的跨境进口电商物流配送模式。保税区的商品暂时不需要向海关缴纳进口关税增值税、消费税等税收，只有当顾客下单之后，卖家将信息对接清关信息系统，发货处保税区进行配送时才需要缴纳进口税，这可降低企业成本。保税区最显著的特征是通过仓储前置，用位移换时间，然后通过选择更经济的运输方式降低干线运输成本。这是一种提前备货、高效通关的方式，进而通过选择更经济物流完成"最后一公里"运输的物流运作模式。通过自贸区或保税区仓储，可以有效利用自贸区与保税区的各类政策、综合优势与优惠措施，尤其各保税区和自贸区在物流、通关、商检、收付汇、退税方面的便利，简化跨境电商的业务操作，实现促进跨境电商交易的目的。

通过这种新型的"保税备货模式"，消费者只需承担商品价格和境内物流费用，其他风险都由卖家承担，消费者购物风险得到极大程度的降低，有利于企业大订单集货，降低商品价格，提升客户满意度，避免了传统模式下的很多不利因素。

（七）集货物流

集货物流是先将商品运输到本地或当地的仓储中心，达到一定数量或形成一定规模后，通过与国际（地区间）物流公司合作，将商品运到境外买家手中；或者将各地发来的商品先进行聚集，再批量配送；或者一些商品类似的跨境电商企业建立战略联盟，成立共同的跨境物流运营中心，利用规模优势或优势互补理念，达到降低跨境物流费用的目的。

（八）第三方物流

第三方物流是指由买方、卖方以外的第三方专业物流企业，以合同委托模式承担企业的物流服务的模式。目前，在境内电商中自建物流已成为一种趋势。但在跨境电商中，由于其复杂性及对物流投入的高要求，虽然洋码头等个别跨境电商在自建物流体系，但是鉴于资金、跨境物流的复杂性及各种物流障碍，大多数跨境电商更偏向选择第三方物流模式，如与邮政、国际（地区间）快递公司合作等。即便是邮政或者国际（地区间）快递公司，其在一些国家与地区也会选择与当地的第三方物流公司合作。在跨境物流链条中，会存在多种或多个第三方物流企业通力合作的现象。境内外大批海运企业、国际（地区间）货代企业，通常拥有丰富的进出口贸易、境外运作经验、境外业务网点布局及国际化操作能力，这些都是跨境电商或跨境物流企业可以合作的对象。

（九）第四方物流

第四方物流专为交易双方、第三方提供物流规划、咨询、物流信息系统、供应链管理等服务，通过调配与管理自身及具有互补性的服务提供商的资源、能力和技术，提供综合、全面的供应链解决方案。第四方物流通过整个供应链的影响力，在解决企业物流的基础上，整合各类社会资源，实现物流信息共享与社会物流资源充分利用。基于跨境电商与跨境物流的复杂性，涌现出一批第四方物流模式企业，为跨境物流注入新鲜力量。

三、跨境电商物流模式的选择

（一）跨境物流模式选择的必要性

国际（地区间）物流运输方式发展的最新形式是跨境物流配送方式，它主要通过跨境电商这一平台来为境内外的客户提供跨境物流服务，为了保证跨境物流服务水平不下降，为跨境电商产业的发展提供足够的动力，必须加强对于跨境物流的科学管理。目前，中国跨境物流配送模式主要有传统物流模式和新型物流模式。其中，传统物流模式中的国际（地区间）邮政和国际（地区间）快递是主要的跨境物流使用模式，成本低，但时效性慢；新型物流模式的使用率正处于快速上升趋势，但在适用性上具有明显的局限性。因此，新型跨境物流配送模式受到越来越多外贸企业的追捧，主要的新型跨境物流配送模式是在境内建立跨境物流配送中心或者是建立海外仓（边境仓）。

以境内规模领先的跨境电子商务企业大龙网为例，面对境外业务量的增长及其所面临的跨境物流困境，大龙网组建了境外团队奔赴俄罗斯市场，在俄罗斯地区投资建立了海外仓，并已经投入使用，以后大龙网的供应商除了能够享受到低于传统的跨境物流价格外，还能够同时享受到专业的仓储管理服务、订单追踪、"绿色头程 + 白色清关 + 分散仓储"方案、全程保险等服务，而俄罗斯地区的消费者则能够体验到跨境购物 3 ～ 5 天送货上门的优质服务。

面对中国跨境电商产业快速发展的影响，中国各类跨境电商企业面临一个艰难的选择，那就是如何选择自己的跨境物流配送方式，是传统跨境物流模式更有利还是新型跨境物流更有利。

（二）跨境物流模式选择方式

跨境电商模式下跨境物流配送方式的选择关系到跨境电商企业的发展甚至外贸企业和产品的整体形象，前文论述了中国跨境电商企业的跨境物流模式选择，尽管理论上说得通，但是在实际的跨境物流模式选择和运作过程中仍然存在诸多的问题。这些问题既存在于跨境电商企业中，也存在于中国制定的有关跨境物流的相关政策及其运作实际中，还存在于国际社会对中国跨境物流发展设置的相关阻碍中，例如中国跨境电商通关监管模式落后、检验监管模式落后、跨境物流总体发展水平较为落后等问题。

1. 企业角度

（1）根据跨境物流的地位，选择合适的物流模式

在不同类型的跨境电商企业中，物流业务所处的地位是不同的，跨境电商企业处在境外消费者、上游供应商、物流配送和其他多个环节形成的闭环国际（地区间）贸易供应链中，而且其行为对其他环节的行为起了导向作用。因此，跨境电商对跨境物流环节的重视程度，也就是跨境物流业务在跨境电商企业中所处的地位直接决定了其对跨境物流模式的选择。若是跨境物流环节对跨境电商企业非常重要而且企业内各部分对跨境物流也足够重视，可以说跨境物流在跨境电商企业中处于核心的地位，那么该跨境电商企业适合自建跨境物流。

若是跨境物流部分对跨境电商企业相对不重要而且企业对跨境物流也不重视，那么该企业适合将物流部分外包给第三方跨境物流企业来做，以减少其运营成本和管理费用。不仅如此，对跨境物流业有过研究的人都会发现，近几年跨境电商企业中，很多在境外建立了自己的物流配送体系，例如海外仓或者边境仓等。但是，并不是所有跨境电商企业都适合建立自己的跨境物流配送体系，在建立之前必须考虑自身未来的发展方向，并对建立的跨境物流体系进行利弊权衡，如提高了跨境物流业的速度和服务水平后给企业带来的利润是否高于给企

业的成本增加，这些问题要想得以解决，企业就必须清楚地知道跨境物流在其发展中的位置，科学理性地对待，结合跨境物流的地位，合理选择物流模式。

（2）根据企业规模实力，选择合适的物流模式

①传统跨境大宗交易平台企业

通常，资金雄厚、规模大、境外业务量大的跨境电商企业都会考虑建立适合自己的跨境物流配送体系，这样可以让企业在跨境物流配送中占据主导地位从而保证境外消费者的物流服务质量。有自己跨境物流渠道的企业不仅可以满足企业自身的业务需求，还可以与其他跨境电商企业和个人实现资源共享，让自建的跨境物流配送体系发挥更大的作用，为企业带来最大的收益。而规模大、实力雄厚的跨境电商企业在建立自己的跨境物流配送体系之后，可以实现以下目标。

第一，增强国际市场竞争力。现阶段，跨境电商产业得到了迅速发展，中国的跨境电商企业如雨后春笋般出现，企业之间在国际（地区间）市场上的竞争也越来越激烈。跨境物流模式的选择和水平的提升能够帮助企业提高境外业务量，增加境外消费者的回头率，抢占更多的国际（地区间）市场，能够成为跨境电商企业取胜的核心竞争力之一。加大对物流的控制力，便于企业以此作为切入点，提升行业竞争地位。

第二，提升境外消费者的品牌依存度。在境外消费者通过跨境电商进行消费的过程中，跨境物流服务水平的好坏在很大程度上直接影响着境外消费者在线购物的满意度，而一旦在线购物满意度有所提高，境外消费者会对该企业品牌产生一定的依赖性，即境外消费者黏性提高，这样也有利于企业的持续发展。

第三，拓展自己的潜在境外市场。境外消费者对于任何跨境电商企业而言都是至关重要的，拥有稳定并且不断增长的顾客群是每一个电商企业都想努力实现的，对于跨境电商企业也是如此。掌握并维持境外消费者就可以通过分析现有境外消费者的消费习惯和倾向，来相应地做出一些推广，从而招徕更多的潜在境外消费者。

②垂直类跨境小额批发零售企业

作为规模居中的垂直类跨境小额批发零售电商企业，规模和实力都没有传统跨境大宗交易平台企业的巨大优势，但它们也有急切优化跨境物流环节的需求，适合选择跨境物流联盟的模式来达到以下目的。

第一，拓展跨境物流网络的风险较低。受限于企业的经济实力和规模，规模居中的垂直类跨境小额批发零售电商企业不可能像大型的传统跨境大宗交易平台企业那样建立自己的跨境物流体系，巨大的成本和风险是其所不能承受的。规模居中的垂直类跨境小额批发零售电商企业一般通过多家第三方跨境物流进行相应的配送，这样不仅为企业节约了成本，减少了风险，还可以扩展跨境物流服务网络。

第二，利用自身优势获得境外消费者青睐。为寻求在相关领域的深度发展，形成专业优势和品牌效应，这类跨境电商企业一般主要是将某一类商品做精做深。与传统跨境大宗交易平台企业相比较，这类跨境电商企业财务实力、背景相对要弱一些，为了避免与传统跨境大宗交易平台企业相抗衡，并根据市场细分来选择合适的企业管理领域，这类企业可以通过细分市场避免与传统跨境大宗交易平台企业抗衡而生存下来，并获得持续发展。

③综合门户类跨境小额批发零售企业

对于业务量小、资金少、管理受限、工作人员不足的综合门户类跨境小额批发零售企业来说，利于生存又能快速成长的主要策略就是通过以下方式选择合适的第三方跨境物流模式。

第一，选择低成本的第三方跨境物流企业。该类企业由于自己实力有限又处于发展期或相应的成长期，其没有足够的人力、物力来发展自己的跨境物流配送网络，借助第三方跨境物流不仅能为企业节约成本，还能减少企业面临的风险。

第二，选择可信赖的第三方跨境物流企业。对于综合门户类跨境小额批发零售企业来讲，跨境物流服务水平的好坏直接影响着境外消费者的购物满意度，所以在第三方跨境物流企业水平高低不等的情况下，应尽量选择跨境物流服务水平较高的物流企业，为企业的长远发展维持一定的境外消费群体。

因此，不同规模和实力的跨境电商企业，其跨境物流模式的选择也千差万别，不能简单地一概而论。大企业不一定全部适合自建跨境物流模式，也要考虑其自身的能力范围和相关资源储备，视具体情况而定，选择对自身企业发展最有利的跨境物流模式。

（3）根据跨境物流服务要求，选择合适的物流模式

目前，优化境外用户体验已经成为跨境电商增加客户黏度、提升国际（地区间）市场竞争力的重要影响因素，关系着企业的持续发展，而境外客户网购跨境物流体验满意度主要包括及时性、准确性及境外客户服务水平3个方面。及时性主要包括订单处理是否及时和商品配送是否及时两方面的内容；准确性主要涉及订单商品的准确性和跨境物流配送地址的准确性两方面内容；境外客户服务水平主要包括网购时客服人员的服务态度、网购快件配送时快递人员的服务态度，以及在线购物的境外客户投诉时客服人员的态度等，其中跨境在线购物的消费者投诉也多集中于这几个方面，导致境外消费者与跨境电商卖家之间产生一定的隔阂，影响其之后的再消费，降低了境外客户黏性。

在选择跨境电商物流配送模式时，结合自身实际，除了根据以上几个主要因素做出选择外，企业同时必须了解不同跨境模式的相关费用组成，以便节省成本和进行资源再利用。但不同类型企业的相关成本组成是不同的，控制方法也千差万别，不可一概而论，因此跨境电商企业需要对跨境物流总费用进行实际综合考量，选择对自身最有利的跨境物流模式。同时，还应该结合跨境电商企业自身运作能力的强弱来做出合理的选择。

2. 政府角度

跨境电商企业在选择物流模式的过程中，除了受到企业自身的实际情况制约，还受到境内外跨境物流运作的大环境的影响。

中国跨境物流的主要形式还停留在传统的国际（地区间）物流所具有的形式上，如简单的境外、通关、报关报检等，一些新的具有较高价值增值的跨境物流配送模式发展较为滞后，如跨境物流信息管理系统、高端的跨境物流解决方案、跨境物流金融等还不能满足跨境电商的发展。为了给跨境电商企业创造一个良好的跨境物流环境，政府可以从以下几个方面着手。

（1）完善跨境物流配套服务设施

较为完善的跨境电商物流基础设施和较为有利的境内外环境将有利于中国跨境电商产业的发展。地方政府应根据现有的设施，通过加强管理、改进服务、提高跨境物流服务水平等方式来减少跨境物流成本，吸引客户，抢占市场，配置先进的硬件设施，逐步建立起现代化跨境物流配送中心网络。同时，政府相关部门要做好数据的传输、技术标准的制定、跨境物流作业的规范化等工作，积极推进跨境物流操作规范，通关程序、退税、仓储管理、相关企业管理等环节的法制化，提高跨境电商物流的运作效率。

（2）完善跨境物流信息化和标准化建设

信息时代的到来和计算机科学与技术的高度融合、电子数据交换技术、条形码、全球卫

星定位系统等先进的信息技术的开发和应用，都极大地促进了跨境物流的发展。这些技术可以提高跨境物流信息的采集、处理和传输效率，减少传输时间，提高跨境物流运作的效率，降低跨境物流的总成本。跨境物流实现信息化的前提是跨境物流信息的规范化和标准化。规范化要求跨境物流企业在运输、包装、装卸、仓储、信息等方面统一标准，借以最大限度提高跨境物流的效率。标准化则要实现跨境物流服务的规范化，从而提升跨境物流的速度，这对于提高跨境物流运输效率很重要。因此，要加快跨境物流标准化和公共信息平台建设，并充分认识到跨境物流信息化在提升物流服务水平中地位。

总之，跨境电商企业对所采取的跨境物流模式进行选择时，应该先客观地评价自身条件，利用相关的评价指标体系对各种跨境物流模式进行评价，并进行合理性选择，同时政府相关部门也要做好相关的基础工作，以更好地促进跨境电商产业快速发展。

四、跨境电商物流风险与防范

（一）海运物流风险与防范

1. 从保险分类看海运风险

保险业把海上货物运输的风险分成海上风险和外来风险。

（1）海上风险

海上风险包括自然灾害和意外事故。自然灾害仅指恶劣气候、雷电、洪水、流冰、地震、海啸及其他人力不可抗拒的灾害，而不是指一般自然力所造成的灾害；意外事故主要包括船舶搁浅、触礁、沉没、碰撞、倾覆、失火、爆炸等具有明显海洋特征的重大意外事故。

（2）外来风险

外来风险是指海上风险以外的各种风险，分为一般外来风险和特殊外来风险。一般外来风险是指偷窃、破碎、渗漏、沾污、受潮受热、串味、生锈、钩损、短量、提货不着、淡水雨淋、包装破裂等；特殊外来风险主要是指由于军事、政治及行政法令等原因造成的风险，从而引起货物损失，如战争、罢工、交货不到、拒收等。

2. 海运物流风险防范——海运保险

海运保险分为平安险、水渍险及一切险 3 种。当被保险货物遭受损失时，保险公司按照保险单上订明承保险别的条款规定，负相应赔偿责任。

（1）平安险

平安险的投保范围如下。

①被保险货物在运输途中由恶劣气候、雷电、海啸、地震、洪水等自然灾害造成整批货物的全部损失或推定全损。当被保险人要求赔付推定全损时，须将受损货物及其权利委付给保险公司。被保险货物用驳船运往或运离海轮的每一驳船所装的货物可视作一个整批。推定全损，是指被保险货物的实际全损已经不可避免，或者恢复、修复受损货物及运送货物到原定目的地的费用超过该目的地的货物价值。

②由运输工具遭受搁浅、触礁、沉没、互撞、与流冰或其他物体碰撞，以及失火、爆炸意外事故造成货物的全部或部分损失。

③在运输工具已经发生搁浅、触礁、沉没、焚毁等意外事故的情况下，货物在此前后又在海上遭受恶劣气候、雷电、海啸等自然灾害所造成的部分损失。

④在装卸或转运时由一件或数件整件货物落海造成的全部或部分损失。

⑤被保险人对遭受承保责任内危险的货物采取抢救等防止或减少货损的措施而支付的合

理费用，但以不超过该批被救货物的保险金额为限。

⑥运输工具遭遇海难后，在避难港由卸货所引起的损失，以及在中途港、避难港由卸货、存仓及运送货物所产生的特别费用。

⑦共同海损的牺牲、分摊和救助费用。

⑧运输契约订有"船舶互撞责任"条款，根据该条款规定应由货方偿还船方的损失。

（2）水渍险

除以上列出的平安险的各项责任外，水渍险还负责被保险物由恶劣气候、雷电、海啸、地震、洪水等自然灾害所造成的部分损失。

（3）一切险

除以上列出的平安险和水渍险的各项责任外，一切险还负责被保险货物在运输途中由外来原因所致的全部或部分损失。

但一切险对下列损失，不负赔偿责任。

①被保险人的故意行为或过失所造成的损失。

②属于发货人责任所引起的损失。

③在保险责任开始前，被保险货物已存在的品质不良或数量短差所造成的损失。

④被保险货物的自然损耗、本质缺陷、特性，以及市价跌落、运输延迟所引起的损失或费用。

⑤海洋运输货物战争险条款和货物运输罢工险条款规定的责任范围和除外责任。保险人所承保的标的，是保险所要保障的对象。但被保险人（投保人）投保的并不是保险标的本身，而是被保险人对保险标的所具有的利益，这个利益叫作保险利益。投保人对保险标的不具有保险利益的，保险合同无效。

国际（地区间）货运保险同其他保险一样，被保险人必须对保险标的具有保险利益。这个保险利益，在国际（地区间）货运中体现在对保险标的的所有权和所承担的风险责任上。以 FOB（装运港船上交货）、FCA［货交承运人（……指定地点）］、CFR［成本加运费（……指定目的港）］和 CPT［运费付至（……指定目的地）］方式达成的交易，货物在越过船舷后风险由买方承担。一旦货物发生损失，买方的利益受到损失，买方就具有保险利益。

因此由买方作为被保险人向保险公司投保，保险合同只在货物越过船舷后才生效。货物越过船舷以前，买方不具有保险利益，因此不属于保险人对买方所投保险的承保范围。以 CIF［成本加保险费加运费（……指定目的港）］和 CIP［运费加保险费付至（……指定目的地）］方式达成的交易，投保是卖方的合同义务，卖方拥有货物所有权，当然具有保险利益。卖方向保险公司投保，保险合同在货物启运地启运后即生效。

（二）空运物流风险与防范

不管是普通空运，还是国际（地区间）快递，风险点主要集中在对货权的控制上。风险在跨境出口电商 B2C 中尤为突出。物流运输途中，快递包裹发生遗失、破损，海关查验，海关扣留，海关罚没及国际（地区间）包裹退回的现象十分常见，遇到这些常见的问题，应采取合适的解决方案。其中，主要的空运风险包括境内途中风险和境外途中风险。

1. 境内途中风险与防范

（1）转运中货物破损或丢失

常见的国际（地区间）邮包破损或丢失，大部分是以下 4 种原因造成的。

①有些空运货代为了获得更高的利润，往往选择更换偏远的空运渠道，使得货物的上网信息非常不畅通，甚至丢失包裹，无法查询下落。

②空运物流线路太长、太远的城市不仅需要空运，还需要车辆转运，转机转运过程中出现车辆颠簸、碰撞、人为搬运，造成货物丢失或破损毁坏。

③少数空运货代对高价值产品扣货，甚至在仓库搬运中出现偷盗现象，这种现象比较罕见。

④空运物流操作人员操作不规范，乱堆乱放，暴力分拣。另外，香港出货的国际（地区间）快件，特别是从其他区域到香港转换香港小包的快件，还要面临香港代理查货的风险。面对这些问题，境内供应商要选择正规的、资质优良的国际（地区间）快递货运代理公司，产品要严格包装，做到防水防潮，还要防盗。

（2）海关查验没收

境内供应商在境内海关查验易出现的问题主要有 3 类。

①侵犯知识产权产品，中国坚决打击假冒产品，因此海关对侵犯知识产权产品的查验也是非常严格的。

②液体、粉末、电池、贵金属等严禁出口的产品是无法通过海关查验的。

③冲关问题，主要指的是商业快递，有些商品是需要商检的，国际（地区间）快递公司有时会建议中国供应商报虚假货值及货量较大产品的品名和价格冲关。但是，如果被海关查出，货物将会被退回，严重时将被海关罚没，甚至追加罚款。中国供应商要遵纪守法，按海关规定和相关法律政策出口，尽量避免出现上述问题，在出口前要检查需要的出口清单材料、报关报检资料是否齐全等。

2. 境外途中风险与防范

（1）航空安检无法通过

众所周知，一切危害航班的信号、易燃易爆产品、涉嫌假冒伪劣侵犯知识产权的产品都无法通过航空安检。因此，商家运输的货物中如果有危险品，要准备好危险品证明材料，并在相对应的航空公司备案，此外还要避免托运涉嫌假冒伪劣的产品。尽量避免拆除装在产品中的电池，必须托运电池类产品时，要提前准备好 MSDS（material safety data sheet，化学品安全说明书）证明。

（2）转运途中的风险

国际（地区间）航空快递包裹要到达客户手中需经过很多中转环节，中转越多，路途越长，出现问题的概率也就越大。国际（地区间）快递物流中转过程中的丢失、破损、被盗，还有恶劣天气导致的外包装破损都是在转运途中较容易出现的问题。如果国际（地区间）邮包中含有易碎物品，中国供应商要在明显处张贴易碎品标签，包装箱内尽量多垫泡沫、气泡袋，搭木架或木箱、木托盘，以加固产品，保证产品安全。如果快递产品货值较高，快递公司会建议供应商购买保险；交货时间要求高的货物，中国供应商快递要注意选择实力相对较强和信誉较好的国际大公司出货，以便及时准确出货和随时查询。

（3）清关问题

清关常见的问题包括：一些南美国家（地区）的关税过高，采购商不愿清关；采购商所在国家（地区）限制进口产品；侵权产品被海关查扣；申报价值与实际不符，货物需要退回。因此，在当地弃货、销毁货物等都是比较常见的。

为了避免出现这些问题，中国供应商要了解产品的目的国（地区）海关的清关要求，避免涉嫌侵犯知识产权的产品，尽量如实申报产品价值，如采购商要求低价值申报，供应商要保留好证据，最好让采购商自己选择进口清关方式。这里要特别注意：商业快递邮寄到巴西，一定要写上收件人 VAT（value added tax，增值税）税号；电子产品邮寄到欧盟尤其是意大利、西班牙一般需要 CE（欧洲统一安全认证）标识；而俄罗斯、乌克兰、意大利、西班牙、葡萄牙、波兰、巴西、以色列这 8 个国家不能弃件或毁件。为了减少风险成本，就要选择合适的国际（地区间）快递物流公司。

对于速度要求高的产品，欧洲、北美洲、大洋洲要求准时、快捷送达货物，选择实力强和信誉好的国际（地区间）大公司出货可以全程追踪，在 4 ～ 7 个工作日即可到达客户手里，丢包和采购商拒绝付款的风险也相对较小，例如 DHL、TNT、FedEX 等。

如果采购商对交货速度没有要求，可以选择比较便宜的航空小包。航空小包可以发 2 千克及以下的货物，特点是便宜、方便、全球通邮、价格统一，但到达时间不稳定，更新查询信息慢，丢包和客户纠纷风险大，例如中国邮政小包、新加坡小包等。

不同国家（地区）的物流环境，特别是物流软环境不同，物流运输方式的差异就很大。跨境电商由于是在不同的国家（地区）之间进行的贸易活动，贸易环境更为复杂，在交易、支付、物流、信息安全及监管等方面均存在不利于贸易开展的风险和问题。本章具体分析了企业在开展跨境电商的过程中可能面临的支付和物流问题及风险。总之，跨境电商所面临的环境相对复杂，企业应积极应对，做到知己知彼，同时国家层面应尽可能地创造安全良好的环境，多管齐下，才能促进跨境电商健康快速发展。

五、跨境电商物流服务和成本管理

国际（地区间）物流成本对跨境电商的发展有较大影响。跨境电商各个平台的曝光规则——按单品 SKU 的最低售价及按照销售量的成交排名，不仅要求你的产品采购成本要控制好，还要求与之对应的物流成本也要做到最优，才能综合发挥你的产品的价格优势。除此之外，跨境电商终端客户的产品体验也包括了物流的时效体验，物流速度越快，终端客户收到的货物越及时，客户的产品体验越好，甚至这种良好的物流体验可以转换为二次订单，增加了电商企业的产品成交优势。反之，高成本的物流费用，时效不达标的物流体验，会严重地制约跨境电商企业的发展。

1. 跨境电商国际（地区间）物流服务管理

跨境电商国际物流服务管理，就是对跨境电商物流运作的计划、协调、控制和考核等。跨境电商物流服务管理的目的就是使各项物流渠道实现最佳的协调和配合，从而降低物流成本，提高物流效率。一般来说遵循以下 3 个原则：①整体效益原则，不仅要求跨境电商物流本身的效益最大化、资源整合化、成本最优化，而且也要求与跨境电商物流服务相关的其他系统整体效益最大化；②标准化原则，按照物流操作的重复性和常规性，用物流 ERP 系统对物流的订单处理流程、包裹状态的跟踪流程、财务报表分析流程，以及物流服务管理的 KPI 考核流程进行标准化的体现和管理，实现自动化、智能化，提高管理效益；③服务原则，要掌握常规的物流风险，积极采取规避措施，用高效的、优质的服务体系，提供给客户最好的物流体验。

2. 国际（地区间）物流成本管理和控制

（1）国际（地区间）物流成本管理

国际（地区间）物流成本管理是对国际（地区间）物流相关费用进行的计划、协调和控制。

一般来讲，影响跨境电商物流成本的因素有以下几种。

① 产品的重量

基于跨境电商平台包裹小而散的特征，80% 的包裹重量都低于 2 千克。在这种情况下，大多数商家都会选择各类型的邮政小包裹，比如新加坡邮政、中国香港邮政等，都按克收费，费用便宜，可以设置免运费来吸引消费者。那么针对 2 千克以上的包裹就不适用邮政小包了，这类包裹适合走快递渠道和专线渠道，基本按 0.5 千克一个单位收费，运费昂贵，但是时效比邮政小包快，可以给客户更好的物流时效体验。

② 产品的体积

邮政小包体积较小，一般不计算体积，其他专线和快递都是会计算体积费用的。所以你在设置运费模板的时候要先测量商品的体积和重量，取大者计算运费。体积计算公式为

$$体积 = （长 × 宽 × 高）/5000$$

③ 物流妥投时效要求

样品和价值高的产品选择物流时效更有保障的渠道才能保证客户对时效的要求。

④ 产品属性分类

在计算和选择物流渠道及成本的时候，我们要注意物流渠道对走货产品属性的要求，有些渠道可以走带电类的敏感产品，有些物流渠道不可以走带电类的敏感产品。所以产品属性决定你选择的物流渠道，而不仅仅是物流成本价格。

（2）国际（地区间）物流成本控制

国际（地区间）物流成本控制的策略有以下 3 种。

① 通过整合物流综合方案来降低物流成本

跨境电商物流的需求是碎片化的，复杂且呈多样性。不同的产品属性、不同的重量体积、不同的国家（地区）、不同的物流渠道，计费方式和成本相差甚远。应根据自身平台对物流的要求及买家的需求来整合和优化最合适的物流线路，以达到成本最优。物流成本的降低，必然会带来销售额度的增加。

② 通过实现供应链管理和提高物流服务管理来降低成本

实现供应链管理不仅要求企业的物流体制效益化，同时，物流部门和产品部门、采购部门等都要加强成本控制。提高物流服务可以确保平台和企业利益，同时也是降低企业物流成本的有效方法。

③ 通过 ERP 信息系统管理来降低物流成本

通过标准化的系统管理来实现物流的操作和订单处理，并且通过 ERP（enterprise resource planning，企业资源计划）标准化的流程来节约人工成本，实现企业用工的最优化。通过 ERP 系统监测和管控的物流数据来对当前的物流状态和问题进行梳理和防范，让企业的物流管理成本大幅度下降，从而达到降低物流成本的目的。

第二节　跨境电商物流数据分析实训

一、国家（地区）物流分析

（一）实训目的

（1）掌握国家（地区）物流分析相关知识。

（2）实操国家（地区）物流分析。

（二）实训知识准备

1.跨境电商物流的重要性

跨境物流的发展必须打破行业桎梏，携手供应商促成资源共享，为实现更好的经济效益而不断进行调整，这样才能有效、快速地促进跨境电商的发展。要提高跨境物流和跨境电商的工作效率和质量，要注意以下问题。

（1）**成本问题**

一些跨境电商企业建立了自己的物流体系。但是在国际（地区间）物流上还是依靠第三方来实现业务配送。在物流本土化的过程当中，还需要加强与本土物流企业的合作，其中境外仓就是典型代表。不能局限于以往产业链的发展模式，要做到有利于缩短时间、降低成本、减少货物损失等，要做出有利于现状的调整，这才是对现状更好的创新。

（2）**通关问题**

每个国家（地区）对各种物品的限制和具体的规定条款不一样，所以造成具体通关环节耗时较多。同时在市场经济高速发展的今天，跨境电商应该采用多种物流方式，并相互合作来应对各种问题，形成规模化的跨境物流产业链。针对不同的国家（地区），采用不同的物流结合形式，一来节约运输时间，二来也能规避由于海关条款的不同带来的麻烦。多种物流方式结合的形式是推动跨境物流和跨境电商发展的重要手段之一。

（3）**有效结合跨境电商和跨境物流**

只有两者相互沟通和结合才能收到更好的经济效益。在条件允许的情况下两者形成战略合作关系，通过产业链的整合，跨境电商和跨境物流可以共同开发，通力合作，共同获得经济效益。企业和企业之间取长补短，在求同存异中谋发展，获得双赢。在当下的网络时代，人们对于服务行业的要求越来越高，跨境电商和跨境物流双方应当把握经济的发展方向，放下各自的"规则"，才能更好地协同发展。

（三）实训内容

1.国家（地区）物流订单数量分析

业务背景：基于跨境电商数据化运营与决策系统，进行国家（地区）物流分析，分析不同国家（地区）各物流渠道占比等数据，以此把握各国家（地区）消费者的物流商偏好。

进入跨境电商数据化运营与决策系统首页，如图 7-1 所示。在左侧功能栏或者页面中央功能展示区域依次单击"国家（地区）分析"—"国家（地区）物流分析"选项，进入国家（地区）物流分析页面。

图 7-1　跨境电商数据化运营与决策系统首页

　　设置时间、国家（地区），例如"2020 年 7 月""俄罗斯"。在物流数量国家（地区）分布情况视图模式下，可以看到各国家（地区）对应的订单数量分布情况，将鼠标指针移至地图上某区域可以看到该国家（地区）对应的订单数量。

　　切换到表格模式，可以看到各国家（地区）对应订单数量数据详情表格。对比各国家（地区）对应的物流订单数量发现，俄罗斯、西班牙、美国 3 个国家的物流订单数量最多，由此也说明这 3 个国家是速卖通平台最大的几个市场；也可通过订单数量数据大小来判断哪个国家（地区）市场规模及潜力较大，如图 7-2 所示。

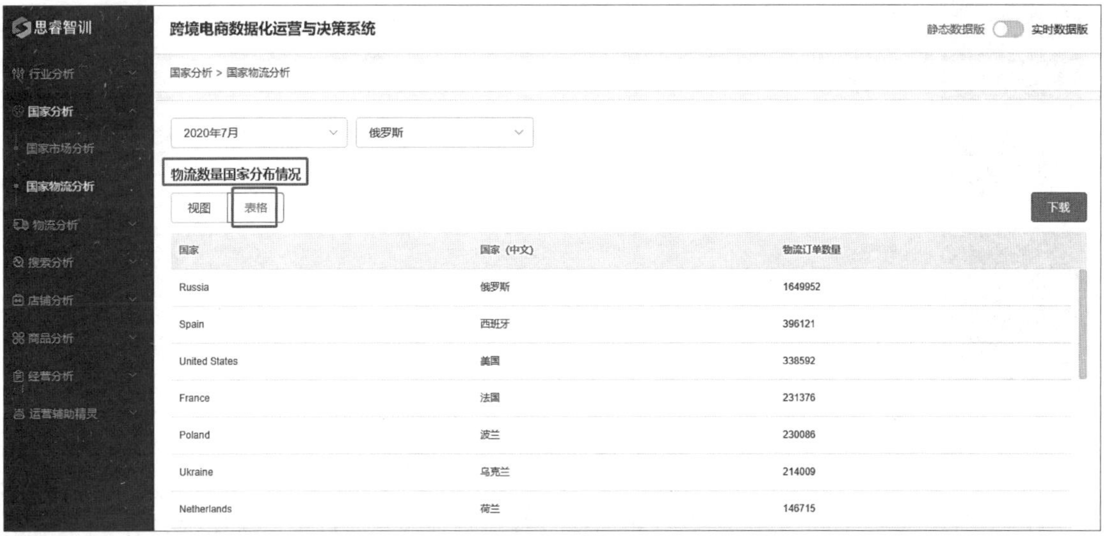

图 7-2　物流订单数量国家分布情况表格

　　将页面下滑，可看到俄罗斯物流渠道占比分布情况，在视图模式下可查看俄罗斯各物流渠道对应的订单数量分布饼图，鼠标指针移至各色块上时可看到该物流渠道对应的订单数量及其占比数据，如图 7-3 所示。

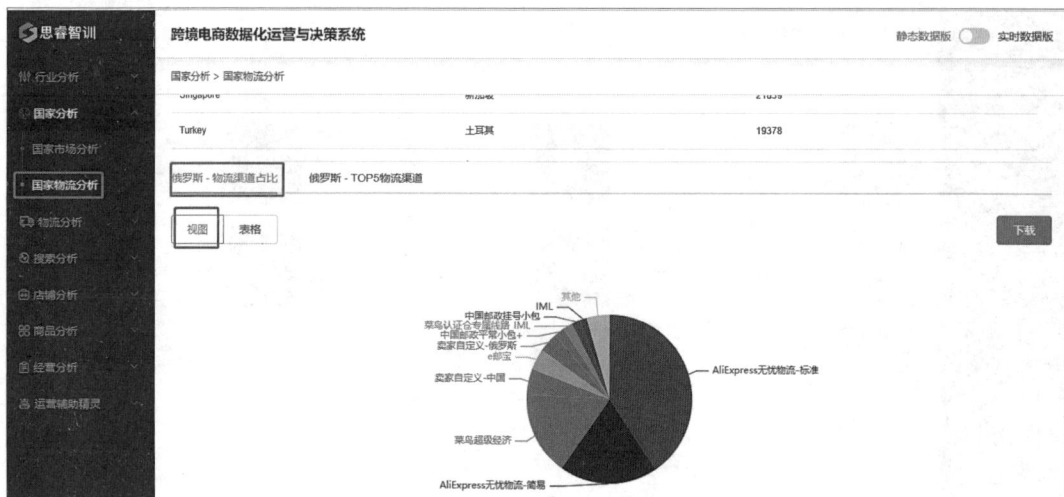

图 7-3　俄罗斯物流渠道占比分布视图

切换到表格模式，可以看到各物流渠道对应的订单数量及其占比数据详细表格，通过此数据可判断各国家（地区）哪些物流渠道比较受欢迎。观察发现，俄罗斯作为速卖通平台上市场规模最大的国家，AliExpress 无忧物流—标准为卖家首选发货方式，其次是 AliExpress 无忧物流—简易，如图 7-4 所示。

图 7-4　俄罗斯物流渠道占比分布表格

点击"俄罗斯—TOP5 物流渠道"，可便捷直观地看到俄罗斯订单量占比排名前 5 的物流，还可观察到各快递不同月份间订单量占比趋势的变化，基于此可以考虑在制定物流优惠方案时，再加上月份影响因素，如图 7-5 所示。

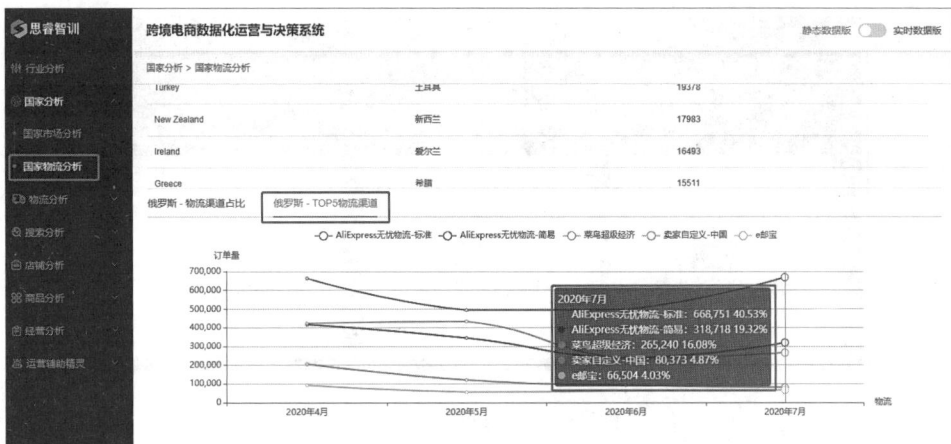

图 7-5　俄罗斯—TOP5 物流渠道详情

2.国家（地区）物流包裹量分析

接下来将借助全球物流查询平台相关功能进一步展开跨境电商物流大数据的分析。

（1）注册流程

打开全球物流查询平台 17TRACK（http∶//www.17track.net/zh-cn），在页面右上角的部分用你的邮箱注册成为 17TRACK 的注册用户。

①在注册窗口输入常用邮箱，点击下一步，接受许可协议和隐私条款，也可以选择第三方授权注册，如图 7-6 所示。

图 7-6　注册页面

②登录你的邮箱，查看系统发送的验证码，复制验证码填写到这个输入框中，点击下一步。

③设置账户密码，请在两个框中都输入相同的密码，然后点击下一步。

④系统会针对不同账号类型（海淘买家、跨境卖家、物流运输商）提供定制化功能和服务，可根据您的情况确定角色，确定后将不可修改，如图 7-7 所示。

图 7-7 设置账号类型页面

⑤注册成功后，点击登录，即可开展包裹查询追踪和包裹数据分析。

（2）跨境物流大数据分析

在 17TRACK 页面右上角点击导航列表，选择"数据分析"，或在浏览器中输入 https：// analytics.17track.net/zh-cn，打开物流跨境大数据功能页面。

在页面左上角"包裹量"菜单下拉箭头下选择"国家（地区）包裹量分析"，然后在左上角国家（地区）下拉列表中选择相应国家（地区），比如中国，在右侧国家（地区）列表中选择或搜索添加相应的目的地国家（地区），即可查询从中国发出到各个国家（地区）的各月份的包裹数量，如图 7-8 所示。还可以在该页面下方的地图中查看从中国发出到各国家（地区）的各月份的包裹量数据。

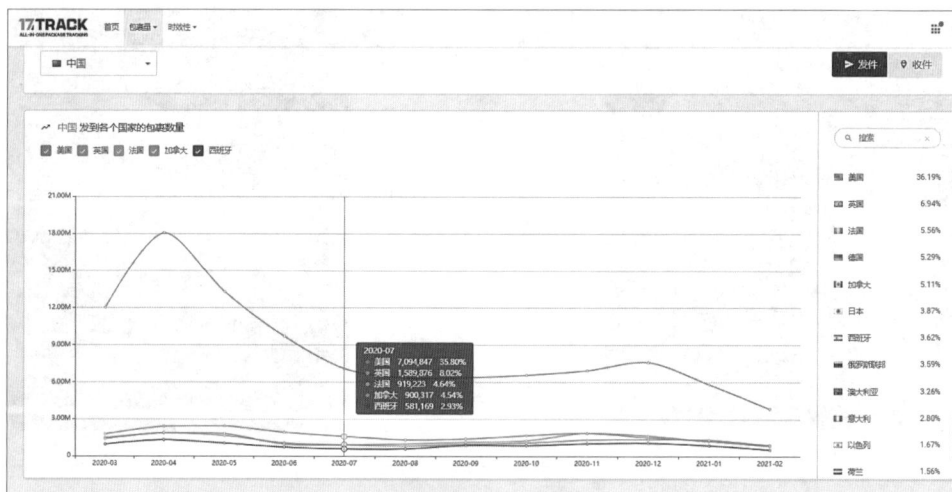

图 7-8 17TRACK 国家（地区）包裹量分析页面

（四）实训总结

（1）可借助"国家（地区）分析"—"国家（地区）物流分析"功能了解各国家（地区）物流订单情况。

（2）通过分析各国家（地区）物流订单量、物流渠道占比、TOP5 物流渠道数据，以此制定或选择有针对性的物流优惠方案。

（3）全球物流查询平台作为一个开放式的物流查询平台，可以帮助大家方便地获取跨境电商各国家（地区）物流包裹量信息。

二、物流渠道分析

（一）实训目的

（1）掌握物流渠道分析相关知识。

（2）实操物流渠道分析。

（二）实训知识准备

1. 跨境电商通关

跨境电商推动了国际（地区间）贸易的自由化、便利化和业态创新，对中国企业从产品出海到品牌出海，增强综合竞争力具有重要的意义。但同时也对以传统外贸为背景制定的交易、支付、物流、通关、退税、结汇等相关政策提出了新的挑战。至今，国务院已先后同意在全国设立了 132 个跨境电商综合试验区，在跨境电商技术标准、业务流程、监管模式和信息化建设等方面先行先试。在此背景下，2014 年 2 月 10 日，海关总署增列了监管方式代码"9610"，独创"清单核放、汇总申报"通关方式，专门为跨境电商服务，以提升跨境电商企业通关效率。

跨境电商监管方式"9610"，适用于境内个人或电商企业通过电商交易平台实现交易，并采用"清单核放、汇总申报"模式办理通关手续的电商零售进出口商品（通过海关特殊监管区域或保税监管场所一线的电商零售进出口商品除外）。

"清单核放"即跨境电商企业收到订单后，通过跨境电商外贸综合服务平台将订单、支付单、运单等相关信息报送至海关系统，由海关进行核放出区。这极大地解决了跨境电商 B2C 出口订单批次多、数量少的问题。"清单核放"顺利解决了报关时间长、容易出错等问题，从而让企业通关效率更高、通关成本降低。

"汇总申报"由跨境电商企汇总上月结关的清单生成汇总申请单，进入国际贸易单一窗口进行报关，省去了很多烦琐的线下环节。

（三）实训内容

1. 物流渠道订单数量分析

业务背景：基于跨境电商数据化运营与决策系统，进行物流渠道分析，分析各物流渠道占比、各物流渠道对应的 TOP 国家、TOP 类目数据，有助于商家更好地制定物流方案。

进入跨境电商数据化运营与决策系统首页，在左侧功能栏或者页面中央功能展示区域依次单击"物流分析"—"物流渠道分析"选项，进入物流渠道分析页面，如图 7-9 所示。

图 7-9　跨境电商数据化运营与决策系统首页

选择查询时间，在查询结果中，首先可看到各物流渠道的订单量占比数据，此数据可切换视图与表格查看模式。在视图模式下，从各物流渠道占比分布饼图可直观地看到，"AliExpress 无忧物流—标准"物流渠道订单量占比最大，结合此结果我们初步拟定接下来可针对该物流渠道制定一些优惠策略，由此可惠及大批消费者并迎合他们的物流偏好。将鼠标指针放置在该物流渠道所在的饼图区域上或者由视图模式切换到表格模式时，可看到具体的订单量及占比数据，如图 7-10 所示。

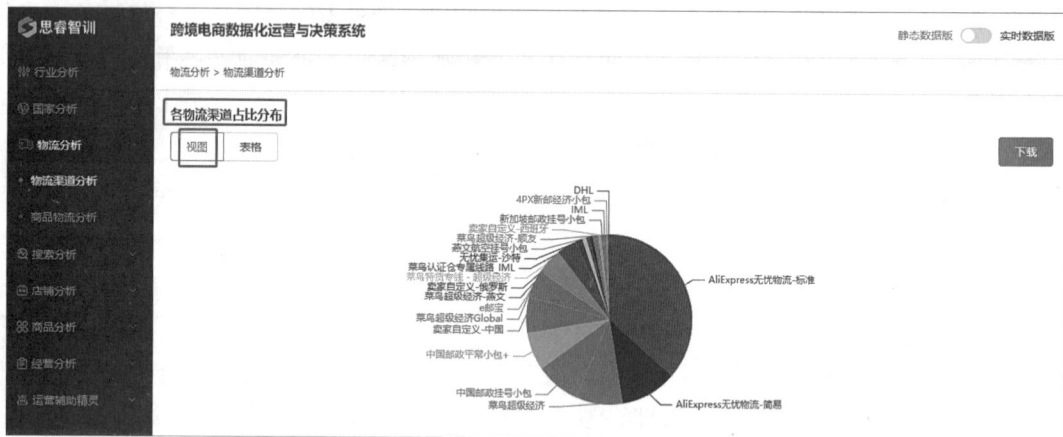

图 7-10　具体的订单量及占比数据

在各物流渠道占比分布图中点击具体的物流渠道时，页面下方可分别观察到该物流渠道对应的各期订单量走势、TOP10 国家、TOP10 类目分布图。例如我们选择查看中国邮政挂号小包的 TOP10 国家（地区）分布图，可直观地发现，该物流方式下订单量前三的国家为乌克兰、俄罗斯、白俄罗斯，由此接下来可尝试向该物流渠道对应的物流公司争取一些针对这些订单量较多的国家的优惠政策，还有助于促进消费者、商家、物流公司多方共赢，如图 7-11 所示。

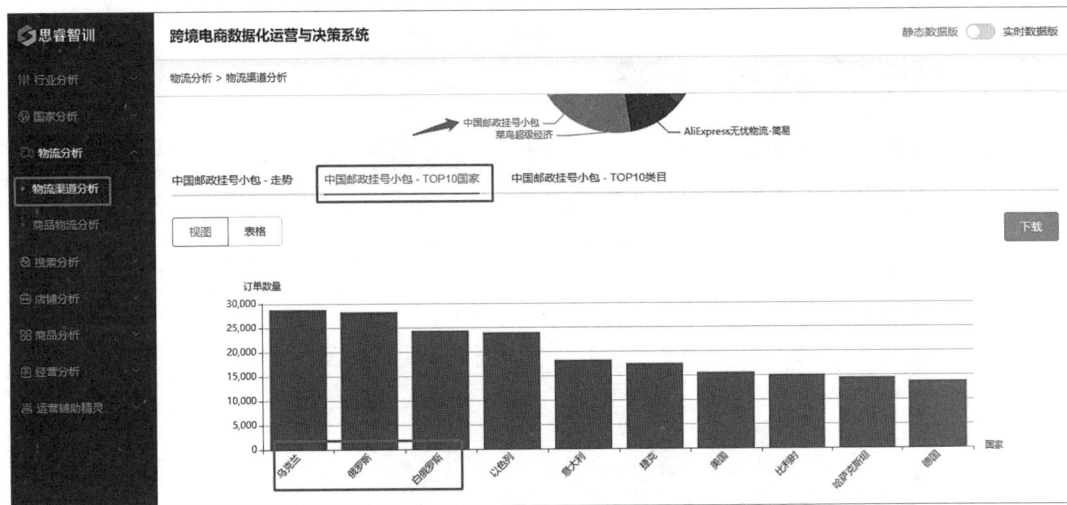

图 7-11　中国邮政挂号小包 TOP10 国家分布

此外，在物流渠道分析功能查询结果的右上角，点击相应按钮可分别查看速卖通平台相关的物流渠道详情和境外仓物流方案。物流渠道详情、境外仓物流方案结果分别如图 7-12、图 7-13 所示。

图 7-12　速卖通平台物流方案列表

海外仓物流方案列表

物流服务等级	线路展示名称(英)	线路展示名称(中)	填写发货通知API serviceName	是否支持填写发货通知	是否支持设置运费模板	是否支持线上发货
俄罗斯海外仓	Russian Post	俄罗斯邮政	RUSSIAN_POST	√	√	×
俄罗斯海外仓	CDEK_RU	CDEK	CDEK_RU	√	√	×
俄罗斯海外仓	IML Express	IML	IML	√	√	×
俄罗斯海外仓	PONY_RU	PONY	PONY_RU	√	√	×
俄罗斯海外仓	CN_IML	菜鸟认证仓专属线路_IML	CN_IML_EXPRESS_RU	√	√	×
俄罗斯海外仓	SPSR_RU	SPSR-俄罗斯	SPSR_RU	√	√	×
俄罗斯海外仓	Seller's Shipping Method - RU	卖家自定义-俄罗斯	OTHER_RU	√	√	×
美国海外仓	Asendia	Asendia	ASENDIA_US	√	√	×
美国海外仓	USPS	美国邮政	USPS	√	√	×
美国海外仓	UPS	UPS	UPS_US	√	√	×
美国海外仓	Seller's Shipping Method - US	卖家自定义-美国	OTHER_US	√	√	×
美国海外仓	GC_FEDEX_SMALLPARCEL	谷仓FEDEX小包	GC_FEDEX_SMALLPARCEL	√	√	×
美国海外仓	GC_FEDEX_LARGEPARCEL	谷仓FEDEX大包	GC_FEDEX_LARGEPARCEL	√	√	×
美国海外仓	GC_FEDEX_GROUND	谷仓FEDEX大货	GC_FEDEX_GROUND	√	√	×
美国海外仓	GC_USPS_SMALLPARCEL	谷仓USPS小包	GC_USPS_SMALLPARCEL	√	√	×
美国海外仓	GC_USPS_LARGEPARCEL	谷仓USPS大包	GC_USPS_LARGEPARCEL	√	√	×
美国海外仓	GC_UPS_Ground	谷仓UPS	GC_UPS_Ground	√	√	×
英国海外仓	Royal Mail	英国邮政	ROYAL_MAIL	√	√	×
英国海外仓	DHL_UK	DHL-英国	DHL_UK	√	√	×
英国海外仓	Seller's Shipping Method - UK	卖家自定义-英国	OTHER_UK	√	√	×
英国海外仓	GC_RM_TRACKED_48h_NS	谷仓RMTRACKED48非签名	GC_RM_TRACKED_48h_NS	√	√	×
英国海外仓	GC_RM_TRACKED_48h_S	谷仓RMTRACKED48签名	GC_RM_TRACKED_48h_S	√	√	×
英国海外仓	GC_YODEL_48h_SMALL_P	谷仓YODEL48小包	GC_YODEL_48h_SMALL_P	√	√	×
英国海外仓	GC_YODEL_48h_LARGE_P	谷仓YODEL48大包	GC_YODEL_48h_LARGE_P	√	√	×
德国海外仓	Deutsche Post	德国邮政	DEUTSCHE_POST	√	√	×
德国海外仓	DHL_DE	DHL-德国	DHL_DE	√	√	×

图 7-13　速卖通平台海外仓物流方案列表

2. 物流渠道包裹量分析

接下来将借助全球物流查询平台相关功能进一步展开跨境电商物流大数据的分析。

在 17TRACK 网站右上角点击导航列表，选择“数据分析”，或在浏览器中输入 https：//analytics.17track.net/zh-cn，打开物流跨境大数据功能页面。

在页面左上角“包裹量”菜单下拉菜单中选择“渠道包裹量分析”，然后在左上角国家（地区）下拉列表中选择相应国家（地区），比如中国。在右侧渠道列表中选择或搜索添加相应的物流渠道，即可查询从中国各个物流渠道发出的各月份包裹数量，如图 7-14 所示。

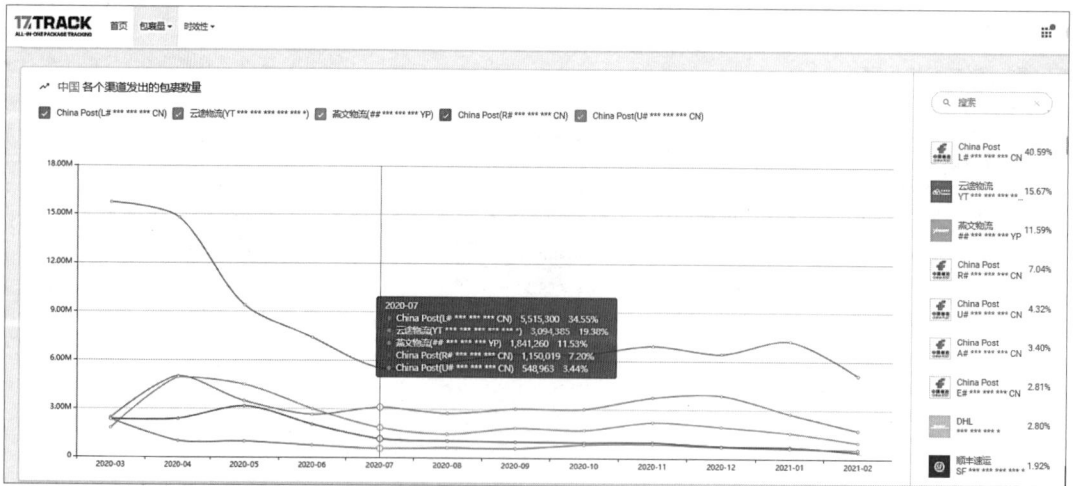

图 7-14　渠道包裹量分析曲线

各月份从中国各渠道发出的包裹量数据还可以从饼图中查看，如图 7-15 所示。

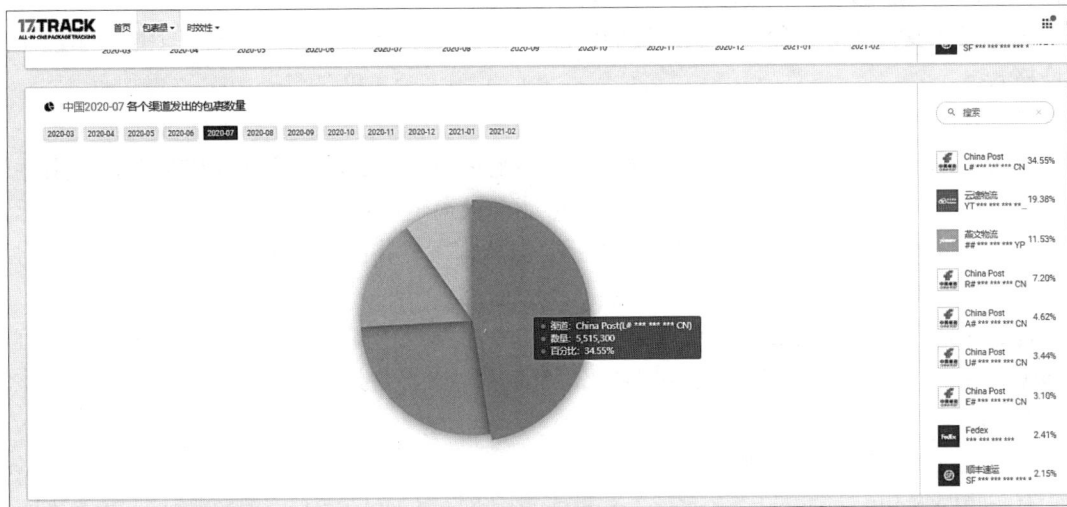

图 7-15　渠道包裹量数据分析

（四）实训总结

（1）可借助"国家（地区）分析"—"国家（地区）市场分析"功能了解各物流渠道相关的数据。

（2）分析各物流渠道占比、各物流渠道对应的 TOP 国家、TOP 类目数据，有助于商家更好地制定物流方案。

（3）全球物流查询平台作为一个开放式的物流查询平台，可以帮助大家方便地获取跨境电商各物流渠道包裹量信息。

三、商品物流分析

（一）实训目的

（1）掌握商品物流分析相关知识。

（2）实操商品物流分析。

（二）实训知识准备

1. 物流分析

物流分析是一个术语，用于描述组织的分析程序，以分析和协调物流和供应链功能，以确保及时、经济高效地平稳运营。物流行业是可以充分利用大数据和商业智能（business intelligence，BI）的行业，每天处理的所有货物的重量、尺寸、联系方式或退货方式等信息，产生了大量需要管理的数据。使用物流分析软件可以很好地进行数据的分析和处理。运输流程的智能信息可以提供新的成本优化杠杆，令决策达到一个全新的水平，可以实时或几乎实时地管理信息流，并可以使用专业的物流仪表板创建有关交互式报告。

2. 国际（地区间）包裹邮寄知识

（1）地址信息

地址信息包括收件人全名及详细地址，如果是手写地址，请用大写字母，确保手写工整，清晰且准确；请填写回邮地址；条件允许的话，尽量使用打印代替手写；必须填写邮编；提供收件人联系电话，可以避免投递延误，尤其可用于清关时联系收件人协助等常见问题，特别是挂号小包、e 邮宝及 EMS 等国际（地区间）业务。

为了确保发货能够正确地封发至目的地国家（地区），请采用目的地国家（地区）惯用的地址格式。

（2）包装

①为了确保包裹在运输过程中，内容物品不被损坏，所有的邮寄物品应当选择耐用性足够强的包装材料。邮寄物品在运输过程中，可能会被运输方进行整批分拣打包或海关开拆查验、中转运输等（多次反复），所以包装需要根据所邮寄的物品特点进行包装。以免邮寄物品或者外包装受损。

包装时请注意，采用强化胶纸或类似的纸箱专用胶纸（宽度约 50 毫米），在盒子上面及底部缠绕成"H"型；包裹外包装应采用强化型纸制品；内容物品如果较重，请采用双层内外盒包装形式。

②重量及包装尺寸的限制

有关重量及包装尺寸的限制，需在发货前与邮政官方或其物流代理商确认，重量及尺寸应遵守万国邮联标准及特殊国家（地区）对重量的限制，以确保货物安全准确地到达收件人。

③邮政小包尺寸限制为三边长不超过 90 厘米，单边不超过 60 厘米。

大部分的用户使用以下 3 种邮政发货方式：①挂号小包（重量限制 2 千克以下），②邮政大包（重量一般超过 2 千克），③ EMS 邮政特快专递及其他商业快递。

（3）**发货及投递时间**

大部分的国际（地区间）挂号包裹的运输时长需要 2 ～ 4 周［时效取决于收件人地址是否偏远，国家（地区）物流业发达程度等］。EMS 快递类运输时效大概是 1 ～ 3 周。运输时长高度依赖于包裹到达目的地国家（地区）后海关的操作流程及当地的派送效率。各式物流运输时效及价格对比如图 7-16 所示。

方案查询结果				
服务名称	参考运输时效	交货地点	试算运费❓	标准运费折扣
中国邮政平常小包+	15-60天	交货到中邮北京仓	CN¥24.30	合约价
e邮宝	5-15天	交货到承运商	CN¥31.00	合约价
中国邮政挂号小包	15-40天	交货到中邮北京仓	CN¥33.80(含挂号费)	约标准运价9.5折
新加坡小包(递四方)	15-60天	交货到4PX广州	CN¥38.40(含挂号费)	合约价
UPS Express Saver	3-7天	交货到深圳仓库	CN¥75.86	约标准运价2.1折
EMS	5-15天	交货到邮政速递仓库	CN¥85.00	约标准运价3.5折
FedEx IE	3-7天	交货到上海仓库	CN¥104.11	约标准运价3.5折
DHL Express - HK	3-7天	交货到深圳仓库	CN¥105.38	约标准运价2.8折
TNT	3-7天	交货到上海仓库	CN¥237.39	约标准运价5.7折

图 7-16　各式物流运输时效及价格对比

（4）**索赔**

索赔是指对于在寄邮过程中丢失或损坏的物品进行索赔。索赔人的主要依据是采用的寄邮方式及索赔条款。所有的万国邮政联盟成员索赔条款都必须遵守，索赔需要先填表申请，申请表可以在你寄件的邮政柜台领取。

在邮寄物品、选择物流方式或提出赔偿时，请注意以下事项：请保留发货时的收据，因为这个是后面要求登记和处理索赔的重要依据。正常来说，物品交寄邮局后超过 60 天未投递成功就可以提出赔偿申请。索赔表需要填写完整并签名，邮政机构一般收到后会在 6 个月内回复调查情况并进行赔偿。

3. 包裹物品限制

有些物品由于有关法律、健康、安全等因素，物流运营商无法承运。如果你未能确认你所需要邮寄的物品属于违禁品，请与邮局或其代理商核实，以免邮寄品被扣留、销毁或退回。

以下是常见违禁物品列表。

（1）药品和精神药物。

（2）武器，爆炸性、易燃性、放射性等危险物质。

（3）具有侮辱性、猥亵题字或图像信息的产品。

（4）所邮寄物品是目的地国家（地区）所禁止的。

（5）活体动物，比如蜜蜂、水蛭、蚕等，除非是经过特殊许可机构登记的。

（6）酒精含量为 70% 以上的饮料酒。

（7）非密封瓶酒精饮料。

（8）所有类型的气溶胶。

（9）硬币，纸币，支票或无记名证券，旅行支票，处理或未经处理的铂、金、银、宝石、珠宝及其他贵重物品只允许进行保价邮寄。

4. 通关及关税

（1）**海关申报**

如果邮寄的物品是去往境外的，需要填写一份 CN22 形式报关单。这个是强制必需的，每个包裹上面都需要贴有 CN22 报关单。对于国际（地区间）挂号小包，大部分用户申报物品名称为实际发货产品的名称或者类别。e邮宝及 EMS 的申报，也需要报关签条。目前在中国，邮政业务已经全面实现一体化面单，更多物流信息，请联系物流运营商进行交流。

（2）**关税**

如果需要征收关税，那么收件人将会收到一张由海关发出的通知条，上面写着包裹征税详情。收到该通知条后，请根据通知条指令，前往邮局交税或协助清关。关税方面的问题很复杂，每个国家（地区）都有征税条款及海关政策。所以发件人要多跟收件人沟通关税事宜，避免包裹到达目的地后，因关税过高导致收件人不愿签收或者放弃包裹，对发件人造成一定的损失。

（三）实训内容

1. 商品物流渠道分析

业务背景：基于跨境电商数据化运营与决策系统，进行不同商品类目的物流渠道分析。

进入跨境电商数据化运营与决策系统首页，在左侧功能栏或者页面中央功能展示区域依次单击"物流分析"—"商品物流分析"选项，进入商品物流分析页面，如图 7-17 所示。

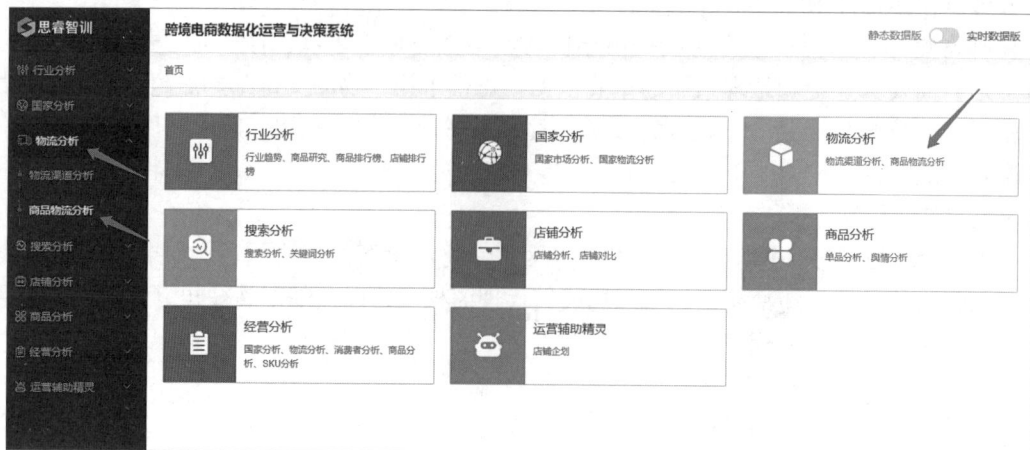

图 7-17　跨境电商数据化运营与决策系统首页

选择查询时间、查询类目，例如分别选择一级、二级类目为"美容健康""口腔清洁"，即可得到"美容健康/口腔清洁"物流渠道分布结果，此结果可分别切换视图与表格查看模式。在视图模式下，将鼠标指针放置在该物流渠道所在的饼图区域上或者由视图模式切换到表格模式时，可看到具体的订单量及占比数据，如图 7-18 所示。

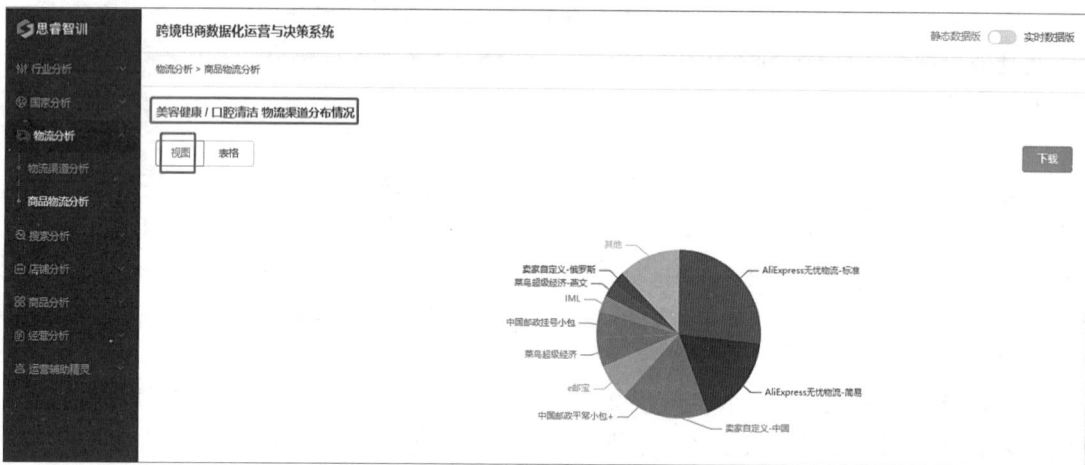

图 7-18　"美容健康/口腔清洁"物流渠道分布情况视图

将"美容健康/口腔清洁"物流渠道分布情况切换到"表格"模式，观察数据发现，"美容健康/口腔清洁"类目下，各物流渠道中 AliExpress 无忧物流—标准物流渠道订单量占比最大，这可以说明 AliExpress 无忧物流—标准是"美容健康/口腔清洁"卖家们首选的发货渠道，如图 7-19 所示。

图 7-19　"美容健康 / 口腔清洁"物流渠道分布情况表格

在美容健康 / 口腔清洁物流渠道分布图页面下方，可观察到"美容健康 / 口腔清洁"销量 TOP10 国家及这些国家的 TOP3 物流渠道，将鼠标指针放置在该物流渠道所在的饼图区域上或者由视图模式切换到表格模式时，可看到具体的订单量及占比数据。各商品类目 TOP10 的国家表明这些国家该商品类目销量不错，可针对这些国家的消费者习惯进一步研究，制定营销方案；另外，针对这些国家的 TOP3 物流渠道，可进一步制定物流方案，如图 7-20 所示。

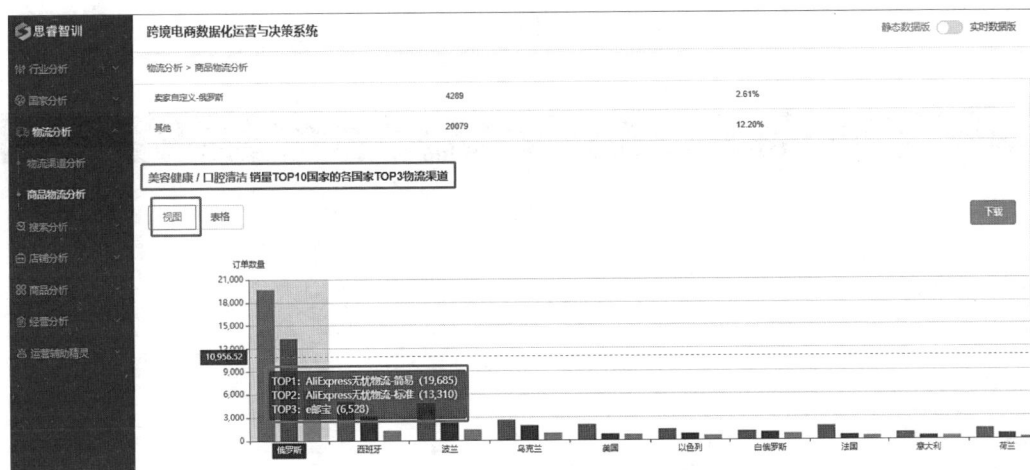

图 7-20　"美容健康 / 口腔清洁"销量 TOP10 国家及各国家 TOP3 物流渠道

2. 商品物流时效性分析

在全球物流查询平台（http：//www.17track.net/zh-cn）右上角点击导航列表选择"数据分析"，或在浏览器中输入 https：//analytics.17track.net/zh-cn，打开物流跨境大数据功能页面。

（1）渠道时效性分析

在页面左上角"时效性"菜单下拉选项中选择"渠道时效性分析"，然后在左上角国家（地区）下拉列表中选择发出地和目的地国家（地区），如中国到俄罗斯联邦，在右侧物流渠道中选择或搜索添加物流渠道，即可查看从中国发出到俄罗斯联邦的各渠道包裹数量、份额等信息。并在该页面下方可查看不同月份中国到俄罗斯联邦各物流渠道的包裹发件数量、时效、妥投数量、市场份额等信息，如图 7-21 和图 7-22 所示。

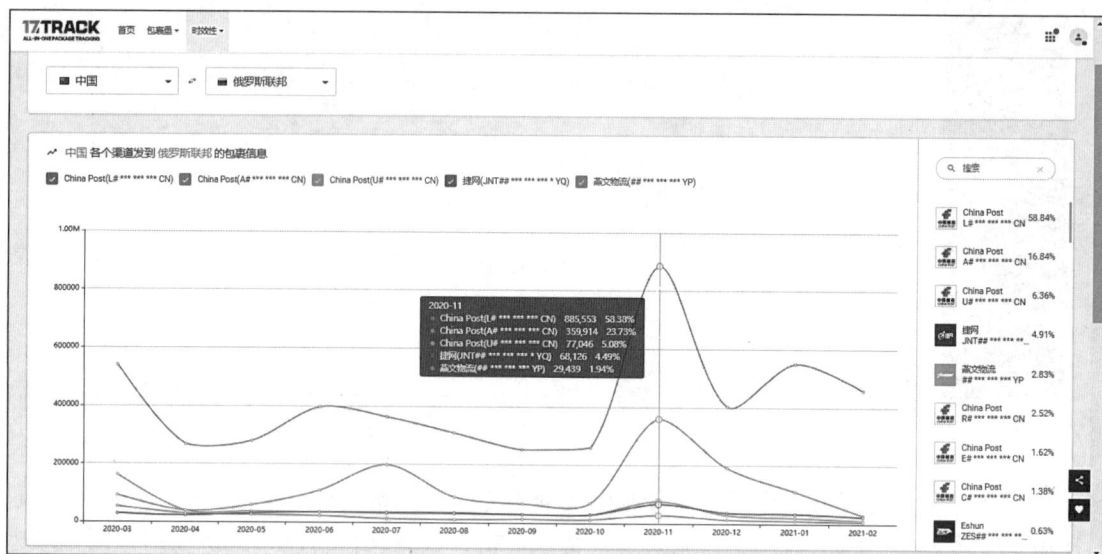

图 7-21　渠道时效性分析折线图

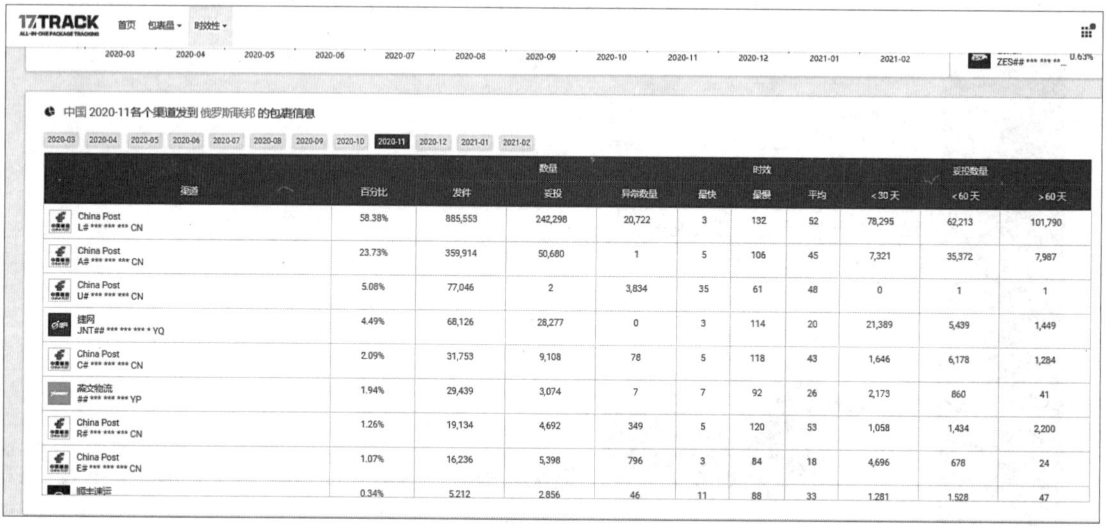

图 7-22　渠道时效性分析数据

（2）国家（地区）时效性分析

在页面左上角"时效性"菜单下拉选项中选择"国家（地区）时效性分析"，然后在左上角国家（地区）下拉列表中选择发出地，如中国；渠道下拉列表中选择一种物流渠道，如 China Post。在右侧目的国家（地区）列表中选择或搜索添加相应国家（地区），即可查看从中国发出到相应国家（地区）的 China Post 包裹数量、份额等信息，并可查看不同月份中国到相应国家（地区）China Post 物流渠道的包裹发件数量、时效、妥投数量等信息，如图 7-23 和图 7-24 所示。

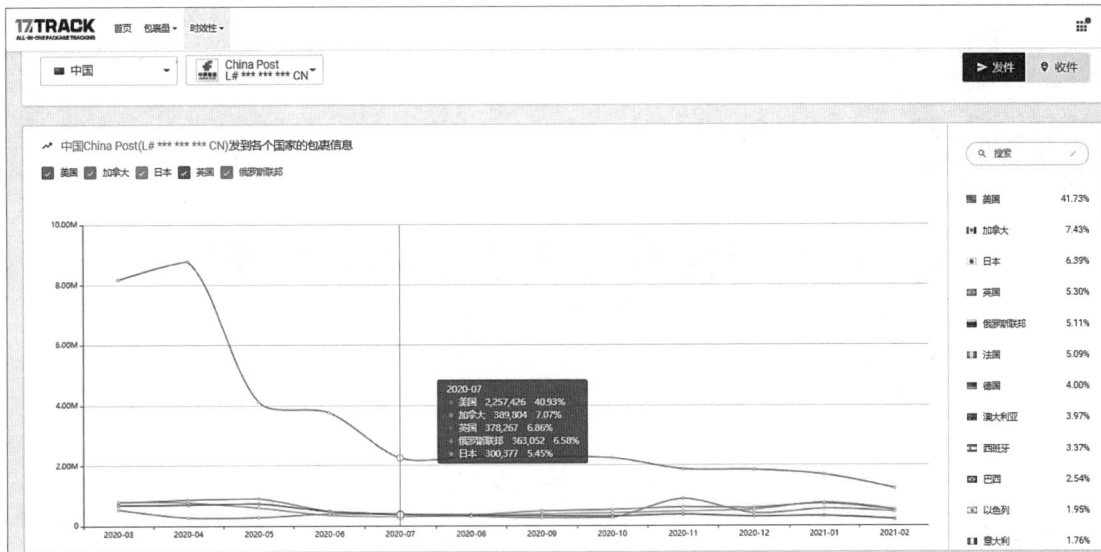

图 7-23　国家（地区）时效性分析折线图

国家/地区	百分比	数量			时效			妥投数量		
		发件	妥投	异常数量	最快	最慢	平均	<30天	<60天	>60天
美国	40.93%	2,257,426	1,413,842	32,849	3	170	23	1,089,867	302,807	21,168
加拿大	7.07%	389,804	229,884	7,914	3	172	30	143,622	75,976	10,286
英国	6.86%	378,267	239,175	6,337	3	160	15	229,904	8,667	604
俄罗斯联邦	6.58%	363,052	202,396	19,803	3	164	35	91,473	100,367	10,556
澳大利亚	5.71%	315,105	166,497	10,421	3	167	36	72,506	78,425	15,566
日本	5.45%	300,377	194,341	7,848	3	161	10	191,439	2,689	213
法国	4.74%	261,188	162,875	4,626	3	134	19	137,159	24,759	957
德国	3.92%	216,070	121,147	5,031	3	149	17	103,358	16,872	917
西班牙	2.43%	134,108	81,269	5,835	3	137	17	76,493	2,981	1,795
挪威	1.87%	102,922	57,695	1,979	5	163	22	48,566	8,624	505
以色列	1.63%	90,064	60,680	3,389	4	178	36	20,714	36,217	3,749
意大利	1.40%	77,054	47,522	2,072	6	130	19	43,682	3,192	648

图 7-24　国家（地区）时效性分析数据

以上基于发件角度的物流数据分析信息为卖家寄件到不同国家（地区）选择用不同的物流渠道提供了相应的参考。同样，收件方也可以从收件的角度做相应的数据分析，从而要求卖家选择不同的物流渠道寄件以满足买家的需求。

（四）实训总结

（1）可借助“物流分析”—“商品物流分析”功能了解各商品类目下物流渠道相关的数据。

（2）分析各商品类目下物流渠道占比、销量 TOP10 国家及各国家物流渠道 TOP3 数据，有助于商家更好地针对不同商品类目制定物流方案。

（3）全球物流查询平台作为一个开放式的物流查询平台，可以帮助大家方便地获取跨境电商物流时效性信息。

第八章

跨境电商数据可视化与营销规划

▶▶ **学习目标**

◎ 了解数据可视化的概念。

◎ 掌握跨境电商数据可视化的作用。

◎ 掌握跨境电商数据可视化的工具。

▶▶ **学习重点、难点**

学习重点

◎ 跨境电商图表数据可视化。

◎ 营销规划的内容。

◎ 营销规划资源分析。

学习难点

◎ 跨境电商数据营销规划考虑指标。

◎ 跨境电商报表数据可视化。

第一节　跨境电商数据可视化

一、跨境电商数据可视化概述

（一）数据可视化的概念

数据可视化是关于数据的视觉表现形式的科学技术研究。这种数据的视觉表现形式被定义为一种以某种概要形式抽提出来的信息，包括相应信息单位的各种属性和变量。人们常见的那些柱形图、饼图、直方图、散点图、折线图等都是最基本的统计图表，也是数据可视化最常见和基础的应用。因为这些原始统计图表只能呈现数据的基本统计信息，所以当面对复杂或大规模结构化、半结构化和非结构化数据时，数据可视化的设计与编码就要复杂得多。

因此，大数据可视化可以理解为数据量更加庞大，结构更加复杂的数据可视化。大数据可视化侧重于发现数据中蕴含的规律特征，表现形式也多种多样。所以在数据海量增加的背景下，大数据可视化将推动大数据技术更为广泛的应用。

（二）数据可视化的功能

从应用的角度来看，数据可视化有多个目标：有效地呈现重要特征、揭示数据的客观规律、辅助理解事物概念、对测量进行质量监控等。从宏观的角度分析，数据可视化有下面 3 个功能。

1. 记录信息

将大规模的数据记录下来，最有效的方式就是将信息成像或采用草图记载。不仅如此，可视化呈现还能激发人的洞察力，帮助验证科学假设。

2. 信息分析与推理

将信息以可视化的方式呈现给用户，使得用户可以从可视化结果分析和推理出有效的信息，提高认识信息的效率。数据可视化在对上下文的理解和数据推理中有独到的作用。

3. 信息传播与协同

视觉感知是人类最主要的信息通道，人靠视觉获取了 70% 以上的信息。俗话说"一图胜千言"或"百闻不如一见"就是这个意思。将复杂信息传播与发布给公众的最有效途径就是将数据进行可视化，达到信息共享、信息协作、信息修正和信息过滤等目的。

（三）跨境电商数据可视化的作用

在大数据时代，数据容量和复杂性不断增加，使普通用户从大数据中直接获取知识的便捷性逐渐降低，可视化的需求越来越大，依靠可视化手段进行数据分析必将成为大数据分析流程的主要环节之一。让"茫茫数据"以可视化的方式呈现，让枯燥的数据以简单友好的图表形式展现出来，可以让数据变得更加通俗易懂，有助于用户更加方便快捷地理解数据的深层次含义，有效参与复杂的数据分析过程，提升数据分析效率，改善数据分析效果。在大数据时代，可视化技术可以支持实现多种不同的目标。

1. 观测、跟踪数据

许多实际应用中的数据量已经远远超出人类大脑可以理解及消化吸收的能力范围。对于处于不断变化中的多个参数值，如果还是以枯燥的数值形式呈现，人们必将茫然无措。利用变化的数据生成实时变化的可视化图表，可以让人们一眼看出各种参数的动态变化过程，有效地跟踪各种参数值。例如，百度地图提供实时路况服务，可以查询包括北京在内的各大城市的实时交通路况信息。

2. 分析数据

利用可视化技术，实时呈现当前分析结果引导用户参与分析过程，根据用户反馈信息执行后续分析操作，完成用户与分析算法的全程交互，实现数据分析算法与用户领域知识的完美结合。一个典型的可视化分析过程如下：数据首先被转化为图像呈现给用户，用户通过视觉系统进行观察分析，同时结合自己领域的背景知识，对可视化图像进行认知，从而理解和分析数据的内涵与特征。随后，用户还可以根据分析结果，通过改变可视化程序系统的设置，来交互式地改变输出的可视化图像，从而根据自己的需求从不同角度对数据进行理解。

3. 辅助理解数据

帮助普通用户更快、更准确地理解数据背后的含义，如用不同的颜色区分不同对象、用动画显示变化过程、用图结构展现对象之间的复杂关系等。例如，微软亚洲研究院设计开发的人立方关系搜索，能从超过 10 亿的中文网页中自动地抽取出人名、地名、机构名及中文短语，并通过算法自动计算出它们之间存在关系的可能性，最终以可视化的关系图形式呈现结果。

4. 增强数据吸引力

枯燥的数据被制作成具有强大视觉冲击力和说服力的图像，可以大大增强读者的阅读兴趣。可视化的图表新闻就是一个非常受欢迎的应用。在海量的新闻信息面前，读者的时间和精力都开始显得有些捉襟见肘。传统单调保守的讲述方式已经不能引起读者的兴趣，需要更加直观、高效的信息呈现方式。因此，现在的新闻播报越来越多地使用数据图表，动态、立体化地呈现报道内容，让读者对内容一目了然，能够在短时间内迅速消化和吸收，大大提高了知识理解的效率。

（四）跨境电商数据可视化应用

1. 文本可视化

（1）文本可视化概述

文本作为人类信息交流的主要载体之一，对其进行可视化能有效帮助人们快速理解和获取其中蕴含的信息。文本是人类信息交流的主要传播媒体之一，文本信息在人们日常生活中几乎无处不在，如新闻、邮件、微博、小说和书籍等。

文本可视化是大数据可视化研究的主要内容之一，它是指对文本信息进行分析，抽取其中的特征信息，并将这些信息以易于感知的图形或图像方式展示。文本可视化结合了信息检索、人机交互、可视化等技术，可以说是信息时代的润滑剂。由于文本类别的多样性及读者需求的多样性，人们提出了各类文本可视化的方法，包括普适性文档可视化方法、针对特定文档类别和分析需求的可视化方法。

文本可视化基本流程包括3个主要步骤，即文本处理、可视化映射和交互操作。整个过程应该围绕用户分析的需求设计。

文本处理是文本可视化流程的基础步骤，主要任务是根据用户需求对原始文本资源中的特征信息进行分析，例如提取关键词或主题等。对文本原始数据进行处理主要包括3个基本步骤：文本数据预处理、特征抽取及特征度量。对文本原始数据进行预处理的目的是去除原始数据中一些无用或冗余的信息，常用分词技术与词干提取等方法。然后还要对文本进行净化处理，抽取可代表整个文档的特征信息。

可视化映射是指以合适的视觉编码和视觉布局方式呈现文本特征的方式。其中，视觉编码是指采用合适的视觉通道和可视化图符表征文本特征；视觉布局是指承载文本特征信息的各个图元在平面上的分布和呈现方式。对于同一个可视化结果，不同用户感兴趣的部分可能不完全相同，而交互操作提供了在可视化视图中浏览和探索感兴趣部分的手段。

（2）文本可视化应用

下面将从文本的模式或结构、文档的主题或主题分布、文本中的关联等方面阐述一些文本数据可视化的经典案例和应用。

①标签云

标签云（tag cloud）又称文本云（text cloud）或单词云（word cloud），是最直观、最常见的对文本关键字进行可视化的方法。标签云一般使用字体的大小与颜色对关键词的重要性进行编码。权重越大的关键词的字体越大，颜色越显著。除了字体大小与颜色，关键词的布局也是标签云可视化方法中一个重要的编码维度。它允许自定义可视化的视图空间，如长方形、圆形或者其他不规则图形，将关键词紧密地布局在视图空间。

②小说视图

小说视图（novel views）方法是使用简单的图形将小说中的主要人物在小说中的分布情况进行可视化。

③主题山地

主题山地（theme scapes）方法使用了抽象的三维山地景观视图来隐喻文档集合中各个文档主题的分布，其中高度和颜色用来编码主题相似的文档的密度。

④主题河流

主题河流（theme river）是用于时序型文本数据可视化的经典方法。时序型文本通常是指具有内在顺序的文档集合，例如一段时间内的新闻报道、一套丛书等。由于时间轴是时序型文本的重要属性，需要重点考虑时间轴的表示及可视化。

2. 社交网络可视化

（1）社交网络可视化概述

社交网络服务是指基于互联网的人与人之间相互联系、信息沟通和互动娱乐的运作平台。Facebook、Twitter、微信、新浪微博、豆瓣等都是当前流行的社交网站。基于这些社交网站提供的服务建立起来的虚拟化的网络就是社交网络。社交网络是一个网络型结构，由结点和结点之间连接组成。这些结点通常是指个人或者组织，结点之间的连接关系类型有朋友关系、亲属关系、关注或转发关系、支持或反对关系，拥有共同的兴趣爱好等。

对社交网络进行可视化可以充分利用人们的视觉通道，将社交网络信息以生动易理解的方式呈现，使得专家和普通用户有效地从可视化结果中获得需要的信息。社交网络可视化是人们了解社交网络的结构、动态、语义等方面的重要工具。不同用户期待获取不同的信息，所以可视化结果需要呈现出社交网络不同方面的内容。

（2）社交网络可视化应用

①结构型

结构型可视化着重于展示社交网络的结构，即体现社交网络中参与者和他们之间的拓扑关系结构。常用的结构化可视化方法是结点链接图。其中结点表示社交网络的参与者，结点之间的链接表示两个参与者之间的某一种联系，包括朋友关系、亲属关系、关注或转发关系、共同的兴趣爱好等。通过对边和结点的合理布局可以反映出社交网络中的聚类、社区、潜在模式等。

②时序型

社交网络中用户的行为具有时间信息，将时间信息作为属性融入社交网络的可视化可以反映社交网络的动态变化情况。

③基于位置信息的可视化

基于微博等平台参与者位置信息的可视化对分析不同地区热度、受众结构等有重要价值。

3. 日志数据可视化

（1）日志数据可视化概述

日志数据可以理解为一种记录所观察对象的行为信息的数据。日志数据的来源多种多样，如电子商务网站的海量交易记录、银行系统的财务记录、集群网络产生的大量系统日志数据、GPS 和移动通信设备的记录等。

（2）日志数据可视化应用

①商业交易数据可视化

淘宝、京东、亚马逊等电子商务交易平台每时每刻都在产生用户购买商品的交易信息。这些信息包括用户登记的姓名、年龄、职业、邮寄地址、累计花销、成交商品、成交金额、成交时间等属性。这些个人信息与交易记录具有巨大的数据分析价值。对商业交易数据进行可视化可以直观形象地展示数据，提高数据分析和数据挖掘效率，从而带来可观的经济和社会效益。

②用户点击流可视化

用户在网页上的点击流记录了用户在网页上的每一次点击动作，用户点击流可用于分析用户在线行为模式，以及高频点击流序列和特定行为模式一类用户的统计特征。

4. 地理信息可视化

地理信息包含地球表面、地上、地下的所有与地理有关的信息。由于人类活动的主要空间是地球，因此很多工程实践、社会活动和科学研究所产生的数据都含有地理信息。对这些地理数据进行采集、描述、储存、运算、管理、分析和可视化的系统被称为地理信息系统（geographic information system，GIS）。地理信息数据的可视化是 GIS 的核心功能，在日常生活中应用十分广泛，如百度地图、高德地图、GPS（geographic positioning system）导航、用户手机信息跟踪、汽车轨迹查询等。下面根据地理信息可视化数据映射形式的差异，阐述一些地理信息可视化的应用。

（1）点地图

可视化点数据的基本手段是在地图的相应位置摆放标记或改变该点的颜色，形成的结果被称为点地图。点地图不仅可以表现数据的位置，也可以根据数据的某种变量调整可视化元素的大小，例如圆圈和方块的大小或者矩形的高度。由于人眼视觉并不能精确判断可视化标记的尺寸所表达的数值，点地图的一个关键问题便是如何表现可视化元素的大小。如果采用颜色表达定量的信息，还需考虑颜色感知方面的因素。

（2）网络地图

网络地图是一种以地图为定义域的网络结构，网络中的线段表达数据中的链接关系与特征。在网络地图中，线段端点的经度和纬度用来定义线段的位置，其他空间属性可以映射成线段的颜色、纹理、宽度、填充及标注等可视化的参数。除此之外，线段的起点与终点、不同线段的交点可以用来编码不同的数据变量。

（3）等值区间地图

等值区间地图是最常用的区域地图方法。该方法假定地图上每个区域内的数据分布均匀，将区域内相应数据的统计值直接映射为该区域的颜色。每个区域的边界是封闭的曲线。等值区间地图可视化的重点是数据的归一化处理和颜色映射的方法。

5. 数据可视化交互

大数据可视化帮助用户洞悉数据内涵的主要方式有两种：显示和交互。这两种方式互相补充并处于一个反馈的循环中。可视化显示是指数据经过处理和可视化映射转换成可视化元素并且呈现。可视化交互是指将用户探索数据的意图传达到可视化系统中以改变可视化显示。在数据可视化用户界面设计中，可取多种可视化交互方式，但其核心思路是：先看全局，放大并过滤信息，继而按要求提供细节。在实际设计中，这个模型是设计的起点，需要根据数据和任务进行补充和拓展。下面根据可视化交互方法的差异，阐述一些数据可视化交互的应用。

（1）探索

可视化交互中的探索操作让用户主动寻找并调动可视化程序去寻找感兴趣的数据。探索过程中通常需要在可视化中加入新数据或去除不相关的数据。例如在三维空间中可以由用户指定更多的数据细节，通过调整绘制的参数，包括视角方向、位置、大小和绘制细节程度等实现交互调节。

（2）简化或具体

面对超大规模的数据，可视化需要先简化数据再进行显示。简化或具体程度可以分成不同的等级。常用的方法有下面 3 种。第一种是通过用户交互改变数据的简化程度并且在不同的层次上显示，是可视化交互中广泛应用的方法；第二种也是最直观的调整数据简化程度的方法，是可视化视图的放大或缩小操作；第三种是通过改变数据结构或者调整绘制方法实现简化操作。

（3）数据过滤

数据过滤可以选取满足某些性质和条件的数据，而滤除其他数据。在过滤交互过程中，除了现实的对象在改变外，可视化的其他元素（如视角和颜色）均保持不变。这种可视化交互方式既减少了显示上的重叠问题，也有利于用户有选择性地观察符合某一类有共同性质的数据。

二、跨境电商数据可视化工具

（一）入门级工具

数据可视化包含简单图形、动态图表、数据地图和数据动态视频等，可以用很多专业软件制作，但这需要专业知识，要熟悉编程语言，还要购买专用软件并安装，才能实现数据可视化的效果。而这日常生活对数据进行处理应用最广泛的软件是 Office 中的 Excel，它也能让非专业人士实现数据可视化的梦想，让用户认识数据可视化之美。会用 Excel 的人都知道，它是数据处理最方便、实用的软件，它能利用数据透视表功能快速对大量数据分析、汇总，将汇总数据制作成柱状、饼状等图形来展示。

Excel 作为一个入门级工具，是快速分析数据的理想工具，也能创建供内部使用的数据图，但是 Excel 在颜色、线条和样式上可选择的范围有限，这也意味着用 Excel 很难制作出能符合专业出版物和网站需要的数据图。

（二）信息图表工具

信息图表是对各种信息进行形象化、可视化加工的一种工具。根据道格·纽瑟姆的概括，作为视觉化工具的信息图表包括图表（chart）、图解（diagram）、图形（graph）、表格（table）、地图（map）和列表（list）等。下面介绍 7 种信息图表工具。

1. Visem

Visem 是一款包含大量素材的免费信息图表工具。用户可以借助它"直观地呈现"复杂的数据。无论用它来构建演示文稿，还是创建有趣的图表，这款工具都是可以胜任的。其中包含 100 种风格各异的免费字体，还有数千张高质量的图片。如果用户觉得静态的信息图表不足以展示信息，还可以使用它来生成音频和视频，制作漂亮的动画。

2. Canva

Canva 是目前最著名的信息图制作工具。它是一款便捷的在线信息图表设计工具，适用于各种设计任务（从制作小册子到制作演示文稿），还为用户提供庞大的图片素材库、图标合集和字体库。

3. GoogleCharts

GoogleCharts 不仅可以帮用户设计信息图表，甚至可以帮用户展示实时的数据。作为一款信息图表的设计工具，GoogleCharts 内置了大量可供用户控制和选择的选项，用来生成足以让用户满意的图表。通过来自 Google 公司的实时数据的支撑，GoogleCharts 的功能比用户想象的更加强大和全面。

4. Piktochart

Piktochart 是一款信息图表设计和展示工具。用户所需要做的，只是单击几下鼠标，就可以将无聊的数据转化为有趣的图表。Piktochart 的自定义编辑器能够让用户修改配色方案和字体，插入预先设计的图形或者图片，内置的栅格系统能够帮用户更好地对齐和控制排版布局，功能上够用且便捷无比。

5. InFogram

InFogram 算是老牌信息图表设计工具了，它同样是免费的。它内置大量的图表样式供用户使用，允许上传图片和视频，可以像 Excel 一样输入，然后生成不同样式的设计。这款工具能够自动地调整信息图表的外观，以匹配不同类型的数据，以便更好地展示。当用户对自己的信息图表设计足够有信心的时候，能够将它发布到 InFogram 的网站上，分享给其他人。

6. Venngage

Venngage 同样是一款颇为优秀的信息图表设计和发布工具，其最突出的特性是"易用性"。用户可以在 Venngage 内置的各种模板的基础上制作信息图表，其内置的模板、上百个图表和图标样式可以让用户结合自己的图片素材生成足以匹配需求的信息图表。同样，用户可以生成信息动画，让自己的数据更好地呈现出来。

7. Easel.ly

Easel.ly 是一款免费的信息图表设计工具。它是基于网站来为用户提供信息图表设计服务的，内置模板，允许用户轻松定制。它内置诸如箭头这样基本的图形、各种图表和图标，以及自定义字体色彩这种不可或缺的功能模块，用户可以上传各种自制的素材来完善设计。

（三）地图工具

1. Map Shaper

Map Shaper 适用的数据形式不是一般人都能看懂的表格，而是有特定的格式，包括 shapefiles（文件名一般以 .shp 作为后缀）、geoJSON（一种开源的地理信息代码，用于描述位置和形状）及 topoJSON（geoJSON 的衍生格式，主要用于拓扑编码，比较有趣的应用案例是以人口规模作为面积重新绘制行政区域的形状和大小）。

对需要自定义地图中各区域边界和形状的制图师，Map Shaper 是个极好的入门级工具，其简便性也有助于地图设计师随时检查数据是否与设计图相吻合，修改后还能够以多种格式输出，进一步用于更复杂的可视化产品。

2. CartoDB

CartoDB 工具目前已经吸引超过 12 万用户制作了超过 40 万张地图。这些用户将世界上一些有趣的主题，如全球"粉丝"对碧昂丝最新专辑发布的实时反应等，变成互动性强、好玩的可视化作品。

只要用户上传数据，CartoDB 就能自动检测出地理数据，然后分析文件中其他的信息并提出一系列地图格式建议，以供用户选择与修改，方便实用，对于缺乏编程基础又想尝试可视化的人士非常适合。

3. Mapbox

可以说，Mapbox 是制图专业人士的工具，可以制作独一无二的地图，从马路的颜色到边境线都可以自行定义。它是一个收费的商业产品，Airbnb、Pinterest 等公司都是其客户。通过 Mapbox，用户可以保存自定义的地图风格，并应用于前面提到的 CartoDB 等产品。另外，它还有专属的 JavaScript 函数库。

4. Map Stack

Map Stack 是由可视化设计机构 Stamen 推出的免费地图制作工具，简便易用。

（四）高级分析工具

1. R

R 是一个开源的分析软件，可以看作贝尔实验室的里克·贝克尔、约翰·钱伯斯和阿兰·威尔克斯开发的 S 语言的一种实现。R 集统计分析与图形显示于一体，可以运行于 Linux、Windows 和 MacOS 等操作系统上，而且嵌入了一个非常方便实用的帮助系统，使用起来非常方便，尤其是 R 具有超强的扩展性。现在 R 的 CRAN（Comprehensive R Archive Network，R 综合典藏网）收藏了 11000 多个开源包，它的分析能力不亚于 SPSS 和 Matlab 等商业软件，可用于经济计量、财经分析、人文科学研究及人工智能等各领域的分析研究。

数据可视化本身是一门复杂的学科，包含了很多方面，在 R 中实现的数据可视化，目前主要是数据的统计图展示。展示分为低维数据的展示和多维数据的展示。由于 ggplot2 图形系统是 R 中功能最强大的图形系统，使用 ggplot2 展示的数据更加美观和方便，因此本节在展示 R 中的各类统计图时选用 ggplot2 图形系统。在使用 ggplot2 之前，需要先安装并载入该资源包。

使用 R 绘制的散点图是数据点在直角坐标系平面上的分布图。它用于研究两个连续变量之间的关系，是一种最常见的统计图形，使用 R 绘制的直方图（histogram）又被称为质量分布图，是一种统计报告图。直方图由一系列高度不等的纵向条纹或线段表示数据分布的情况，一般用横轴表示数据类型，纵轴表示分布情况。

2. D3

D3 的全称是 data-driven documents（数据驱动文档），是基于数据的文档操作 JavaScript 库。D3 能够把数据和 HTML、SVG、CSS 结合起来，创造出可交互的数据图表。其中，数据来源于作者，文档代表基于 Web 的文档（网页），也就是可以在浏览器中展现的一切（如 HTML、SVG 等），而 D3 相当于扮演了一个驱动程序的角色，将数据和文档联系起来。D3.js 采用链式语法，非常方便用户对库中函数方法的引用。

D3 不隐藏用户的原始数据。D3 代码在客户端执行（也就是在用户浏览器中执行，而不是在 Web 服务器中执行），因此用户想要可视化的数据必须发送到客户端。可视化的目的就是更好地表现数据。

通过 D3.js 实现数据的可视化，可以分为下面两个步骤：将数据加载到浏览器的内存空间中；把加载的数据文档中的元素进行绑定，并根据需要创建新的元素。

3. Python

Python 让用户很容易就能实现可视化——只需借助可视化的两个专属库（libraries）——Matplotlib 和 Seaborn。

Matplotlib：基于 Python 的绘图库为 Matplotlib 提供了完整的 2D 图形和有限 3D 图形支持。这对在跨平台互动环境中发布高质量图片很有用。它也可用于动画。

Seaborn 是 Python 中用于创建丰富信息和有吸引力图表的统计图形库。这个库是基于 Matplotlib 的。Seaborn 提供了多种功能，如内置主题、调色板、函数和工具等，来实现单因素、双因素、线性回归、数据矩阵、统计时间序列等的可视化，以让我们进一步构建复杂的可视化结果。

三、跨境电商数据图表可视化

（一）应用 Excel 制作跨境电商图表

1. 业务背景

图表是利用几何图形或具体形象表现数据的一种形式。它的特点是形象直观、富于表现、便于理解。可以利用 Excel 制作图表来表明总体的规模、水平、结构、对比关系、依存关系、发展趋势和分布状况等，更有利于数据分析与研究。下面我们将使用 Excel 进行跨境电商常规图表的制作。

2. 具体操作流程

（1）折线图

折线图用于显示某个时期内的趋势变化状态。例如，数据在一段时间内呈增长趋势，在另一段时间内处于下降趋势。通过折线图，可以对将来做出预测。图 8-1 为某跨境电商企业各岗位男女人数分布数据表，可以用常规的数据图表中的折线图分析，操作步骤如下。

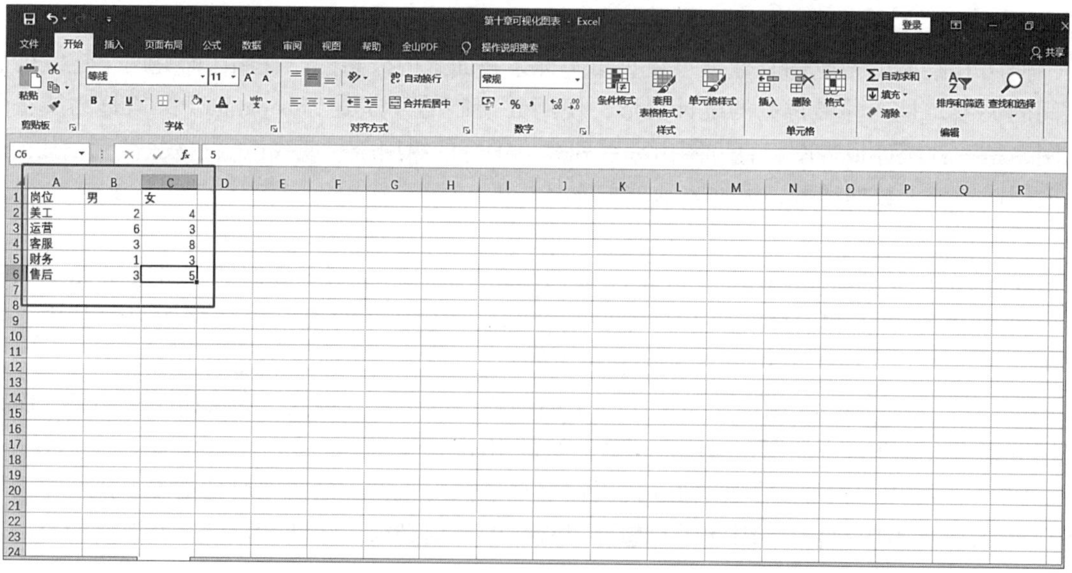

图 8-1　各岗位男女人数分布数据

选中表中的所有数据，选择"插入"选项卡，在"推荐的图表"组中单击"折线图"选项，如图 8-2 所示。

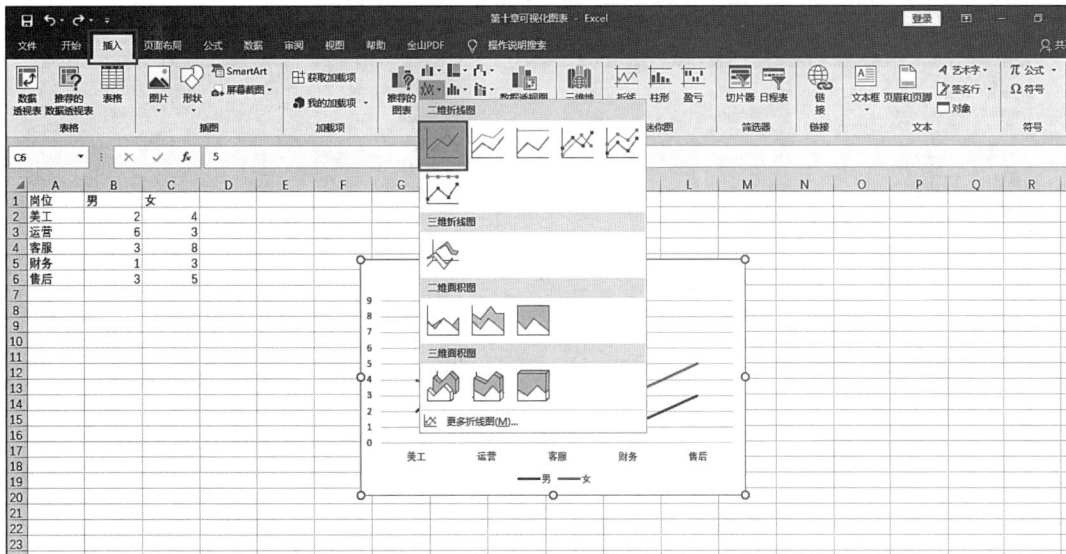

图 8-2　插入折线图

　　拖动图表或拖拽图表边框即可调整图表的位置和大小；点击图表右上角的"+"图表元素按钮，即可勾选或勾除图表元素，例如添加坐标轴标题、去除网格线等；在页面右侧可对各图表选项格式进行设置，例如更改填充方式、边框线条等，如图 8-3 所示。

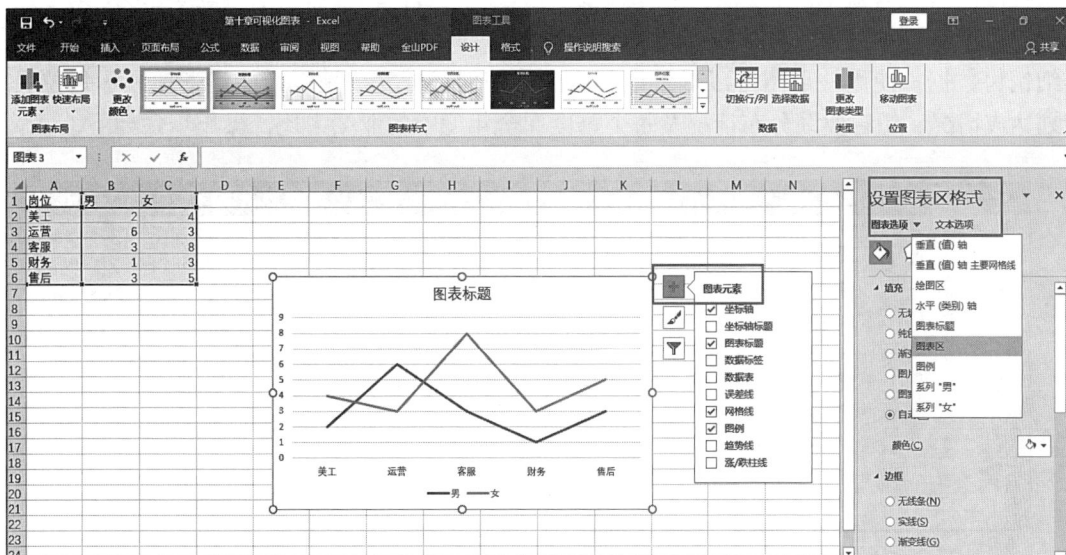

图 8-3　设置图表元素

　　更改图表标题后，岗位性别分布折线图效果如图 8-4 所示。

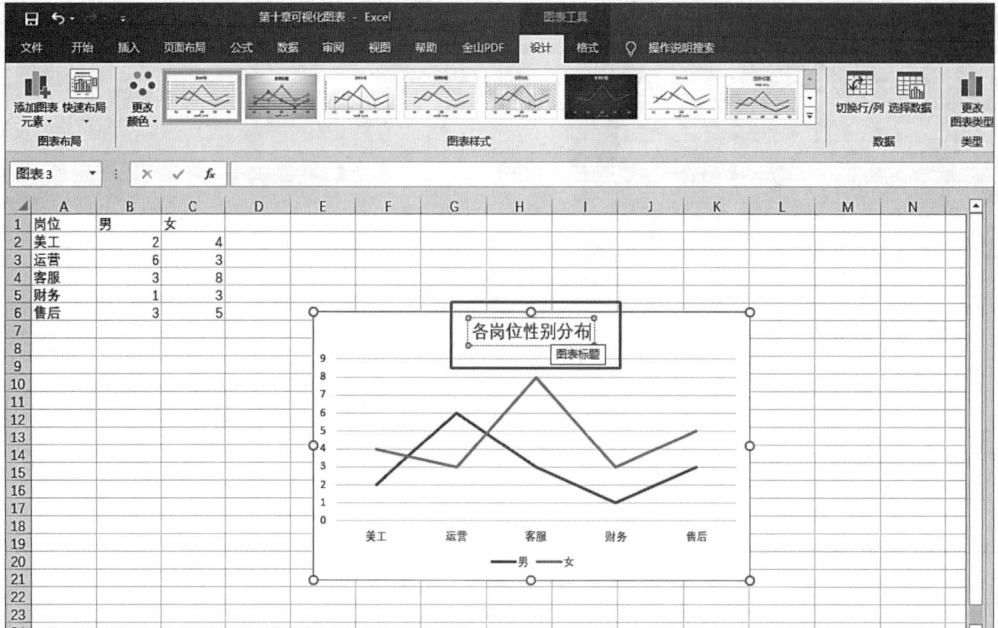

图 8-4 各岗位性别分布折线图

（2）柱形图

柱形图可以有效地对一系列甚至几个系列的数据进行直观的对比，簇状柱形图则更适用于对比多个系列的数据。图 8-5 所示为某企业销售部门各职员的全年销售目标及每个季度的详细销售数据。使用柱形图可以形象地展示全年销售目标完成情况，能清晰地展示每位员工计划达成情况、销售业绩分布情况及每个季度在全年度中的业绩占比，操作步骤如下。

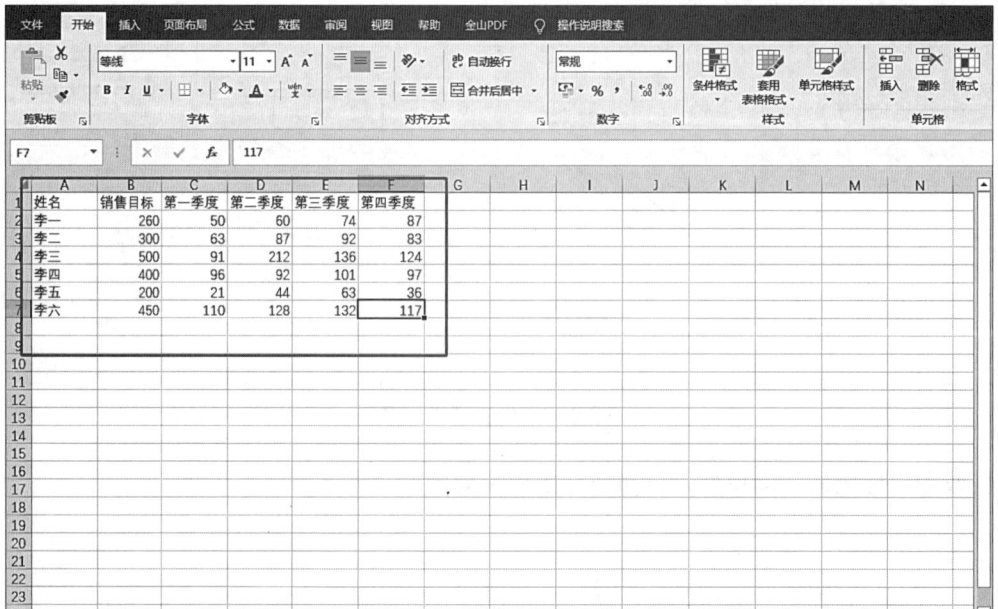

图 8-5 员工销售数据

选中表中的所有数据，选择"插入"选项卡，在"推荐的图表"组中单击"柱形图"下拉按钮，选择"堆积柱形图"选项，如图 8-6 所示。

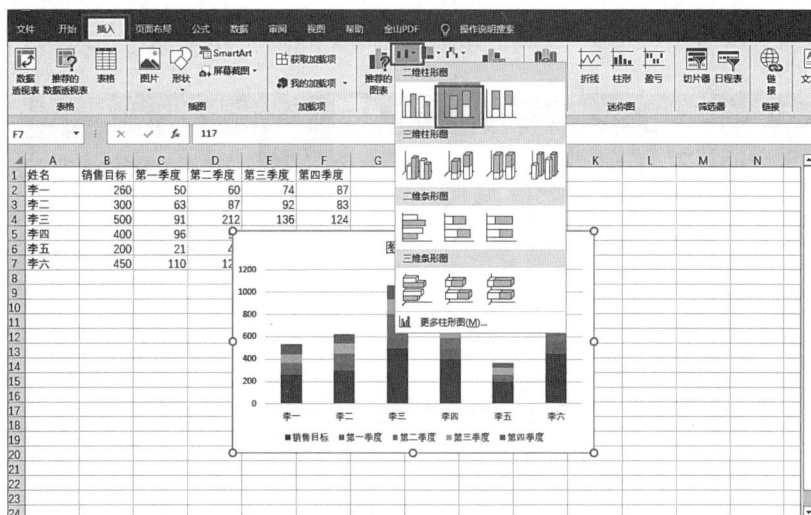

图 8-6　插入堆积柱形图

在所插入的堆积柱形图中选择某一数据系列，在弹出的快捷菜单中选择"更改系列图表类型"命令，在弹出的"更改图表类型"对话框中，选择系列名称对应的图标类型下拉按钮，设置"销售目标"数据系列的图表类型为"簇状柱形图"，设置"一季度""二季度""三季度""四季度"数据系列的图表类型为"堆积柱形图"，系列名称绘制在"次坐标轴"上，如图 8-7 所示。

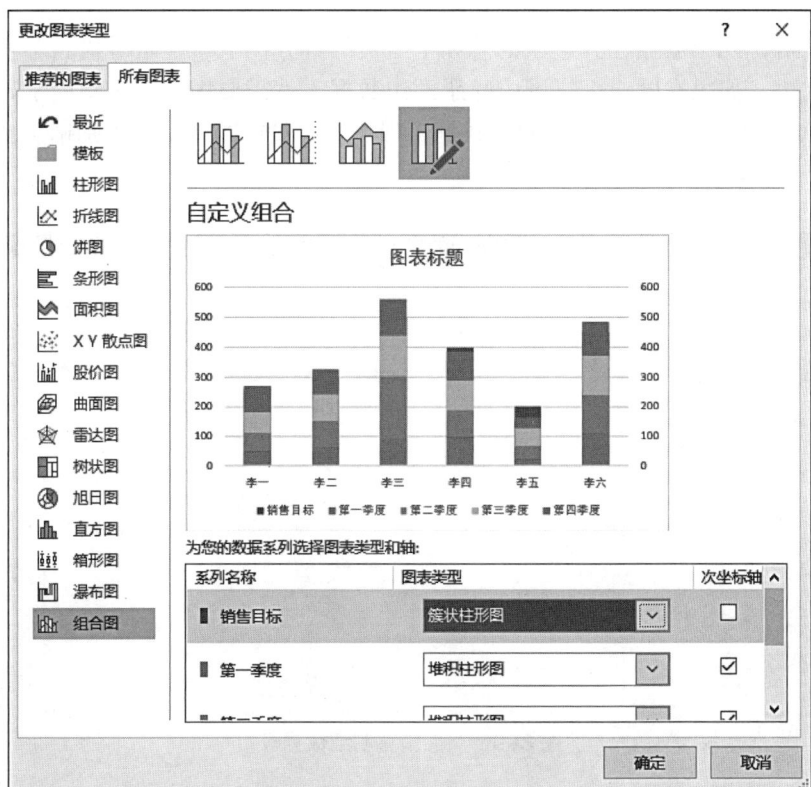

图 8-7　更改图表类型对话框

更改图表标题为"销售目标达成情况";选中"销售目标"数据系列,右键单击鼠标,在弹出的快捷菜单中选择"设置数据系列格式"命令,修改"系列重叠度"为"100%","间隙宽度"为"40%",设置实线边框、无填充,删除次坐标轴及网格线,最后效果如图8-8所示。

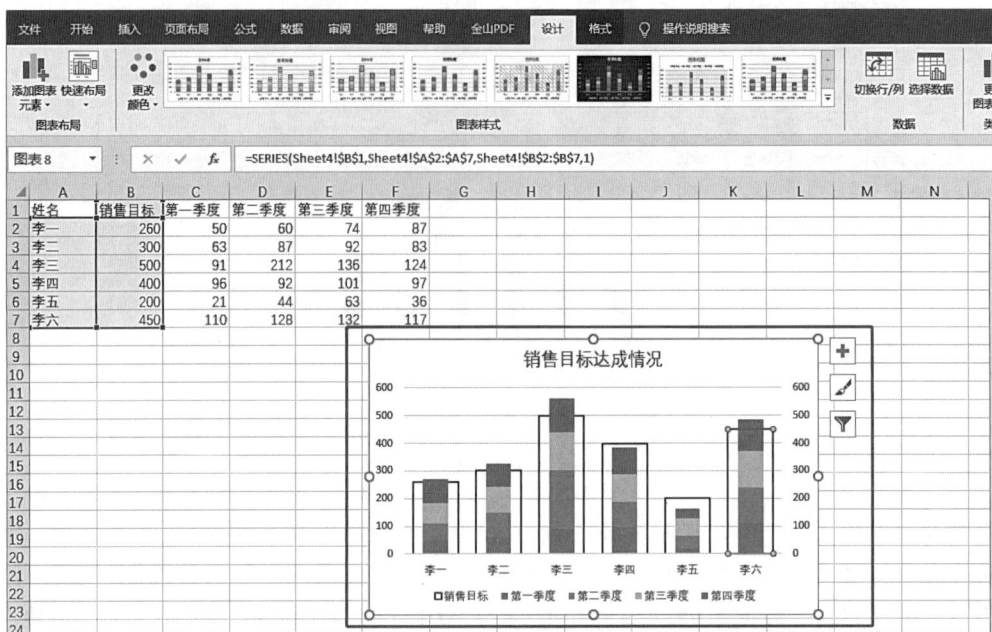

图 8-8 销售目标达成情况柱形图

（3）饼图

饼图用于对比几个数据在其形成的总和中所占的百分比值。整个饼代表总和,每一个数用一个薄片代表。如果在同一个饼图中显示两组数据,就需要用双层饼图展示。图8-9所示为某店铺2019年8月各类产品销售明细数据,现需要通过饼图展示各类别销量及每一类别产品销量情况,操作步骤如下。

图 8-9 产品销售明细数据表

将光标定位于工作表的空白单元格内，选择"插入"选项卡，在"推荐的图表"组中单击"饼图"下拉按钮，选择"饼图"选项，插入一个空白饼图，如图 8-10 所示。

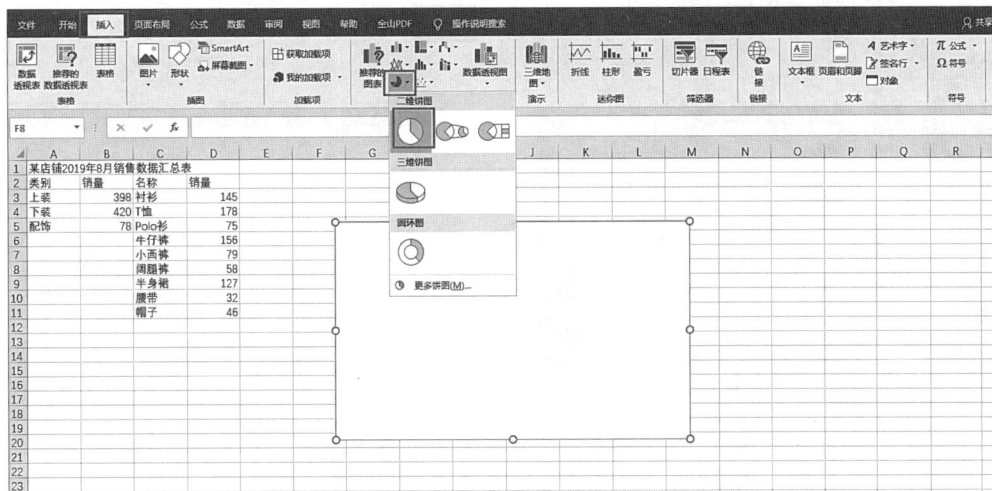

图 8-10　插入饼图

在图表的空白区域右键单击鼠标，在弹出的快捷菜单中选择"选择数据"命令，在"选择数据源"对话框中分别添加类别名称和系列名称，将水平（分类）轴标签设置为名称区域，如图 8-11 所示。设置完成后，两个饼图是完全重合在一起的。

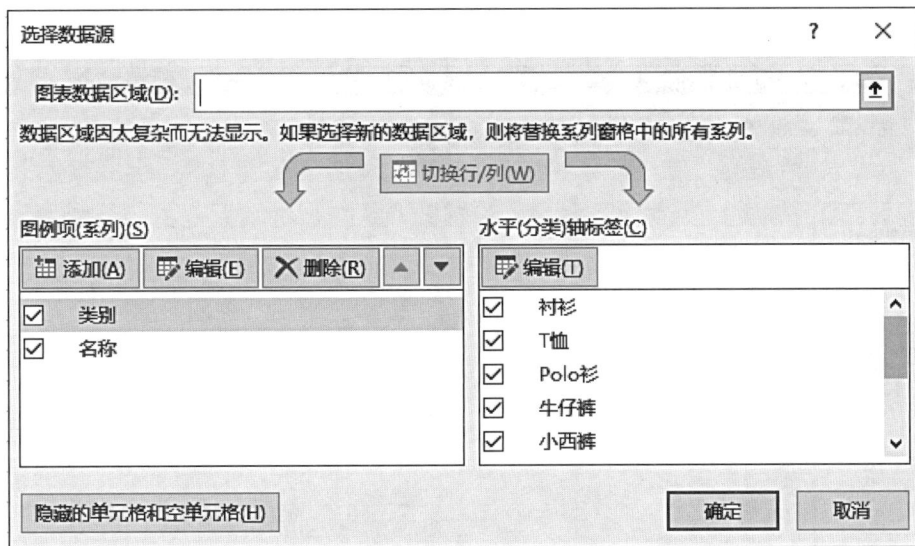

图 8-11　"选择数据源"对话框

选择类别饼图中某个数据系列，右键单击鼠标，在弹出的快捷菜单中选择"设置数据系列格式"命令，设置系列绘制在"次坐标轴"，设置饼图程度为 50%。移动 3 块分离的类别饼图（需要注意的是，要逐块分别移动，不能一次性全选移动），同时添加数据标签，即可形成如图 8-12 所示的双层饼图。

在进行颜色调整时还需注意的一点是，为了让图表层次更分明，每类产品的颜色要设置为同一系列不同深浅的效果，如上装全部是蓝色系，配饰为灰色系。

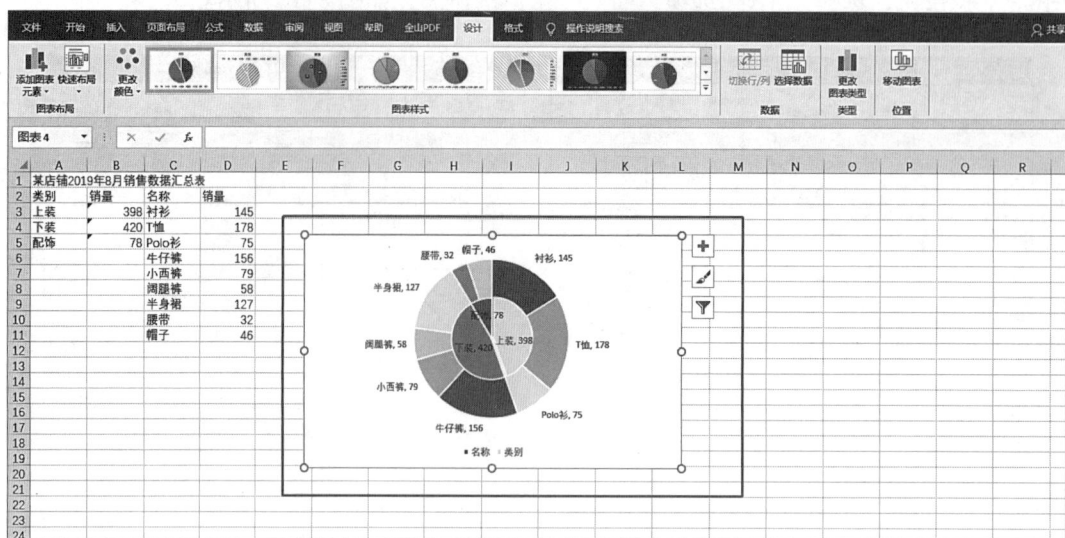

图 8-12　产品销售情况双层饼图

（4）散点图

散点图通常用于显示和比较数值，能够表示因变量随自变量变化而变化的大致趋势，据此可以选择合适的函数对数据点进行拟合。在不考虑时间的情况下比较大量数据点时，可以使用散点图。如图 8-13 所示，为某平台统计的不同年龄网购金额数据，现基于此制作散点图。

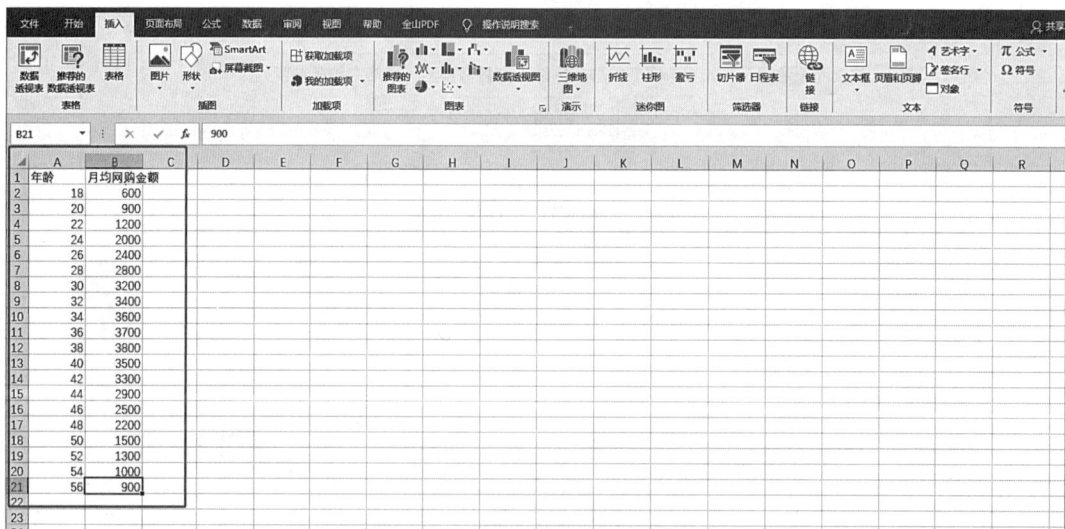

图 8-13　不同年龄网购金额数据

选中数据，选择"插入"选项卡，在"推荐的图表"组中单击"散点图"下拉按钮，选择"带平滑线和数据标记的散点图"选项，如图 8-14 所示。

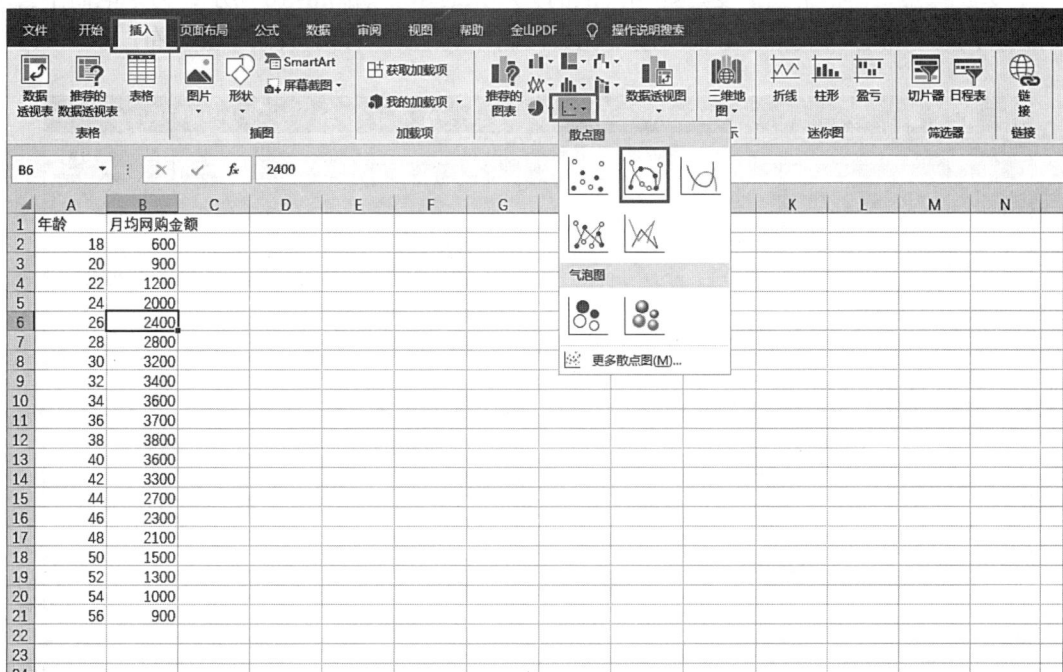

图 8-14　选择散点图类型

此时即可插入散点图，调整图表的大小和位置，删除图例，设置图表标题，如图 8-15 所示。可进一步设置图表元素、坐标轴选项等，使图表展示更加清晰明了。

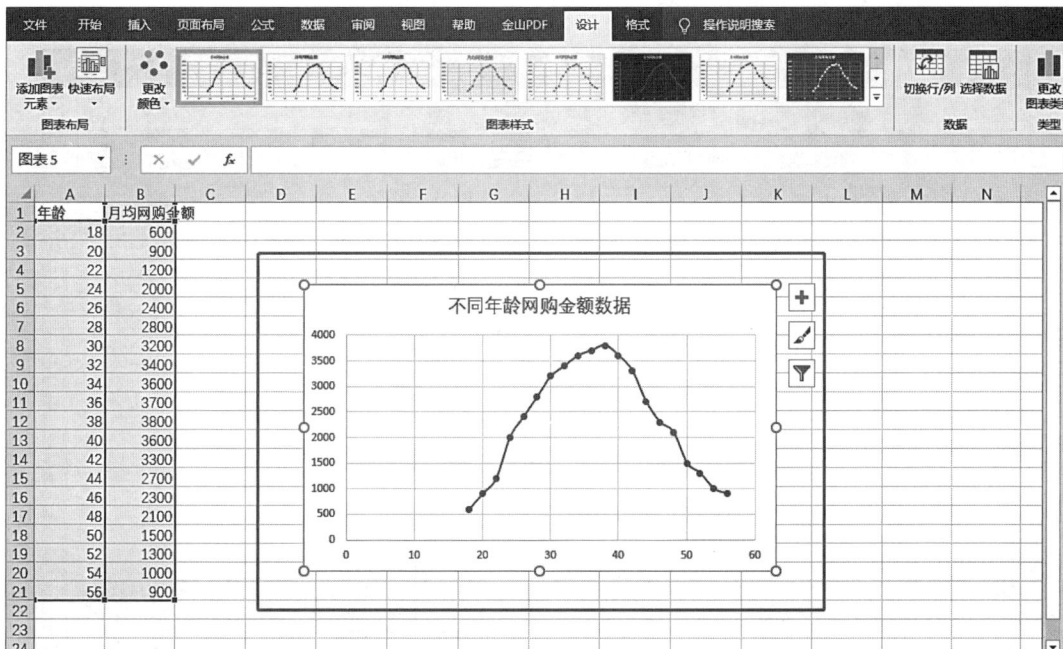

图 8-15　插入散点图

（5）气泡图

气泡图与散点图相似，可用于展示 3 个变量之间的关系，在绘制时将一个变量放在横轴，另一个变量放在纵轴，第三个变量则用气泡的大小来表示。如图 8-16 所示，为某电商平台统计的顾客网购年龄分布数据，下面将基于此数据制作气泡图来展示买家年龄分布。步骤如下。

图 8-16　网购年龄分布数据

选择任一空白单元格，选择"插入"选项卡，在"推荐的图表"组中单击"散点图或气泡图"下拉按钮，选择"三维气泡图"选项，如图 8-17 所示。

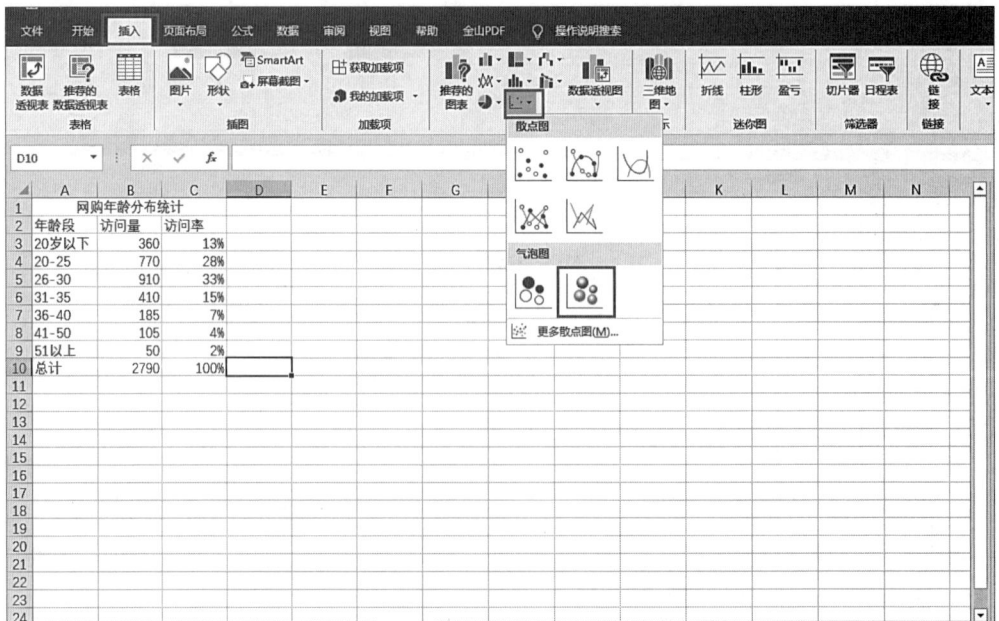

图 8-17　插入三维气泡图

在插入的空白图标上用鼠标右键单击，在弹出的快捷菜单中选择"选择数据"命令，在弹出的"选择数据源"对话框中，单击"添加"按钮。在弹出的"编辑数据系列"对话框，设置"系列名称"为 A1 单元格，"X 轴系列值"为 A3：A9 单元格区域，"Y 轴系列值"为 B3：B9 单元格区域，"系列气泡大小"为 C3：C9 单元格区域，然后依次单击"确定"按钮，如图 8-18 所示。

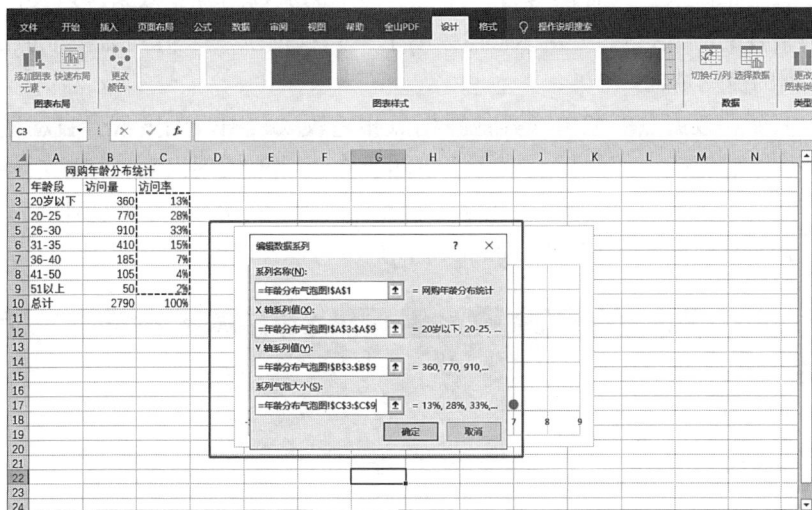

图 8-18　编辑数据系列

调整图表大小，并删除图例。在数据系列上用鼠标右键单击，在弹出的快捷键菜单中选择"设置数据系列格式"命令，在弹出的"设置数据系列格式"对话框中，选择"填充"选项，选中"依数据点着色"复选框，最终效果如图 8-19 所示。

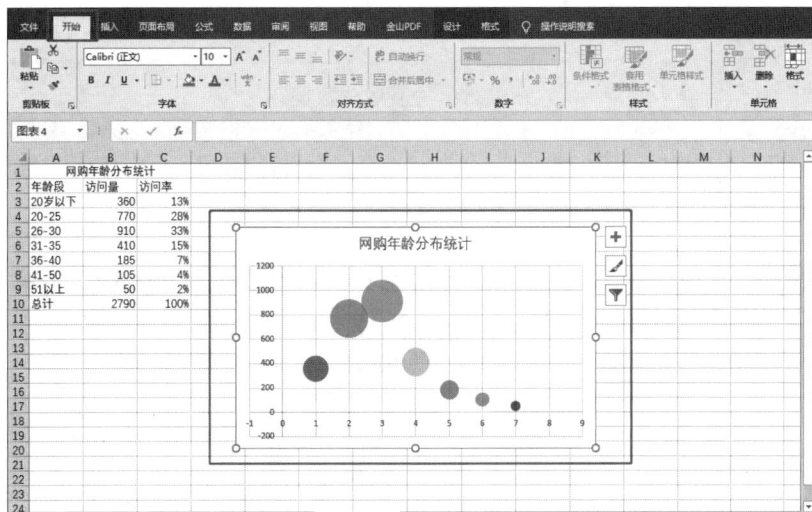

图 8-19　网购年龄分布气泡图

（二）使用特殊图和动态图实现可视化交互

1. 业务背景

特殊图表是在基本图表的基础上，通过添加辅助数据，结合基本形状制作的具有生活特征的图表，这类图表与基本图表相比，在表达某些数据时更直观、更清晰，在视觉效果上也更具美感。本项目将学习如何使用特殊图表实现数据可视化。

2.具体操作流程

（1）瀑布图

瀑布图形似瀑布流水，具有像瀑布一样自上而下的流畅的视觉效果。这类图表采用绝对值与相对值相结合的方式，可以很好地阐释单个系列数据从一个值到另一个值的变化过程，形象地说明数据的流动情况。

如果图表中个别数据点的数值同其他数据点相差较大，图表刻度就会自动适应最大数值的数据点，而其他数值较小的数据点就无法在图表中直观地体现出来。柱状断层图可以忽略中间的数据，使所有数据都能在同一个图表中表现出来。图 8-20 为某企业近一年的收支数据，下面将基于此进行瀑布图的制作，步骤如下。

图 8-20　企业收支数据

选择任一数据单元格，选择"插入"选项卡，在"推荐的图表"组中单击"瀑布图"下拉按钮，选择"瀑布图"选项，如图 8-21 所示。

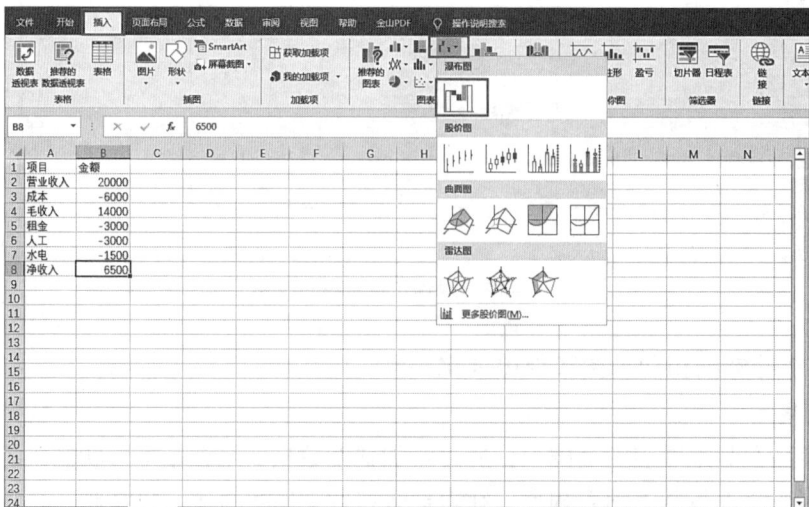

图 8-21　插入瀑布图

更改图表标题为"某企业收支情况"；在图表中选中"毛收入"数据系列，单击鼠标右键，选择"设置为汇总"选项，这样设置后瀑布图显示将更便于理解，如图 8-22 所示。

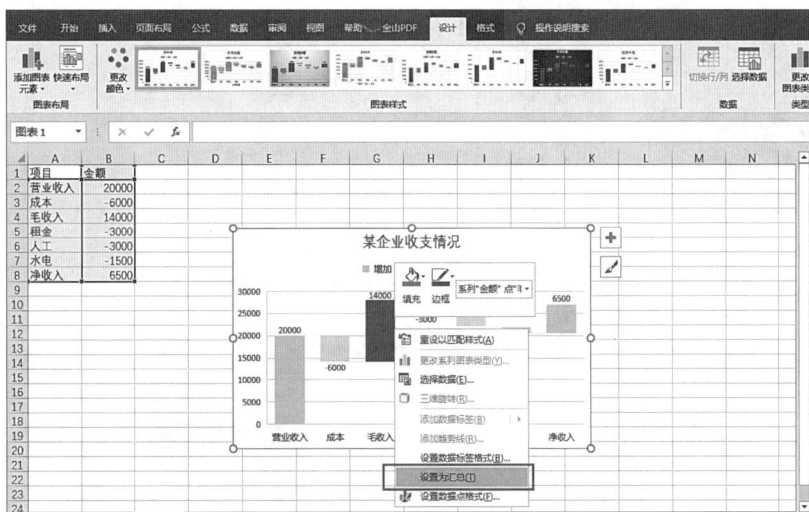

图 8-22　将"毛收入"设置为汇总

同样将"净收入"设置为汇总，得到最终效果如图 8-23 所示。

图 8-23　展示企业收支情况的瀑布图

（2）旋风图

旋风图能够直观地展示两组数据的对比情况。本例利用旋风图清楚地展示不同性别买家在消费时看中的因素，具体操作如下。

选中 A1：C6 单元格区域，选择"插入"选项卡，在"推荐的图表"下拉按钮中，选择"组合图"选项，将图表类型设置为"簇状条形图"，其中将"女性"系列名称设置为次坐标轴，如图 8-24 所示。

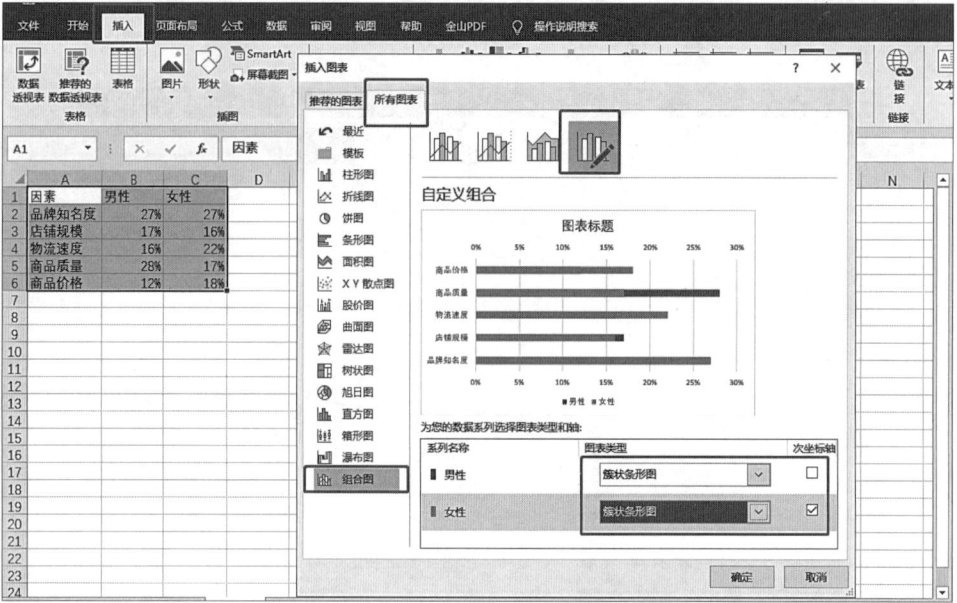

图 8-24　在"插入图表"对话框中选择组合图

　　双击上面的坐标轴，设置最小值和最大值分别为 −0.8 及 0.8，并选择"逆序刻度值"复选框。同理设置下面坐标轴的最大值和最小值。另外，单击坐标轴标签，在"坐标轴选项"中将标签位置设置为"低"，完成后如图 8-25 所示。

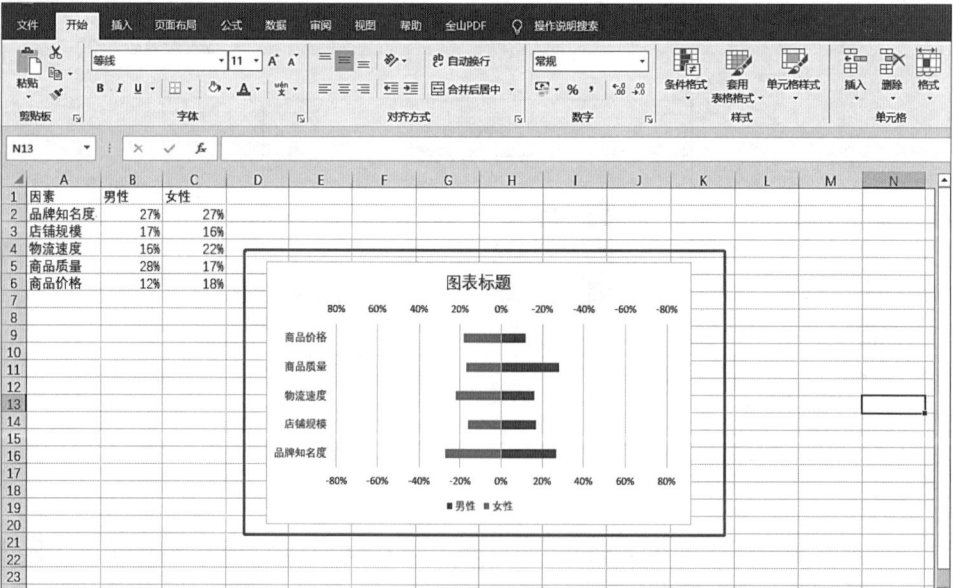

图 8-25　设置坐标轴后效果图

　　更改图表标题时，可点击水平坐标轴，按 Delete 键将其删除，同理删除网格线等多余元素。设置数据系列的间隙宽度为 70%。添加数据标签，并设置图表的颜色、文字格式等，完成后的效果图如图 8-26 所示。

图 8-26　不同性别买家购买行为统计旋风图

四、跨境电商数据报表可视化

报表在 Excel 中使用非常广泛，基本涉及数据的都会使用。熟练使用报表制作功能可以帮助我们提高工作效率。

（一）数据表的建立

1. 正确输入数据和导入数据

（1）数据表输入

在单元格中直接输入数据。新建一个 Excel 工作簿（本书使用 Excel 版本为 Excel 2016），在其中的一个 Excel 工作表中单击任意一个单元格，就可以方便地输入各种类型的数据，如图 8-27 所示。

图 8-27　在 Excel 单元格中输入数据

设置输入数据的格式。输入数据后，单元格会按照默认的格式显示，如果格式不符合要求，可以通过"设置单元格格式"对话框进行修改。选中需要修改的单元格，右键单击，弹出快捷菜单，选择"设置单元格格式"命令，弹出"设置单元格格式"对话框；也可以打开"开始"选项卡，选择"单元格"组中的"设置单元格格式"命令，弹出"设置单元格格式"对话框，如图 8-28 所示。

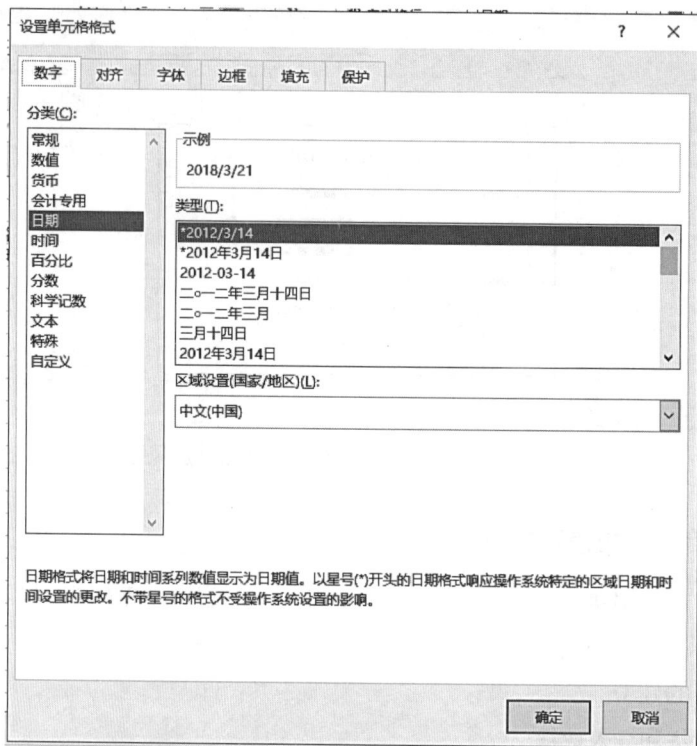

图 8-28 "设置单元格格式"对话框

（2）外部表格导入

如果有现成的数据文档，如财务部门统计的 Excel 文档、市场部门统计的客户调查 txt 文档，都可以直接导入 Excel 数据表中，具体操作步骤如下。

选择"自文本"导入方式。如图 8-29 所示，单击"数据"选项卡下"获取外部数据"组中的"自文本"按钮。

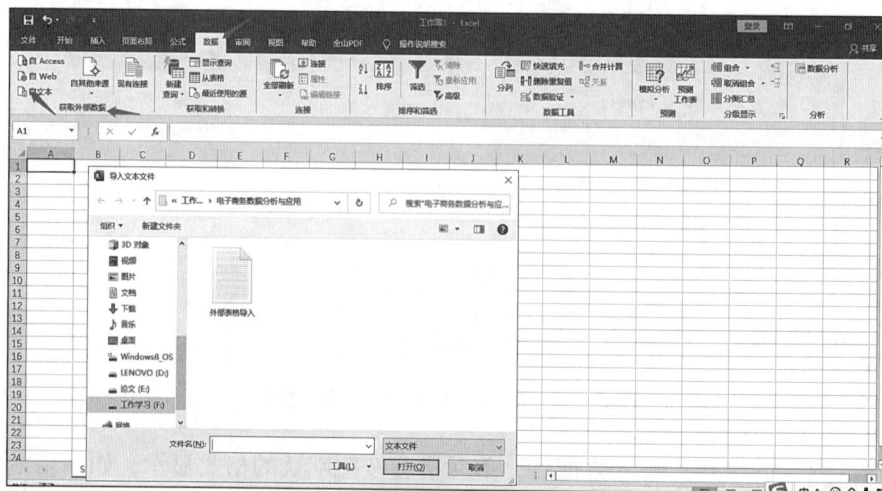

图 8-29 单击"自文本"导入按钮

　　设置"文本导入向导第 1 步"。在弹出的文件夹中选择需要导入的文本文档。如图 8-30 所示，在导入向导 1 界面中，根据文本特点选择文件类型，这里选中"分隔符号"单选按钮。如果不知道如何选择，可以对照下方的文件预览，选择能正常显示的文件和类型。然后单击"下一步"按钮。

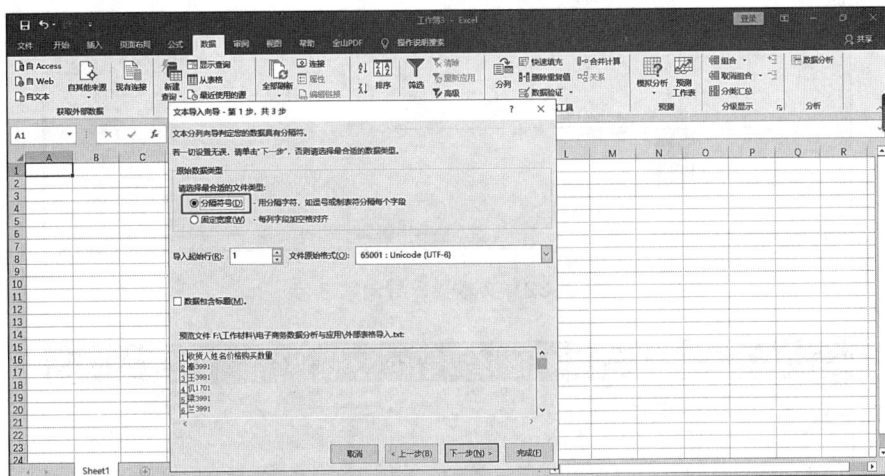

图 8-30　文本导入导向第 1 步

　　设置"文本导入向导第 2 步"。在"文本导入向导第 2 步"页面，如图 8-31 所示，根据文本文档内容选择适合的分隔符号，这里选中"Tab 键"复选框，该符号能让下方的数据预览正常显示。然后单击"下一步"按钮。

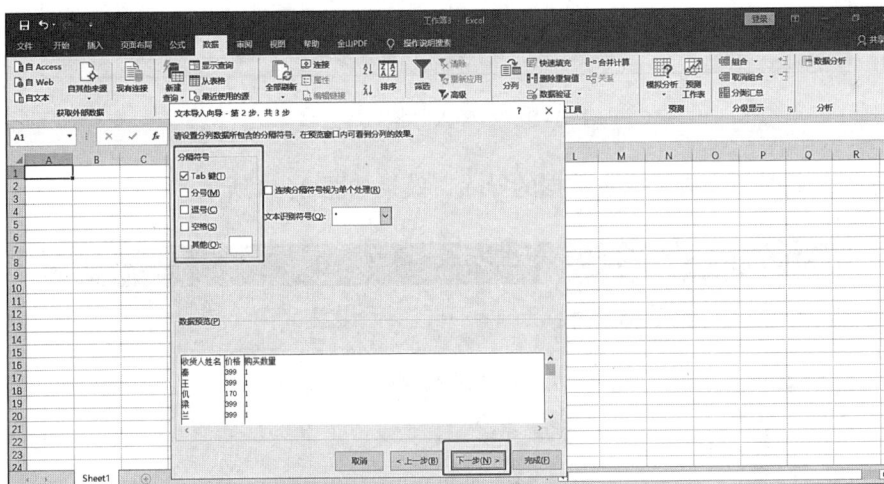

图 8-31　文本导入导向第 2 步

　　设置"文本导入向导第 3 步"。打开"文本导入向导第 3 步"页面，选中"常规"单选按钮，单击"完成"按钮，如图 8-32 所示。
　　导入数据。此时进入"导入数据"对话框，在表格中选择一个区域作为数据区域，单击"确定"按钮，如图 8-33 所示。

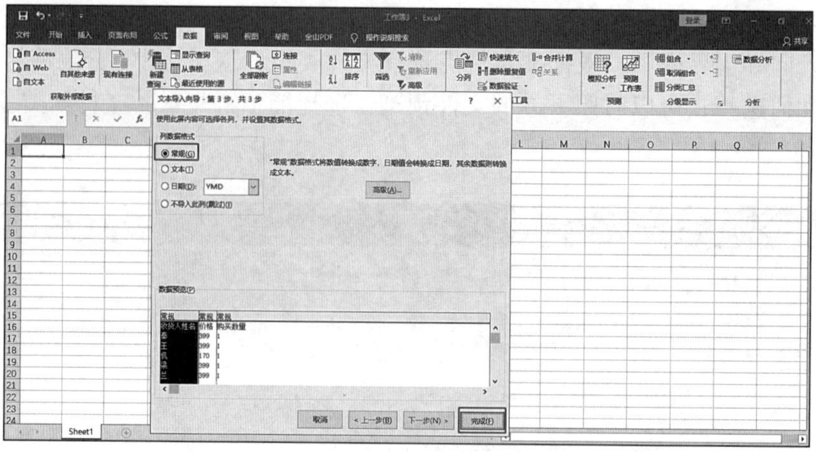

图 8-32　文本导入导向第 3 步

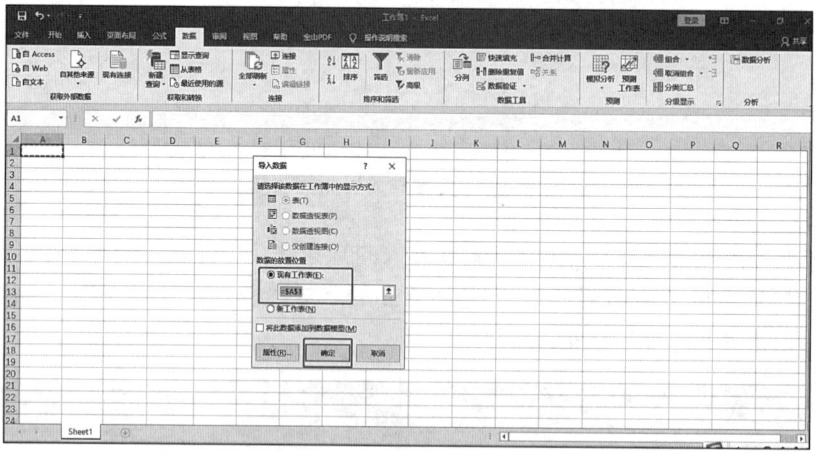

图 8-33　"导入数据"对话框

完成导入。此时便完成了文本数据的导入，效果如图 8-34 所示。

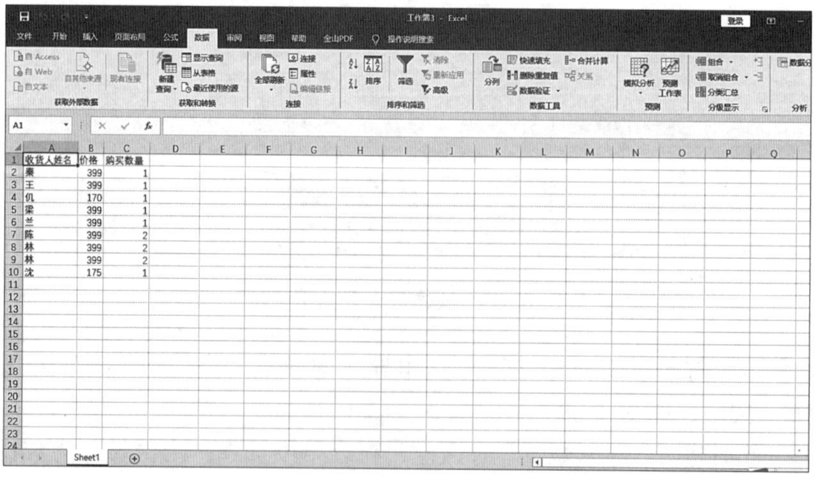

图 8-34　数据导入效果

（二）表格展示

1. 数据列突出显示

在"客户信息表"的"订单状态"一列中，大多数订单状态为"卖家已发货，等待买家确认"，而处于"等待买家支付""交易关闭"的状态不多，因此可对这两种订单状态进行突出显示。步骤如下。

选中"订单状态"列所在区域，依次单击"开始"—"样式"—"条件格式"—"突出显示单元格规则"—"等于"选项，如图 8-35 所示。

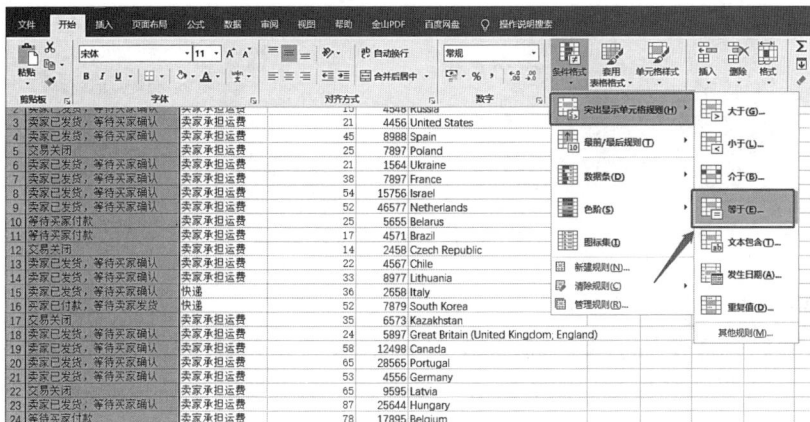

图 8-35　打开突出显示单元格规则对话框

在弹出的"等于"对话框中，进行如图 8-36 所示的设置，可以看到"订单状态"这一列中内容为"交易关闭"的单元格已经突出显示为所设置的浅红色，接下来点击"确定"按钮即可。

图 8-36　设置突出显示规则

将"订单状态"为"等待买家付款"的单元格设置为黄色，步骤与上面相同。最终得到如图 8-37 所示的突出显示效果。

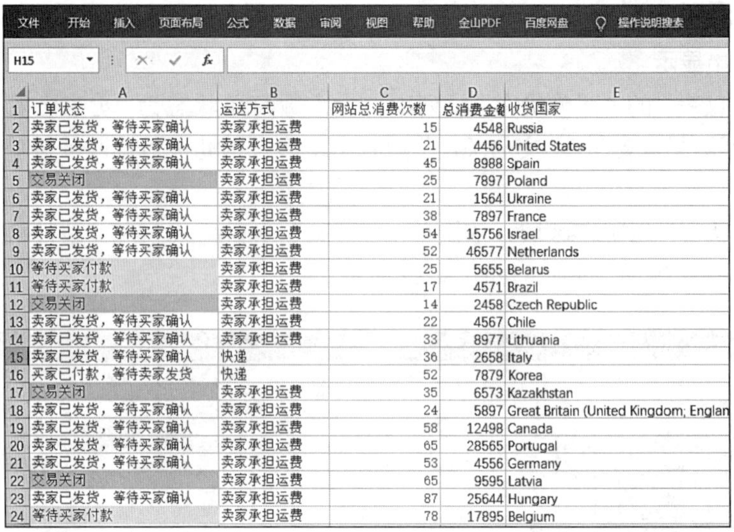

	A	B	C	D	E
1	订单状态	运送方式	网站总消费次数	总消费金额	收货国家
2	卖家已发货，等待买家确认	卖家承担运费	15	4548	Russia
3	卖家已发货，等待买家确认	卖家承担运费	21	4456	United States
4	卖家已发货，等待买家确认	卖家承担运费	45	8988	Spain
5	交易关闭	卖家承担运费	25	7897	Poland
6	卖家已发货，等待买家确认	卖家承担运费	21	1564	Ukraine
7	卖家已发货，等待买家确认	卖家承担运费	38	7897	France
8	卖家已发货，等待买家确认	卖家承担运费	54	15756	Israel
9	卖家已发货，等待买家确认	卖家承担运费	52	46577	Netherlands
10	等待买家付款	卖家承担运费	25	5655	Belarus
11	等待买家付款	卖家承担运费	17	4571	Brazil
12	交易关闭	卖家承担运费	14	2458	Czech Republic
13	卖家已发货，等待买家确认	卖家承担运费	22	4567	Chile
14	卖家已发货，等待买家确认	卖家承担运费	33	8977	Lithuania
15	卖家已发货，等待买家确认	快递	36	2658	Italy
16	买家已付款，等待卖家发货	快递	52	7879	Korea
17	交易关闭	卖家承担运费	35	6573	Kazakhstan
18	卖家已发货，等待买家确认	卖家承担运费	24	5897	Great Britain (United Kingdom; Englan
19	卖家已发货，等待买家确认	卖家承担运费	58	12498	Canada
20	卖家已发货，等待买家确认	卖家承担运费	65	28565	Portugal
21	卖家已发货，等待买家确认	卖家承担运费	53	4556	Germany
22	交易关闭	卖家承担运费	65	9595	Latvia
23	卖家已发货，等待买家确认	卖家承担运费	87	25644	Hungary
24	等待买家付款	卖家承担运费	78	17895	Belgium

图 8-37　突出显示效果

2. 图标集

在“会员客户信息表”的“购买总次数”列中，只需要大概浏览购买次数在某个区域范围内的情况，而不需要知道具体的购买次数。又例如，不必知道购买总金额的具体数值，只需了解大概范围；或在购买总次数中，只需要显示某个范围内大概的购买次数即可，这些情况都可以用图标集的形式来显示。

例如，根据图 8-37 所示的总消费金额划分客户群体，大于 20000 元的属于高消费群体，小于 5000 元的属于低消费群体，操作步骤如下。

选中“总消费金额”单元格区域，依次单击“开始”—“样式”—“条件格式”—“图标集”—“其他规则”选项。在弹出的“新建格式规则”对话框中选择图标样式，设置图标及规则，如图 8-38 所示，设置完成后单击“确定”按钮即可。展示效果如图 8-39 所示。

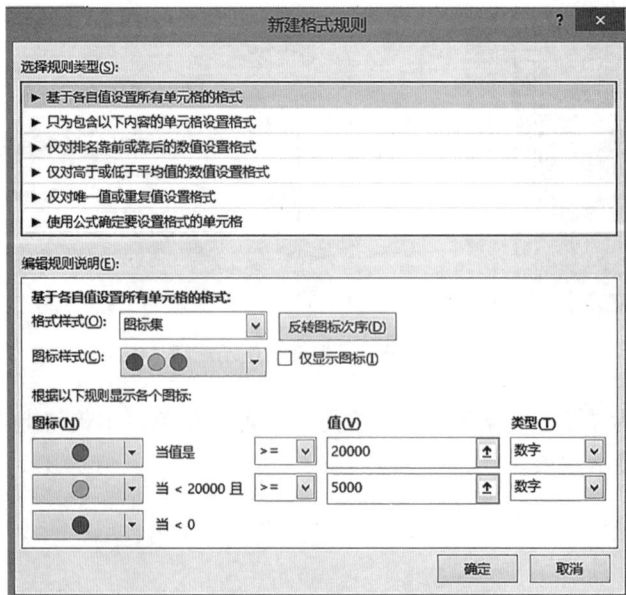

图 8-38　“新建格式规则”对话框

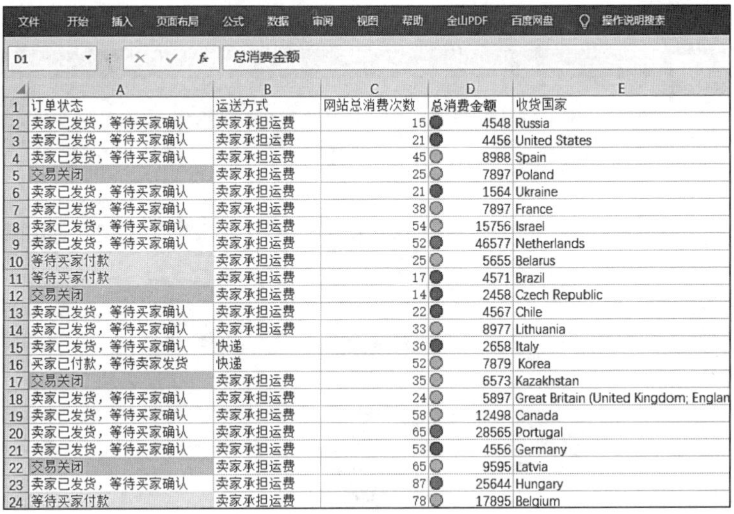

	A	B	C	D	E
1	订单状态	运送方式	网站总消费次数	总消费金额	收货国家
2	卖家已发货，等待买家确认	卖家承担运费	15	4548	Russia
3	卖家已发货，等待买家确认	卖家承担运费	21	4456	United States
4	卖家已发货，等待买家确认	卖家承担运费	45	8988	Spain
5	交易关闭	卖家承担运费	25	7897	Poland
6	卖家已发货，等待买家确认	卖家承担运费	21	1564	Ukraine
7	卖家已发货，等待买家确认	卖家承担运费	38	7897	France
8	卖家已发货，等待买家确认	卖家承担运费	54	15756	Israel
9	卖家已发货，等待买家确认	卖家承担运费	52	46577	Netherlands
10	等待买家付款	卖家承担运费	25	5655	Belarus
11	等待买家付款	卖家承担运费	17	4571	Brazil
12	交易关闭	卖家承担运费	14	2458	Czech Republic
13	卖家已发货，等待买家确认	卖家承担运费	22	4567	Chile
14	卖家已发货，等待买家确认	卖家承担运费	33	8977	Lithuania
15	卖家已发货，等待买家确认	快递	36	2658	Italy
16	买家已付款，等待卖家发货	快递	52	7879	Korea
17	交易关闭	卖家承担运费	35	6573	Kazakhstan
18	卖家已发货，等待买家确认	卖家承担运费	24	5897	Great Britain (United Kingdom; Englan
19	卖家已发货，等待买家确认	卖家承担运费	58	12498	Canada
20	卖家已发货，等待买家确认	卖家承担运费	65	28565	Portugal
21	卖家已发货，等待买家确认	卖家承担运费	53	4556	Germany
22	交易关闭	卖家承担运费	65	9595	Latvia
23	卖家已发货，等待买家确认	卖家承担运费	87	25644	Hungary
24	等待买家付款	卖家承担运费	78	17895	Belgium

图 8-39　图标集设置效果

3. 数据条

如图 8-40 所示，“客单价增幅”表示的是本单相对于上单的客单价增幅，增幅数据有正负之分，可以使用条件格式中的“数据条”功能清晰地展示客单价的增幅数据。

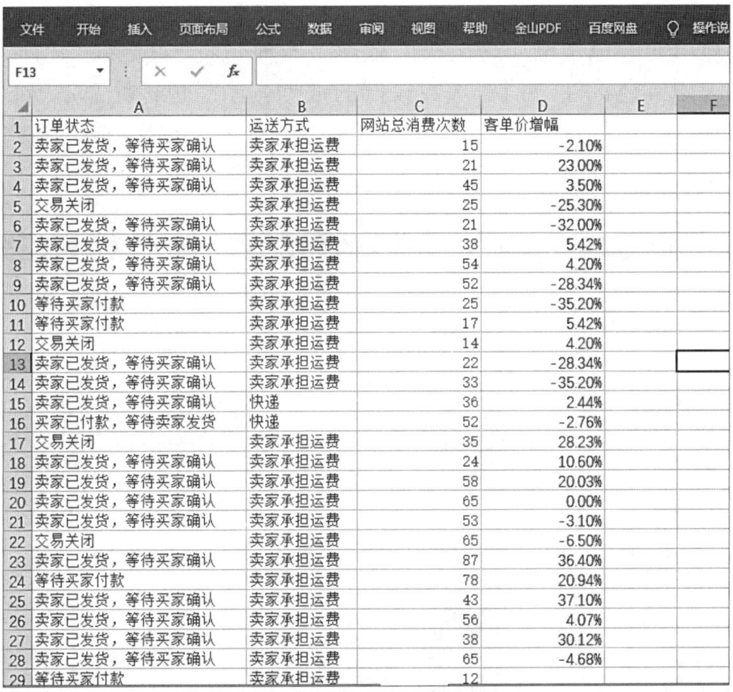

	A	B	C	D	E	F
1	订单状态	运送方式	网站总消费次数	客单价增幅		
2	卖家已发货，等待买家确认	卖家承担运费	15	-2.10%		
3	卖家已发货，等待买家确认	卖家承担运费	21	23.00%		
4	卖家已发货，等待买家确认	卖家承担运费	45	3.50%		
5	交易关闭	卖家承担运费	25	-25.30%		
6	卖家已发货，等待买家确认	卖家承担运费	21	-32.00%		
7	卖家已发货，等待买家确认	卖家承担运费	38	5.42%		
8	卖家已发货，等待买家确认	卖家承担运费	54	4.20%		
9	卖家已发货，等待买家确认	卖家承担运费	52	-28.34%		
10	等待买家付款	卖家承担运费	25	-35.20%		
11	等待买家付款	卖家承担运费	17	5.42%		
12	交易关闭	卖家承担运费	14	4.20%		
13	卖家已发货，等待买家确认	卖家承担运费	22	-28.34%		
14	卖家已发货，等待买家确认	卖家承担运费	33	-35.20%		
15	卖家已发货，等待买家确认	快递	36	2.44%		
16	买家已付款，等待卖家发货	快递	52	-2.76%		
17	交易关闭	卖家承担运费	35	28.23%		
18	卖家已发货，等待买家确认	卖家承担运费	24	10.60%		
19	卖家已发货，等待买家确认	卖家承担运费	58	20.03%		
20	卖家已发货，等待买家确认	卖家承担运费	65	0.00%		
21	卖家已发货，等待买家确认	卖家承担运费	53	-3.10%		
22	交易关闭	卖家承担运费	65	-6.50%		
23	卖家已发货，等待买家确认	卖家承担运费	87	36.40%		
24	等待买家付款	卖家承担运费	78	20.94%		
25	卖家已发货，等待买家确认	卖家承担运费	43	37.10%		
26	卖家已发货，等待买家确认	卖家承担运费	56	4.07%		
27	卖家已发货，等待买家确认	卖家承担运费	38	30.12%		
28	卖家已发货，等待买家确认	卖家承担运费	65	-4.68%		
29	等待买家付款	卖家承担运费	12			

图 8-40　客单价增幅数据

选中“客单价增幅”这列的数据，依次单击“开始”—“样式”—“条件格式”—“数据条”选项。

根据需要选择填充颜色，例如这里我们选择“渐变填充”中的第一种蓝色填充，结果如图 8-41 所示。可以发现“客单价增幅”这一列根据增幅数据正负被分为两部分，并且分别被红色及蓝色数据条填充。

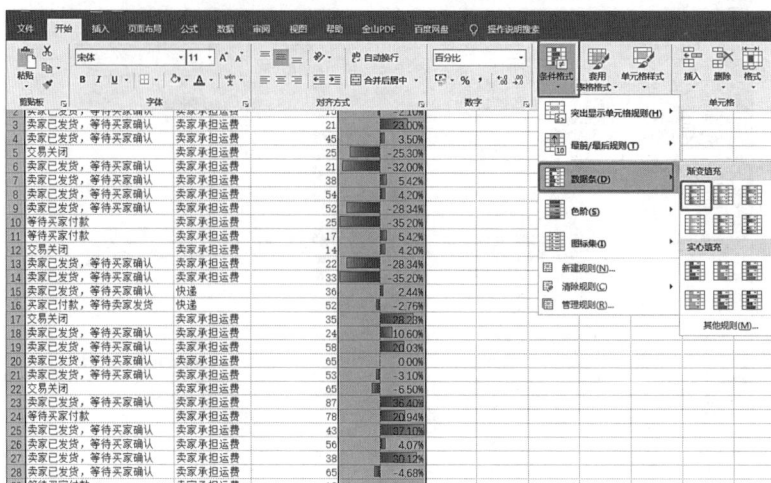

图 8-41　数据条设置结果

4. 色阶

在前例数据的基础上，使用色阶标注不同消费者在该网站上消费的总次数，步骤如下。

选中"网站总消费次数"这列的数据，依次单击"开始"—"样式"—"条件格式"—"色阶"选项。

根据需要选择填充颜色，例如这里我们选择第一种"绿—黄—红"色阶，结果如图 8-42 所示，默认结果为用红色标注总消费次数较低的数据，用绿色标注总消费次数较高的数据。此外在选择色阶颜色时，我们还可以单击"其他规则"选项，在弹出的"新建格式规则"对话框中进行更多设置。

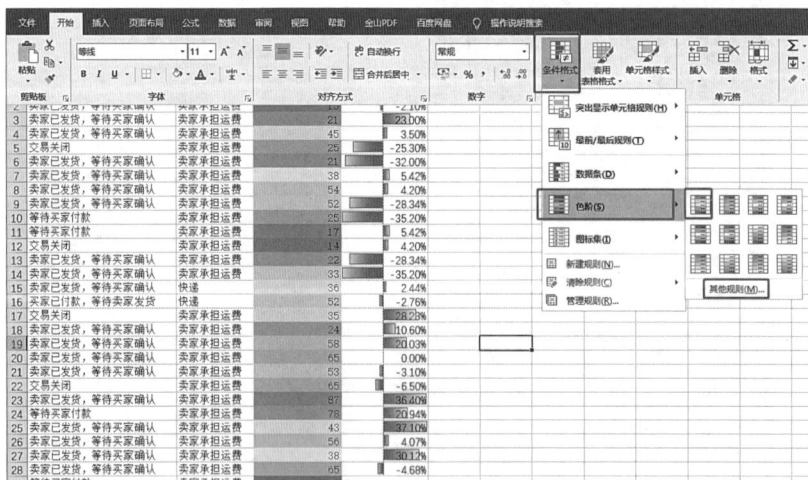

图 8-42　色阶设置结果

（三）报表的美化

1. 跨境电商可视化报表的设计的原则

图表的设计主要分为版式设计和配色设计等，其中图表版式设计主要包括图表的布局、图表系列的间距、网格线是否存在及网格线的样式等。

（1）少用系统默认颜色，让图表耳目一新

要想制作出让人耳目一新的图表效果，那么在制作图表的过程中就尽量少用系统默认的颜色，因为很多人会因为对系统默认颜色过于熟悉而产生视觉疲劳，因此可以更改为其他颜色，增强图表的新鲜感和视觉冲击力。

（2）配色方案保持一致性，避免出现过多的颜色

在同一系列图表或演示文档中，一旦选定了图表的配色方案，就应该始终保持一致，给人以统一的感觉，避免出现过多的颜色，过于繁杂的颜色搭配会影响图表数据信息的表达。

（3）非数据元素可以使用淡灰色，以重点突出数据元素

对于坐标轴、网格线等非数据元素，使用淡灰色即可，过度突出它们会干扰人们对数据元素的阅读和理解。

（4）避免同时使用大红大绿的色彩，色彩格调要高雅

大红大绿的颜色会显得比较刺眼、俗套，不利于数据表达，对于色盲或色弱的阅读者更是不易区分，因此应当避免同时使用大红大绿的色彩，在色彩搭配上要追求比较高雅的色彩格调。

（5）学习色彩理论与配色方法，提升美学素养

学习简单的色彩理论知识，如色彩的情绪、象征意义、冷暖色调、色相环、互补色等配色方法，也可以找一张配色协调、自然的图片，从中取样并应用到图表中，还可以从商业杂志图表中寻找灵感。

2. 设置工作表背景

在当前工作表下，单击"页面布局"选项卡"页面设置"组中的"背景"按钮，弹出"工作表背景"对话框，可以给工作表加上图片背景，如图8-43所示。

图8-43 "工作表背景"对话框

3. 设置工作表标签颜色

选中需要设置标签颜色的工作表表名后右键单击，弹出快捷菜单，选择"工作表标签颜

色"命令，在"主题颜色"选项组中选择需要的颜色即可，如图 8-44 所示。

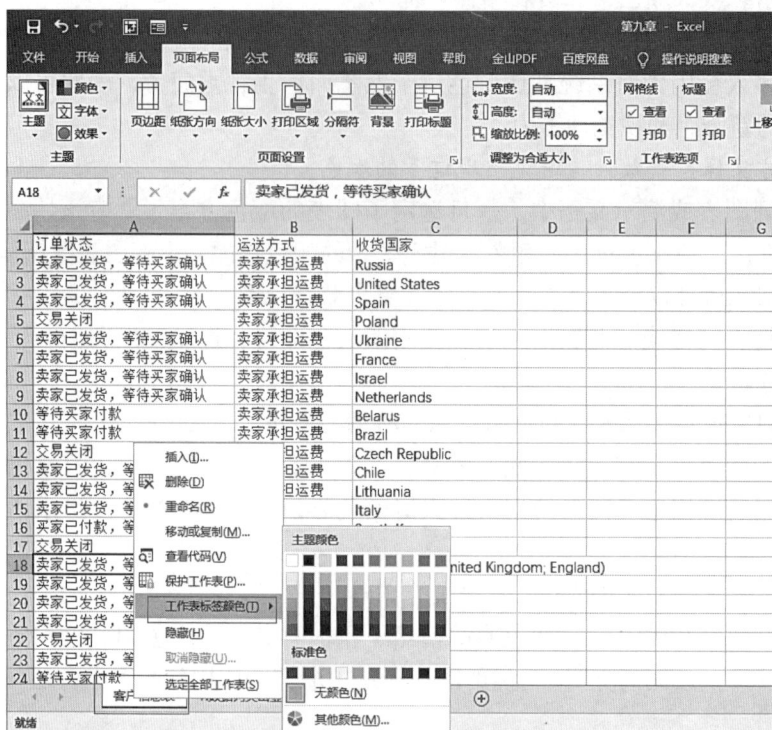

图 8-44　"工作表标签颜色"对话框

4. 使用透明色制作透视效果

如图 8-45 所示，点击图形右上角的"+"按钮，可进行"图表元素"设置，在这里可以删除网格线或者添加数据标签等；在页面右侧可进行图表区、系列选项、绘图区等不同选项的颜色填充、透明度设置。设置透明度后，效果如图 8-46 所示。

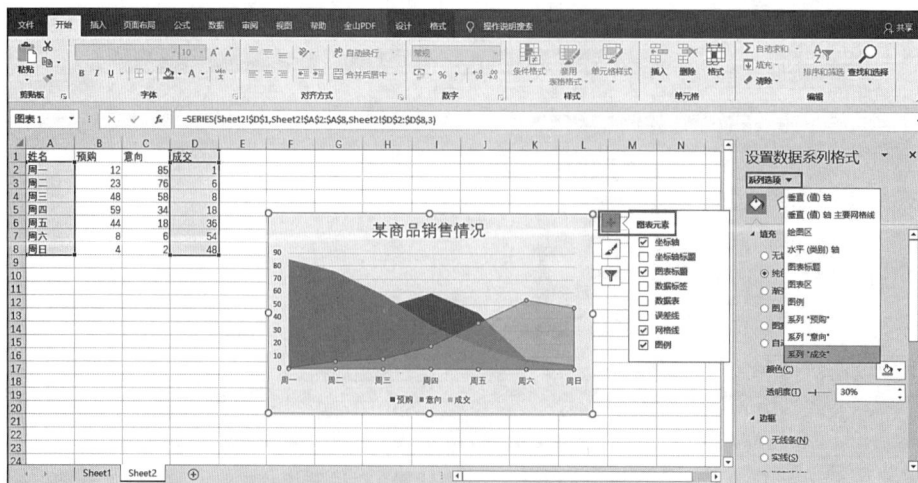

图 8-45　面积图选项设置页面

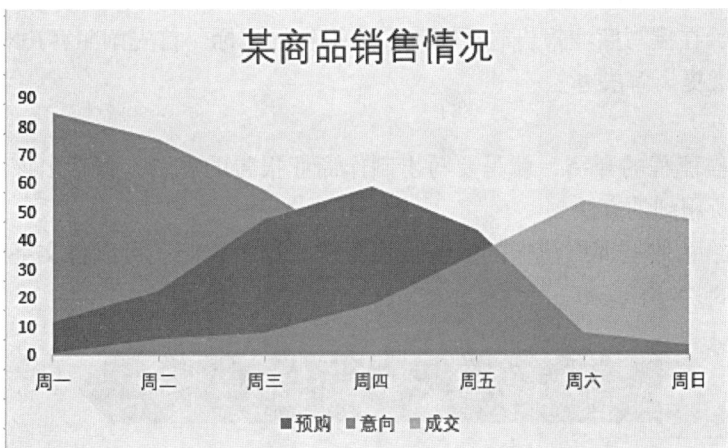

图 8-46　面积图设置透明度后的最终效果

5. 在图表绘图区中填充相关图片

如图 8-47 所示，在图表中选中绘图区，在右侧"设置绘图区格式"对话框中选中"图片或纹理填充"，然后单击"插入"按钮，接下来选择想要插入的图片即可。

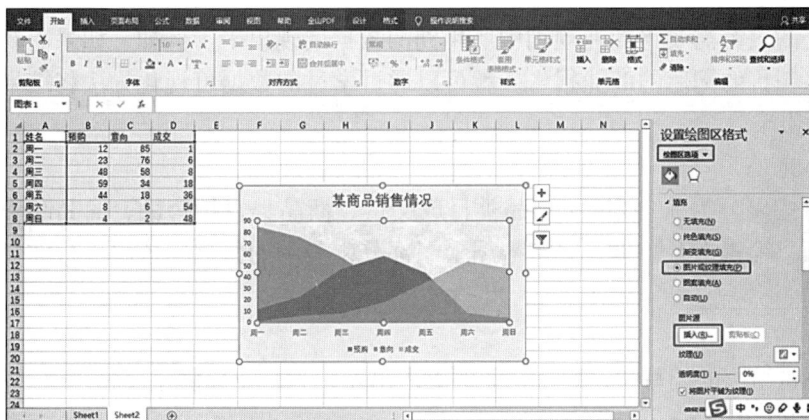

图 8-47　面积图设置绘图格式

五、跨境电商数据可视化报告

（一）跨境电商数据商业报告

跨境电商数据商业报告的撰写步骤如下。

1. 公司简介

公司简介通常是对一个企业或组织的基本情况的简单说明。通常在撰写商业报告中的公司简介时，首先需要明确公司的背景，比如公司性质和组成方式（集资方式）等，再从整体上介绍公司的经营范围、公司理念和公司文化。然后概括性地介绍一下公司现在的经营状况，最后指明公司未来的发展方向或者是现阶段的发展目标。还有一点比较重要的是，需要让目标公司确认报告中的公司简介是否正确。

2. 报告目标

通常情况下，在撰写商业报告时要明确商业报告的目标。首先阐明客户对于经营的疑虑，再针对客户的疑虑提出解决办法。

3. 制作流程

商业报告制作流程的介绍，就是要写出制作商业报告的思路，概括出该商业报告写作的步骤及每个步骤所用到的方法。

另外，为了给企业呈现更清晰的商业报告写作流程，我们还可以将文字内容转换成流程图的模式，如图 8-48 所示。

图 8-48 商业报告流程

4. 数据来源

这一部分的内容需要向客户说明商业规划中所有数据的来源，并指出为什么要选择这些数据源，以及数据的搜集方法。企业可以使用数据统计工具，获得相关数据。例如分析会员数据的 CRM 软件，分析网店运营的生意参谋软件等。

5. 数据展示

这一部分的内容需要将商业规划中所用到的数据展现出来。例如，如果需要撰写一份关于计算机产品销售的网店的商业报告，就可以通过学过的数据可视化方法将结果用图表等可视化方式展示出来。

6. 数据分析

数据分析主要分为 5 个方面：商品类目成交量、商品类目销售额、商品品牌成交量、商品品牌销售额、销售平台数据。只需根据上一部分中展示的数据，依次进行详细的解释和合理的推测即可。

7. 结论

在商业报告结论的撰写中，要从企业的诉求出发，为企业提供建议。

（二）跨境电商数据分析报告

1. 业务经营分析报告

业务经营分析报告由标题、前言、主体和结尾四部分组成。

（1）标题

业务经营分析报告的标题应当高度概括分析报告的主要内容、对象及作者的基本观点，以影响读者、指导读者正确理解分析报告。业务经营分析报告的标题有单标题和双标题两种。

单标题多将分析的对象、内容及时间写在标题上，如"××公司××××年度完成经济计划情况分析"。有的直接在标题中揭示问题、提出建议、展望未来等。双标题的正题往往标出业务经营分析报告的主旨，点出作者的基本观点；副题则说明分析的对象、内容及时间范围等。

（2）前言

前言即分析报告的开头，其写法多种多样，应视具体情况灵活掌握。有的在开头部分简要说明调查分析的时间、地点、对象、内容、范围及方式方法等；有的交代写作目的，说明选题的重要意义，以利于读者了解作者的写作动机，引导读者把握分析报告的重心，正确理解分析报告的基本含义；有的简要介绍分析报告的主要内容；有的点出作者的基本观点；有的介绍分析对象的基本情况；有的提出问题，引起注意……

业务经营分析报告开头的写法很多，运用起来应当灵活，有时单独采用一种，有时几种综合运用。

（3）主体

主体是业务经营分析报告的主要部分。在此部分，需要围绕选题，提出问题、分析问题、解决问题，并且要有情况、有数据、有观点、有分析。

主体部分的结构安排有纵式结构和横式结构两种。

纵式结构按照事物发生、发展的时间顺序或人们认识发展的规律，层层递进，依次安排布局，适用于事理明了、内容单一的专项分析报告。横式结构则根据分析内容的性质，划分成几个方面或问题，循着某一逻辑关系并列安排布局，适用于综合性分析报告。例如，"××省××××年度财务分析报告"的主体部分，根据分析内容的性质，分成"×××年财务收支基本情况""资金来源与运用分析""成本费用分析""利润分析""问题与建议"5个部分。每一部分又分解为若干个小部分，如把利润分析部分分成"存款规模对利润的影响""存贷款利差对利润的影响""贷款收息率对利润的影响"3个小部分，从多个角度分析其财务综合状况。

（4）结尾

结尾是分析报告的结束部分，其主要作用是总结全文、点明主题、得出结论、揭示问题、提出建议、展望未来、鼓舞斗志、加深认识等。但若在前言或主体部分已得出结论、提出建议、展望未来、点明主题，也就无须再画蛇添足，可灵活掌握运用。

2. 网站运营分析报告

网站运营分析报告主要包括以下内容。

（1）数据整理。

（2）分不同维度进行数据分析：内部各部门对产品内部横向对比，市面上产品的纵向对比，用户体验层面的比较等。

（3）给出优化建议。

（4）列出下阶段的工作计划。

3. 网站改版分析报告

（1）**建设网站前的市场分析**

①行业分析：如相关行业的市场是怎样的，市场有什么样的特点，是否能够在互联网上开展公司业务等。

②市场主要竞争者分析：如竞争对手上网情况及其网站规划、功能和作用等。

③公司自身条件分析：如公司市场优势，可以利用网站提升哪些竞争力，建设网站的能力（费用、技术、人力等）如何等。

（2）**建设网站的目的及功能定位**

①首先要明确为什么要建设网站，是为了宣传产品、进行电子商务交易，还是建设行业性网站？是企业的需要还是市场开拓的延伸？

②整合公司资源，确定网站功能。根据公司的需要和计划，确定网站的功能，如产品宣传型、网上营销型、客户服务型、电子商务型、行业门户型等。

③根据网站功能，确定网站应达到的目的和作用。

④企业内部网（Intranet）的建设情况和网站的可扩展性。

（3）网站技术解决方案

根据网站的功能确定网站技术解决方案。

①首先要明确是自建服务器，还是租用虚拟主机。

②选择操作系统，分析投入成本、功能、开发、稳定性和安全性等。

③是采用系统性的解决方案（如 IBM、惠普等公司提供的企业上网方案、电子商务解决方案），还是自己开发？

④网站安全性措施，防黑、防病毒方案。

⑤相关程序开发，如网页程序 ASP、ASPNET、JSP、PHP、CGI、数据库程序等。

（4）网站内容规划

①根据网站的目的和功能规划网站内容，一般企业网站应包括：公司简介、产品介绍、服务内容、价格信息、联系方式、网上订单等基本内容。

②电子商务类网站要提供会员注册、详细的商品服务信息、搜索查询、订单确认、付款、个人信息保密、相关帮助等功能。

③如果网站栏目比较多，则考虑采用网站编程专人负责相关内容。注意：网站内容是网站吸引浏览者最重要的因素，无内容或不实用的信息不会吸引匆匆浏览的访客。可事先对人们希望阅读的信息进行调查，并在网站发布后调查人们对网站内容的满意度，及时调整网站内容。

（5）网页设计

①网页美术设计一般要与企业整体形象一致，要符合 CI（corporate identity system，视觉识别系统）规范。要注意网页色彩、图片的应用及版面规划，保持网页的整体一致性。

②在新技术的采用上要考虑主要目标访问群体的分布地域、年龄阶层、网络速度、阅读习惯等。

③制订网页改版计划，如每半年到一年时间进行一次较大规模改版等。

（6）网站维护

①服务器及相关软硬件的维护，对可能出现的问题进行评估，制定响应时间。

②数据库维护，有效地利用数据是网站维护的重要内容，因此数据库的维护应受到重视。

③内容的更新、调整等。

④制定相关网站维护的规定，将网站维护制度化、规范化。

（7）网站测试

网站发布前要进行细致周密的测试，以保证正常浏览和使用。主要测试内容如下。

①服务器的稳定性、安全性。

②程序及数据库测试。

③网页兼容性测试，如浏览器、显示器。

④根据需要进行的其他测试。

（8）网站发布与推广

①网站测试后进行发布的公关、广告活动。

②搜索引擎登记等。

（9）网站建设日程表

各项规划任务的开始、完成时间，负责人等。

（10）费用明细

各项事宜所需费用清单。

以上为网站规划书中应该体现的主要内容，根据不同的需求和建站目的，内容也会相应增加或减少。在建设网站之初，一定要进行详尽的策划，才能达到预期的建站目的。

4. 单品分析报告

对于任何一份分析报告来说，开篇的点题和背景介绍都很重要。单品分析报告主要包括如下几个部分。

（1）行业概述

①介绍互联网的背景（发展情况及发展趋势）。

②介绍产品对应市场情况（市场规模、用户群体、产品组成、竞争情况、最新趋势等）。

（2）产品概述

①产品的战略定位与目标。

②产品的发展历程（针对已有的产品）。

③产品的发展规划。

（3）用户需求分析用户特点分析

用户需求收集与总结（出现了哪些需求，哪些还未被满足或未被较好地满足，便于后面提出优化方案）。

（4）产品功能分析

功能列表、主要业务流程介绍，便于后面对比优缺点。

行业背景和产品都介绍之后，就该通过 SWOT 搭建产品分析的核心框架了。

（5）产品优势分析

①用户体验方面。

②功能设计方面（包括横向和纵向，即功能是否全面，流程是否完善、简便）。

③资源、性能方面。

（6）产品劣势分析

①用户体验方面。

②功能设计方面（包括横向和纵向，即功能是否全面，流程是否完善、简便）。

③资源、性能方面。

（7）行业竞争分析

从用户体验，功能设计，资源与性能 3 个方面对行业内同类产品进行横向比较，最后结题并总结。

（8）产品发展建议

通过优劣势及竞争对手分析，自然而然导出机会分析，例如，哪些优势需要巩固和发扬，如何规划；哪些劣势需要弥补和完善，如何规划；哪些行业机会、新需求可以满足，如何规划等。

第二节　跨境电商数据营销规划分析

一、跨境电商营销规划资源、内容与指标

（一）营销规划的概念和目的

1. 营销规划概念

营销规划是指在销售额目标基础上制订的团队营销方案，是帮助整个团队实现销售额的计划，包括产品分析、产品呈现、产品传播、用户画像，最后要检验目标的制定是否合情合理，是否具有可操作性和可执行性，还要确定形成整体的细分计划、费用预算、人员预算，同时在执行过程中可进行目标检验和复盘的规划。

2. 营销规划的目的

营销规划的目的就是在团队营销的初期，对团队目标进行规划和拆解，将目标分解为各个细分指标，分配给各个相应的岗位人员，然后岗位人员再根据相应细分目标，推算出实施过程中所需要的预算费用、盈利数据和人员架构。

（二）营销资源分析

1. 营销资源分析的意义

在观察和分析其他创业团队如何运作的过程中，我们发现很多项目失败的原因就是创业团队没有对自身所拥有的资源进行合理的分析，导致在运作的过程中遇到了诸如资金链断裂、产品开发能力弱、供应链跟不上、运营节奏慢等问题，因此在做营销规划之前，我们要对自己现有的资源有清晰的认识，需要结合对市场的认知做出清晰的判断，充分发挥自身的优势、避开自身的劣势，确保在后期项目运营的时候，即使出现问题也能够得到高效的解决。

2. 营销资源分析的内容

（1）资金分析

在营销资源中很重要的部分就是资金，日常推广过程中的广告费用、人工费用、场地费用等，都需要有充足的资金投入。在做营销规划之前商家需要对自身资金情况有非常准确的认识，了解在该项目的运营过程中最多可以投入多少资金。同时，在营销方面，商家需要考虑：如何分配资金；哪些项目需要投入大部分资金，哪些项目需要投入小部分资金即可；哪些项目能够自收自支；哪些项目效果不佳，需要调整策略方案；商家运营中途出现资金不足的情况能否通过其他途径来解决，是否能够快速筹集到相匹配的资金数额以确保项目的正常运行等。

（2）产品分析

在电商行业发展日渐成熟的今天，市场竞争早已不是单纯地靠运营、靠技术了，需要商家对各方面有深入的理解。就产品方面来说，很多类目竞争已经不仅是靠网上拿货、市场批发来竞争了。很多企业都有自己的产品研发团队。针对市场的需求进行单独的研发。因此，商家不能仅仅停留在产品的表面，需要对它有更深入的理解，同时要充分发掘用户的痛点、了解用户的需求，同时不断对产品进行更新换代，找到自己的市场定位。

产品从无到有，从只是一个想法到上线销售需要有一个过程，其中包括产品的立项、设计、开发、测试、上线、运营等。团队都希望能够将自己的产品流程化，而且每个流程都要有相对应的专业人员来负责。因此，当团队中有合适的产品开发人员的时候，就能保证产品

高质量地上线，这样在与同行竞争的时候就能形成自己的优势，同时自身的开发能力也将成为团队日后竞争当中非常重要的一个优势。店铺初期产品的研发、拍摄及运营是三大核心板块，只要团队抓住该项目的核心板块，深度聚焦，再进行合理的分工，最后上线销售，就能充分发挥自身项目的优势，最终在类目中取得较好的销售成绩。

在产品上线之后，商家还需要思考，产品以怎样的形式展现在消费者面前，才能更好地刺激消费者下单购买。店铺整体风格的设计，需要根据相对应的消费群体来确定，而不仅仅是根据自身的感觉来确定。在对页面开展设计之前，设计师要有自己的设计思路，包括颜色的设定、风格的设定、页面的排版设定等。产品的设计和页面呈现尤为重要，好的设计可以为店铺产品带来溢价，给消费者带来更加强烈的信任感。

好的图片可以给消费者留下非常深刻的印象，让消费者对产品形成一定的记忆。相反，一个效果不佳的图片不会引起消费者任何的购买欲望，在推广过程中也不能带来点击量和浏览量。因此，高质量的图片在某种程度上可以减少后期在营销推广中的费用，以更低的成本带来更好的效果。所以商家在日常推广中可以参考同行优秀店铺来进行更多的创意设计，从而体现图片在市场竞争中的独特性。

在静态的图片中，商品得不到较为全面的呈现，所以就需要动态的视频来补充。视频展示能给消费者带来更加真实、直观的感受，让消费者对产品有更加全面的了解，从而解除对产品的疑惑，增加下单购买的成功率。

（三）营销规划的内容

1. 年度销售额目标的制定与拆解

（1）年度销售额目标制定与拆解的意义

团队制定年度销售额目标是为了让团队成员在日常运营工作中对整体目标有更加明确的认知，使目标感更加强烈，提高目标的达成率。团队将年度销售额目标拆解之后，会更加明确各个岗位的成员在当下所需要完成的具体工作任务。

（2）年度销售额目标的制定与拆解

在制定年度销售额目标的时候，商家需要参考历史数据进行分析总结，做出相对科学合理的全年目标规划，然后随时根据实际情况做出微调。

就新手商家而言，假设创业初期团队仅有 10 万元启动资金，这 10 万元资金将用于人工、房租水电、店铺注册、产品进货、差旅费、产品拍摄、图片制作营销推广、快递等费用的支出。

商家根据实际情况来预算人工、房租水电、店铺注册和产品进货等方面的具体费用，在营销上需要着重考虑几个方面。首先是产品拍摄和图片制作上需要根据产品类目进行合理的安排，例如，是找全职的美工还是外包美工。在前期可以和外包公司合作，减少资金成本，如找一个全职美工，在杭州基本工资需要 5000 元 / 月，而外包公司则只需要 3000 元 / 月，这样便可以省下部分开支。

测算之后在单品推广上可能就只剩下 5 万元的推广预算了，那么商家在单品的广告投入方面就需要进行严格的控制：在实际操作中假如遇到产品销量爆增的情况，即需要增加预算的时候，商家要考虑是否增加广告投入，那么这部分资金投入从哪些渠道来筹集呢？假如在产品推广中数据表现较差，商家则需要给自己设置一个大概的止损点，是把这 5 万元的资金全部利用完之后放弃项目，还是再补充资金，用来尝试其他的产品款式或营销方式，以提升销售额。

2.流量目标的拆解

在流量目标拆解之前，我们要知道电商营销中的黄金公式

$$销售额 = 访客数（流量） \times 转化率 \times 客单价$$

依据店铺之前确定的年度销售额目标及拆解完的每月销售额目标，我们需要进一步对访客数、转化率和客单价进行拆解。转化率和客单价基本上是由店铺风格、层级、产品单价决定的，在营销过程中数据相对稳定。

流量（访客数）是在后期营销过程中非常重要的部分，而影响流量的因素相对比较多，为了防止不确定因素的发生，商家需要提前做好准备工作，将流量进行具体的拆解，分解到更为具体的流量渠道上，为日后的运营工作做好数据化规划。商家只有在营销规划中提前做出比较详细的规划，后续在运营操作的过程中落实到每一个流量板块和每一个职责岗位，让日常的工作更加有计划性和目标性，才能有效降低日常工作中的风险。

3.营销费用预算

（1）营销费用预算的意义

店铺将年度营销计划拆解之后，形成了更加具体细化的月度计划，其中包含访客数、转化率、客单价的月度计划，同时也可将流量进一步拆解为免费流量和付费流量的月度规划。商家在形成更加具体的运营规划之后，使得目标的完成更加切实可行。实际操作过程分为两种情况：如果情况较为乐观，能够按照既定的目标进行，那么就很容易进行测算；假如在产品推广中，数据表现较差或者遇到意外情况，商家要给自己设置一个大概的止损点，是把现有资金全部利用完之后放弃该项目，还是通过其他方式再补充资金，用来尝试其他的产品款式来提升销售额？这时的决策就显得尤为重要了。

（2）营销费用的测算

①推广费用测算

在计算费用之前需要对付费渠道的历史引流价格有所了解，找到历史点击单价，然后根据点击单价乘以访客数来得出这个渠道的推广费用。直通车和钻石展位都是可以根据点击单价来预估花费的，商家在直通车点击流量解析选项，然后搜索关键词可查看该产品一周内的平均点击单价。

关于钻石展位，商家则可以通过往期的历史数据，在直通车报表中选择7天数据，并找出7天的平均点击单价。

淘宝客费用就需要根据佣金比例来进行计算。其计算公式为

$$淘宝客费用 = 淘宝客访客数 \times 转化率 \times 客单价 \times 佣金比例$$

在测算完营销费用之后，商家需要计算月度和年度营销费用在总销售额中的占比，当有了推广费用的占比后，商家便可与项目产品的最终利润进行对比评估，看营销费用是否过高，以便及时调整具体的费用预算，以达到更优的费用预算结果。

②资源分配预算

在进行营销费用的预算之后，作为团队还需要对其他资源分配进行预算，如人力资源、学习资源、产品资源等。

在人工分配上需要充分调动每个岗位员工的积极性，保证每个岗位的最大工作效率，使员工工作有动力、产出绩效高。

在电商"以变为不变"的形势下，学习是团队日常当中很重要的内容，团队每个岗位的成员都需要不断学习新的知识、新的思维方式。例如，设计部门，从淘宝刚开始发展时的简单

拍摄上图，到后期的专业拍照设计，再到现在通过C4D处理带来更高质量的图片，美工需要根据市场的发展来不断提升自身的技能。相比高薪聘请这方面的高技术人才，团队自己培养人才的成本会更低。

在运营推广上也是一样的道理，很多标品类目都比较雷同，在功能上没有差异性，商家想通过产品的差异化来提高客单价、增加销售额，效果不是很明显。这时就需要通过降低产品售价和提高广告投入预算来占领市场。

③物流费用的测算

在日常的营销推广费用中，除了线上的推广费用，还有重要的一项就是物流费用。在电商的销售中，较大的店铺每日的订单量相对都比较大，所以物流费用也比较高。在做营销规划的时候，商家需要把物流费用计算进去，以确保物流费用在整体销售额中的占比是合理的，避免后续出现物流费用占比过高的情况。

商家的快递费用可以根据往年每月快递费用占比来预估未来一年每月的快递费用情况，每月的快递费用占比的计算是通过该月的快递费用总数除以每月的销售总额得出的，由此可得出单个快递费用占比就是单个包裹平均运费除以客单价。所以快递费用占比的高低体现了每个包裹的价格高低，快递费占比越低说明单个包裹的利润就越高，反之则越低。

4.营销规划的制订

（1）制订营销规划的意义

制订营销规划的意义在于，团队将每个月的营销目标进行拆解，得出更加精细化的数据指标，然后根据企业架构将人员分配到各个岗位，进行落实执行，并且在每月结束的时候对比规划数据进行复盘工作、优化工作流程、总结营销经验，使企业得以发展。

（2）制订营销规划的方法

在规划完营销费用之后，下一步我们需要将所有的规划数据落实到每个产品上，将产品进行进一步的拆解。

在日常的营销过程中，我们将店铺的产品以梯队的形式进行划分，分为第一梯队、第二梯队、第三梯队。第一梯队的产品是日常销售中占比较高、店铺主推的产品。所以在货品的拆解过程中，我们需要对第一梯队的产品进行拆解，然后根据第一梯队的产品在店铺整体中的占比来推算出其他系列产品在店铺中的占比。

商家首先要确定爆款产品，然后根据历年爆款产品销售额在整体销售额的占比情况，对客单价、转化率、访客数进行推算。在营销过程中，在爆款不变的情况下，整体的客单价可能受官方大促或者店铺活动的影响会有略微波动，具体细分到每月时可以以历年的月平均客单价来进行推算。转化率也是同样的道理，如果第一梯队的产品销量较为稳定则转化率变化不大。所以我们可以推算出每款爆款产品所需的访客数。

在确定了爆款的访客数之后，就可以根据团队的产品规划情况，依据历年的数据规划出潜力款的产品在全年销售额中的占比情况，推算出潜力款产品的具体销售额，再根据其客单价和转化率推算出具体所需的访客数。剩下的其他产品都归为基础款，用同样的方法，可得出基础款产品的访客数。

如果是新开的店铺，由于自身没有往年销售数据作为参考，就需要在市场中找出和自身情况较为接近的竞争对手，参考他们店铺初期的数据，从而对货品进行相对应的拆解分析。

所有的这些数据合计之后就可以得出全店每月的累计所需访客数、单品转化率和客单价数值，然后商家再根据之前的全年营销规划来判定是否能够匹配完成，如果推算的结果有出入，就需要进行相对应的调整，最终完成全年的营销规划。

（四）跨境电商数据营销规划考虑指标

1. 盈亏平衡点

盈亏平衡点（break even point，简称 BEP）又称零利润点、保本点、盈亏临界点、损益分歧点、收益转折点。通常是指全部销售收入等于全部成本时（销售收入线与总成本线的交点）的产量。以盈亏平衡点为界限，当销售收入高于盈亏平衡点时企业盈利；反之，企业就亏损。盈亏平衡点可以用销售量来表示，即盈亏平衡点的销售量；也可以用销售额来表示，即盈亏平衡点的销售额。

当用销售额来表示时，盈亏平衡点是项目利润为 0 的销售额临界点，这也是做盈亏预测的一个核心点，通过盈亏预测得出盈亏平衡点可以指导项目决策。盈亏平衡点是判断项目可行性的重要指标之一，如果盈亏平衡点预期极难达到，那么项目亏损的可能性就较高；反之亦然。

盈亏平衡点的计算公式为

（1）按实物单位计算

$$盈亏平衡点 = 固定成本 / （单位产品销售收入 - 单位产品变动成本）$$

（2）按金额计算

$$盈亏平衡点 = 固定成本 / （1 - 变动成本 / 销售收入）= 固定成本 / 贡献毛利$$

在进行盈亏平衡预测时，通常也会用公式进行计算

$$盈亏平衡点销售额 = 固定成本 ÷ 毛利率$$

该公式的计算意义是净利润为 0，恰好等于固定成本的销售额，即为盈亏平衡点的销售额。

2. 固定成本

固定成本（又称固定费用），相对于变动成本，固定成本是指成本总额在一定时期和一定业务量范围内，不受业务量增减变动影响而能保持不变的成本。通常，固定成本有如下特征。

（1）成本总额不随业务量而变，表现为某一固定金额。

（2）单位业务量负担的固定成本（即单位固定成本）随业务量的增减变动成反比例变动。

3. 变动成本

变动成本（variable cost）是指支付给各种变动生产要素的费用，如购买原材料费用、电力消耗费用和工人工资等。这种成本随产量的变化而变化，常常在实际生产过程开始后才需支付。

变动成本与固定成本一样，变动成本与业务量之间的线性依存关系也是有条件的，即有一定的适用区间，即"相关范围"。也就是说，超出相关范围时，变动成本发生额可能呈非线性变动。

根据变动成本发生的原因可将变动成本分为技术性变动成本和酌量性变动成本：①技术性变动成本是指单位成本由技术因素决定，而总成本随着消耗量的变动而成正比例变动的成本，通常表现为产品的直接物耗成本；②酌量性变动成本是指可由企业管理层决策加以改变的变动成本。

4. 利润及利润率

利润分为毛利润和净利润，同理，利润率也分为毛利润率和净利润率。

毛利润是一个在各商业、实业、企业中根深蒂固且约定俗成的概念，但也是一个可以自

定义的概念。在利润区间的划分上并没有一个统一、清晰的定义，它一般是指去除变动成本后的利润，这不是最终的利润。一般情况下所指的毛利是指去除货品成本后的利润，用于判断产品的利润情况。其中

$$毛利润 = 目标销售额 - 变动成本$$

毛利润率则为毛利润占销售额的比例。

净利润是指企业当期利润总额减去所得税后的金额，即企业的税后利润。所得税是指企业将实现的利润总额按照所得税法规定的标准向国家计算缴纳的税金，它是企业利润总额的扣减项目。按照定义，净利润代表的含义是利润总额中按规定缴纳所得税后公司的利润留成，一般也称为税后利润或净利润，净利润率是指净利润占销售额的比例。从会计的角度讲，净利润的计算公式为

$$净利润 = 利润总额 - 所得税费用$$

净利润反映的是一个企业经营的最终成果，净利润多，企业的经营效益就好；净利润少，企业的经营效益就差，它是衡量一个企业经营效益的主要指标。

在电商行业的店铺企划中，净利润和净利润率是判断项目可行性的重要指标之一，如果预测出的净利润都是负数，表示项目将亏损，则根据运营者可接受亏损的情况判断项目的可行性。其中，在不考虑所得税的情况下，净利润计算公式为

$$净利润 = 目标销售额 - 变动成本 - 固定成本。$$

二、跨境电商营销规划实训

（一）项目盈亏预测

1. 实训目的

（1）了解盈亏预测的概念。

（2）掌握盈亏预测的方法。

2. 实训内容

业务背景：许多项目由于缺少项目测算，缺乏必要的可行性评估与前期准备，导致项目在启动前就已经注定了失败的结局，因此商家在项目启动前需要对项目进行测算。盈亏预测作为项目可行性评估的重要环节，可以帮助商家在项目启动前做出正确决策。

（1）如图 8-49 所示，进入跨境电商数据化运营与决策系统首页，在左侧功能栏或者页面中央功能展示区域依次单击"运营辅助精灵"—"店铺企划"选项，进入店铺企划页面。

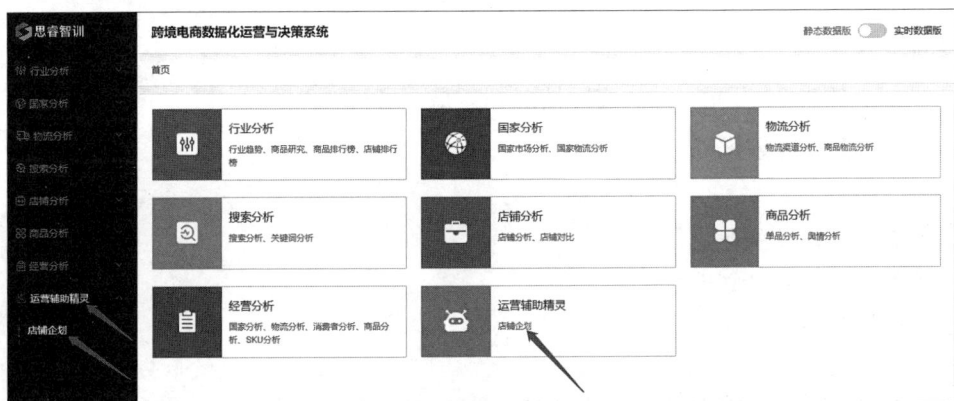

图 8-49　跨境电商数据化运营与决策系统首页

（2）如图 8-50 所示，设置任意的目标销售额，以及变动成本的比例和固定成本的开支。

图 8-50　目标及成本设置页面

（3）设置好变动成本和固定成本后，得出图 8-51 所示的盈亏预测结果，可以看到盈亏平衡点为 84615 元，只要成本估算相对精准，预测出的盈亏平衡点就相对准确。

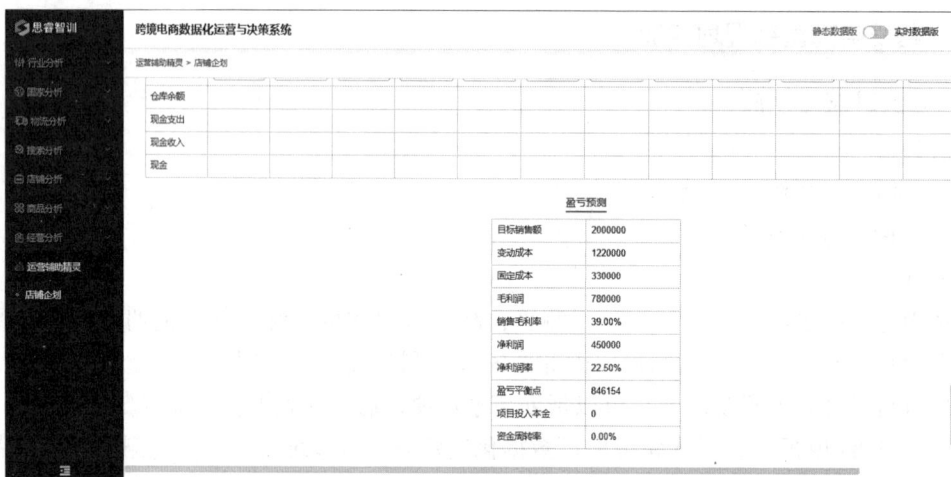

图 8-51　盈亏预测结果

3. 实训总结

盈亏平衡点约为 85 万元，结合实际情况判断是否可行。

（二）店铺全年计划推演

1. 实训目的

（1）了解沙盘演练的概念。

（2）实操店铺全年计划拆解。

2. 实训知识准备

（1）沙盘演练

沙盘演练又叫沙盘模拟培训、沙盘推演，源自西方军事上的战争沙盘模拟推演，是通过引领学员进入一个模拟的竞争性行业，由学员分组建立若干模拟公司，围绕形象直观的沙盘教具，实战演练模拟企业的经营管理与市场竞争状况，感悟经营决策真谛。

沙盘模拟培训特有的互动性、趣味性、竞争性特点，能够最大限度地调动学员的学习兴趣，使学员在培训中处于高度兴奋状态，充分运用听、说、学、做、改等一系列学习手段，开启一切可以调动的感官功能，对所学内容形成深度记忆，并能够将学到的管理思路和方法在实际工作中很快实践与运用。

运用独特直观的教具，融入市场变数，结合角色扮演、情景模拟、讲师点评等方式，使受训人员在虚拟的市场竞争环境中，全真体会企业数年的经营管理过程，运筹帷幄，决战商场。沙盘培训一经面世，就以独特新颖的培训模式、深刻实用的培训效果受到中外企业高级管理人员和培训专家们青睐，沙盘培训成为世界 500 强企业中 80% 的中高层管理人员经营管理培训的首选课程。

（2）**目标拆解**

①固定增幅系数：固定增幅系数法是指每个月按照固定的增幅拆解目标，一般多为满足企业高层的要求。

②行业增幅系数：行业增幅系数是根据行业的趋势确定每个时段的增幅。

③历史数据增幅系数：历史数据增幅系数是根据店铺的历史数据确定每个时段的增幅，一般是在原有的数据基础上确定增幅系数。

（3）**现金流量**

现金流量的出处是现代理财学，是指投资项目在其整个生命周期内所发生的现金流出和现金流入的全部资金收付数量，是评价投资方案经济效益的必备资料。

具体内容如下。

①现金流出：现金流出是投资项目的全部资金支出，包括以下几项内容：固定资产投资，指购入或建造固定资产的各项资金支出；流动资产投资，指投资项目所需的存货、货币资金和应收账款等项目所占用的资金；营运成本，指投资项目在经营过程中所发生的生产成本、管理费用和销售费用等，通常以全部成本费用减去折旧后的余额表示。

②现金流入：现金流入是投资项目所发生的全部资金收入，包括以下几项内容：第一，营业收入，指经营过程中出售产品的销售收入。第二，残值收入或变价收入，指固定资产使用期满时的残值，或因故未到使用期满时，出售固定资产所形成的现金收入。第三，收回的流动资产，指投资项目寿命期满时所收回的原流动资产投资额。此外，实施某项决策后的成本降低额也作为现金流入。

现金流量管理中的现金，不是通常所理解的手持现金，而是指企业的库存现金和银行存款，还包括现金等价物，即企业持有的期限短、流动性强、容易转换为已知金额现金，价值变动风险很小的投资等，包括现金、可以随时用于支付的银行存款和其他货币资金。一项投资被确认为现金等价物必须同时具备 4 个条件，即期限短、流动性强、易于转换为已知金额现金、价值改动风险小。

通过现金流量可以掌握企业现金流的情况，如果遇到现金为负数，则表明企业现金流量不够，此时需要新的注资，如果没有新的注资将面临资金问题，严重者将宣布破产。其中，现金公式为

$$现金 = 本期注资 + 上期现金 + 本期收入 - 本期支出$$

（4）仓库金额与仓库余额

仓库金额是特指某时间范围内入仓的货品成本，仓库余额是现在仓库的货品成本总额。仓库余额计算公式为

$$仓库余额 = 上期仓库余额 + 本期仓库金额 - 本期出仓货品成本$$

（5）**资金周转率**

资金周转率是反映资金流转速度的指标，企业资金（包括固定资金和流动资金）在生产经营过程中不间断地循环周转，从而使企业取得销售收入。企业用尽可能少的资金占用，取得尽可能多的销售收入，说明资金周转速度快，资金利用效果好。

从会计的角度来讲，资产周转率可以分为总资产周转率、分类资产周转率（流动资产周转率、固定资产周转率和长期投资周转率）和单项资产周转率（应收账款周转率和存货周转率等）3类。电商行业一般计算投资资金周转率指标，属于分类资产周转率，计算公式为

$$长期投资周转率 = 销售额 / 长期投资平均余额$$

其中

$$长期投资平均余额 = （期初长期投资余额 + 期末长期投资余额）/2$$
$$长期投资周转天数 = 360/ 长期投资周转率$$

3. 实训内容

业务背景：对于一个分配下来的业绩目标，运营时需要将目标拆解到不同时间阶段，并将不同阶段的数据展开推演，分析可行性，并据此找到可行路径。

（1）如图 8-52 所示，设置好销售额目标之后，选择不同的拆解方法并填写好参数，单击"确认选择"按钮。

选择目标拆解					
等比例增长拆解法			**增长系数拆解法**		
月增长率 30 %					
月份	目标销售额	阶数	系数	目标销售额	增长系数	系数
1月	￥26908.14	0	1.00	￥43.38		1.00
2月	￥34980.58	1	1.30	￥1344.74	3000.00 %	31.00
3月	￥45474.75	2	1.69	￥8068.45	500.00 %	186.00
4月	￥59117.18	3	2.20	￥24205.34	200.00 %	558.00
5月	￥76852.34	4	2.86	￥48410.69	100.00 %	1116.00
6月	￥99908.04	5	3.71	￥75036.56	55.00 %	1729.80
7月	￥129880.45	6	4.83	￥112554.84	50.00 %	2594.70
8月	￥168844.59	7	6.27	￥191343.23	70.00 %	4410.99
9月	￥219497.97	8	8.15	￥248746.20	30.00 %	5734.29
10月	￥285457.36	9	10.60	￥323370.07	30.00 %	7454.57
11月	￥370951.56	10	13.79	￥420381.08	30.00 %	9690.95

图 8-52　选择目标拆解方案

（2）参考历史数据或者行业数据，设置转化率、客单价和销售天数，可以分解出每天所需要的访客和销售额目标，结合实际情况判断可行性，如图 8-53 所示。

沙盘推演													
销售	1月	2月	3月	4月	5月	6月	7月	8月	9月	10月	11月	12月	汇总
销售额目标	26908.14	34980.58	45474.76	59117.18	76852.34	99908.04	129880.45	168844.59	219497.97	285347.36	370951.56	482237.03	2000000.00
转化率	2 %	2 %	2 %	2 %	2 %	2 %	2 %	2 %	2 %	2 %	2 %	2 %	2.00%
客单价	100 ¥	100 ¥	100 ¥	100 ¥	100 ¥	100 ¥	100 ¥	100 ¥	100 ¥	100 ¥	100 ¥	100 ¥	100.00
访客数目标	13454.07	17490.29	22737.38	29558.59	38426.17	49954.02	64940.23	84422.29	109748.98	142673.68	185475.78	241118.52	1000000.00
销售天数	31	29	31	30	31	30	31	31	30	31	30	31	366.00
日均访客	434.00	603.11	733.46	985.29	1239.55	1665.13	2094.85	2723.30	3658.30	4602.38	6182.53	7778.02	2724.99
日均销售额	868.00	1206.23	1466.93	1970.57	2479.11	3330.27	4189.69	5446.60	7316.60	9204.75	12365.05	15556.03	5449.99
变动成本	1月	2月	3月	4月	5月	6月	7月	8月	9月	10月	11月	12月	汇总
货品成本	10763.26	13992.23	18189.90	23646.87	30740.94	39963.22	51952.18	67537.84	87799.19	114138.94	148380.62	192894.81	800000.00
税点	538.16	699.61	909.50	1182.34	1537.05	1998.16	2597.61	3376.89	4389.96	5706.95	7419.03	9644.74	40000.00
平台扣点	538.16	699.61	909.50	1182.34	1537.05	1998.16	2597.61	3376.89	4389.96	5706.95	7419.03	9644.74	40000.00
提成	1345.41	1749.03	2273.74	2955.86	3842.62	4995.40	6494.02	8442.23	10974.90	14267.37	18547.58	24111.85	100000.00
运费	269.08	349.81	454.75	591.17	768.52	999.08	1298.80	1688.45	2194.98	2853.47	3709.52	4822.37	20000.00
推广成本	2690.81	3498.06	4547.48	5911.72	7685.23	9990.80	12988.05	16884.46	21949.80	28534.74	37095.16	48223.70	200000.00
礼品成本	269.08	349.81	454.75	591.17	768.52	999.08	1298.80	1688.45	2194.98	2853.47	3709.52	4822.37	20000.00

返回顶部

图 8-53　沙盘推演销售模块

（3）图 8-54 是沙盘推演的变动成本模块，运营者可观察到变动成本的逐月变化趋势。

销售天数	31	29	31	30	31	30	31	31	30	31	30	31	366.00
日均访客	434.00	603.11	733.46	985.29	1239.55	1665.13	2094.85	2723.30	3658.30	4602.38	6182.53	7778.02	2724.99
日均销售额	868.00	1206.23	1466.93	1970.57	2479.11	3330.27	4189.69	5446.60	7316.60	9204.75	12365.05	15556.03	5449.99
变动成本	1月	2月	3月	4月	5月	6月	7月	8月	9月	10月	11月	12月	汇总
货品成本	10763.26	13992.23	18189.90	23646.87	30740.94	39963.22	51952.18	67537.84	87799.19	114138.94	148380.62	192894.81	800000.00
税点	538.16	699.61	909.50	1182.34	1537.05	1998.16	2597.61	3376.89	4389.96	5706.95	7419.03	9644.74	40000.00
平台扣点	538.16	699.61	909.50	1182.34	1537.05	1998.16	2597.61	3376.89	4389.96	5706.95	7419.03	9644.74	40000.00
提成	1345.41	1749.03	2273.74	2955.86	3842.62	4995.40	6494.02	8442.23	10974.90	14267.37	18547.58	24111.85	100000.00
运费	269.08	349.81	454.75	591.17	768.52	999.08	1298.80	1688.45	2194.98	2853.47	3709.52	4822.37	20000.00
推广成本	2690.81	3498.06	4547.48	5911.72	7685.23	9990.80	12988.05	16884.46	21949.80	28534.74	37095.16	48223.70	200000.00
礼品成本	269.08	349.81	454.75	591.17	768.52	999.08	1298.80	1688.45	2194.98	2853.47	3709.52	4822.37	20000.00
汇总	16413.97	21338.16	27739.60	36061.48	46879.93	60943.90	79227.08	102995.20	133893.76	174061.89	226280.45	294164.59	1220000.00
固定成本	1月	2月	3月	4月	5月	6月	7月	8月	9月	10月	11月	12月	汇总
房租	5000.00	5000.00	5000.00	5000.00	5000.00	5000.00	5000.00	5000.00	5000.00	5000.00	5000.00	5000.00	60000.00
办公费用	1500.00	1500.00	1500.00	1500.00	1500.00	1500.00	1500.00	1500.00	1500.00	1500.00	1500.00	1500.00	18000.00
工资	20000.00	20000.00	20000.00	20000.00	20000.00	20000.00	20000.00	20000.00	20000.00	20000.00	20000.00	20000.00	240000.00
服务费	1000.00	1000.00	1000.00	1000.00	1000.00	1000.00	1000.00	1000.00	1000.00	1000.00	1000.00	1000.00	12000.00
摄影	0.00	0.00	0.00	0.00	0.00	0.00	0.00	0.00	0.00	0.00	0.00	0.00	0.00

返回顶部

图 8-54　沙盘推演变动成本模块

（4）图 8-55 是沙盘推演的固定成本模块，运营者可观察到固定成本的逐月变化趋势。

平台扣点	538.16	699.61	909.50	1182.34	1537.05	1998.16	2597.61	3376.89	4389.96	5706.95	7419.03	9644.74	40000.00
提成	1345.41	1749.03	2273.74	2955.86	3842.62	4995.40	6494.02	8442.23	10974.90	14267.37	18547.58	24111.85	100000.00
运费	269.08	349.81	454.75	591.17	768.52	999.08	1298.80	1688.45	2194.98	2853.47	3709.52	4822.37	20000.00
推广成本	2690.81	3498.06	4547.48	5911.72	7685.23	9990.80	12988.05	16884.46	21949.80	28534.74	37095.16	48223.70	200000.00
礼品成本	269.08	349.81	454.75	591.17	768.52	999.08	1298.80	1688.45	2194.98	2853.47	3709.52	4822.37	20000.00
汇总	16413.97	21338.16	27739.60	36061.48	46879.93	60943.90	79227.08	102995.20	133893.76	174061.89	226280.45	294164.59	1220000.00

固定成本	1月	2月	3月	4月	5月	6月	7月	8月	9月	10月	11月	12月	汇总
房租	5000.00	5000.00	5000.00	5000.00	5000.00	5000.00	5000.00	5000.00	5000.00	5000.00	5000.00	5000.00	60000.00
办公费用	1500.00	1500.00	1500.00	1500.00	1500.00	1500.00	1500.00	1500.00	1500.00	1500.00	1500.00	1500.00	18000.00
工资	20000.00	20000.00	20000.00	20000.00	20000.00	20000.00	20000.00	20000.00	20000.00	20000.00	20000.00	20000.00	240000.00
服务费	1000.00	1000.00	1000.00	1000.00	1000.00	1000.00	1000.00	1000.00	1000.00	1000.00	1000.00	1000.00	12000.00
摄影	0.00	0.00	0.00	0.00	0.00	0.00	0.00	0.00	0.00	0.00	0.00	0.00	0.00
汇总	27500.00	27500.00	27500.00	27500.00	27500.00	27500.00	27500.00	27500.00	27500.00	27500.00	27500.00	27500.00	330000.00

盈利	1月	2月	3月	4月	5月	6月	7月	8月	9月	10月	11月	12月	汇总
毛利润	-591.86	7480.58	17974.76	31617.18	49352.34	72408.04	102380.45	141344.59	191997.97	257847.36	343451.56	454737.03	1670000.
毛利率	-2.20%	21.38%	39.53%	53.48%	64.22%	72.47%	78.83%	83.71%	87.47%	90.36%	92.59%	94.30%	64.68%
净利润	-17005.83	-13857.57	-9764.84	-4444.30	2472.41	11464.14	23153.38	38349.39	58104.21	83785.47	117171.11	160572.44	450000.0
净利润率	-63.20%	-39.62%	-21.47%	-7.52%	3.22%	11.47%	17.83%	22.71%	26.47%	29.36%	31.59%	33.30%	3.68%

图 8-55 沙盘推演固定成本模块

（5）图 8-56 是沙盘推演的盈利模块，红色高亮代表负值，从图中可以看出该项目从第 5 个月开始盈利。

房租	5000.00	5000.00	5000.00	5000.00	5000.00	5000.00	5000.00	5000.00	5000.00	5000.00	5000.00	5000.00	60000.00
办公费用	1500.00	1500.00	1500.00	1500.00	1500.00	1500.00	1500.00	1500.00	1500.00	1500.00	1500.00	1500.00	18000.00
工资	20000.00	20000.00	20000.00	20000.00	20000.00	20000.00	20000.00	20000.00	20000.00	20000.00	20000.00	20000.00	240000.00
服务费	1000.00	1000.00	1000.00	1000.00	1000.00	1000.00	1000.00	1000.00	1000.00	1000.00	1000.00	1000.00	12000.00
摄影	0.00	0.00	0.00	0.00	0.00	0.00	0.00	0.00	0.00	0.00	0.00	0.00	0.00
汇总	27500.00	27500.00	27500.00	27500.00	27500.00	27500.00	27500.00	27500.00	27500.00	27500.00	27500.00	27500.00	330000.00

盈利	1月	2月	3月	4月	5月	6月	7月	8月	9月	10月	11月	12月	汇总
毛利润	-591.86	7480.58	17974.76	31617.18	49352.34	72408.04	102380.45	141344.59	191997.97	257847.36	343451.56	454737.03	1670000.0
毛利率	-2.20%	21.38%	39.53%	53.48%	64.22%	72.47%	78.83%	83.71%	87.47%	90.36%	92.59%	94.30%	64.68%
净利润	-17005.83	-13857.57	-9764.84	-4444.30	2472.41	11464.14	23153.38	38349.39	58104.21	83785.47	117171.11	160572.44	450000.0
净利润率	-63.20%	-39.62%	-21.47%	-7.52%	3.22%	11.47%	17.83%	22.71%	26.47%	29.36%	31.59%	33.30%	3.68%

现金流	1月	2月	3月	4月	5月	6月	7月	8月	9月	10月	11月	12月	汇总
注资（本钱）	500000	0	0	0	0	300000	0	0	0	0	0	0	800000
仓库金额	400000	0	0	0	0	200000	0	0	0	0	0	0	600000
仓库余额	389236.74	375244.51	357054.61	333407.73	302666.80	462703.58	410751.40	343213.57	255414.38	141275.44	-7105.19	-200000.00	-200000.0
现金支出	43913.97	48838.16	55239.60	63561.48	74379.93	88443.90	106727.08	130495.20	161393.76	201561.89	253780.45	321664.59	1550000.
现金收入	16144.88	31751.61	41277.09	53660.21	69758.28	90685.76	117891.49	153258.93	199236.62	259007.60	336709.88	437722.84	1807105.19

图 8-56 沙盘推演盈利模块

（6）图 8-57 所示是沙盘推演的现金流模块，红色高亮代表负值，通过设置注资和仓库金额，尽可能避免出现负值的情况。从图中可以看出，11 月份开始仓库余额为负值，表示仓库已经没有货品可以发货。

盈利	1月	2月	3月	4月	5月	6月	7月	8月	9月	10月	11月	12月	汇总
毛利润	-591.86	7480.58	17974.76	31617.18	49352.34	72408.04	102380.45	141344.59	191997.97	257847.36	343451.56	454737.03	1670000.00
毛利率	-2.20%	21.38%	39.53%	53.48%	64.22%	72.47%	78.83%	83.71%	87.47%	90.36%	92.59%	94.30%	64.68%
净利润	-17005.83	-13857.57	-9764.84	-4444.30	2472.41	11464.14	23153.38	38349.39	58104.21	83785.47	117171.11	160572.44	450000.00
净利润率	-63.20%	-39.62%	-21.47%	-7.52%	3.22%	11.47%	17.83%	22.71%	26.47%	29.36%	31.59%	33.30%	3.68%

现金流	1月	2月	3月	4月	5月	6月	7月	8月	9月	10月	11月	12月	汇总
注资（本钱）	500000	0	0	0	0	300000	0	0	0	0	0	0	800000
仓库金额	400000	0	0	0	0	200000	0	0	0	0	0	0	600000
仓库余额	389236.74	375244.51	357054.61	333407.73	302666.80	462703.58	410751.40	343213.57	255414.38	141275.44	-7105.19	-200000.00	-200000.00
现金支出	43913.97	48838.16	55239.60	63561.48	74379.93	88443.90	106727.08	130495.20	161393.76	201561.89	253780.45	321664.59	1550000.00
现金收入	16144.88	31751.61	41277.09	53660.21	69758.28	90685.76	117891.49	153258.93	199236.62	259007.60	336709.88	437722.84	1807105.19
现金	72230.92	55144.37	41181.85	31280.59	26658.94	128900.79	140065.20	162828.94	200671.79	258117.51	341046.93	457105.19	457105.19

盈亏预测	
目标销售额	2000000
变动成本	1220000
固定成本	330000
毛利润	780000

图 8-57　沙盘推演现金流模块

（7）如图 8-58 所示，沙盘推演结束后得出盈亏预测结果，运营者可以得到项目需要投入的本金数量，了解资金周转率。通过此图中的数据，可以看出该项目的资金周转率较高。

注资（本钱）	500000	0	0	0	0	300000	0	0	0	0	0	0	800000
仓库金额	400000	0	0	0	0	200000	0	0	0	0	0	0	600000
仓库余额	389236.74	375244.51	357054.61	333407.73	302666.80	462703.58	410751.40	343213.57	255414.38	141275.44	-7105.19	-200000.00	-200000.00
现金支出	43913.97	48838.16	55239.60	63561.48	74379.93	88443.90	106727.08	130495.20	161393.76	201561.89	253780.45	321664.59	1550000.00
现金收入	16144.88	31751.61	41277.09	53660.21	69758.28	90685.76	117891.49	153258.93	199236.62	259007.60	336709.88	437722.84	1807105.19
现金	72230.92	55144.37	41181.85	31280.59	26658.94	128900.79	140065.20	162828.94	200671.79	258117.51	341046.93	457105.19	457105.19

盈亏预测	
目标销售额	2000000
变动成本	1220000
固定成本	330000
毛利润	780000
销售毛利率	39.00%
净利润	450000
净利润率	22.50%
盈亏平衡点	846154
项目投入本金	800000
资金周转率	250.00%

图 8-58　沙盘推演盈亏预测模块

3. 实训总结

该项目的投入本金不大（80万元），资金周转率高（250%），适合投资。

参考文献
REFERENCES

阿里巴巴商学院. 电商数据分析与数据化营销 [M]. 北京：电子工业出版社，2019.

陈祎民. 跨境电商运营实战　思路·方法·策略 [M]. 北京：中国铁道出版社，2016.

龚文龙，王宇佳. 跨境电商实务 [M]. 杭州：浙江大学出版社，2019.

恒盛杰电商资讯. 出口跨境电商：速卖通 SEO 精准引流与数据化运营 [M]. 北京：机械工业出版社，2017.

黄成明. 数据化管理：洞悉零售及电子商务运营 [M]. 北京：电子工业出版社，2014.

老夏. 电商数据化运营 [M]. 北京：电子工业出版社，2015.

潘海兰. 跨境电商运营分析 [M]. 延吉：延边大学出版社，2019.

苏杭. 跨境电商物流管理 [M]. 北京：对外经济贸易大学出版社，2017.

速卖通大学. 跨境电商数据化管理　阿里巴巴速卖通宝典 [M]. 北京：电子工业出版社，2016.

杨经葵. 跨境电商创业实务 [M]. 长沙：湖南大学出版社，2020.

叶鹏飞. 亚马逊跨境电商数据化运营指南 [M]. 北京：中国铁道出版社，2020.